LA NARRATIVA SOCIALREALISTA EN COSTA RICA 1900 - 1950

A mis padres Víctor y Fidelia.
Para Bodil, compañera de luchas y amiga.

CLAUDIO BOGANTES-ZAMORA

LA NARRATIVA SOCIALREALISTA EN COSTA RICA 1900 - 1950

AARHUS UNIVERSITY PRESS
1990

Copyright: Aarhus University Press, 1990
Word-processed by the author
Printed in Denmark by Rosendahls Bogtrykkeri, Esbjerg
ISBN 87 7288 287 5

AARHUS UNIVERSITY PRESS
Aarhus University
DK - 8000 Aarhus C
Denmark

La Faculté des Lettres de l'Université de Neuchâtel, sur les rapports de
MM Jean-Paul Borel, professeur à ladite Université, Ulrich
Fleischmann, professeur à l'Université Libre de Berlin et Mme. Cristina
Parodi, professeur à l'Université d'Aarhus, autorise l'impression de la
thèse présentée par Mr. Claudio Bogantes-Zamora, en laissant à l'auteur
la responsabilité des opinions énoncées.

Neuchâtel, le 7 mars 1990.

Le doyen: Bernard Py

La soutenance aura lieu le 31 mai 1990 à l'Université de Neuchâtel.

Udgivet med støtte fra Statens humanistiske Forskningsråd.

INDICE

INTRODUCCION   *11*

Hipótesis de trabajo   *13*
El desarrollo histórico y político de Costa Rica   *13*
El proceso cultural en Costa Rica   *17*
Periodización   *21*
Notas y referencias   *23*

PRIMERA PARTE: PREMISAS TEORICO-METODOLOGICAS   *25*

El punto de partida metodológico   *27*
El concepto losadiano de modo de producción cultural   *28*
Los procesos literarios en los espacios urbanos internacionalizados   *31*
El modo de producción cultural social-revolucionario   *32*
El modo de producción cultural social-revolucionario y la narrativa
   socialrealista   *35*
El problema de las literaturas nacionales   *40*
La aparición de la narrativa en Costa Rica   *44*
El problema de la terminología y las clasificaciones   *48*
El costumbrismo y el socialrealismo   *51*
Los conceptos de homología y visión del mundo y la narrativa
   socialrealista   *54*
La metodología y el corpus   *57*
Notas y referencias   *61*

SEGUNDA PARTE : EL CONTEXTO HISTORICO   *67*

La formación del Estado nacional y la hegemonía de la oligarquía
   cafetalera   *69*
La dictadura del General Guardia y la transición a la República
   Liberal   *73*
Cultura y caficultura: el interés por la educación popular   *75*
La construcción del ferrocarril y el establecimiento del enclave
   bananero   *77*
Aparición del movimiento obrero   *80*
La Iglesia Católica y la cuestión obrera   *81*
Emergencia de los partidos políticos doctrinarios   *84*
El Partido Reformista   *85*
La situación de Costa Rica alrededor de la gran crisis mundial
   de 1929   *87*
El Partido Comunista   *89*
La alianza de fuerzas progresistas (1940 - 1948)   *91*

La revolución del 48   *94*
Notas y referencias   *97*

TERCERA PARTE: LOS AUTORES Y LAS OBRAS ANALIZADAS   *103*

Los autores y las obras analizadas. Notas bio-bibliográficas   *105*
Joaquín García Monge   *105*
Carlos Gagini   *108*
Carmen Lyra   *111*
Adolfo Herrera García   *114*
Max Jiménez   *114*
Carlos Luis Fallas   *115*
Fabián Dobles   *118*
Joaquín Gutiérrez   *119*
Notas y referencias   *120*

ANALISIS DE DIEZ OBRAS REPRESENTATIVAS   *123*

La crítica de la sociedad patriarcal:
El Moto de Joaquín García Monge   *123*
El conflicto campo - ciudad:
Hijas del Campo de Joaquín García Monge   *136*
La institucionalización de la literatura en García Monge   *152*
Notas y referencias   *158*

Crítica de la burguesía y del imperialismo:
El árbol enfermo de Carlos Gagini   *160*
Notas y referencias   *169*

Explotación bananera y explotación humana en el paraíso tropical:
Bananos y Hombres de Carmen Lyra   *170*
I. Estefanía   *171*
II. Nochebuena   *171*
III. Niños   *173*
IV. Río arriba   *174*
V. El peón que parecía un santo   *175*
Notas y referencias   *177*

Dos visiones del campesino en los años treinta:
Juan Varela de Adolfo Herrera García   *178*
El Jaúl de Max Jiménez   *180*
Notas y referencias   *186*

Indios, negros y blancos a la sombra del banano:
Mamita Yunai de Carlos Luis Fallas   *188*
Notas y referencias   *208*

Literatura y proletarización urbana y rural:
Ese que llaman pueblo de Fabián Dobles   *210*
Notas y referencias   *229*

Las luchas por la libertad:
El sitio de las abras de Fabián Dobles   *230*
Notas y referencias   *255*

Historia, vida y literatura:
Puerto Limón de Joaquín Gutiérrez   *257*
Notas y referencias   *279*

SINTESIS Y CONCLUSION   *281*

BIBLIOGRAFIA   *291*

INTRODUCCION

Hipótesis de trabajo

La presente investigación tiene como objetivo demostrar la existencia, dentro de la narrativa escrita en Costa Rica, entre 1900 y 1950, de una tendencia que se puede caracterizar como socialrealista. Se trata de delimitar un conjunto constituido por una serie de obras que por su temática, su estructura narrativa y su discurso, se diferencian de otras obras aparecidas durante el mismo periodo. Concretamente se intenta deslindar esas obras del conjunto que suele ser calificado costumbrista.

Al contrario de la aseveración de la crítica tradicional que sostiene que el costumbrismo es la base de la literatura nacional, mi investigación defiende y trata de demostrar que el componente más importante de la literatura nacional está constituído por la narrativa socialrealista. Su importancia radica tanto en el aspecto puramente literario como en su función social. Los estudios de historia de la literatura costarricense, así como monografías y ensayos sobre la novelística de Costa Rica, no suelen ser lo suficientemente claros y explícitos en cuanto a la caracterización y delimitación de estas dos tendencias mayores: la costumbrista y la social-realista. En mi opinión, la tendencia socialrealista está presente desde la primera novela que se publicó en 1900, se va consolidando a lo largo de las tres primeras décadas del siglo hasta llegar a su pleno florecimiento en el decenio de 1940. Las primeras obras del corpus analizado son obras, en su mayoría, relativamente cortas y muchas de ellas no son novelas. Se trata de novelas cortas, de relatos; las cuatro últimas sí alcanzan el carácter pleno de novelas.

Mi investigación concibe la aparición y el desarrollo de la narrativa socialrealista como la expresión literaria de un amplio proceso de cuestionamiento de la organización oligárquica de la sociedad costarricense, un cuestionamiento que contiene, implícitamente, la propuesta de un modelo alternativo de organización de la sociedad.

En las páginas siguientes se da una breve descripción y caracterización del desarrollo histórico y político de Costa Rica, así como unas anotaciones someras acerca del proceso cultural, proponiéndose además una periodización. La intención es crear un punto de partida para un primer acercamiento a la aparición y a las características de la producción literaria costarricense, y especialmente de la narrativa.

El desarrollo histórico y político de Costa Rica

Es sin duda innecesario recordar que el proceso histórico que desembocó en la aparición de los Estados nacionales en el viejo continente, a principios de la Era Moderna, es disímil del proceso de transformación de las antiguas colonias españolas en lo que hoy conocemos como naciones latinoamericanas. A diferencia de la Nueva España, la Nueva

Granada y el Virreinato del Perú, donde las luchas por la independencia fueron cruentas, la Capitanía General de Guatemala obtuvo su independencia sin ninguna lucha con la Corona española. A Costa Rica, la última y la más aislada de las provincias, llegó la noticia, a lomo de mula, en octubre de 1821, como un simple recado de que la independencia había sido declarada en Guatemala, hacía ya unas semanas. Hecho que causó, primeramente, cierta consternación entre autoridades y vecinos y, luego, una sabia actitud de espera, antes de decidir cualquier cosa. En ese momento, las alternativas que los vecinos vislumbraban eran dos: adherirse al Imperio Mexicano de Iturbide o integrarse a la República de Colombia; lo más prudente parecía, como se dijo entonces, "esperar a que aclarasen los nublados del día".

El proceso social por el que se desarrollan las sociedades de Centroamérica tiene características particulares cuando se lo compara con el de los centros hegemónicos del capitalismo.[1] Pero también tiene rasgos propios cuando se consideran sus diferencias con subregiones que contaron con una amplia masa de población y de recursos. México, Brasil o la región del Río de la Plata, por ejemplo, lograron pronto constituirse en Estados fuertes con un relativo grado de autonomía y un margen de negociación con los imperios de turno relativamente amplio, y con una clara cultura hegemónica que pretendía legitimarse como cultura nacional. La producción cultural centroamericana, en cambio, se encontraba determinada por una situación particular signada por la balcanización y una endémica debilidad estructural característica de cada una de las sociedades llamadas nacionales en que se había desgajado la antigua capitanía, y donde era prácticamente imposible disponer del mínimo marco institucional para producir una cultura autorreferencial.

Persistía una oposición entre una masa campesina (Costa Rica, por ejemplo) o indígena mayoritaria, que conservaba una lengua o una cultura diferentes, y en algunos casos aún antagónicas a la de la pequeña clase dominante, (caso de Guatemala). De allí que a principios del siglo XX, mientras en regiones donde se había liquidado la herencia colonial y se habían estructurado metrópolis predominantemente capitalistas (Río de la Plata, México, etc.), y aparecían movimientos literarios semejantes a los europeos, en la subregión centroamericana, compuesta por sociedades tradicionales, la literatura predominante era la poesía ornamental y el cuadro de costumbres.

Cabe preguntar: ¿se puede considerar a Costa Rica un Estado nacional? Y correlativamente: ¿es posible considerar la literatura costarricense una literatura nacional? El concepto de nación, corresponda o no a una realidad socio-histórica y cultural que legitime su empleo, tiene una existencia ideológica y anímica innegable. Por otra parte, es igualmente difícil llamar literatura nacional a una literatura que se produce en función de una clase dominante minoritaria que identifica sus intereses particulares, su dominación, con los intereses generales de la nación, en una actitud claramente discriminatoria y excluyente frente a las masas mayoritarias del país.

Si tomamos en cuenta la manera específica del proceso histórico de organización del Estado costarricense a principios del siglo XIX, un proceso histórico que, mutatis mutandis, se asemeja más al de las grandes repúblicas de América del Sur que al de las de América Central, se puede considerar a ese Estado como un Estado nacional. Es decir, un ordenamiento jurídico coherente, en un territorio relativamente integrado, donde vive una población relativamente homogénea. Esa homogeneidad se debe al hecho de que en Costa Rica, el peso numérico y cultural, tanto de la etnia indígena como del componente poblacional negro, es mínimo.[2]

El desarrollo político y económico de Costa Rica tomó tempranamente un rumbo propio. Era la más pobre y aislada de las provincias centroamericanas y también la que contaba con la población indígena más exigua, lo cual no permitió la implantación de un sistema de encomiendas, como por ejemplo, sí fue el caso en Guatemala. Hasta bien entrado el siglo XX, la población no llegaba aún al medio millón. Según el censo de 1927, la población total de Costa Rica constaba de 472.000 habitantes. La capital, San José, estaba habitada por 46.000 personas. La población total vivía en partes casi iguales en ciudades (52%) y en el campo (48%).[3]

La política de distribución de la tierra y el impulso dado a la producción de café en tiempos de Braulio Carrillo, en la cuarta década del siglo XIX, permitió que Costa Rica continuara siendo durante algunas décadas más, como en tiempos de la Colonia, un país de pequeños propietarios. Estos hechos: aislamiento, pobreza, escasez y homogeneidad de la población, buena distribución de la tierra, contribuyen a la explicación del desarrollo relativamente democrático y liberal. Se crearon posibilidades de educación popular de cierta amplitud, en comparación con los otros países de la región. Costa Rica siempre se ha enorgullecido de tener más maestros que soldados. En 1931 se gastaron más de cuatro millones de colones del presupuesto nacional en educación, mientras que el presupuesto para el ejército, la marina y la policía apenas ascendió a dos millones y medio. La tasa de analfabetos pudo ser bajada en esa época a 23%, mientras que en Nicaragua y Guatemala llegaba a 75% y 80%, respectivamente.[4] Si bien estas cifras en el contexto general de las sociedades latinoamericanas son diminutas y aparentemente irrelevantes, para la formación social costarricense representan al menos indicadores de una posibilidad teórica de la existencia de un círculo mayor de receptores de literatura.

En Costa Rica no fue necesario, como en Guatemala en la década de 1870, llevar a cabo una reforma liberal, más o menos violenta, para desamortizar las propiedades eclesiásticas, o como en El Salvador, para desalojar a comunidades indígenas o mestizas de las tierras aptas para la producción cafetalera. En el caso costarricense, la oligarquía había organizado ya la producción de café desde la década de 1840, en terrenos baldíos o estatales de la región central del país, donde se concentraba la mayor parte de la escasa población.

La riqueza producida por el café había dado una sólida base económica a la organización de un Estado patrimonial en el cual, a diferencia de muchos otros países de América Latina, no hubo demasiada ingerencia por parte de los militares. Sintomáticamente quizá, quien puso término a las intervenciones de los generales Blanco y Salazar, de quienes se habían servido las diferentes facciones de la oligarquía cada vez que no se ponían de acuerdo sobre el cambio de gobernante, fue un militar, el general Tomás Guardia, cuya dictadura (1870 - 1882) tuvo, así como la de Braulio Carrillo, un carácter liberal y progresista.

Guardia promulgó una nueva Constitución que marca la transición del Estado patrimonial al Estado liberal. Su legislación impulsó al mismo tiempo la construcción de caminos, de ferrocarriles y de puertos. Su período de gobierno marca igualmente la entrada del capital americano y el inicio del establecimiento del enclave bananero en la costa atlántica.

La muerte de Guardia en 1882 deja paso a una nueva generación de abogados y estadistas, que al tomar las riendas del poder, reorganizan la educación, la administración pública, el comercio, etc. Es la generación que institucionaliza, llevándola a la práctica, la ideología liberal ya dominante.

En el plano económico, la sofisticación del procesamiento del café, el monopolio del crédito retenido por los grandes terratenientes y exportadores, el endeudamiento de los productores menores - a causa de las bajas periódicas de los precios en el mercado mundial - habían traído consigo, a lo largo de las últimas décadas del siglo XIX, una paulatina concentración de la propiedad rural y la correspondiente proletarización de los pequeños cafeteros tradicionales. Por otra parte, la frontera agrícola, es decir, la cantidad de tierras cultivables baldías y de relativamente fácil acceso, comenzaba a agotarse. Así, importantes contingentes de campesinos sin tierra se ven obligados a abandonar la Meseta Central y forman, en los bananales, junto con peones centroamericanos y negros jamaicanos que sufrían condiciones similares, por primera vez en la historia del país, una considerable concentración de obreros agrícolas verdaderamente proletarizados.

Un proceso de cuestionamiento del ordenamiento oligárquico de la sociedad se pone en marcha, alcanzando su culminación, a nivel político, con la alianza de fuerzas progresistas integrada por: a) sectores del Partido Republicano, sobre todo el presidente Calderón Guardia, un médico que se había formado en la Universidad de Lovaina, bajo la influencia del Cardenal Mercier, uno de los máximos exponentes de la doctrina social de la Iglesia Católica; b) sectores de la Iglesia Católica costarricense, encabezados por el arzobispo Sanabria, una fuerte personalidad con profundas preocupaciones sociales, y finalmente c) el Partido Comunista, con su secretario general Manuel Mora, al frente. Estas fuerzas progresistas llegaron al poder durante los períodos presidenciales de 1940 - 1944 y 1944 - 1948.

Fue durante este período que cubre, *grosso modo,* la primera mitad del siglo XX que aparecieron las primeras manifestaciones específicamente literarias, obras de creación, realizadas por representantes de las incipientes capas medias intelectuales, en clara solidaridad con los nuevos sectores sociales dominados. Durante el período de la dominación oligárquica no existió prácticamente literatura en Costa Rica. Apenas hubo una cierta actividad periodística y algunas manifestaciones de crónicas coloniales a la González Prada. En esta coyuntura aparece una narrativa que tematiza las nuevas contradicciones de la sociedad y que expresa el cuestionamiento a que se ve sometida la dominación de la oligarquía y el capital imperialista. Es una literatura que intenta dar una imagen total de la sociedad, que denuncia las condiciones presentes y trata de recuperar el pasado y de proyectarse al futuro al proponer una organización alternativa de la sociedad. Es la narrativa socialrealista, objeto de estudio de la presente investigación.

El proceso cultural en Costa Rica
Durante la Colonia sólo se creó una universidad en Centroamérica, la de San Carlos de Guatemala, fundada en 1678. En León de Nicaragua, existió un Colegio Mayor que fue elevado a rango de universidad por un decreto de las Cortes de Cádiz en 1812. La universidad de El Salvador fue fundada en 1841 y la de Honduras en 1847, ya en época de la República. En Costa Rica no sería sino en 1814, en vísperas de la Independencia, que se fundó en San José la primera escuela, la Casa de Enseñanza de Santo Tomás, la cual fue una rara mezcla de escuela de primeras letras y de universidad medieval. En un informe de 1814 se lee: "...he logrado gracias al espíritu patriótico del vecindario un fondo no sólo para poner la de primeras letras en donde se dará a los niños, que prueben ser completamente miserables, cartilla, papel y demás que para ese objeto se necesitan, sino también establecer las cátedras de Gramática, Filosofía y Cánones y Teología Moral."[5]

En 1843 por decreto oficial, la Casa de Enseñanza pasa a ser universidad, organizándosela, ahora, según las ideas racionalistas dominantes del momento. El retórico discurso inaugural del primer mandatario de la República revela cómo las nuevas necesidades del país, en tanto que nuevo exportador al mercado mundial, determinan el plan de estudios y la ideología que lo sustenta.

"Cuánto necesita ahora saber un negociante para que sus aventuras lleven la posibilidad de un buen éxito! Examinemos... Geografía, en primer lugar, para conocer la situación relativa de los pueblos y dónde se hallan los productores y dónde los consumidores de un artículo determinado; Lenguas, para poder viajar sin tropiezo por todas partes; Aritmética y Contabilidad en todas sus aplicaciones; Economía Política para entender a fondo las leyes de la riqueza pública y particular; Ciencias químicas y naturales para conocer perfectamente las propiedades y usos de todos los objetos comerciales; Nociones del Derecho General para no dejarse sorprender en sus contratos; Conocimientos de la naturaleza de los gobiernos de cada país, de sus leyes y reglamentos y de su política para no comprometer ligeramente el resultado de sus negociaciones. Esto y más tiene que saber un comerciante para especular con acierto, y su profesión por consiguiente se eleva al rango de las literarias. Otro tanto se puede decir del hacendado, que está perdido si no conoce la aplicación de la maquinaria y de los procederes químicos a las diversas operaciones de la agricultura."[6]

La universidad nunca llegó en realidad a funcionar satisfactoriamente, a pesar de los buenos augurios y del énfasis sobre su importante papel expresados en el discurso del ilustre mandatario, a veces por falta de fondos, otras, por falta de estudiantes. En 1888 la universidad termina siendo clausurada, dándose como motivo la necesidad y el deseo de concentrar los esfuerzos y los recursos en la organización y el desarrollo de la escuela primaria y sobre todo en el de la muy deficiente enseñanza secundaria. Sólo se conservó la Escuela de Derecho, creándose al mismo tiempo las escuelas profesionales superiores de Medicina e Ingeniería.

No será sino en 1940 que se fundará la actual Universidad de Costa Rica. Hoy existen en el país además de la Universidad de Costa Rica, la Universidad Nacional, varios centros universitarios regionales en cabeceras de provincia y varias universidades privadas tanto nacionales como extranjeras. Durante el siglo XIX no hubo verdaderamente producción literaria alguna, como nos lo recuerda el historiador de la literatura Abelardo Bonilla:

"El estudio de la literatura costarricense debe tomar en cuenta dos hechos fundamentales, que provienen de la formación y desarrollo histórico de la nación y que explican muchas de sus expresiones, de sus vacíos y de su modo de ser auténtica: la ausencia, en sus orígenes, de una sólida cultura colonial que nos privó de la herencia literaria española del Siglo de Oro, y la ausencia posterior de los grandes movimientos que agitaron y dieron impulsos a la literatura occidental durante los siglos dieciocho y diecinueve.[...] Hubo ciertamente una influencia española, como lo veremos más adelante, pero nuestra literatura creció por sus propios medios y sólo adquirió densidad e importancia al comenzar el siglo veinte, después de haber condensado la conciencia de nacionalidad y el orden jurídico e institucional de la República."[7]

La literatura careció sin embargo de un factor de suma importancia para el desarrollo cultural en general y el literario en particular: el público. No existen estudios específicos al respecto, pero observaciones desperdigadas en artículos, estudios y ensayos permiten concluir que en efecto esa "caja de resonancia" que constituye un público numeroso y anónimo no se dará hasta bien entrado el siglo XX. Así lo observa Láscaris en su prólogo a la reedición del libro de González Flores sobre el desarrollo de la educación en Costa Rica:

"Es un fenómeno curioso, aunque sea natural, que cuanto más pequeño es un mercado de libros, menos conocidos son los libros editados en el mismo. Como se calcula escasa venta, se hacen ediciones muy cortas; además, no se distribuyen, o se distribuyen a un mercado escolar; el resultado: en pocos años se convierten en verdaderas joyas bibliográficas. Esto sucede en Centroamérica con la casi totalidad de los libros (exceptuemos, claro es, Gómez Carrillo, Rubén Darío, Asturias ...). Y no se trata de que carezcan de valor (hay de todo, ciertamente), o que no interesen. Casi me atrevo a decir que no interesan porque no se los conoce. Además, se da el miedo a las ediciones críticas y la indiferencia hacia las ediciones de obras completas. El resultado es que obras fundamentales se desconocen por quienes deberían conocerlas; poder leerlas supone toda una labor detectivesca. Bibliotecas de relativa importancia carecen de las fuentes básicas de su propio país. Personalmente, no creo que sea debido a la exigüidad del mercado, sino a la inexistencia práctica de mercados. Con excepción de algunas obras escolares, se supone que el resto o interesa a todo el mundo o no intersa a nadie. El resultado es que muchos investigadores y escritores centroamericanos carecen de 'caja de resonancia'."[8]

Así lo muestra un comentario del profesor Mario Sancho, en un artículo escrito en 1934, a raíz del debate de ideas que suscitara el auge del comunismo en el país: "Entre paréntesis: a García Monge, que en una ocasión se quejaba de que por más bachilleres que echáramos nosotros a la calle él no veía aumentar las suscripciones de su *Repertorio,* tuve que confesarle, no sin amargura, que en el Colegio de Cartago, cuando mi señora y yo no abríamos el ejemplar del *Repertorio* que llega a la biblioteca se quedaba tan virgen como las compañeras de Santa Ursula."[9]

Si bien es cierto que Láscaris en la Introducción a su *Desarrollo de las ideas en Costa Rica,* alaba la vocación intelectual de los costarricenses, la impresión que deja la lectura de su libro es que la actividad intelectual en el país es una actividad realizada por individuos más o menos aislados unos de otros. "Una primera dificultad ha sido el hecho de que gran parte de la producción intelectual costarricense se halla en forma de artículos y no de libros. El artículo en Costa Rica suple y equivale al libro, dentro del ámbito nacional. Y ello se agrava a la hora de intentar situar las corrientes de pensamiento."[10]

El artículo de periódico es poco más que flor de un día, y las revistas eran de circulación reducida, y se leían poco, como lo indicara Mario Sancho. El propio García Monge se quejó alguna vez del vacío en que caían muchas de sus iniciativas editoriales, baste para ejemplo su comentario sobre *La Edad de Oro,* "...(lecturas para niños) 1925 - 1927. Salieron 6 cuadernos; murió por falta de apoyo en maestros, profesores y padres de familia."[11]

Al contrario, en las grandes aglomeraciones urbanas divididas en clases donde se da una relativa especialización y división del trabajo, se contaba con públicos bastante amplios y diferenciados. En América Central, las ciudades donde vive la oligarquía terrateniente son poco más que meros asentamientos aldeanos, y la literatura - si existe - es tan sólo un ornamento más de su situación de privilegio señorial. Para decirlo en términos directamente comprensibles, mientras Buenos Aires contaba en 1930 con casi tres millones de habitantes, Costa Rica no llegaba al medio millón y no había ninguna ciudad centroamericana que sobrepasara los cuarenta o cincuenta mil habitantes. Y mientras en la capital argentina existía un público regular para treinta y siete salas de teatro, se publicaban tres docenas de revistas periódicas y un número considerable de novelas - algunas de las cuales alcanzaban tirajes de hasta cincuenta y cien mil ejemplares - en las capitales centroamericanas publicar un libro, amén de una revista, era toda una proeza. Al no existir un público, las publicaciones apenas circulaban entre el grupo de amigos y allegados.[12]

Evidentemente que hubo diferentes corrientes de pensamiento que jugaron un papel importante en la formación de las diferentes generaciones de jóvenes que pasaron por las aulas del Liceo de Costa Rica, del Colegio Superior de Señoritas, en San José; por las aulas del Colegio San Luis Gonzaga, de Cartago, primero dirigido por los jesuitas y después por profesores españoles formados dentro del krausismo; y por las de la Escuela Normal de Costa Rica, fundada en 1914, en la ciudad de Heredia, una institución que vino, de alguna manera, a llenar el vacío dejado por la clausura de la vieja universidad en 1888. Varios de sus profesores y directores se formaron en Argentina y sobre todo en el Instituto Pedagógico de Chile. Con ellos llegaron al país también las ideas anarquistas: Roberto Brenes Mesén, Omar Dengo, García Monge, etc.[13] Ya en la década de los treinta, las ideas socialistas y comunistas se hicieron presentes, así como las ideas de corte socialcristiano y socialdemócrata. Existieron agrupaciones que fundaron centros de estudios, como Germinal, anarquista y socialista; la universidad popular, impulsada por el Partido Comunista.[14] Ambos de vida efímera. Los socialdemócratas fundaron el Centro para el Estudio de los Problemas Nacionales, que publicó la revista *Surco,* y que tuvo mucha influencia después de la guerra civil de 1948.

Periodización

Para analizar la narrativa socialrealista en Costa Rica, se hace necesario esbozar una periodización de las fases y procesos por los que ha pasado, en su evolución, la formación social costarricense. La periodización propuesta por José Luis Vega Carballo es apta para los fines de este estudio. El autor basa su ensayo de periodización tanto en la influencia de factores exógenos como en la acción de factores endógenos.

"La Costa Rica moderna es producto del desarrollo colonial del capitalismo, de sus desigualdades y contradicciones, desde el segundo tercio del siglo XIX hasta el presente. La expansión mundial del capitalismo europeo y luego del norteamericano, contribuyó a formar el modo de producción interno y a integrar a él, subordinadamente, los restos de la economía pequeño-campesina heredada de la colonización española. Tuvo el país que jugar, dentro del contexto internacional, un papel de economía periférica, complementaria y dependiente, altamente especializada en la exportación de café y banano, el primero a cargo de productores nacionales que organizaron el cultivo y la exportación, y el segundo dominado totalmente, desde la explotación hasta la comercialización, por la compañía norteamericana United Fruit Company."[15]

Después de este planteamiento general, Vega Carballo propone una periodización en cuatro grandes fases:

La primera fase va de la declaración de independencia del Imperio español en 1821 hasta el final de la dictadura del General Guardia, 1882; esta fase corresponde por un lado a la organización del Estado, proceso que se puede considerar acabado con la dictadura progresista de Braulio Carrillo, 1838 - 1842, y por otro, a la puesta en marcha de la producción cafetalera. En el fondo, dos aspectos de un mismo proceso. La abundancia de tierras fértiles, el éxito del café en el mercado inglés, el control del crédito y de la exportación, hacen que unas pocas familias se establezcan como clase dominante, constituyendo lo que se suele llamar la oligarquía cafetalera.

La segunda fase se inicia con la aparición del capital americano a raíz de la construcción del ferrocarril. Esta etapa marca no sólo la profundización de la dependencia, sino también y como corolario, la aparición de grandes concentraciones de obreros agrícolas, realmente proletarizados, es decir sin la tradicional relación con la tierra, característica todavía de la primera fase. Ellos constituirán el sector más combativo de los grupos sociales que cuestionan el sistema oligárquico de dominación.

La tercera fase corresponde a la articulación a nivel político de esa reacción antioligárquica a través de una movilización popular reformista que se despliega entre 1930 y 1950.

La cuarta fase tiene su comienzo en 1950 y dura hasta hoy. Se caracteriza, según Vega Carballo, por lo que él denomina la satelización del país y los nuevos esfuerzos por llevar a cabo la integración centroamericana. El proyecto de creación del mercado común centroamericano es un intento paralelo a lo que varios países de América del Sur, así como México, habían ensayado en la coyuntura de los años treinta: una diversificación de la producción agrícola y un intento de industrialización por substitución de importaciones.

"El proyecto de mercado común y en general toda la política integracionista de desarrollo, anota Vega Carballo, responde a una nueva visión y actitudes modernas de los grupos sociales que emergen más acusadamente en la década del 50 y entre ellos, los ligados al sector comercial-financiero y al comercial-industrial, que ahora comparten en la mayor parte de estos países, el liderazgo y la dirección política del Estado junto a la burguesía agrario-exportadora tradicional."[16]

En un primer momento esta política fue vetada por los Estados Unidos por temor a que llevara a una actitud de independencia. No será sino a raíz de la crisis internacional de los precios del café en 1956, la recesión económica general y la Revolución Cubana, en 1959, que los intereses nacionales coincidirán con los intereses extranjeros. En ese momento las grandes multinacionales ya estaban de nuevo preparadas para una nueva etapa expansionista.

"Pudimos así observar, cómo una gran cantidad de sucursales de consorcios multinacionales comenzaron a establecerse, disfrazadas de 'industrias de integración' y gozando, por tanto, de innumerables ventajas y exenciones de impuestos otorgadas por el hecho de operar dentro de las barreras proteccionistas de un mercomún y contar con gran respaldo interno, tanto en las esferas gubernamentales como en las privadas, que veían en la inversión extranjera una buena oportunidad para obtener enormes ganancias, no sólo pecuniarias sino también políticas."[17]

El presente estudio sobre la narrativa socialrealista en Costa Rica está limitado temporalmente, en lo histórico-político por la dictadura del General Guardia (1871-1882), iniciándose, en lo literario, con la polémica sobre el nacionalismo en literatura. El límite superior está determinado por la llamada guerra civil o revolución del 48, que puso fin al periodo de la alianza de fuerzas políticas progresistas que estuvo en el poder entre 1940 y 1948. La producción literaria que se analizará, en sus obras más representativas, se dio en la segunda y tercera etapas delimitadas por Vega Carballo. La primera obra analizada es de 1900, las dos últimas, de 1950.

A raíz de los sucesos del 48 y de la nueva Constitución política de 1950, base jurídica de la Segunda República, la sociedad costarricense emprenderá una evolución y un desarrollo notablemente diferentes de los que había conocido hasta entonces. En el plano de la producción cultural, el auge y la fecundidad de la novela socialrealista será reemplazado por una suerte de apagón cultural. Y no será sino a partir de los años sesenta que la producción literaria retomará impulso, ya sea porque los escritores de la generación del cuarenta vuelven a publicar o porque nuevas camadas de escritores, y sobre todo de escritoras, comienzan a dar a conocer sus obras. Esta literatura de las últimas tres décadas, a pesar de ser en muchos aspectos una continuación de las temáticas y logros de las generaciones anteriores, muestra no obstante una clara y consciente voluntad de integrarse a las grandes corrientes literarias modernas, en todos sus aspectos, lo que la hace bastante diferente de la anterior; por ello, me parece natural que el objeto de estudio de este trabajo tome como límite cronológico superior el año de 1950.

La investigación consta de tres partes: una primera parte de carácter teórico, donde se exponen los principios y los métodos que se han seguido en la elaboración de la hipótesis de trabajo, el planteamiento de la problemática general de articulación de la producción literaria al proceso de desarrollo histórico y cultural de la sociedad costarricense, así como los principios para el análisis literario. Una segunda parte que se dedicará a un análisis del desarrollo socio-político de Costa Rica y finalmente una tercera parte que estará constituída por el análisis concreto de diez obras representativas de la narrativa socialrealista de Costa Rica.

Notas y referencias

1. Consultar: Torres-Rivas, Edelberto: *"Síntesis histórica del proceso político"* en Varios: *Centroamérica hoy,* Siglo XXI, México 1976, p. 10-118

2. Se estima actualmente que en Costa Rica viven unos 13.000 indios, la mayor parte en la región de Talamanca, y alrededor de 35.000 negros de origen antillano, concentrados sobre todo en la provincia de Limón, en la costa atlántica. Magnus Blomström y Mats Lundahl: *Costa Rica, en landstudie.* Latinamerika-Institutet, Stockholm 1989, p. 8

La cultura negra, al contrario de la indígena, se hace presente cada vez más claramente en el contexto nacional. Véanse los trabajos de Carlos Meléndez y Quince Duncan: *El negro en Costa Rica* y el de Duncan: *El negro en la literatura costarricense,* ambos publicados por Editorial Costa Rica, San José, 1979 y 1975, respectivamente. Existe un interesante estudio de la historia de los negros en Costa Rica de Paula Palmer: *"Wa' apin man". La historia de la costa talamanqueña de Costa Rica, según sus protagonistas.* Instituto del Libro, San José, 1986.

3. *La pobreza en Costa Rica. Análisis del sector urbano.* Departamento de planificación y coordinación sectorial (Ed.) San José, 1979, p. 27.

4. Kepner, Charles D. Jr.: Social Aspects of Banana Industry. New York 1967, p. 34. Las cifras corresponden al año 1931.

5. Informe presentado el 17 de mayo de 1814 por Manuel Alvarado, citado por Calos Monge: *Universidad e Historia,* Ministerio de Cultura, San José, 1978, p. 19.

6. Discurso de inauguración de José Ma. Castro, citado por Carlos Monge: Op. cit., p. 34

7. Bonilla, Abelardo: *Historia y Antología de la Literatura Costarricense,* 2 tomos, Librería Trejos Hnos, San José, 1957, tomo 1, p. 15.

8. Láscaris, Constantino: Prólogo a Luis Felipe González: *Historia de la influencia extranjera en el desenvolvimiento educacional y científico de Costa Rica,* Editorial Costa Rica, San José, 1976, p. 9.

9. Sancho, Mario: *Memorias,* Editorial Costa Rica, San José, 1976, p. 176.

10. Láscaris, Constantino: *Historia de las ideas en Costa Rica,* Editorial Costa Rica, San José, 1975, 2a. ed., p. 9.

11. García Monge, Joaquín: "*Carta a Modesto...*" agosto 1944, en *Obras Escogidas* EDUCA, San José, 1974, p. 22-23.

12. Losada, Alejandro: "*La internacionalización de la literatura del Caribe en las metrópolis complejas.*" en Losada (editor): *La Literatura Latinoamericana en el Caribe,* Lateinamerika-Institut, Berlín, 1983, p. 290.

13. Láscaris, Constantino: *Historia de las Ideas en Costa Rica,* p. 181 y ss.

14. De la Cruz, Vladimir: *Las luchas sociales en Costa Rica* 1870-1930, Editorial Costa Rica y Editorial Universidad de Costa Rica, San José, 1983, p. 79 y ss. y p. 127-128.

15. Vega Carballo, José Luis: "*Etapas y procesos de la evolución histórico-social de Costa Rica*" en ALERO no. 9, Guatemala, 1972, p. 25 y ss.

16. Vega Carballo, J.L.: *Op. cit.,* p. 33.

17. *Ibidem.*

PRIMERA PARTE

PREMISAS
TEORICO-METODOLOGICAS

El punto de partida metodológico

Para el establecimiento de la hipótesis general de trabajo que está a la base de mi investigación acerca del surgimiento y el desarrollo de la narrativa socialrealista de Costa Rica he buscado inspiración en los estudios teóricos y en los análisis concretos de dos investigadores de la literatura: Alejandro Losada y Lucien Goldmann. Los modelos teóricos de Losada me han servido para fundamentar una visión de conjunto del proceso mismo de la narrativa socialrealista y su articulación al proceso de desarrollo general de la sociedad costarricense; los estudios de Goldmann inspiran los análisis de las obras representativas de la tendencia socialrealista en la narrativa escrita entre 1900 y 1950. En los análisis concretos no se buscará empero la uniformidad, ya que el corpus estudiado es muy heterogéneo. Todos los textos son narrativos, pero existe entre ellos una variedad que va desde relatos, más o menos largos, hasta textos que por su conmplejidad y estructura constituyen verdaderas novelas. Mas es la presencia del rasgo socialrealista, que el estudio intentará demostrar, el elemento que asegura la unidad del conjunto. La búsqueda de una uniformación absoluta en los análisis violentaría la realidad empírica representada por el corpus mismo. Cuando las obras son heterogéneas, los análisis difícilmente pueden ser homogéneos.

De los numerosos trabajos de Losada, interesan, en el contexto de mi investigación, el concepto general de modo de producción cultural, y particularmente, el concepto de modo de producción cultural social-revolucionario. Los trabajos de Losada representan uno de los varios esfuerzos que, en las últimas décadas, se han venido desplegando entre los estudiosos de la literatura de América Latina, para dar una fundamentación teórica más acabada a la crítica literaria latinoamericana. A ello se refiere el crítico peruano Antonio Cornejo Polar al constatar que:

"En los últimos años se ha venido insistiendo, desde perspectivas no siempre coincidentes, en la urgencia de adecuar los principios y los métodos de nuestro ejercicio crítico a las peculiaridades de la literatura latinoamericana. Se trata en términos generales de la 'necesidad de autointerpretación' que invoca Mario Benedetti, o si se quiere ser más enfáticos, del requerimiento de fundación de una crítica de verdad latinoamericana."[1]

Los trabajos de Goldmann son extensos, pero en la perspectiva de su aplicación a estudios de historia literaria, que es la que interesa aquí, hay dos ensayos que me parecen centrales: *"Introduction aux premiers écrits de Lukács"*, publicado en el libro de este último, *La théorie du roman,* y el ensayo: *"La méthode structuraliste génétique en histoire de la littérature"*, que cierra su libro, *Pour une sociologie du roman.*[2] De Goldmann he retenido principalmente dos conceptos fundamentales: el concepto

27

de homología y el de visión del mundo. El primer concepto atañe a la obra literaria y la sociedad en que se produce. El segundo concierne el esfuerzo de los grupos sociales, en nuestro caso los creadores de literatura, por llevar a un alto grado de coherencia las estructuraras mentales, emotivas, etc., que se encuentran en el grupo mismo de los creadores, o en grupos o sectores sociales mayores, con los cuales los escritores comparten solidariamente aspiraciones, proyectos y críticas del orden social reinante. Los conceptos de homología y de visión del mundo traen consigo otros, como por ejemplo, el de valores auténticos y valores degradados, y el de sujeto problemático, que utilizo en algunos de mis análisis.

El concepto losadiano de modo de producción cultural

Losada elaboró el concepto de modo de producción cultural para dar cuenta de procesos literarios latinoamericanos que parecen altamente contradictorios. Los diferentes tipos de literatura son perceptibles tanto si se los mira desde una perspectiva histórica como si se les observa desde un punto de vista sincrónico. El romanticismo se da, al mismo tiempo, tanto en Lima como en Buenos Aires, pero sus características y sus funciones con respecto a la totalidad social son muy diferentes o prácticamente opuestas. Al contrario, el realismo social se desarrolla en Argentina y en Costa Rica con un desfase temporal de casi un siglo, siendo sus funciones, sin embargo, prácticamente las mismas: denuncia de un tipo de organización social y propuesta de una transformación radical de la sociedad.

A partir de la comprobación empírica de la existencia de diferentes tipos de literatura en el ámbito latinoamericano, Losada fue elaborando una serie de modelos teóricos que pudieran dar razón de las causas de esas difrencias. El concepto de modo de producción cultural de Losada conjuga tres elementos o variables: 1. El espacio social, es decir, la percepción y la tematización de los conflictos presentes en la formación social en la cual surgen las obras que se intenta comprender y analizar. 2. El sujeto social productor, es decir, el grupo de creadores, que tienen como praxis social específica, precisamente la creación de universos de significación literarios. Este grupo de productores de literatura guarda relaciones diferentes con la totalidad social y especialmente con los sectores que detentan el poder económico y político y con los sectores desfavorecidos de la sociedad. Su actitud puede ser de rechazo de estos últimos y de identificación con las élites dominantes; de rechazo tanto de las élites del poder como de los sectores populares; o bien de rechazo de los sectores dominantes en una actitud de solidaridad con los sectores sociales dominados. 3. Las funciones que los creadores estiman que su literatura debe desempeñar. Para unos la función de la literatura sería la elaboración de la subjetividad y de la marginación a que se ven sometidos por una sociedad que no valora su actividad y de la cual se sienten ajenos. Para aquellos que no se pueden identificar con las clases dominantes, con el orden social por ellas creado, y que, con una visión utópica, imaginan una manera diferente de organizar la sociedad, de distribuir la riqueza y el poder, etc., su creación literaria debe cumplir otras funciones sociales que la elaboración de la subjetividad o la marginalidad.

El resultado de las diferentes formas en que esas tres variantes se combinan son los paradigmas estético-culturales. Esa articulación se pone en obra en la elaboración de los conflictos de la sociedad, según la manera en que se relaciona el grupo productor con el resto de la sociedad y de acuerdo a las funciones que estima que la producción de literatura debe cumplir.[3]

Otro aspecto presente en la elaboración del concepto de modo de producción cultural es el análisis crítico de los postulados que están a la base de la historiografía literaria tradicional. Las historias tradicionales de la literatura consideraban que la literatura latinoamericana reproduce el desarrollo de la literatura de los grandes centros dominantes de Occidente, y especialmente, el desarrollo de la literatura francesa. La historia de la literatura latinoamericana se articularía a los grandes movimientos del desarrollo del capitalismo, al nivel macroeconómico, según la terminología de Losada. En la teoría losadiana de los modos de producción cultural, el proceso literario se considera como íntimamente relacionado no con ese nivel macroeconómico del desarrollo del capitalismo, sino con el proceso histórico específico de cada una de las diferentes formaciones sociales.[4]

"La articulación de los procesos literarios a los procesos de formación y desarrollo de las sociedades latinoamericanas se puede realizar en dos niveles. Si se privilegia el nivel *macroeconómico,* se insistirá en el proceso de internacionalización del capitalismo hegemónico y, por lo tanto, se considerará el factor externo como la variable fundamental que determina el cambio de las épocas y de los períodos literarios latinoamericanos. Si se considera esencial, en cambio, el nivel *macrososial,* se tratará de dar relevancia a las transformaciones y a las funciones que cumple la producción literaria dentro de cada formación social. Como veremos, la disyuntiva es sólo aparente, ya que a lo largo de los últimos dos siglos hay procesos literarios que se articulan a uno y otro espacio económico-social."[5] (Enfasis del autor)

La articulación al nivel macroeconómico está pues a la base de las periodizaciones de las historias literarias tradicionales que toman como punto de partida las tres etapas de la dependencia latinoamericana. A la dependencia colonial de España y Portugal, en la época de la revolución mercantil, corresponde una literatura colonial. Bajo la dependencia neo-colonial de Inglaterra, en la época de la revolución industrial, se dieron fenómenos literarios similares a los que existieron en Francia, las obras de este período son generalmente consideradas, en los diferentes países, como la literatura "nacional". Finalmente, durante la dependencia de Estados Unidos, en la etapa imperialista, se dan procesos literarios modernos, tales como los vanguardistas y cosmopolitas del siglo XX.

De ahí que una de las categorías utilizadas para la caracterización de esta literatura sea la de influencia. Las corrientes literarias y los creadores de los centros metropolitanos ejercerían una influencia decisiva sobre la producción literaria latinoamericana. Nuevos estudios han demostrado, sin embargo, que al lado de esa literatura reproductiva y emulativa se ha dado siempre, en América Latina, una literatura de los vencidos[6], así como una literatura mestiza, que al integrar elementos nativos, no reproducía pura y simplemente los modelos metropolitanos, lenguajes que subvertían el léxico, los géneros, etc.[7] Lenguajes que también se dieron en el siglo XIX, y que tendían a la superación o la destrucción de formas precapitalistas de organización de la sociedad, como es el caso de los proscriptos rioplatenses y de los patriotas cubanos en el exilio. En el siglo XX, tanto el ensayo, la poesía y la novela sociales como el teatro popular y la canción de protesta, constituyen formas de contracultura que programáticamente se proponen la articulación de una conciencia colectiva con miras a provocar una revolución social.

El modelo de periodización utilizado por la historiografía literaria tradicional da evidentemente razón de parte de los procesos literarios en América Latina. Este modelo tradicional se basa, según Losada, en cuatro aserciones: a) la distinción en tres épocas; b) el criterio que permite distinguirlas no se atiene a las diferencias literarias, sino a la participación en un fenómeno más amplio que se halla en el nivel estructural; c) la variable determinante que explica la transformación de los procesos literarios se encuentra en los centros hegemónicos del capitalismo internacional; y d) esa variable externa determina procesos análogos en toda América Latina.[8]

La adopción de este modelo de periodización para el caso concreto de Costa Rica, donde la literatura aparece tardíamente, compele a los historiadores de la literatura a detectar todas las diferentes corrientes literarias que se dieron en otros países a lo largo de varios siglos, pero que en el país se darían casi simultáneamente en pocas décadas: poesía religiosa, "noveletas" románticas, crónicas coloniales, imitación de modelos franceses de finales del XIX, realismo, naturalismo, costumbrismo, modernismo, movimientos de vanguardia, etc., etc.[9]

Para una mejor comprensión del proceso de la literatura en Costa Rica, y especialmente de la novela, según la nueva perspectiva que se propone, me parece oportuno utilizar, comparativamente, como punto de partida la caracterización que hace Losada de dos de los modos de producción cultural que se dan en América Latina: 1. El que está a la base de la literatura que surge en los grandes espacios urbanos internacionalizados y 2. el que encontramos en sociedades que aún están en una etapa de liquidación de la herencia colonial, o de su reorganización oligárquico-liberal. La estrategia metodológica a seguir es ver el grado de operatividad que el modelo abstracto, propuesto por Losada, tiene para un intento de esclarecimiento del proceso literario costarricense. Vistas las características específicas del desarrollo histórico-social costarricense, el modelo deberá sin duda ser adaptado y reajustado. Mas veamos antes la caracterización losadiana de los dos modos de producción cultural.

Los procesos literarios en los espacios urbanos internacionalizados

Los postulados sobre los que se basa el modelo tradicional de periodización no son necesariamente válidos para todas las regiones o países, el impacto de la expansión capitalista no es el mismo en todas las formaciones sociales ni se dan contemporáneamente, por eso se hace necesario articular los procesos literarios a los procesos de formación y transformación de cada región o de cada sociedad particular, a lo macrosocial, según la terminología losadiana.

Para el primer modo de producción literario, que se da en los grandes centros urbanos de América Latina, Losada sigue, críticamente, la periodización tradicional. Cada vez que un modo de producción dependiente del capitalismo hegemónico se estabiliza, surgen en América Latina espacios urbanos similares a los europeos. Los tipos ideales son: a) La ciudad administrativa colonial, sobre todo las capitales de los dos virreinatos Perú y México y más tarde Río de Janeiro, transformada en la corte del imperio portugués a raíz de las guerras napoleónicas y la huída del rey a Brasil. En esta etapa, el intelectual es un cortesano, miembro directo de la clase dominante, vinculado a la Universidad, a la Iglesia o a la nobleza. b) Después de la independencia de las antiguas colonias españolas y portuguesa, estas ciudades se convierten en capitales republicanas, cuyas élites siguen sintiéndose unidas a Europa y viven de espaldas al resto de la población que constituye una mano de obra esclava o semi-servil. El intelectual que debe representar la modernidad es un mestizo dependiente de la oligarquía señorial. c) Desde finales del siglo pasado aparece la ciudad metropolitana industrializada e internacionalizada; a México, Lima y Río vienen a agregarse otras grandes urbes: São Paulo, Buenos Aires, Montevideo, Santiago de Chile, La Habana, Caracas,

Bogotá, etc. Con el avance del capitalismo, estas ciudades son reorganizadas según relaciones de producción claramente capitalistas, apareciendo entonces la división de la sociedad en clases, con el surgimiento de masas compuestas de muchos millones de individuos, con culturas internas diferenciadas. En ellas, el intelectual es un profesional de la literatura, a quien la sociedad le propone diferentes alternativas para hacer uso de su talento y de su fuerza productora: puede poner su talento y su fuerza creadora al servicio del mercado cultural o articularse a la cultura supranacional elitista o vincularse a la resistencia o a la revolución.[10]

En los espacios urbanos latinoamericanos predominantemente capitalistas se podía producir una literatura similar a la de los centros metropolitanos europeos y norteamericanos: movimientos de vanguardia que elaboran los problemas planteados por la alienación capitalista, subjetivismo, marginación hermética, erudición culturalista "universal", experimentación, aislamiento, etc.

Un fenómeno social nuevo, que se ha dado en las últimas décadas, es el hecho de que esas grandes ciudades son prácticamente tomadas por habitantes de las zonas rurales que emigran a la ciudad en busca de mejores condiciones de vida. Lima y Ciudad de México son sin duda los ejemplos más claros al respecto, pero Buenos Aires, São Paulo, Río y muchas otras han experimentado fenómenos parecidos. "Cuando estas masas comienzan a ser manipuladas por movimientos políticos populistas, o se organizan y presentan sus propias demandas de participación, la situación se agudiza y aquellos procesos literarios que estaban referidos predominatemente a la subjetividad privada de una élite internacionalizada no pueden mantener su marginalidad y se convierten, muchas veces claramente, en una presencia reaccionaria dentro de la propia sociedad."[11]

Un rasgo característico de la literatura que se produce en estos momentos de estabilización del capitalismo periférico es el esfuerzo constante de parte del grupo productor por diferenciarse de las masas populares, y distanciándose de ellas, poder identificarse con la élite dominante que detenta el poder económico y político y, más allá, asimilarse a la producción cultural dominante en los centros hegemónicos metropolitanos.

El modo de producción cultural social-revolucionario

Al estudiar la producción literaria en el Caribe y América Central, Losada fue estableciendo, por contraste con la literatura del Río de la Plata sobre todo, las características del modo de producción cultural social-revolucionario. Losada constata, desde un punto de vista fenomenológico, la existencia de una producción literaria a lo largo del subcontinente que, por un lado, es diferente de la literatura neocolonial - llamada nacional por la historiografía literaria tradicional - y por otro, de la que se produce en las grandes metrópolis. Se trata, concretamente, de la literatura de la revolución mexicana (Azuela, Mancisidor, etc.); del negrismo cubano, con Nicolás Guillén a la cabeza; del movimiento indigenista de los países andinos (Mariátegui, Ciro Alegría, Icaza, A. Céspedes, J. Lara, José María Arguedas, Scorza, etc.); de la novela social del Nordeste brasilero (J. Amado, Lins do Rego, G. Ramos); de la negritud en las Antillas. Todo un movimiento sólido que funda su propia tradición y que llega a dar figuras de la envergadura de Alejo Carpentier, Ernesto Cardenal, Miguel Angel Asturias, Fernández Retamar, García Márquez, Juan Rulfo y muchos otros más. Sus obras constituyen un conjunto literario distinto del que aparece en los centros metropolitanos del Cono Sur, en Brasil y México (Borges, Onetti, Sábato, Cortázar, Donoso, Lispector, Paz. Fuentes, etc.)[12]

Las sociedades en que estos autores desarrollan su actividad de creación literaria no son, pues, sociedades relativamente estabilizadas por la implantación generalizada de las relaciones de producción capitalistas, como en el caso de las grandes metrópolis, sino sociedades en transición, donde varios modos de producción coexisten, donde se vive una etapa de desestructuración y reestructuración irresueltas: "Hablar de un modo de producción opuesto al que lo antecede diacrónicamente en cada subregión implica que el modo de producción general por el que cada sociedad produce y reproduce su vida material y cultural ha variado. Y dentro de ese cuadro de relaciones generales, se ha configurado un nuevo sujeto social que produce una nueva literatura para que cumpla nuevas funciones en esa situación general."[13]

El modo de producción social-revolucionario aparece en sociedades que no han superado aún la etapa colonial, en sociedades tradicionales en las cuales una minoría detenta el poder económico y político explotando una inmensa masa popular, a menudo de otra cultura y de otra lengua, gracias al mantenimiento de formas de trabajo servil, de un alto grado de analfabetismo y de una represión política generalizada. En sociedades sometidas a una dominación oligárquica, a veces muy vecina a las formas coloniales de dominación. O bien, en sociedades que pasan por periodos de crisis de legitimidad, como puede ser el caso provocado por la aparición de una producción de plantación, organizada por el capital imperialista.

En estos tipos de sociedad surgen grupos de intelectuales que se oponen al sistema de dominación y que al lado de su oposición política al régimen, emprenden una revaloración de la cultura de los sectores dominados, haciéndose al mismo tiempo eco de sus justas reivindicaciones. Gran parte de estos autores se han visto obligados a marchar al exilio, instalándose en las grandes metrópolis de América o de Europa, vinculándose allí, a menudo, con grupos de intelectuales críticos, igualmente empeñados en la transformación de sus respectivas sociedades. En el exilio, esos productores de literatura elaboran, con una nueva perspectiva internacional, continental y aún universal, la problemática de sus propias sociedades. En estas circuntancias, el exilio agrega al modo de producción cultural social-revolucionario un carácter internacionalizado.

Los rasgos típicos de la literatura escrita dentro del modo de producción cultural social-revolucionario son tres, según Losada. Es una literatura socializada, historizada y politizada, que se da como función la creación de una contracultura, de nueva identidad nacional, la liquidación de un pasado y la preparación de un futuro no capitalista.

La socialización de la producción literaria consiste, para Losada, en el esfuerzo de parte de los autores en cuestión por salvar el abismo que los separaba de su propio pueblo en un gesto de justicia, de reconcialición y de creación: "... el sujeto productor se despoja de su propia individualidad, o mejor dicho, la funde en la enunciación de una cultura que había sido despreciada y negada durante siglos, procurando configurar aquella conciencia colectiva y reproducir su experiencia histórica."[14]

La politizadicción se refiere a la triple contradicción que vive América Latina: por un lado las contradicciones que emanan de las relaciones entre el capitalismo hegemónico y las sociedades de la periferia dependiente; por otro, las que resultan de la explotación local de las clases dominadas por unas minorías oligárquicas o burguesas en esas sociedades que no llegan a superar el pasado colonial, la restauración oligárquica o que se encuentran en crisisde legitimidad por la presencia masiva del capital imperialista; finalmente, las contradicciones debidas a la presencia de dos o más culturas diferentes al interior de una misma sociedad que no ha llegado a una forma aceptable de integración social y cultural.

"La politización de la producción literaria es un concepto que no se refiere inmediatamente a la tarea de agitación con fines de movilizar a un sector social a través de la propaganda, aunque en casos determinados -como el de la Trilogía bananera de M. A. Asturias- sea esa la intención. Se refiere más bien a la articulación del proceso de producción a un horizonte de expectativas que comprende la totalidad social."[15]

Para Losada la historización de la práctica literaria se relaciona con la tentativa, por parte de los creadores, de superar la organización capitalista de la sociedad con todas sus contradicciones e injusticias, con miras a la instauración de un orden social futuro no capitalista. Esta perspectiva se confunde en la práctica con la actitud politizada de los sujetos productores. Losada establece la diferencia entre el rasgo de la politización y el rasgo de la historización de la praxis literaria por razones analíticas que le permiten subrayar la diferencia entre el modo de producción cultural marginal, que se da en las sociedades relativamente estabilizadas y divididas en clases de las grandes metrópolis urbanas de América Latina y el modo de producción social-revolucionario que encontramos en el otro tipo de sociedades, y que ha sido descrito en párrafos anteriores; sociedades tradicionales, inestables, en transición, etc.

"Los grupos que producen con la expectativa de liquidar la herencia colonial y de colaborar con el nacimiento de una nueva sociedad trabajan con una perspectiva *utópica;* mientras que los aquellos que están convencidos de que esta nueva sociedad no tiene alternativas producen con una perspectiva *catastrófica.* Unos están abiertos al futuro y le atribuyen a su actividad literaria la función de *colaborar* con el proceso histórico; mientras los otros, cerrados a toda posibilidad histórica y con nostalgia del pasado, se desentienden de la sociedad imaginando que la producción de cultura tiene la función de superarla o *trascenderla* fundando un tipo de existencia no condicionado por su inserción en un haz de relaciones sociales concretas."[16] (Enfasis del autor).

La socialización de la producción cultural, que la vincula a lo popular, la politización, que la refiere a las contradicciones de la totalidad social, y la historización, que le da una proyección hacia el futuro en miras a una organización alternativa de la sociedad, constituyen los rasgos diferenciales del modo de producción cultural social-revolucionario.

El modo de producción cultural social-revolucionario y la narrativa socialrealista de Costa Rica

Cabe ahora preguntar si el conjunto de la narrativa socialrealista de Costa Rica escrita en la primera mitad del presente siglo ha sido producida en circunstancias y con la perspectiva características del modo de producción cultural social-revolucionario. En los párrafos siguientes se establecerán hipótesis y se postularán interpretaciones del desarrollo social, cultural y literario de Costa Rica que serán demostradas y justificadas en los diferentes apartados de la investigación.

La sociedad en que aparece la narrativa socialrealista de Costa Rica, es una sociedad oligárquico-liberal que había tenido éxito, desde la tercera y cuarta décadas del siglo pasado, en liquidar rápida y fácilmente la herencia colonial, que por otra parte no había estado muy arraigada. La debilidad de la herencia colonial ser debía a la pobreza, la deficiencia demográfica y el aislamiento de la antigua provincia de Costa Rica. La relativa homogeneidad de la sociedad en el momento de la independencia facilitó la organización republicana del poder. El éxito de la producción cafetalera para el mercado mundial dio una base económica sólida al nuevo Estado, instalado en un territorio relativamente integrado. La habilidad de los sectores dominantes, cuyo personal era el mismo que durante la colonia, permitió el rápido establecimiento de un consenso ciudadano generalizado. Los intereses específicos de la clase oligárquica fueron aceptados como los intereses de toda la nación.

La necesidad de construir un ferrocarril que permitiera una salida más fácil y económica de los productos para el mercado europeo, a través de un puerto en la costa atlántica, provocó la aparición del capital norteamericano en las últimas décadas del siglo XIX. Este capital estableció, al mismo tiempo que construía el ferrocarril, la producción bananera en la región del Atlántico, como una típica producción de enclave.

Los pequeños campesinos proletarizados a causa de la concentración de la propiedad de la tierra en manos de los grandes productores y exportadores de café, los negros traídos de las Antillas como fuerza de trabajo para la construcción del ferrocarril y la organización del enclave bananero, los trabajadores centroamericanos, llegados al país en busca de mejores condiciones de vida, constituyen todo un nuevo sector social que inicia un cuestionamiento de la organización oligárquica de la sociedad. La presencia del capital imperialista norteamericano, nuevo socio de los sectores dominantes locales, ayuda a crear poco a poco, una crisis de legitimidad del modelo oligárquico de dominación. Las incipientes capas medias intelectuales, aparecidas por el ensanchamiento del aparato estatal y la mayor complejidad que va adquiriendo la sociedad, se suman a los grupos que cuestionan la legitimidad de la dominación de la oligarquía cafetalera y el orden social implantado por ella. El grupo productor de la narrativa socialrealista pertenece a esas capas medias intelectuales contestatarias.

Un rasgo diferencial del grupo productor de la narrativa socialrealista de Costa Rica, en comparación con el modelo teórico de Losada, es la ausencia del exilio. Este hecho se debe sin duda al carácter suave y no represivo con que la oligarquía ha ejercido su hegemonía en Costa Rica. Al no articularse los autores a las corrientes literarias modernas de las grandes metrópolis, como es el caso de los sujetos productores paradigmáticos del modo de producción cultural social-revolucionario, la novelística socialrealista de Costa Rica conserva rasgos relativamente tradicionales, bastante cercanos al realismo costumbrista. Es ésta una de las razones por las cuales la historiografía literaria costarricense tradicional no ha sido capaz de deslindar con suficiente claridad la tendencia socialrealista de la tendencia costumbrista.

La historiografía literaria costarricense toma como punto de partida para la periodización y la caracterización del proceso y desarrollo de la novela, el proceso y el desarrollo de este género en los países europeos y, en particular, en Francia. Se parte del supuesto de que en los países de la periferia, y en el caso concreto de Costa Rica, el género sigue las mismas etapas, pasando por las mismas corrientes, tan sólo con cierto desfase temporal, con cierto retraso. Tal es el caso, como se ha indicado ya, de la historia de la literatura de Abelardo Bonilla.

El concepto de retraso engendra la idea, y esto es otro problema más de la historia literaria, de que la literatura nacional va a la zaga de la producción literaria latinoamericana. En los últimos años, artículos y ensayos elaboran a partir de esta idea una distribución formalista de las obras entre tradicionales y modernas. Esta distribución, que en sí no se quiere valorativa, al comparar implícitamente la producción literaria costarricense con los logros de la narrativa latinoamericana, deja sin embargo la impresión de contener una minusvaloración de las obras clasificadas como tradicionales. Se hace entonces necesario discutir la idea misma de modernidad en un plano más amplio que envuelva tanto a la sociedad como a la producción literaria y no solamente los aspectos formales de las obras que se analizan.

Pero al tratar de utilizar esta óptica en el análisis, surge un nuevo problema que viene a agregarse a los anteriores. Se trata del desfase entre el desarrollo político, económico, social y cultural del país en general, que se considera bastante avanzado, y la producción literaria misma, que se valora como demasiado tradicional. Si Costa Rica ha sido capaz de organizar tempranamente un Estado nacional en un territorio relativamente integrado, y , en comparación con el resto de la región centroamericana, se han alcanzado altos niveles de alfabetización, un buen desarrollo de la educación a todos los niveles, una tradición democrática bastante arraigada y muchos otros logros que hacen, merecidamente, el orgullo de sus habitantes, ¿cómo es posible, se pregunta, que a pesar de esa acumulación cultural que esos logros demuestran, no se haya dado una literatura, o al menos un escritor que descuelle y que gracias al cultivo de la forma y la experimentación, nos acerque a la gloria del nicaragüense Darío o del guatemalteco Asturias?

Algunos estarían tal vez tentados a responder con la pseudoteoría del genio, alegando que el destino, o la historia, planta los genios donde se le antoja; pero entonces se hace difícil aceptar que el destino sea tan injusto al plantar tantos y tan buenos y reconocidos escritores en Perú, en Chile, en México, en Argentina, en Uruguay, en Nicaragua o en Guatemala, etc., olvidándose al mismo tiempo de una de las mejores naciones.

Los problemas así vistos - el desfase con respecto al modelo europeo, el desfase con respecto a la modernidad del resto de América Latina, y el desfase entre los logros de la literatura en relación con los logros a nivel de lo político y social - están simplemente mal planteados. En primer lugar, no es correcto partir del supuesto de que la literatura de la periferia reproduzca el desarrollo de la literatura de los países de los centros hegemónicos; un tal punto de partida no puede sino falsear la realidad, pues si bien es cierto que la historia de América Latina, en tanto que región dependiente, desde el siglo XVI está íntimamente ligada a la historia de los centros hegemónicos, también es cierto que tiene su propia historia interna. Los logros de la literatura están en relación con el grado de asimilación y de aclimatación de las influencias extranjeras a que han llegado los creadores. El mundo de la cultura y de la literatura no está compuesto de compartimentos estancos o de islas incomunicadas.

La tradicional paz social de Costa Rica, su tradición democrática, su enraizado civilismo, muestran ante todo la habilidad con que la oligarquía, y más tarde, diferentes sectores de la burguesía, han ejercido la hegemonía, pero todo eso no es suficiente para afirmar que nos encontremos frente a una sociedad comparable, en todos los aspectos, con la de las grandes metrópolis de Europa o de América. Si bien es obvio que existen diferencias considerables entre la formación social costarricense y su trayectoria histórica y las otras formaciones sociales centroamericanas y sus respectivos procesos históricos, también es evidente que las dictaduras militares del Cono Sur y la quiebra de tradiciones democráticas en Chile o Uruguay, no han cambiado para nada las relaciones sociales de producción según las cuales están organizadas esas sociedades, relaciones que tienen gran influencia sobre el tipo de literatura que se hace.

No se debe olvidar tampoco, como lo hace ver Saúl Sosnowski: "...que los relojes culturales de las diversas regiones y áreas de América Latina no están sincronizados, que éstos marchan a velocidades diferentes y que la producción literaria que se lee a partir de esa marcha es la que corresponde a sus respectivos estadios de desarrollo. Al optar, por ejemplo, por la experimentación literaria como criterio de selección, se dejan fuera vastas regiones cuya respuesta literaria es adecuadamente servida por las tendencias que fueron abandonadas en zonas cosmopolitas hace varias décadas."[17]

No se debe identificar, por otra parte, modernidad con experimentación formal. Es una visión reduccionista el hacer de la literatura un mero fenómeno lingüístico, como muy bien lo ha señalado Agustín Cueva, un nuevo avatar del fetichismo, característico del estadio actual del capitalismo:

"No es de extrañar que esa forma que en sí misma ha alcanzado el estatuto pleno de un valor de cambio, invadiendo todas las esferas de la existencia social, tienda a aparecer también de manera protuberante en el ámbito literario; en el límite, a presentarse como un 'valor en sí' desvinculado de todo valor de uso, como una forma independiente de todo contenido. Sólo en dichas condiciones es posible, por lo demás, que se desarrolle una teoría que conciba a la literatura como un fenómeno exclusivamente lingüístico y, más en concreto, como un simple proceso de transformación de significantes. Después de todo el fetichismo del significante no es más que la prolongación, en el terreno de la crítica literaria, de un fetichismo mayor y bien conocido: el de la mercancía."[18]

Así, ni la idea de retraso, ni la de modernidad, son aptas para caracterizar una literatura, ya que tanto una como otra ponen a esa literatura en relación con realidades sociales y culturales ajenas a la sociedad en que ha sido producida. Por ello, una metodología que relacione el desarrollo y las caracterísitcas concretas de la formación y las características de la literatura producida allí se mostrará sin duda más fructífera. Partiendo de los supuestos teóricos losadianos, la novela socialrealista de Costa Rica parece como más cercana al modo de producción literario social-revolucionario que a cualquier otro de los que se han dado en las grandes urbes latinoamericanas que disponían de instituciones literarias y culturales avanzadas, de un público letrado considerable, de una producción de bienes económicos más amplia y de un margen de negociación con los centros hegemónicos mayor. En esta perspectiva, la novela socialrealista aparece como la expresión literaria específica de una crítica de la sociedad oligárquica burguesa que se encuentra en crisis de legitimidad, tanto por su propia evolución interna como por la presencia del capital extranjero que refuerza esa crisis.

La narrativa socialrealista muestra además los tres rasgos propios de la literatura escrita según el modo de producción cultural social-revolucionario: es una literatura socializada, politizada e historizada. La socialización se refiere a la vinculación de la literatura con lo popular. A diferencia del costumbrismo que se contenta con representar lo popular a través de una actitud irónica y distanciada, solidaria de las clases dominantes, el socialrealismo es solidario y reivindicatorio con respecto a los sectores subalternos de la sociedad. La politización concierne el empeño de la creación literaria de dar cuenta de la totalidad social, con sus contradicciones, conflictos y luchas, tomando partido por los oprimidos. A la hora de los análisis concretos, veremos cómo la tendencia socialrealista desde su inicio contiene una crítica de la oligarquía paternalista, de la burguesía extranjerizante y explotadora, del imperialismo que socaba la sociedad, mostrando cada vez con mayor claridad, a lo largo de su desarrollo, cuáles son las causas de la situación de explotación y opresión en que se encuentran los grupos sociales desfavorecidos y quién es el enemigo. La historización atañe a la perspectiva en que la literatura está escrita, conteniendo no sólo una crítica del pasado y del presente, sino también una propuesta explícita, pero en la mayoría de lo casos implícita, de la posibilidad de organizar la sociedad según unas pautas más justas que las actuales.

En el apartado siguiente se discutirá la posibilidad de considerar el conjunto de la novela socialrealista como el componente más importante de la literatura nacional.

El problema de las literaturas nacionales

Varios trabajos del crítico peruano Antonio Cornejo Polar han demostrado las dificultades con que la crítica y la historiografía literarias se topan al estudiar la producción literaria de América Latina. Una de esas dificultades proviene de la utilización del concepto de nación, y su corolario, literatura y cultura nacionales. "El concepto de literatura nacional está constantemente sometido a una doble y contradictoria objeción: si desde determinadas perspectivas puede juzgársele excesivamente amplio, pues deja sin examinar las variantes intranacionales, desde otros puntos de vista, ciertamente contrarios, se le percibe más bien como una categoría demasiado analítica, incapaz - por esto - de con formar una totalidad suficiente."[19]

A mediados de siglo, Curtius - recuerda Cornejo Polar - criticó a Dámaso Alonso, a raíz de su estudio sobre Berceo y los topoi, aparecido en el libro *De los siglos oscuros al de oro,* por operar con una perspectiva nacional, que en el estudio de la literatura europea sería arbitraria, por romper la unidad del sistema cultural de Occidente, cuyas fronteras no siguen las líneas del mapa político.[20] En el contexto europeo, la realidad política de la nación va acompañada, en buena parte de los casos, no obstante, por una lengua nacional y por realidades que darían pie para hablar igualmente de una cultura nacional. Así, sería posible hablar, como evidentemente se ha hecho y se seguirá sin duda haciendo, de una lengua, literatura y cultura francesas, diferentes de una lengua, cultura y literatura españolas. Pero a nadie se le escapa que, en el fondo, se trata de un abuso, debido al centralismo absolutista que dio nacimiento a esos dos países, y que hoy, los regionalismos juegan un papel importante en Francia, en donde por ejemplo, la lengua, la literatura y la cultura occitanas conocen un renacimiento. Más claras aún son las cosas en España, donde a partir de la muerte de Franco, un proceso histórico, que todavía está en marcha, ha hecho posible el establecimiento de un sistema político de autonomías, de un Estado integrado por varias nacionalidades, que permite de nuevo el uso de las lenguas catalana, eúskera, gallega, etc. y la práctica de sus culturas respectivas.

En el ámbito hispanoamericano cabría preguntarse si habría que considerar a la literatura escrita en español como un todo, lo que haría obsoleto por inoperante, entonces, el concepto de literatura nacional, pues esa literatura no solamente está escrita en la misma lengua, lo que no es el caso de las literaturas europeas, sino que además, las mismas corrientes literarias, las mismas escuelas, los mismos "ismos", y, en muchos casos, las mismas temáticas y los mismos estilos, se han dado y han sido cultivados a lo largo y lo ancho del subcontinente. Es decir, que la idea de literatura nacional sería demasiado estrecha. Fernández Retamar ha llamado la atención sobre tres etapas de la historia literaria de América Latina en que se han experimentado momentos de intercomunicación regional: el romanticismo, el modernismo y la vanguardia.Momentos que, en efecto, permitirían pensar una unidad de la literatura latinoamericana.[21]

Por otro lado cabe asimismo preguntar si no es igualmente arbitrario operar a partir del concepto de literatura nacional, haciendo caso omiso de la existencia de literaturas orales, o aún escritas, en otras lenguas que el español, o en los casos en que la nación, por diferentes razones, apenas si se puede decir que exista.

Esta problemática me parece presentarse muy clara en el caso de una reciente historia de la literatura guatemalteca. En unas observaciones de carácter introductorio, los autores se ven obligados a hacer algunas indicaciones que atañen precisamente a estas cuestiones: "Entendemos por literatura guatemalteca aquella escrita en español, por personas pertenecientes a la nueva entidad cultural que nació de la fusión de elementos indígenas e hispanos y que ha ido construyéndose y sigue creándose a partir del proceso de la Conquista."[22]

Me parece que en estas declaraciones no solamente el concepto de literatura utilizado es demasiado estrecho, pues deja de lado toda otra manifestación que no sea la escrita. Por otra parte, es problemático descartar toda producción literaria que no se manifieste en español, en un país en donde el grueso de la población no habla esa lengua y, al mismo tiempo, llamar al resto literatura nacional. Evidentemente que puede ser perfectamente legítimo dejar de lado esas manifestaciones literarias en una historia literaria, pero se debería, por lo menos, mencionar las razones por las que que se ha hecho. Los autores incluyen en su historia, sin embargo, la literatura indígena prehispánica, mas tan sólo como una especie de sustrato arqueológico de la literatura que han definido como guatemalteca. Aceptan, no obstante, que las culturas indígenas presentan manifestaciones literarias posteriores a la conquista y aún actuales, pero éstas son relegadas al dominio de lo folklórico. En su historia no hay sitio para ellas:

"Incluimos la literatura indígena porque constituye uno de los sustratos de la literatura guatemalteca, uno de sus componentes básicos, así como un condicionamiento y una fuente para diversos autores. Esta inclusión se hace con las debidas reservas, no sólo porque la literatura precolombina no pertenece a la nueva realidad llamada Guatemala, sino porque la conocemos en versiones poco confiables (no estamos seguros que corresponden a las formas originales) y en traducciones, lo cual impide el exacto conocimiento de aquellas manifestaciones. Por otra parte, nuestro trabajo deja de lado el rico caudal de la literatura 'no oficial', folklórica, dentro de la cual existe un conjunto de creaciones en lenguas indígenas."[23]

En el fondo, lo que aquí está en juego es la existencia misma de la nación, y así lo perciben los autores: " Esto supone aceptar, anotan, que Guatemala constituye una realidad aún incompleta, como nación, escindida en varios grupos culturales y en diversas manifestaciones lingüísticas, realidad que se irá definiendo conforme se realice una estructura socioeconómica que permita la existencia de una identidad nacional."[24] Se vuelve entonces contradictorio hablar de una literatura nacional, al mismo tiempo que se reconoce la no existencia de la nación. Pero lo más grave de esta historia de la literatura guatemalteca es que no puede incluir una serie de autores modernos, sin duda, por el peligro político que su mera mención significaría para los autores y para su universidad, habida cuenta de la realidad política guatemalteca. No hay investigación inocente.

Guatemala es un caso típico de bilingüismo o de plurilingüismo y pluriculturalismo que puede ser estudiado a partir de la categoría de heterogeneidad establecida por Cornejo Polar para el estudio de la literatura indigenista del Perú.[25] Este autor distingue entre sociedades homogéneas en donde los distintos momentos del proceso literario - la producción, el texto resultante, su referente y el sistema de distribución y consumo - se realizan dentro de un orden sociocultural unitario. El autor pone en juego en sus textos problemáticas que hacen referencia al sector social al cual tanto él como sus lectores pertenecen. Es como si la sociedad en esa literatura se hablase a sí misma. En las sociedades marcadas por el biculturalismo, o la existencia de varias culturas, se puede dar el caso de obras - como en las del indigenismo o de la negritud - en que el autor recrea realidades cuyo referente es otro que el de sus posibles lectores. En parte de las obras de Miguel Angel Asturias, así como en Rosario Castellanos o José María Arguedas, por lo menos uno de los elementos del proceso literario no coincide con la filiación de los otros. Esto crea una zona de ambigüedad o conflicto. En tales casos estamos frente a literaturas heterogéneas. Los elementos que en Hombres de Maíz provienen del "substrato" indígena guatemalteco y que tienen que ver con la realidad actual, que viven los indios maiceros de

42

Guatemala, no se expresan normalmente a través de la novela, que es un medio cultural de origen europeo y burgués. Por otra parte, los lectores de la novela de Asturias, así como Asturias mismo, vivimos en un mundo muy diferente y bajo condiciones de vida muy distintas a las de los personajes de la novela.

Para Martín Lienhard, que ha estudiado profundamente los efectos "subversivos" que produce la presencia de elementos ajenos a la tradición escriptural de Occidente, la obra de Guamán Poma de Ayala, *Primer nueva crónica y buen gobierno* (1516) y la de José María Arguedas, representan una heterogeneidad más radical aún que la de los textos de Asturias: "Los vehículos europeos (crónica, novela, cuento, poesía escrita), elaborados en un largo proceso de decantación escriptural, no logran articular satisfactoriamente los estímulos de los múltiples códigos ajenos a la escritura que ofrece una cultura oral como la quechua; en el choque con la cultura oral, el texto escrito tiende a 'estallar', a fragmentarse."[26]

Desde el punto de vista del contenido y del mensaje, los textos subvertidos constituyen igualmente la expresión del choque de culturas, de cosmovisiones: "Explícita o implícitamente, ellos proponen una solución, una utopía socio-política que se nutre fundamentalmente de los valores menospreciados de la cultura quechua. Según la época, el conjunto de tales valores aparece en sus grandes líneas como u 'cristianismo auténtico' (Colonia) o como un 'socialismo auténtico' (siglo XX), formulaciones andinas que se oponen a sus versiones criollas degradadas: el cristianismo demagógico de los españoles o el socialismo esclerotizado de los criollos modernos."[27]

Roberto Paoli dirigió algunas críticas al concepto de heterogeneidad tal y como lo había establecido Cornejo Polar, arguyendo que era demasiado vago y generalizador y que, desde un punto de vista epistemológico, hacía de lo otro, lo indígena en la ocurrencia, algo incognoscible. Según Paoli, el concepto no permitía ver diferencias al interior de la corriente indigenista misma. Y además, el concepto, por su amplitud y vaguedad mismas, no podría mostrar la especificidad de la literatura indigenista, pues era utilizable para otros tipos de literatura, producida en otros ámbitos y bajo otras condiciones. Cornejo Polar respondió que evidentemente nunca había postulado que lo indígena fuera incognoscible para alguien que no perteneciera a esa cultura y que él, ciertamente, había elaborado el concepto para el estudio del indigenismo, pero que si se revelaba ser esclarecedor para una literatura creada a partir de otro tipo de realidades y bajo otras condiciones, no percibía por qué esa operatividad invalidaría el concepto.[28]

En el caso concreto de Costa Rica, el problema de determinar si existe una literatura nacional, y en caso afirmativo qué obras o conjuntos la conformarían, es sin duda menos arduo que el caso guatemalteco o peruano, pues este país no presenta la gran heterogeneidad de aquéllos. El problema se presenta no como un conflicto de culturas, sino como una oposición de diferentes proyectos de sociedad, propugnados por sus respectivos sujetos históricos e intelectuales orgánicos: los diferentes sectores de la oligarquía y los escritores costumbristas por un lado, y por el otro, los nuevos sectores pequeño-campesinos, proletarizados en mayor o menor medida, los obreros agrícolas y los trabajadores de la naciente industria así como los nuevos intelectuales progresistas de capas medias, entre ellos los autores socialrealistas.

Me parece abusivo y falto de legitimidad llamar literatura nacional a una literatura producida en función de una élite oligárquica minoritaria, dependiente de los centros hegemónicos, desinteresada en superar las formas de producción que se basan en la explotación de las masas populares, a las que en muchos casos, se niegan los más elementales derechos. Por otra parte es igualmente problemático reducir la modernidad al tipo de literatura característico de las sociedades urbanas en donde se impuso la alienación capitalista, haciendo así de la literatura la sola elaboración de esa alienación. Esta actitud implica, según Losada, dos cosas:

"En primer lugar, dar legitimación a un tipo de organización social y de producción cultural que más significa una etapa de degradación, de crisis o de deshumanización que un grado más elevado de realización de las posibilidades humanas. Y por otro lado, quitar legitimidad a un modo de producir cultura que se encuentra relacionada con una etapa anterior de evolución del capitalismo, es decir, en el momento de clausurar las formas de producción y estructuración sociales propias de la etapa colonial; y, al mismo tiempo, lo hace con la expectativa de evitar la plena instauración de relaciones capitalistas en la sociedad, y fundar en cambio una sociedad y un modo de producción socialistas alternativos."[29]

La aparición de la narrativa en Costa Rica: nacionalismo y lenguaje

La literatura costarricense nace, nos dice Abelardo Bonilla, su primer historiador, con el realismo, en los últimos años del siglo XIX y principios del actual.[30] Bonilla estima, y con él todos los estudiosos de la literatura de Costa Rica, que el fundador de la narrativa y, por ende, de la literatura nacional, es Joaquín García Monge, quien al publicar su primera novela *El Moto* en 1900 echó sus bases y le marcó sus derroteros.

Durante la década anterior a la publicación de *El Moto* se había desarrollado una interesante polémica, precisamente acerca de la posibilidad de crear una literatura nacional. La polémica se inició en mayo de 1894 a raíz de la publicación del libro de cuentos de Ricardo Fernández Guardia, *Hojarasca*.[31] Fernández Guardia se había educado desde niño en París y el español no fue en el fondo su primera lengua; sin embargo, Darío estimó que "...los cuentos de *Hojarasca,* escritos en correcto castellano, tienen el corte y el sabor de los cuentos franceses comtemporáneos".[32] Carlos Gagini publicó en el quincenal *Cuartillas,* a finales del mismo mes, un artículo de crítica en el cual escribía:

"Achaque muy común en nuestras repúblicas es desdeñar los mil sujetos nacionales que pudieran dar motivo a otras obras literarias interesantísimas y llenas de novedad para los extranjeros; se recurre a argumentos gastados, se pintan escenas y se trazan diálogos que lo mismo pueden verificarse aquí, en Madrid o en París, y mientras tanto nadie se ocupa de estudiar nuestro pueblo y sus costumbres desde el punto de vista artístico, nadie piensa en desentrañar los tesoros de belleza encerrados en los dramas de nuestras ciudades y en los idilios de nuestras aldeas, en la vida patriarcal de nuestros antepasados y en su historia pública, en lo recóndito de las almas y en la naturaleza exhuberante que despliega ante nuestros ojos indiferentes su grandiosa poesía."[33]

La reacción de Fernández Guardia no se hizo esperar y apareció en forma de una carta a Pío Víquez, director del periódico *El Heraldo de Costa Rica.* Después de un brillante alegato acerca del derecho del escritor a la libertad y aún al libertinaje en literatura y en arte, Fernández Guardia responde directamente a la crítica de Gagini:

"Para concluir voy a citar un parrafito de la crítica del señor Gagini publicada en *Cuartillas.* Dice así: 'El que ha pintado de mano maestra a Sevilla, ¿por qué no ha de hacer otro tanto con lugares que conoce mejor y a los cuales profesa más cariño?' Con perdón de mi amigo Carlos Gagini, a quien quiero y cuyos méritos respeto y admiro, me permito decir que esto es sencillamente un desatino nacido sin duda del sentimiento patriótico llevado al extremo. Se comprende sin esfuerzo que con una griega de la antigüedad, dotada de esa hermosura espléndida y severa que ya no existe, se pudiera hacer una Venus de Milo. De una parisiense graciosa y delicada pudo nacer la Diana de Houdon; pero, vive Dios que con una india de Pacaca sólo se puede hacer otra india de Pacaca."[34]

En la polémica participaron una serie de escritores tanto costarricenses como extranjeros. Margarita Castro Rawson llega a la conclusión, en su estudio sobre el costumbrismo en Costa Rica, de que en la polémica triunfaron los que sostuvieron la posición nacionalista. Su ascendiente en la prensa, a raíz del triunfo, hizo que ejercieran una gran influencia en la nueva generación, provocando una revolución literaria y lingüística. Revolución que cuajará, según el parecer de Bonilla, en *El Moto* de Joaquín García Monge, "... a cuya obra se debe la evolución idiomática que diferencia radicalmente la literatura del siglo actual de la que se había producido en el diecinueve."[35]

Mas es un hecho que al lado del costumbrismo victorioso se siguió escribiendo literatura en la tradición académica y europeizante que luego llegaría a amalgamarse con la nueva influencia del modernismo rubendariano, una literatura producida por escritores que habían "bebido su inspiración en los aires parisinos y sentían la atracción del parnasianismo, el simbolismo y el impresionismo."[36] Una prueba de ello encuentra Bonilla en el resultado de los Juegos Florales de 1909 en que se premió, de tres pequeñas novelas de costumbres, la menos realista: *A París,* del mismo Carlos Gagini, mientras que "únicamente se le concedió una mención honorífica a la mejor de todas, *La propia,* de Manuel González Zeledón, una obra maestra de la literatura auténticamente costarricense."[37]

Según la opinión de Quesada Soto, los historiadores de la literatura costarricense al analizar la polémica no han visto que al principio lo que constituía el objeto principal de la polémica era tan sólo la selección de la temática y no el lenguaje que debía utilizarse: el español castizo o el lenguaje popular costarricense.[38] Es posible que desde el punto de vista de la historia literaria sea importante precisar que en los primeros meses de la polémica se discutiera sobre todo acerca de los temas y sólo un poco más tarde el debate pasara a versar igualmente sobre el lenguaje. Es igualmente interesante que se nos recuerden las observaciones de Bonilla y otros acerca del hecho de que por un lado Gagini, el autor del *Diccionario de Costarriqueñismos,* nunca fue consecuente en el uso del lenguaje vernacular en sus obras y que, por otro lado, Fernández Guardia pronto olvidó los temas europeos y escribió *Cuentos Ticos,* de temática nacional, pero siempre en lenguaje castizo y pulido. Mas, como se puede ver en la cita del artículo de Gagini, este autor insistía concretamente en el trazado de los diálogos, es decir, en una recreación literaria del lenguaje popular.

Quesada Soto, basándose en Tomashevski y su teoría sobre la canonización de los géneros inferiores, (o bien: kanonizatsia nisshij zhanrov, como prefiere decir)[39] introduce una diferencia un tanto paradójica entre un costumbrismo periodístico, en el cual la influencia de Larra sería muy clara y el costumbrismo literario, propiamente dicho, en el fondo bastante alejado de Larra. Pero, continúa Quesada Soto, este periodismo constituye un aspecto de la producción cultural de aquella época que hoy está completamente olvidado, y además fue una actividad que nunca tuvo pretensiones literarias. Es difícil ver entonces cómo ese periodismo constituiría el verdadero costumbrismo, a pesar de su supuesta inspiración larriana. Quesada analiza dos cuentos de González Zeledón: *¿Quiere usted quedarse a comer?* y *2 de Noviembre,* que recordarían respectivamente la temática de *El castellano viejo* y *Día de difuntos de*

1836, de Larra, demostrando que los dos cuentos del costarricense no tienen nada en común con los del español, aparte de la similitud en los títulos.

La argumentación de Quesada es contradictoria y no demuestra lo que se propone, primero porque el periodismo costumbrista no tuvo ninguna resonancia, como él mismo se encarga de anotarlo y, segundo - y esto es más grave -, por el problema de que Larra, como bien lo ha demostrado Alborg, a pesar de la inveterada crítica literaria, no es *costumbrista* y mucho menos, precisamente, el Larra de los dos artículos mencionados: "Larra no es, en absoluto un costumbrista a la manera de los contemporáneos suyos que cultivaron este género; la rutina y un estrecho concepto de lo que fue la obra de Larra permiten seguir agrupándole con otros autores que sólo la etiqueta tienen en común."[40] (Enfasis del autor)

Además, el problema de si la polémica se inició por la discusión de los temas y no del lenguaje me parece un poco futil, pues de los argumentos de los paticipantes se desprende que el problema de los temas y del lenguaje, para ellos, eran en principio dos caras de la misma moneda, y si Gagini escribió más tarde cuentos europeizantes, como *A París,* escrito en español académico, el cual le valió el premio de los Juegos Florales de 1909, las razones para ello pueden ser muchas, por ejemplo, querer demostrar que además de los costarriqueñismos, conocía también la lengua castellana culta. Y que se premiara su cuento y no *La propia,* de Magón, como hubiera querido Bonilla, dice más del comité de los Juegos, que sin duda prefería una literatura más evasiva que el inusitado naturalismo de la novela de Magón, el cual muy posiblemente les disgustara, acostumbrados como estaban a los textos sonrientes e inofensivos de ese autor. Por otra parte, las escenas más crudas de *La propia* no están muy lejos de la crudeza de las que ya encontrábamos en *Hijas del Campo,* de García Monge, aparecida nueve años antes. Como bien sabido es, el proceso literario no es lineal y, como lo hemos visto, el triunfo del costumbrismo no significó la desaparición de las otras tendencias.

Esas tendencias, llamadas extranjerizantes o europeístas, pronto se confundirán con las influencias del modernismo rubendariano que *Azul* había puesto de moda, pero la polémica sin duda siguió viva mucho tiempo; así, el mismo Rubén Darío escribe en *El viaje a Nicaragua e historia de mis libros:* "Ha habido quienes critiquen la preferencia en nuestras zonas por princesas ideales o legendarias, por cosas de prestigio oriental, medioeval, Luis XVI o griego, o chino ... Para ser completa y puramente limitados a lo que nos rodea, se necesita el honrado, el santo localismo de un Vicente Medina, o de un Aquileo Echeverría, el costarricense ..."[41]

El problema de la terminología y las clasificaciones

La mayor parte de los estudios sobre la historia de la literatura costarricense adolecen, a menudo, de una cierta confusión terminológica. Así, Virginia Sandoval de Fonseca en su *Resumen de Literatura Costarricense,* que sólo es un pequeño resumen de la obra de Bonilla, escribe: "La publicación de *El Moto* (1900) de Joaquín García Monge pone la base de la novela costarricense. Seguida por Manuel González Zeledón (Magón) con sus cuadros de costumbres y cuentos y por Aquileo J. Echeverría con sus *Concherías* y sus *Crónicas.* Nos encontramos frente a la gran trinidad costumbrista de nuestra literatura".[42]

Esta aseveración la hallamos en un apartado titulado "El costumbrismo y sus desviaciones." Más adelante escribe Sandoval de Fonseca: "Después de los autores tratados se notará que los que siguen buscan rumbos no explorados. Afirma el profesor Bonilla Baldares que la influencia positivista produce una forma de realismo que se interesa por la realidad circundante. De allí que en Magón, García Monge o Aquileo, el mundo exterior sea lo dominante. Conforme avanza el tiempo, el idealismo va desplazando al positivismo. Por ello, escritores como Luis Dobles Segreda y Carmen Lyra prestan gran atención al mundo subjetivo".[43]

Cabe preguntar qué se entiende, o más exactamente, qué entienden los diferentes autores, por ejemplo, por costumbrismo, por realismo costumbrista, por costumbrismo expresionista o naturalista, términos que aparecen a menudo en sus escritos. ¿Es el realismo un rasgo diferencial del costumbrismo? ¿Constituye el realismo una escuela? ¿Es posible decir que una de las características de la obra de Carmen Lyra es el idealismo y su preocupación, el mundo subjetivo?, pues de ella nos dice otro historiador de la literatura que: "Hacia 1921 empieza a publicar Carmen Lyra cuadros literarios de ácida crítica social, que llevan implícito un claro sentido político. Algunos de ellos se refieren al diario observar de la miseria, el agotamiento, la marginación de la clase obrera en nuestra patria."[44]

En la obra de Carmen Lyra se observa una evolución, común a muchos escritores de la época, en la cual su sensibilidad social le lleva desde un punto de partida humanista y humanitario hasta posiciones políticas socialistas y comunistas. Parece pues un tanto sorprendente calificar su obra como idealista o subjetivista. Es cierto, no obstante, que las obras de la primera Carmen Lyra están muy influidas por el modernismo y se podrían, *à la limite,* caracterizar como idealistas, pero posiblemente no como subjetivistas. Por otra parte sería incorrecto recordar de Carmen Lyra solamente las obras de juventud, olvidando la importancia de la obra tanto literaria, como periodística y pedagógica de sus años de madurez.

Parece obvio que los diferentes autores se refieren a realidades diferentes, o entienden cosas distintas, al hablar de las mismas obras o de los mismos escritores. Se hace entonces necesario tratar de explicitar los supuestos teóricos en los cuales se basa el discurso crítico sobre la producción literaria.

En el excelente trabajo de Margarita Castro Rawson sobre el costumbrismo, citado más arriba, el problema terminológico se trasluce en una indecisión o falta de precisión en la definición del costumbrismo. Unas veces se le designa como movimiento (p. 104), otras como género (p. 110) y otras como estilo (p.95). Es posible que el costumbrismo sea todo eso, o que movimiento, género y estilo sean tres aspectos del costumbrismo, pero la autora no lo precisa en ningún momento. No es que la terminología sea importante en sí misma, lo que me parece indispensable es guardar cierta coherencia y explicitar los conceptos utilizados. Sobre la discusión española al respecto es indispensable consultar la obra de Montesinos, *Costumbrismo y Novela*.[45]

Abelardo Bonilla se sirve de una terminología y de unos principios para la clasificación de la literatura costarricense que son, grosso modo, los utilizados en la clasificación de las literaturas europeas, y sobre todo la francesa. Así para él, la literatura de Costa Rica aparece con el realismo, cuya manifestación local es el costumbrismo, que él llama realismo costumbrista. El realismo llevado a sus últimos extremos se transforma en naturalismo. Consecuentemente puede entonces Bonilla escribir de Carlos Luis Fallas que es "... el más recio representante de lo que suele llamarse literatura proletaria y el único escritor naturalista de Costa Rica."[46]

Las clasificaciones establecidas por Bonilla han formado escuela al ser seguidas, con modificaciones menores, por quienes se han ocupado de problemas de historia literaria costarricense. Ya se discutió, en un apartado anterior de este estudio, el problema general que aparece en el momento en que se adoptan de manera acrítica las periodizaciones y clasficaciones de la literatura europea para periodizar y clasificar la literatura de los países latinoamericanos.

Quesada Soto intenta una clasificación más precisa y detallada de las primeras obras de la literatura nacional, al tiempo que relaciona las diferentes posiciones frente al problema literario con el origen de clase de sus cultivadores: "La procedencia social de los cultivadores y defensores del costumbrismo o 'género concho' - Magón, Aquileo, García Monge, Leonidas Briceño - , por otra parte, coincide con la visión de la realidad más popular y 'plebeya' que expresa esta corriente. Lo que se manifiesta tanto en sus temas y personajes, más cercanos a la vida y costumbres de los 'conchos' y 'pobres de levita', como en la incorporación a sus textos literarios del lenguaje vernáculo y popular."[47]

Por el contrario, los europeizantes constituyen para Quesada Soto un Olimpo literario, paralelo al Olimpo que formaban, a nivel político, los representantes de la oligarquía cafetalera:

"No es difícil establecer entonces un paralelo entre el 'Olimpo' literario, académico y europeísta, con una posición más bien tradicional, aristocrática y conservadora en sus recursos y su lenguaje; y la posición político-social de los partidarios de esta tendencia, pertenecientes al 'Olimpo' político y a la rancia aristocracia oligárquica. Manuel Argüello Mora, Ricardo Fernández Guardia, Manuel de Jesús Jiménez Oreamuno, tenían todos relaciones muy estrechas con los gobernantes de la época y tuvieron además destacada participación en la vida social y política del país. La mayoría de ellos, sin embargo, transigieron con ciertos aspectos del nacionalismo literario, y cultivaron principalmente la crónica histórica. Pero la crónica histórica, precisamente, representa, dentro de las corrientes nacionalistas, la más conservadora, tanto por su temática referida al pasado y sus personajes de elevado rango social, como por su estilo y su lenguaje, castizo, sobrio y con cierto sabor arcaico."[48]

Quesada Soto propone una clasificación de esa primera producción literaria que denomina nacionalista y que de manera imprecisa se ha designado como: nacionalismo, costumbrismo, realismo. El nacionalismo literario se expresa, según él, en dos actitudes claramente determinables: la actitud anecdótica y la actitud crítica. La primera está constituída por dos géneros: el género histórico, que se expresa en obras de dos tipos: a) cuadros de costumbres históricos (Manuel de Jesús Jiménez) y b) crónicas coloniales (Ricardo Fernández Guardia), escritas en la tradición académica europeizante; y el género costumbrista, propiamente dicho, representado por el grueso de la obra de Aquileo y de Magón, en donde se utiliza el lenguaje coloquial. La segunda actitud es denominada realismo por Quesada Soto y está constituída por las obras de García Monge, principalmente *El Moto* e *Hijas del Campo,* así como por sus seguidores, Claudio González Rucavado y Jenaro Cardona. Además, Quesada Soto clasifica algunas obras de Fernández Guardia *(La política)* y de Manuel González Zeledón, *(La propia),* así como alguna obra de Aquileo, como obras de transición entre la primera actitud (anecdótica) y la segunda actitud (crítica).[49]

Esta clasificación es interesante y sugestiva, aunque no coincida muy bien con la teoría del autor, sobre todo con respecto a la correlación establecida entre el origen de clase de los autores y su actitud general ante la sociedad y su opción con respecto al lenguaje y las formas literarias. Pues el "olímpico" Fernández Guardia aparece al lado del "pobre de levita" Magón, como creadores anecdóticos; el mismo Fernández Guardia aparece otra vez, junto con Aquileo y Magón, como representante de la actitud intermediaria o de transición, esta vez junto con Gagini. Me parece que el intento de clasificación no es convincente, y más bien contraproducente. La correlación origen de clase - actitud ante los conflictos de la sociedad es demasiado mecánica y, hasta cierto punto, invalida la propuesta misma de clasificación.

Pienso que si se quiere hacer uso de una terminología tal como la utilizada por Quesada Soto, sería más conveniente hablar no de origen de clase, sino de posición de clase, pues este concepto es más operativo y más relevante en relación con la producción literaria, ya que la actitud consciente de un autor sensibilizado, su toma de posición, puede ser más determinante que la casualidad de haber nacido en el seno de una clase o de otra. Por otra parte, no debemos olvidar lo que Lukacs llamó, repitiendo a Lenin, "el triunfo del realismo", la idea de que una posición de clase y aún una ideología asumida, tal el conservadurismo de Balzac, no garantizan de ninguna manera la resultante intrínseca que se puede descubrir en la obra concreta. Por otra parte, y se trata tan sólo de un detalle, el uso inmoderado de comillas en la obra de Quesada Soto es desorientador; es difícil determinar si se trata de citas ocultas o de referencias intertextuales - sólo perceptibles para los muy iniciados -, o si se trata de ironía, de distanciamiento, de conceptos nuevos que se proponen, o si se deben a otras razones aún más difíciles de adivinar.

El costumbrismo y el socialrealismo

Vemos perfilarse la necesidad de una reinterpretación tanto de los orígenes de la literatura costarricense, y de la narrativa en particular, como de su proceso de desarrollo. Mi propia interpretación de la primera producción literaria costarricense es un tanto más radical que la de Quesada Soto, además trata de ser más simple.[50] García Monge, en mi opinión, superó de un golpe la problemática del nacionalismo - en el sentido que se le daba al término en la polémica - tanto por el tratamiento que dio a los temas nacionales como por la creación de un lenguaje vernáculo estilizado. Por eso garcía Monge no debe ser clasificado dentro del mismo movimiento literario a que pertenecen los otros autores mencionados por Quesada Soto. *El Moto* e *Hijas del Campo* no representan la actitud crítica del nacionalismo en literatura o el realismo, entendido como una vertiente de ese amplio movimiento; estas dos obras de García Monge son la primera expresión literaria del cuestionamiento y la puesta en entredicho del modo en que la sociedad costarricense había sido organizada desde mediados del siglo XIX y, lo que es más importante aún, llevan implícitos los gérmenes y la visión de un modelo de organización de la sociedad radicalmente opuesto al que todavía estaba vigente en su tiempo, y constituyen así, la primera expresión del realismo social.

La superación del costumbrismo por el socialrealismo se explica, entre otras cosas, por la manera en que el escritor se articula al proceso social que tiene como sujeto histórico a los nuevos sectores que cuestionan la hegemonía de la oligarquía cafetalera. Con García Monge se inicia una novelística completamente nueva que, considerada en su conjunto, es lo que en esta investigación se designa narrativa socialrealista. Así considerada, esta novelística es la expresión literaria de ese amplio cuestionamiento que desembocará en el proceso político progresista de la década de los cuarenta y que en lo literario está representado por la culminación de la tendencia socialrealista. No se pretende negar, sin embargo, que haya costumbrismo en García Monge, es más aún, hay cuadros de costumbres integrados tanto en *El Moto* como en *Hijas del Campo* que seguramente habían sido escritos como textos independientes; pero lo decisivo a la hora de clasificar las obras es la imagen del conjunto y la intención que está a la base de su creación.[51]

El costumbrismo crea situaciones estáticas en las cuales los personajes, al estar sometidos a una fatalidad, se ven imposibilitados de actuar y de tratar de modificar la situación social que los oprime; más que sujetos de la acción, son víctimas de ella. El realismo social, al contrario, crea situaciones dinámicas, cuyo desarrollo narrativo encamina la acción hacia una posible solución de las contradicciones a que están abocados los personajes, quienes por su parte sí son sujetos activos de esas acciones. Los personajes disponen de una libertad que les permite actuar dentro de los límites de la necesidad, límites que son de naturaleza social e histórica y por consiguiente susceptibles de ser modificados. No se trata pues de un destino, de una fatalidad, frente a la cual lo único posible es la resignación, sino de unas condiciones históricas que pueden ser alteradas.[52]

Uno de los resultados más lamentables del costumbrismo costarricense son las sentimentales creaciones de Luis Dobles Segreda, por ejemplo, en *Por el amor de Dios,* que tematizan la vida de unos personajes marginalizados de Heredia, la ciudad natal del autor, y sobre el destino de los cuales, el escritor se apiada lacrimosamente en nombre de una malentendida caridad cristiana y un trasnochado amor al prójimo. Actitudes que no le impiden, o quizá lógicamente, le llevan a simpatizar con el nacional-catolicismo de Franco, hasta terminar haciendo un encomiástico discurso en honor del sistema español, al presentar sus credenciales de embajador en España en 1941, circunstancia que le valió el mote de "cotorra lírica" de parte de Carmen Lyra, quien aprovechó la ocasión para denunciar las simpatías fascistas de Dobles Segreda.[53]

En la creación de personajes, el costumbrismo fija su atención en lo sobresaliente, lo folklórico; en él pululan los mendigos, los tipos raros, las medio-brujas, como en la obra de Dobles Segreda; o bien la abstracción que lleva a la creación de personajes estereotipados, como en el caso de Aquileo Echeverría o de Manuel González Zeledón, que oponen el "leva", el gamonal o el habitante de la ciudad, al "concho", el campesino. Tanto el uno como el otro son abstractos, tipos ideales en que pretenden encarnar el "alma" costarricense o la esencia del "tico".

Los personajes creados por el socialrealismo no son arquetipos abstractos, sino más bien personajes moldeados sobre modelo vivo, que si llegan a convertirse en protagonistas es porque, llevados por la acción, toman, por así decirlo, cartas en el asunto. Lo que los convierte en personajes es su toma de posición frente a las circunstancias a que se ven sometidos y frente a las cuales reaccionan.

El costumbrismo, y el naturalismo en general, es fragmentario en su visión de la realidad, mientras que el socialrealismo trata de darnos una imagen completa de la totalidad social, en donde todas las clases están representadas a través de los conflictos de intereses que crean las contradicciones, las cuales se convierten en la palanca de la acción.[54]

El costumbrismo es moralizante. Haciendo uso de la sátira en la descripción de tipos y usos, se da como objetivo el mejorar las costumbres. El realismo social denuncia la injusticia en la organización de la sociedad y trata de mostrar la posibilidad de modificar las condiciones. Es político, donde el costumbrismo es moralizante. El naturalismo propiamente dicho no es lo uno ni lo otro; es más bien ascéptico en nombre de la objetividad. El escritor naturalista ni fustiga los defectos para mejorar las costumbres, ni muestra las contradicciones sociales y sus orígenes y causas que indicarían la posibilidad de cambio o modificación.

Es esta actitud de denuncia frente a unas relaciones sociales injustas y la indignación ante las causas de ese estado de cosas lo que constituye el punto de partida y la necesidad sentida por los escritores de crear una literatura que dé cuenta de esas realidades. La intención de la presente investigación es mostrar la evolución de la narrativa tanto en su temática, que poco a poco se va enriqueciendo y haciéndose cada vez más compleja, así como el desarrollo de las formas narrativas que igualmente se enriquecen y perfeccionan.

El concepto losadiano de modo de producción cultural permite una visión de conjunto de la narrativa costarricense, y dentro de ella, el deslinde de la variante socialrealista. La caracterización de las obras socialrealistas, a partir de los principios que establece el modo de producción cultural social-revolucionario, hace posible considerar a esas obras como el componente más importante de la literatura nacional. Ellas son las que dan una visión más completa de la totalidad social con sus características concretas y los conflictos que oponen a los grupos que la constituyen. Ellas representan el producto de la praxis social de un grupo de intelectuales críticos, o de sujetos problemáticos - para utilizar también la terminología de Goldmann - frente a los contradicciones de la sociedad costarricense en un periodo en que el modelo oligárquico de organización entró en crisis y fue objeto de un cuestionamiento por parte de sectores sociales subalternos. Se trata de una producción cultural socializada, politizada y que contiene la visión de una posible organización alternativa de la sociedad. Para el análisis concreto de las diez obras narrativas socialrealistas, seleccionadas dentro de la tendencia socialrealista, se utilizarán algunos de los conceptos elaborados por Lucien Goldmann: los conceptos de homología y visión del mundo, los de sujeto problemático y de valores auténticos y valores degradados.

Los conceptos de homología y visión del mundo y la narrativa socialrealista

Existe un parentesco bastante estrecho entre el concepto losadiano de modo de producción cultural y el concepto goldmanniano de homología. Hay, empero, ciertas diferencias en el énfasis que los dos investigadores dan a las relaciones entre la sociedad, el sujeto productor y la obra. A nivel teórico, Losada no presta mucha atención a la relación entre autor y obra concreta, ya que en los análisis, su interés se concentra no en el autor individual, sino en el autor en tanto que miembro de un grupo que comparte toda una serie de posiciones sociales, políticas, estéticas, etc. La obra concreta tampoco interesa mucho a Losada, que prefiere generalmente ocuparse de conjuntos literarios, de series de obras que presentan rasgos comunes, muchas veces más intuidos que analizados a nivel de lo empírico.

Goldmann, que también opera con una perspectiva de grupo productor y de conjuntos de obras, consagró, no obstante, muchos de sus análisis y buena parte de su especulación teórica, a la elucidación de las relaciones entre el sujeto productor y las obras concretas. No es incorrecto afirmar que la aproximación de Goldmann a la producción literaria es más análitica que la de Losada. Por ello, el aparato teórico de Losada se revela muy apto para la captación de las grandes líneas en el desarrollo de la producción literaria y de sus relaciones con los grandes movimientos de los modos de producción según los cuales las sociedades se reproducen en sus diferentes niveles, económico, político, ideológico, pero sus conceptos son a menudo de menor operatividad a la hora del análisis concreto y pormenorizado de las obras. Los conceptos goldmannianos facilitan, al contrario, el análisis de una obra en particular, sin perder la perspectiva sociológica general.

Goldmann elaboró el concepto de homología, entre otras razones, como un intento de superación del mecanicismo de teorías literarias, tanto marxistas como no marxistas. Goldmann subraya cuatro aspectos importantes de su concepto de homología. Las teorías mecanicistas consideran las creaciones culturales - entre ellas la literatura - como un mero reflejo de la conciencia colectiva. Según el estructuralismo genético, la obra no es un reflejo de la conciencia colectiva real y dada, sino que está en relación significativa, no con la conciencia colectiva como tal, sino con la conciencia posible - es decir, la capacidad de un grupo de proyectarse hacia un futuro. Esta debe ser concebida como una realidad dinámica que tiende hacia un cierto estado de equilibrio.[55]

El segundo aspecto de la homología sobre el que insiste Goldmann se refiere al hecho de que la relación entre el pensamiento colectivo y las grandes creaciones literarias, filosóficas, teológicas, etc. no reside en una identidad de contenidos, sino en una relación homológica a nivel de estructuras. Una relación homológica es una relación significativa y comprensible entre dos áreas o estructuras diferentes del quehacer social. Estas estructuras se pueden expresar a través de contenidos imaginarios muy diferentes del contenido real de la conciencia colectiva.[56]

Goldmann subraya, como tercer aspecto de la teoría de la homología, que generalmente la obra que corresponde a la estructura mental de un grupo muy rara vez puede ser elaborada por un individuo que no pertenezca al grupo en cuestión. El carácter social de la obra literaria radica, precisamente, en el hecho de que un individuo no podría jamás establecer una estructura mental coherente que corresponda a lo que él llama una visión del mundo. Ese grado de coherencia sólo puede ser alcanzado colectivamente, por un grupo.[57]

Finalmente Goldmann enfatiza la idea de que la conciencia colectiva no es ni una realidad primera, ni una realidad autónoma; sino una realidad que se elabora implícitamente a través del comportamiento global de los individuos que participan en la vida social, política, económica, etc.[58]

El concepto de visión del mundo está íntimamente relacionado con el concepto de homología. La visión del mundo es el resultado del esfuerzo por llevar al máximo grado de coherencia las tendencias afectivas, intelectuales y prácticas, presentes en un grupo social definido.[59] Esas tendencias pueden ser conscientes o inconscientes. El creador es el individuo excepcional capaz de llevar esas tendencias al máximo grado de coherencia, a una visión del mundo.

El concepto de sujeto problemático aparece en el análisis de la reificación de la sociedad burguesa. La generalización de los valores de cambio y de la fetichización de la mercancía terminan haciendo del dinero y del prestigio social valores en sí y no los medios de acceso a valores cualitativos. Mas en medio de la reificación generalizada, sigue existiendo un grupo residual de individuos cuyo comportamiento está gobernado por los valores cualitativos. Se trata de creadores, escritores, artistas, filósofos, teólogos, hombres de acción, etc., sujetos problemáticos que tratan de sustraerse a los efectos de la reificación de la sociedad y de continuar viviendo según valores auténticos y no según los valores degradados.[60]

La utilización de la metodología de Goldmann para el análisis de la narrativa socialrealista de Costa Rica no deja de presentar dificultades. En principio puede ser problemático servirse de métodos que han sido elaborados en relación con realidades históricas, sociales y culturales concretas para analizar obras creadas bajo otras realidades históricas, sociales y culturales distintas. Esta observación se hace para subrayar y luego tratar de superar dos dificultades. Primera: la metodología de Goldmann está referida a una sociedad - la francesa, sobre todo - bien diferente de la sociedad sobre la cual versa este estudio: la costarricense. Segunda: Goldmann insiste, a menudo, sobre el hecho de que su estructuralismo genético, en contraposición a las otras sociologías de la literatura, es apto, primordialmente, para el estudio de las grandes obras de la literatura mundial.

Con respecto a la primera dificultad, las diferencias entre la sociedad francesa y la costarricense son evidentes; con respecto a la segunda, se debe reconocer que las obras socialrealistas de la literatura costarricense no pertenecen a la categoría de grandes obras de la literatura mundial. Por ello, en caso de seguir al pie de la letra la metodología goldmanniana, nos veríamos obligados o bien a demostrar que las obras socialrealistas de la narrativa de Costa Rica tienen la categoría que la metodología requiere, o bien que la metodología de Goldmann es aplicable a obras de menos envergadura - las de la literatura costarricense, por ejemplo.

En este caso, dos alternativas parecen posibles: a) concentrar el estudio, no en el análisis de esa literatura, sino en una investigación acerca del alcance epistemológico de la metodología de Goldmann, lo que evidentemente puede ser muy interesante, pero que no es el objetivo de la presente investigación, o b) no seguir la metodología de Goldmann al pie de la letra, sino con la libertad necesaria que permita su adaptación al análisis de obras producidas bajo otras condiciones sociales y que no llegan a la categoría de obras maestras de la literatura mundial. Es esta última alternativa por la que he optado.

La adaptación de la metodología se basa en el supuesto de que la actitud de Goldmann se debe, en parte, al carácter polémico que en general presenta el establecimiento de toda nueva teoría. Estoy convencido de que la homología entre las estructuras mentales, emotivas, etc. de los sujetos sociales que producen literatura y las estructuras narrativas, temáticas y discursivas que informan las obras literarias creadas por ellos, son, a nivel epistemológico, las mismas en uno y otro caso. Las relaciones son las mismas, lo que cambia es su contenido, es decir, el carácter de las relaciones sociales y la calidad literaria de las obras.

En el caso de la narrativa socialrealista de Costa Rica, me parece claro que el grupo de intelectuales de capas medias que va elaborando las tendencias y aspiraciones de los nuevos grupos sociales dominados, que empezaron a aparecer a finales del siglo pasado, llegan a expresar, en los universos imaginarios de sus novelas, de manera cada vez más completa y coherente, una visión del mundo, diferente y hasta opuesta a la de las clases dominantes del país. Estos nuevos grupos están constituidos, por un lado, por los pequeños campesinos proletarizados y los obreros de la incipiente actividad industrial y manufacturera y, por otro, los nuevos sectores intelectuales que sostienen una actitud crítica frente a la organización actual de la sociedad. Este grupo de intelectuales de capas medias es numéricamente muy reducido, pero son ellos quienes se van apropiando de los medios de expresión que les permiten la creación de una literatura que contiene la visión de una nueva organización de la sociedad. En los años treinta y cuarenta, muchos de esos autores se afiliarán al Partido Comunista o sustentarán posiciones muy afines a su ideología.

La metodología y el corpus

Si se tienen presentes las observaciones expresadas en relación con la exposición de los conceptos goldmannianos, su utilización en el análisis no crea problemas. Un tanto diferente es la situación con respecto a los conceptos de Losada y la caracterización de las diez obras analizadas.

Los trabajos de Losada están marcados por el optimismo, típico quizá de los años sesenta y setenta, dos décadas durante las cuales una gran mayoría de los intelectuales e investigadores latinoamericanos creía firmemente en la posibilidad, a veces más o menos inmediata, de la liberación del subcontinente y la instauración de regímenes socialistas a la medida del hombre. Hoy en día, en que la organización de la sociedad en los países comunistas que representaban el llamado "socialismo real" está en pleno desmantelamiento, los intelectuales de izquierda que no han sucumbido al anquilosamiento y la petrificación se encuentran en un estado de frustración y desorientación. Muchos otros, desilusionados, han optado por desilusionadas posiciones conservadoras de derecha, o claramente reaccionarias. Mas una revisión de principios, teorías, posiciones y creencias no tiene por qué llevar necesariamente a actitudes completamente opuestas a las que se sostuvieran anteriormente. El fracaso histórico del socialismo real exige hoy, evidentemente, una actitud de solidaridad humana y social más alerta y de mayor coherencia crítica. Las condiciones injustas denunciadas por la literatura comprometida de épocas pretéritas o recientemente pasadas siguen siendo las mismas, porque no han hallado solución o porque apenas si se intentó resolverlas. Tanto las actitudes teóricas y políticas de creadores y estudiosos como los estudios y los análisis de las obras creadas bajo condiciones sociales y políticas concretas son históricas y sería una actitud ahistórica y hasta antihistórica tirar por la ventana los avances alcanzados por generaciones de escritores y analistas en la elucidación y la denuncia de condiciones inhumanas de vida que, evidentemente, no mejoran ni desmejoran, por el simple colapso de un proyecto político que se reveló inoperante. La demanda de solución sigue en pie. El colapso no para la historia, sino la acelera.

Así pues, ni las obras de la narrativa socialrealista costarricense de la primera mitad del siglo veinte, creadas en una actitud crítica frente a la organización social reinante y con un contenido utópico con miras a una organización alternativa de la sociedad, ni las posiciones teórico-analíticas de Losada pierden fuerza, o valor de uso, a causa de la circunstancia histórica por la que atravesamos hoy. Mas ¿Son las diez obras representativas que se analizan en este estudio verdareramente socialrealistas? ¿Es el modo de producción según el cual fueron creadas social-revolucionario?

La respuesta a estas preguntas debe tomar muy en cuenta el carácter específico del contexto histórico costarricense a cuyas características se ha aludido ya en las páginas anteriores. El contexto histórico será analizado con mayor detenimiento más adelante. El carácter social-revolucionario de la producción cultural costarricense, inclusive la narrativa, se diferencia del modelo abstracto establecido por Losada a partir de las circunstancias históricas de otros países latinoamericanos. En estos países la dominación por parte de las clases previlegiadas alcanza a menudo una brutalidad que por lo general siempre estuvo ausente en el caso de Costa Rica, en donde la oligarquía cafetalera supo establecer su hegemonía en base a un consenso ciudadano generalizado. Esta clase creó un sistema de dominación basado más en el control ideológico, a través de la escuela y otras instituciones, que hacía innecesaria la utilización directa de la fuerza bruta. Así, por su parte, el proceso de cuestionamiento del orden establecido por la oligarquía, del cual la narrativa socialrealista es un componente importante, no reviste tampoco el carácter violento, típico de los casos sobre los que basa Losada su modelo teórico. Se podría quizá hablar de una vía pacífica a una u otra forma de socialismo, o de una profundización y una expansión de los valores democráticos, también presentes en la organización actual de la sociedad, o, en el fondo, de una forma de revolución moderada y pacífica, pero que sin embargo conlleva la idea de una transformación radical de la sociedad. Una actitud muy acorde con la tradición histórica costarricense. Habría entonces que considerar el modo de producción cultural social-revolucionario, en su versión costarricense, no como menos revolucionario, sino como una manera diferente - menos violenta y más escalonada - de concebir los cambios sociales.

Las diez obras seleccionadas para el análisis son obras típicamente costarricenses, me atrevería a decir, siguiendo la línea de ideas del párrafo anterior. El carácter socializado, historizado y politizado que son los rasgos esenciales de la literatura producida bajo el modo de producción cultural social-revolucionario, está presente en las obras analizadas, pero con el matiz no violento, moderado y pacífico, típico de la idiosincracia costarricense. En mi investigación, el socialrealismo se deslinda del costumbrismo como una tendencia que aparece desde las primeras novelas que se escribieran en el país, tendencia que alcanza su máxima expresión en la últimas obras analizadas. Quiérese decir que en la obras analizadas se pueden descubrir otros rasgos - costumbristas por ejemplo - pero que el elemento diferencial de las obras analizadas frente a las costumbristas son precisamente los tres rasgos que caracterizan el realismo social: 1. una aproximación no individualista a las problemáticas que se tematizan, es decir, su carácter socializado; 2. una representación de los conflictos que involucra la totalidad social, es decir su carácter politizado; y finalmente, 3. la presencia de una perspectiva utópica que llevaría a la organización de la sociedad según principios más justos y más humanos, su carácter historizado. Mas estos rasgos no están necesariamente presentes en igual medida en cada una de las obras analizadas. Lo socialrealista y lo social-revolucionario se hallan presentes en el conjunto como una tendencia constitutiva y diferencial.

Así, con respecto a *El Moto* e *Hijas del Campo* de García Monge, publicadas en 1900, lo que la crítica ha registrado, a menudo, como rasgo diferencial, en comparación con las obras contemporáneas de González Zeledón y Aquileo Echeverría, es precisamente su manera de acercarse a las problemáticas que trata, su actitud crítica frente al orden social reinante, a diferencia de la actitud sonriente y divertida de las obras costumbristas de los otros dos autores. Por ello la tendencia socialrealista se inaugura, precisamente, con estas dos novelas de García Monge.

El árbol enfermo de Carlos Gagini, aparecido en 1918, enriquece la tendencia socialrealista con su crítica acerva de la ineptitud de las clases dominantes, incorporando al mismo tiempo, las ideas antiimperialistas presentes en el ambiente intelectual latinoamericano de la época.

Bananos y Hombres de 1931 son unos breves relatos de Carmen Lyra, deshilvanados a veces y con una estructura narrativa deficiente. Son considerados, no obstante, como obra representativa por constituir el primer intento de introducir en la literatura del país la problemática social, humana y política de las zonas bananeras. Una problemática y una región que apenas si comenzaban a hacerse presentes en la conciencia de los costarricenses, para quienes el horizonte humano y cultural estaba más o menos circunscrito al alto valle que encierran las montañas del centro del país. Hay una crudeza en el lenguaje literario de estos relatos que representa tanto una evolución en la autora como en la manera de hacer literatura en el país. Este aspecto es un avance en la consolidación de las temáticas y la forma de la tendencia socialrealista.

Juan Varela, publicada en 1939, única novela del periodista Adolfo Herrera García, es retenida como obra representativa primero que todo por aportar a la tendencia socialrealista un esquema narrativo que será ampliamente utilizado por escritores de la generación siguiente, especialmente por Fabián Dobles. En Herrera García hay un intento de literaturización a través de técnicas que anuncian ya el género literario del testimonio. Estas técnicas serán retomadas, entre otros, por Carlos Luis Fallas.

El jaúl de Max Jiménez, aparecido en 1937, es un texto a caballo entre lo narrativo y lo ensayístico. Se considera obra representativa por ser de máxima importancia en la historia literaria del país. Su función en relación con la tendencia socialrealista fue acabar con los últimos restos de la visión costumbrista del campesino y de sus relaciones con las otras clases sociales. Su función fue el desenmascaramiento de la falsedad de las concepciones costumbristas.

Los últimos cuatro textos analizados representan los mejores logros de la tendencia socialrealista, su pleno florecimiento y maduración. *Mamita Yunai* (1941) recoge la temática que se anunciaba en *Bananos y Hombres.* A diferencia de Carmen Lyra, Carlos Luis Fallas tiene un conocimiento directo de la vida en las bananeras donde fue obrero, dirigente sindical y político. A la experiencia directa se agregan sus dotes de "cuentero".

Fabián Dobles y Joaquín Gutiérrez son escritores profesionales, al contrario de todos los anteriores. Con ellos culmina el socialrealismo en Costa Rica. Del primero se analizan dos obras: *Ese que llaman pueblo* de 1942 y *El sitio de las abras,* aparecida en 1950. Del segundo se estudia *Puerto Limón,* publicada igualmente en 1950. Tanto en la producción de Dobles como en la de Gutiérrez hay gérmenes de las nuevas tendencias literarias que aparecerán después de 1950.

Brevemente expuestas, éstas son las razones principales que están a la base del establecimiento de la hipóteis general de trabajo, de la metodología aplicada y del corpus seleccionado.

Notas y referencias

1. Cornejo Polar, A.: *"El indigenismo y las literaturas heterogéneas: su doble estatuto socio-cultural."* Revista de Crítica Literaria Latinoamericana, no. 7-8, Lima, 1978, p. 7. En la misma página, en la nota 2, Cornejo Polar da la información bibliográfica acerca de los principales estudios al respecto, la cual me permito reproducir: Carlos Rincón: *"Para un plano de batalla por una nueva crítica en Latinoamérica",* en: *Casa de las Américas,* no. 67, La Habana, julio-agosto, 1971 y *"Sobre crítica e historia de la literatura hoy en Latinoamérica",* en *Casa de las Américas,* no. 80, La Habana, setiembre-octubre 1973; Roberto Fernández Retamar: *Para una teoría de la literatura hispanoamericana",* en *Casa de las Américas,* no. 80, La Habana, setiembre-octubre 1973 y *"Algunos problemas teóricos de la literatura hispanoamericana",* en *Revista de Crítica Literaria Latinoamericana,* no. 1, enero-junio 1975; Noé Jitrik: *"Producción literaria y producción social",* Buenos Aires, Sudamericana, 1975; Angel Rama: *"Sistema literario y sistema social en Hispanoamérica",* en Varios: *Literatura y praxis social en América Latina,* Caracas, Monte Avila, 1974; Alejandro Losada: *"Los sistemas literarios como instituciones sociales en América Latina",* en *Revista de Crítica Literaria Latinoamericana,* no. 1, enero-junio 1975; Nelson Osorio: *"Las ideologías y los estudios de la literatura hispanoamericana",* en *Casa de las Américas,* no. 94, La Habana, enero-febrero 1976.

2. Goldmann, Lucien: *"Introduction aux premiers écrits de Georges Lukács"* en *La théorie du roman,* Editions Gonthier, París, 1963. Goldmann, Lucien: *Pour une sociologie du roman,* Editions Gallimard, París, 1964, *Recherches dialectiques,* Gallimard, París, 1959.

3. Consultar: Losada, Alejandro: *"Los modos de producción cultural de los estratos medios urbanos en América Latina: las culturas dependientes* (1780-1920) y *las culturas autónomas* (1840-1970)" en *Revista de Crítica Literaria,* no. 6, Lima 1977, p. 7-36. Consúltese igualmente: *"La internacionalización de la literatura del Caribe en las metrópolis complejas"* en LAI, Lateinamerika Institut der Freien Universität Berlin, Berlín, 1983, p. 286-351.

4. Losada, Alejandro: *"Articulación, periodización y diferenciación de los procesos literarios en América Latina",* en *Revista de Crítica Literaria Latinoamericana* n. 17 Lima, 1983, p. 7-37. Losada publicó toda una serie de estudios que han servido de inspiración para la presente investigación: *Creación y Praxis. La producción literaria como praxis social en Hispanoamérica y el Perú.* Lima, 1976. *La Literatura en la Sociedad de América Latina,* (Tomo I: Los modos de producción entre 1750 y 1980), Odense, Dinamarca 1982 . 2a. ed. *La Literatura en la Sociedad de América Latina,* (Tomo II: Modelos teóricos), Aarhus, Latinamerika seminar, Dinamarca, 1983 . 2a. ed. José Morales entrega en *Revista de Crítica Literaria Latinoamericana,* n. 24, Lima, 1986, p. 209-242, una bibliografía comentada de los trabajos de Losada.

5. Losada, A.: *"Articulación...,* p. 8.

6. León-Portilla, Miguel: *La Visión de los Vencidos,* UNAM, México, 1959

7. Lienhard, Martin: *"La subversión del texto escrito en el área andina: Guamán Poma de Ayala y J. M. Arguedas",* en *Gacela* 1, Aarhus, 1985, p. 51-76.

8. Losada, A.: *"Articulación...,* p. 13 y ss.

9. Consúltese por ejemplo el estudio de Abelardo Bonilla, *Historia y Antología de la Literatura Costarricense,* San José, 1957, que es la obra básica de la historiografía literaria costarricense.

10. Losada, A.: *"Articulación...,* p. 17.

11. Losada, A.: *"Articulación...,* p. 21.

12. Losada, A.: *Articulación...,* p. 23.

13. Losada, A.: *"Articulación...,* p. 24.

14. Losada, A.: *"La internacionalización de la literatura del Caribe en las metrópolis complejas."* en Varios: *La Literatura Latinoamericana en el Caribe-* ,LAI, Lateinamerika Institut der Freien Universität Berlin, Berlín, 1983, p. 305.

15. Losada, A.: *"La internacionalización...,* p. 307.

16. Losada, A.: *"La internacionalización...,* p. 315.

17. Sosnowski, Saúl: *"Sobre la crítica de la literatura hispanoamericana: balance y perspectivas"* en *Cuadernos Americanos,* Nueva Epoca no. 6, México, 1987, p. 81.

18. Cueva, Agustín: *"En pos de la historicidad perdida. (Contibución al debate sobre la literatura indigenista del Ecuador)"* en *Revista de Crítica Literaria Latinoamericana* no. 7-8, Lima, 1978, p. 26.

19. Cornejo Polar, Antonio: *Sobre Literatura y Crítica Latinoamericanas* Ed. Facultad de Humanidades y Educación, Universidad Central de Venezuela, Caracas, 1982, p. 69.

20. Alonso, Dámaso: *De los siglos oscuros al de oro,* Gredos, Madrid, 1958, citado por Cornejo Polar: *Op. cit.,* p. 70.

21. Citado por Cornejo Polar, A.: *Op. cit,* p. 71.

22. Albúrez, P. Francisco y Barrios, Catalina: *Historia de la Literatura Guatemalteca,* Ed. Universitaria de Guatemala, Guatemala, 1981, tomo 1, p. 11.

23. Albúrez y Barrios: *Op. cit.,* p. 11.

24. Albúrez y Barrios: *Ibidem.*

25. Cornejo Polar, A.: *Sobre Literatura y Crítica Latinoamericanas,* p. 67 y ss.

26. Lienhard, Martin: *La subversión del texto escrito en el área andina: Guamán Poma de Ayala y J. M. Arguedas,* en *Gacela* 1, Aarhus, Dinamarca, 1985, p. 52.

27. Lienhard, Martin: *Op. cit.,* p. 53.

28. Cornejo Polar, A.: *Op. cit.,* p. 87 y ss.

29. Losada, A.: *"Articulación ...,* p. 23.

30. Bonilla, A.: *Historia y Antología...* Ver nota 9 supra.

31. Arturo Agüero da una magnífica idea de la personalidad literaria de Fernández Guardia en su ensayo que sirve de prólogo a : Fernández Guardia, Ricardo: *Los Cuentos,* Librería Lehmann, San José, 1971.

32. Citado por Margarita Castro Rawson: *El costumbrismo en Costa Rica,* Librería Lehmann, San José, 1971, p. 11, nota 3.

33. Los textos de la polémica están publicados en la revista *Letras* no. 8-9, julio-diciembre 1981, enero-junio 1982, Escuela de Literatura y Ciencias del Lenguaje, Universidad Nacional, Heredia, Costa Rica, p. 289-337.

34. *Letras* no. 8-9, p. 292. Un argumento en contra de las concepciones de Ferández Guardia, e interesante desde el punto de vista de la historia de la literatura y de la historia de las ideas, es expresado por uno de los participantes en la polémica, Benjamín Céspedes: "El señor Fernández Guardia cree que no podrá haber arte ni literatura costarricenses por la carencia de asuntos bellos en un país esencialmente infeliz y prosaico. Quisiera yo conocer la gracia, el talento, la belleza, la poesía del pueblo ruso, desaseado, soez, supersticioso, servil, brutal y ebrio; y sin embargo, hay allí hombres superiores al medio vergonzoso popular, que se han inspirado con felicísimo arte realista en las desgracias de su nación, escritores de la talla de Herzen, Ogaref, Tourgueneff, Schtchedryne, Dostoiveski, Gogol, toda esa podredumbre, purificada por medio del arte." *Letras* 8-9. Céspedes agrega un ejemplo nórdico: "Noruega no es más que un país pobre, de leñeros y pescadores; sus habitantes viven sumergidos en la mayor oscuridad polar y mental, y, sin embargo, desde el año de 1870, esa fuerza bruta campesina ha sido explotada, por literatos leídos en todo el mundo, como Ibsen, Bjorson, Kielland y Lie." *Letras,* no. 8-9. p. 303.

35. Bonilla, A.: *Historia y Antología ...,* tomo 1, p. 133.

36. Bonilla, A.: *Op. cit.,* p. 141. 37. Bonilla, A.: *Op. cit., tomo 2,* p. 35. 38. Quesada Soto, Alvaro: *La Formación de la Narrativa Nacional Costarricense* (1890-1910) *Enfoque histórico-social,* Editorial Universidad de Costa Rica, San José, 1986, p. 99-100.

39. Quesada Soto, A.: *Op. cit,* p. 101 y ss.

40. Alborg, Juan Luis: *Historia de la Literatura Española III, El Romanticismo,* Gredos, Madrid, 1980, p. 244.

41. Citado por Sergio Ramírez: *"Balcanes y volcanes (Aproximaciones al proceso cultural contemporáneo de Centroamérica)",* en Torres-Rivas et a.: *Centroamérica hoy,* Siglo XXI, México, 1976, p. 310.

42. Sandoval de Fonseca, Virginia: *Resumen de Literatura Costarricense,* Editorial Costa Rica, San José, 1978, p. 11.

43. *Ibidem,* p. 15.

44. Chase, Alfonso: *Narrativa Contemporánea de Costa Rica,* Tomo 1, Ministerio de Cultura, San José, 1975, p. 54.

45. Montesinos, José F.: *Costumbrismo y Novela,* Editorial Castalia, Madrid, 1960.

46. Bonilla, A.: *Op. cit.,* p. 170.

47. Quesada Soto, A.: *Op. cit.,* p. 118.

48. Quesada Soto, A.: *Op. cit.,* p. 118.

49. Quesada Soto, A.: *Op. cit.,* p. 123 y ss.

50. Bogantes, C. y Kuhlmann, U: *"El surgimiento del realismo social en Centroamérica 1930-1970",* en *Revista de Crítica Literaria Latinoamericana no. 17,* Lima 1983, p. 39-64.

51. Se trata, por ejemplo, de la escena de la luminaria en casa de ñor Soledad y de la fiesta de la Santa Cruz en casa de doña Benita Corrales en El Moto y de la pelea de gallos en *Hijas del Campo.*

52. Ver Losada A.: *"El surgimiento del realismo social"* en *La Literatura en la Sociedad de América Latina* 2, modelos teóricos, 2a. edición, ISA no. 41, Aarhus, Dinamarca, 1981, p. 76-111.

53. Lyra, Carmen: *Relatos escogidos,* selección, notas y cronología de A. Chase, Editorial Costa Rica, San José, 1977, p. 513.

54. Losada, A.: *"Surgimiento...,* ibidem.

55. Goldmann, Lucien: *"Introduction à une sociologie du roman."* en *Pour une sociologie du roman,* Editions Gallimard, París, 1964, p. 41.

56. Goldmann, L.: *"Introduction...,* p. 41.

57. Goldmann, L.: *"Introduction...,* p. 42.

58. Goldmann, L.: *"Introduction...*, p. 42.

59. Goldmann. L.: *"Introduction ...*, p. 339 y 348.

60. Goldmann, L.: *"Introduction...*, p. 46-48.

SEGUNDA PARTE

EL CONTEXTO HISTORICO

La formación del Estado nacional y la hegemonía de la oligarquía cafetalera

Durante la época colonial, Costa Rica formaba parte de la Capitanía General de Guatemala, que incluía además las provincias de Chiapas, Guatemala, Honduras, Salvador y Nicaragua. Después de la Independencia, Chiapas pasó pronto a formar parte de México; las otras cinco provincias después de varias vicisitudes - proyecto de anexión al Imperio Mexicano de Iturbide, de adhesión a la República de Colombia, creación de la República Federal de las Provincias Unidas del Centro de América - terminaron declarándose repúblicas independientes.

Un tema muy discutido entre los especialistas, historiadores y sociólogos, es el carácter de la organización del poder después de la quiebra del régimen colonial a raíz de la declaración de independencia en 1821. El historiador Carlos Monge parece partir de la idea simple de que el poder político existente durante la Colonia continúa tal cual, después de algunos pequeños reajustes, entre ellos el traslado de la capital de la ciudad de Cartago a la de San José, durante los primeros años de la República.

"La revolución del 29 de marzo [1823] había dejado a Costa Rica sin gobierno. Para salvarla y restablecer el orden, don Gregorio José Ramírez tuvo que asumir la dictadura, que duró desde el 6 de abril hasta el 15 del mismo mes, fecha en que se reunió en la ciudad de San José la Asamblea, encargada de darle al país una nueva Constitución Política. En el artículo 15 se declaró que la Asamblea, el Gobierno y las autoridades superiores debían residir en la ciudad de San José, por ser de justicia y conveniencia pública. Esto significa que Cartago dejaba de ser la capital. Aún no podía hablarse de una nación perfectamente organizada; los intereses regionales eran muy fuertes, y la falta de experiencia política era muy grande. En el proceso que culminó con la escaramuza - otra cosa no fue - de Ochomogo, los hombres se movieron por ideas, pero también por vanidades lugareñas."[1]

Para Rodolfo Cerdas, al contrario, la oposición entre Cartago y San José no es una mera querella de campanario. El hecho tiene justamente relación con la organización del nuevo poder y la constitución del Estado. Su explicación hay que buscarla no ya en las ideas de los sujetos actuantes o en las vanidades lugareñas, sino en el desarrollo histórico, social y sobre todo económico que caracteriza a esas dos ciudades. En su libro Formación del Estado en Costa Rica, Cerdas sostiene en efecto que:

En Costa Rica, pues, surgió un grupo aristocratizado con vinculaciones políticas e ideológicas con el poder colonial. Principalmente en las ciudades de Cartago y Heredia tuvo asiento esa manifestación clasista, en atención al tipo de economía predominante en esos lugares, doméstica o cerrada, propia de la estructura económica nacida del poder español. Por el contrario, en la ciudad de San José, y en mucho menor grado en la de Alajuela, con el tipo de una economía urbana o abierta, el grupo dominante lo constituyó una naciente burguesía, apta desde un comienzo para la recepción de la ideología liberal e independentista de la época.[2]

Esta nueva manera de aproximarse a la historia de la organización del poder y del Estado en Costa Rica suscitó una viva polémica que Cerdas recoge en el prefacio a la segunda edición de su libro. Una de las primeras críticas que puede hacerse a las tesis de Cerdas es su rigidez teórica. Si bien representan un apreciable avance en la interpretación de la historia de Costa Rica, se tiene la impresión de que se da prioridad a las categorías weberianas y marxistas y se violenta un tanto a la realidad para hacerla coincidir con los postulados teóricos. El problema radica en la validez y el alcance de unas categorías establecidas para la interpretación de procesos históricos de los países centrales: ¿es posible extrapolarlas y utilizarlas para explicar procesos que acaecen en países de la periferia?

Se trata principalmente de las categorías de economía urbana y de economía doméstica y sobre todo de la oposición de clases que de ellas se deriva. Si bien es cierto que la explicación de Cerdas parece mucho más convincente que la tradicional, por ejemplo la de Monge, por el hecho de tomar en cuenta tanto la base material como la ideológica en la explicación de los acontecimientos históricos, cabe sin embargo preguntar si los hechos históricos están sujetos a leyes cuya universalidad absoluta permitiría una explicación paralela de la evolución de las ciudades europeas y de las ciudades costarricenses. Cerdas afirma, en el mencionado prefacio a la segunda edición de su libro, no creer que las leyes históricas tengan un carácter universal, como podría pensarse al leer el libro mismo. Cerdas aclara su pensamiento al recoger y responder a las críticas que le fueron hechas:

"Desde luego, jamás hemos creído en la existencia de categorías 'puras', donde la interpretación positivista exige una regularidad absoluta no sólo inconducente sino imposible. Por otra parte, si bien esas categorías fueron gestadas por el weberismo alemán, que en más de un sentido se presenta hoy disfrazado de marxismo en Costa Rica, es lo cierto que las mismas no se adoptaron ni se aplicaron - y así lo demostrará la lectura de la obra - de una manera mecánica y dogmática."[3]

Frente a sus críticos que sostenían que las luchas en los años inmediatamente posteriores a la declaración de Independencia habían tenido lugar al interior de la misma clase, Cerdas reivindica empero la idea de la existencia de dos clases antagónicas, aristocracia y burguesía, en la Costa Rica de finales de la Colonia y principios de la República, reduciendo así su presencia y su acción a un corto intervalo que no va más allá del momento en que la gran mayoría de la población costarricense se vuelca a la producción cafetalera, a partir de la década de 1840.

"En este sentido podría constatarse un movimiento de diferenciación social a fines de la época colonial, que se agudiza con la independencia y que permitió definir frente al poder colonial y su representación local cartaginesa, una serie importante de elementos de nuestra institucionalidad, en la perspectiva de un desarrollo demoliberal, y sobre la base social de una naciente burguesía. Esta separación habría encontrado un punto de confluencia con la producción cafetalera, facilitando así, más que una reconcialiación al interior de una misma clase, supuestamente escindida por razones circunstanciales, un paso de la vieja seudoaristocracia cartaginesa a un sistema de producción y modo de vida propio de una burguesía dependiente, aunque dueña de los cultivos y exportación del grano, lo cual no carece de importancia."[4]

La polémica versó más que todo sobre el concepto de clase que sobre las diferencias ideológicas, aristocratizante una, aburguesada la otra, y las diferencias en el tipo de economía que se practicaba alrededor de una u otra ciudad. La discusión parece quedar saldada en la formulación que del problema da José Luis Vega Carballo:

"De allí que el proceso de transición a una economía agro-exportadora dependiente, insertada en el mercado mundial, pudiera darse sin que ocurriera una pérdida de la hegemonía y los privilegios de la clase y que más bien, ambos factores se reforzaran y se diversificaran con las políticas económicas que facilitan el control del nuevo Estado emergente. En otras palabras, al cambiar el régimen de producción varió sensiblemente el papel o función de la clase en su conjunto, sin que cambiara el personal: a saber los titulares de la riqueza, el poder político y el prestigio social. Resulta por eso un grave error de apreciación histórica concebir las luchas intestinas que van de 1821 a 1840, como la manifestación de un choque inexorable de clases antagónicas; por ejemplo, de una burguesía agraria naciente contra una aristocracia de índole feudal impermeable a cualquier cambio de mentalidad o actividad productiva."[5]

Desde un punto de vista más general y teórico, y refiriéndose a todo Centroamérica, Torres-Rivas expresa su acuerdo de miras con Vega C. sobre la problemática en cuestión. A diferencia de los primeros teóricos de la dependencia, que en sus análisis ponían el énfasis sobre la importancia de las fuerzas exógenas, tanto Vega C. como Torres-Rivas insisten sobre la influencia igualmente determinante de los factores endógenos.

"... el estudio de la historia de la constitución del poder político o del Estado y de sus formas de desarrollo en las sociedades dependientes, requiere el análisis de un conjunto de factores adicionales de naturaleza social que se inscriben en una perspectiva en que tanto cuentan las determinaciones extranacionales como el tipo de desarrollo interno del país. [...] Economía colonial y poder local, aquélla en crisis y éste en gestación se enfrentan y combinan con una economía capitalista en crecimiento y un poder imperialista en expansión. Es éste el marco en que se va constituyendo, lentamente, inmaduro, desintegrado, el Estado dependiente."[6]

Así desde un principio, la burguesía agraria costarricense en sus dos sectores: la oligarquía cafetalera y la burguesía agro-mercantil, que por otra parte está integrada por un número reducidísimo de familias endógamas, fue una clase social dependiente en el plano internacional y en su modo de articularse al mercado mundial, pero hegemónica en el plano nacional, gozando de un consenso ciudadano que aceptaba ampliamente la identificación de los intereses de la clase con los intereses de la nación entera. Al contrario de lo que aconteció prácticamente en toda América Latina, este proceso presenta en Costa Rica, como característica distintiva, el no haber seguido pautas militaristas o caudillistas. La clase dominante prefirió, con claro sentido económico, invertir parte del excedente no en la manutención de un aparato militar costoso, sino más bien en obras de infraestructura tales como caminos, puentes, vías férreas, telégrafos, así como escuelas, hospitales y otras obras tendientes a asegurar un bienestar mínimo y una calificación aceptable de la escasa fuerza de trabajo de que disponía la joven nación. El resultado de este proceso es lo que Torres-Rivas, hablando de los estilos de dominación en Centroamérica, llama la República Aristocrática, es decir, un Estado nacional democrático y burgués que se fundamenta en un sistema pacífico de autorremplazo de la clase dominante.

Los estudios del sociólogo costarricense Samuel Stone muestran, con suma claridad, el peso y la importancia que la descendencia, que él llama clase, de tres familias de conquistadores y colonizadores españoles han tenido en Costa Rica desde principios del siglo XVI hasta hoy.

"Un análisis genealógico de las familias de los primeros conquistadores pone gráficamente de manifiesto la existencia de la clase y su importancia política desde la Conquista. Así, del conquistador Juan Vázquez de Coronado, por ejemplo, descienden aproximadamente 300 diputados y 29 presidentes; de Antonio de Costa Arévalo, 140 diputados y 25 presidentes, y existen numerosas uniones entre descendientes de ambas familias. De sólo tres de estas familias han salido 33 de los 44 presidentes de la República, y el grado de endogamia es tan elevado que algunos de ellos tienen vínculos de parentesco con las tres. Asimismo, las tres cuartas partes de los diputados proceden de una docena de las familias estudiadas."[7]

En el terreno político esta 'clase' ha contribuído grandemente a la organización de la formación social costarricense y, gracias a su estilo de dominación y a su capacidad para imponerlo, ha hecho que Costa Rica sea en muchos aspectos un caso particular en el contexto centroamericano, siendo el único país en donde la democracia formal ha encontrado ciertas condiciones que le han permitido su funcionamiento. Vega Carballo resume este proceso, caracterizándolo de la siguiente manera:

"El proyecto histórico que logró fraguar la oligarquía agroexportadora una vez enlazada con los centros metropolitanos europeos, pudo por esa vía revestirse fácilmente con el manto del interés público o nacional. Fue fácil establecer alianzas movilizadoras con núcleos de medianos y pequeños productores, las cuales se disimularon como necesidad de responder a un principio de armonía y unidad colectivas que los envolvía a todos y que debía resguardarse frente a cualquier separación o dislocación que introdujera la nueva división del trabajo. Allí radicó el secreto del gran apoyo público que generó paradójicamente la búsqueda de satisfacción privada de los intereses grupales de la oligarquía, que se percibía como un curso de acción justificable y de conveniencia general, impersonal y legítima. Cualquiera que se sintiera lesionado por el empuje del proyecto podía, por su lado, recurrir al Estado de Derecho que se iba levantando desde las bases en ese sentido muy avanzadas del viejo Estado Hispano-Colonial. El Estado como tal no corregiría los orígenes de la querella si ella se basaba en diferencias naturales o sociales adquiridas, se cicunscribiría a velar porque se respetaran las reglas de la 'sana competencia' que alentaba la generalización de las relaciones mercantiles desatadas por los procesos de 'acumulación hacia afuera', respeto que era bastante pedir a la altura de la época, cuando los sistemas despóticos reforzaban por doquier en América Latina los privilegios y las jerarquías dejando de lado radicalmente, muchos afanes libertarios, igualitaristas y democráticos."[8]

La dictadura del General Guardia y la transición a la República Liberal

La época que va de la dictadura de Braulio Carrillo (1838 - 1842) a la del General Tomás Guardia (1870 - 1882) está caracterizada - además de ser la época de formación de la oligarquía cafetalera - de un lado, por el auge del militarismo y su declive al final del periodo, y, de otro lado, por la importancia correlativa que va adquiriendo la organización de la educación.

Los militares, más o menos improvisados, habían alcanzado un gran prestigio después de sus victorias en la guerra contra los filibusteros norteamericanos encabezados por William Walker, en 1856 y 1857. Dado que el sistema político aún no había institucionalizado procedimientos claros que aseguraran los cambios de gobernantes, como anota Vega Carballo: "... no existía ni siquiera un régimen de partidos personalistas que facilitara esa tarea, sino sólo entendimientos de 'altura' para imponer un candidato, generalmente con el apoyo de los cuarteles y la posterior búsqueda de consenso por la vía de pedir el apoyo del 'pueblo' para la fórmula ganadora."[9]

Luego se llamaba a una Asamblea Constituyente y se promulgaba una nueva Constitución que venía a legitimar y legalizar los hechos ya consumados. El historiador Mario Alberto Jiménez, al describir el periodo que se extiende del derrocamiento de Carrillo, en 1842, por el líder federlista hondureño Francisco Morazán, traído por sus adversarios para tal efecto, y la promulgación de la Constitución de 1871, lo caracteriza como: "Especie de período sísmico constitucional, en 29 años se sucedieron seis constituciones, o sea el promedio de una cada cuatro y tres cuartos de año; más que volubilidad toda una voluptuosidad constitucional que se sosegó por fin con la aparición de la llamada Carta del 71."[10]

Tanto Braulio Carrillo como Tomás Guardia llegaron al poder por medio de un golpe de Estado y, en el intervalo de sus administraciones, los generales Máximo Blanco y Lorenzo Salazar prestaron, a menudo, el servicio de sus armas para que una u otra facción oligárquica tomara el poder. Tomás Guardia, que era uno de los prestigiosos militares de la guerra contra los filibusteros, al tomar el poder puso fin a la inestabilidad política y, en su celo por no correr el riesgo de ser depuesto por sus compañeros de armas, se cuidó de subordinar el ejército al poder político, destituyendo o desterrando a los militares más peligrosos.

"Su gobierno fuerte y centralizado cumplió, por un lado, con la misión de llevar a su máxima realización las posibilidades del militarismo: entronizar en el poder a un jefe militar por poco más de una década. Pero al hacerlo se fueron sofocando múltiples conspiraciones y rebeliones de otros militares y de familias políticas y camarillas oligárquicas desafectas, lo que resultó ser una manera de destruir o de minar las posibilidades de reproducción y afianzamiento del modelo militarista criollo y de abrir camino a otras alternativas y fuerzas."[11]

Estas nuevas iniciativas y fuerzas se centrarán, a la muerte de Guardia, alrededor de un grupo de hombres que se conoce con el nombre de 'Generación del Olimpo', en ella descuellan dos estadistas que dominarán el panorama político hasta los albores de la segunda guerra mundial: Cleto González Víquez, dos veces presidente de la República: 1906-1910 y 1928-1932, además de haber sido diputado, ministro, brillante jurisconsulto y hábil historiador, y Ricardo Jiménez, igualmente brillante abogado, presidente de la Corte Suprema de Justicia, diputado, ministro, polemista y presidente durante tres periodos: 1910-1914, 1924-1928 y 1932-1936.[12]

El economista Rodrigo Facio insiste en el descubrimiento por parte de la oligarquía de las ventajas que la nueva organización del Estado, según las pautas liberales que sustentaba Guardia, tienen para la marcha de los negocios: "...la aristocracia se ve obligada a modificar su actitud: presionada por ese gobierno duro y progresista, comienza a comprender - es una visión más moderna - que a la estabilidad de sus negocios y al prestigio de su crédito exterior, conviene más la implantación de un régimen liberal, ordenado y permanente, que la zozobra constante de los cuartelazos y la ingerencia militar."[13]

Ahora bien, el paso del Estado oligárquico-patrimonial, de antes de Guardia, al Estado liberal, no significa evidentemente un reemplazo de la clase dominante, muy al contrario, la nueva ordenación es una etapa superior en la institucionalización de la dominación oligárquica. Para decirlo con las palabras de Rodolfo Cerdas:

"Guardia consagra toda una transacción de clases y constituye un bloque de poder, que reflejará notablemnte la estructura social real del país. [...] Esto explica la tendencia relativamente anti-oligárquica de Guardia, de una parte; y la permanencia y proyección histórico-jurídica, de la Constitución de 1871 que, con reformas, es la que nos rige en la actualidad.[...] No quiere decir esto que la burguesía cafetalera y comercial, instaurada sobre la base de la dependencia externa con el mercado, la financiación y el comercio inglés, perdieron su poder. Lejos de ello, más bien lo consolidó, aunque sobre bases que facilitarán el desarrollo democrático burgués de las instituciones políticas del país. Reflejo típico de este predominio ya indiscutido de la clase dominante y del bloque de poder, lo será la promulgación del Código Civil de 1888, monumento-documento del dominio de la burguesía. La legislación liberal de 1884 no será sino un efluvio más de este predominio indiscutido de la burguesía agrario-mercantil."[14]

Cultura y caficultura: el interés por la educación popular

El éxito en los negocios de la caficultura no corre, sin embargo, parejas con un florecimiento de la cultura o de la literatura. En Costa se cuenta la anécdota del chiste de Jacinto Benavente, quien visitó el país a finales del siglo pasado, acerca de la ciudad de San José, que se había embellecido con un flamante Teatro Nacional, copia de l'Opéra Comique parisina y producto del auge cafetalero, lo que la había transformado, en su opinión, en una modesta aldea alrededor de una gran sala de espectáculos. El periodismo había ya comenzado empero a cobrar cierta importancia con Pío Víquez y en 1894, al publicar Ricardo Fernández Guardia su primer volúmen de cuentos, se abre la famosa polémica sobre el nacionalismo en literatura, que traduce, sin duda, el despertar de la literatura nacional. Mas es importante anotar toda una serie de transformaciones que tienen que ver con el desarrollo de la educación pública.

El declive del militarismo se corresponde con un aumento en el interés y en las inversiones en el campo de la educación. La oligarquía había sido desde un principio renuente al gasto militar y fue descubriendo desde mediados del siglo pasado que la ingerencia militar era costosa y entorpecedora de la vida política y, sobre todo, de la vida económica. Por otra parte, la clase dominante había tenido éxito en su estilo de dominación suave frente a las otras clases y sectores sociales, y como además la mano de obra siempre había sido escasa, no tardó mucho en descubrir, en contrapartida, que era beneficioso invertir en un mejoramiento de la instrucción pública. Y buena falta hacía, como se desprende de un informe de 1867 del ministro del ramo al Congreso:

"Rubor causa confesarlo; pero a pesar de la falta de estadística, me atrevería a asegurar fundado en cálculos, que no hay un diez por ciento de la población que haya aprendido a leer y escribir correctamente ... Con semejante lentitud y con una dirección tan extraviada imposible es aspirar a constituir las instituciones republicanas. Tiempo es de salir de este estado de marasmo, y pensar seriamente en la regeneración del pueblo por medio de la instrucción."[15]

Hasta este momento la educación dependía, por obra de una legislación heredada de las Cortes de Cádiz, de las municipalidades; en la nueva constitución de 1869, pasará a la tutela del Estado, pues en ella se estipula que: "La enseñanza de ambos sexos es obligatoria, gratuita y costeada por la nación. La dirección inmediata corresponde a las municipalidades y al gobierno la suprema inspección."[16]

A la muerte de Guardia, el número de escuelas había ascendido a 234 con más de 12.000 alumnos. Los gastos de instrucción habían subido de 5.000 pesos en 1854 a más de 70.000.[17] Las reformas más importantes, tanto en la organización como en los contenidos, se realizarán bajo la función del ministro de educación Mauro Fernández a finales de la década de 1880.[18] Fernández viajó por Europa:

"...visitando las escuelas de Suiza, Alemania y Francia ... En la primera estudió la filosofía y fundamentos racionales de Pestalozzi. Pasa a Alemania y le sorprende el estado de sus escuelas ... se engolfa en el estudio y la reflexión y le sirven de base para sus trabajos las obras de Fichte ... Se dirige a Francia y se encuentra con los grandes escritos de Gambetta reclamando para la república la escuela cívica y patriota."[19]

A pesar de cierta intolerancia y quizá hasta mezquindad que le llevaron a decisión de clausurar la vieja Universidad de Santo Tomás,[20] la labor del ministro Mauro Fernández es reconocida como fundamental o más bien fundacional para la educación pública en Costa Rica.[21] Mas no se debe olvidar tampoco que las reformas de Mauro Fernández son la realización de proyectos que venían gestándose desde los primeros años de independencia.

A manera de conclusión podemos afirmar que en esta etapa de la organización del Estado y de la nación costarricenses se echaron las sólidas bases de dos aspectos esenciales de la nacionalidad, a saber, la tradición antimilitarista, profundamente enraizada en vastos sectores de la población y el interés, igualmente arraigado, por desarrollar la educación y extenderla democráticamente a la mayoría del pueblo.

La construcción del ferrocarril y el establecimiento del enclave bananero

Durante la administración del General Guardia se inicia la construcción del ferrocarril al Atlántico, un proyecto con el que la oligarquía cafetalera había soñado durante décadas, pues el comercio se realizaba con las ciudades norteamericanas de la costa este y, sobre todo, con el mercado inglés. Hasta entonces los productos debían necesariamente ser sacados por el Pacífico y hacer el largo recorrido por el estrecho de Magallanes y remontar toda la costa este de América del Sur para llegar a los mercados que estaban, como hoy, en el hemisferio norte. La nueva vía de comunicación y el embarque y desembarque de mercaderías en el nuevo puerto de Limón, reduciría el tiempo de transporte en dos o tres meses, abaratando los fletes considerablemente.

Para la construcción del ferrocarril se hicieron empréstitos en Londres en 1871 y en 1872 que resultaron ser, por falta de experiencia, por ineptitud y por corrupción de los negociadores, catastróficos para la economía nacional, o por lo menos para la del Estado. La 'deuda inglesa' tuvo en Costa Rica durante mucho tiempo resonancias macondianas. En su libro *Historia financiera de Costa Rica,* de 1914, Cleto González trata de desenmarañar el negocio de los empréstitos, en cuyos laberintos tanto Tomás Guardia como sus negociadores se extraviaron y perdieron.[22] Ante la imposibilidad de terminar la construcción del ferrocarril con los préstamos ingleses - en 1871 un millón de libras esterlinas, al año siguiente 2.400.000, de las cuales apenas llegaron al país alrededor de 900.000 - se cedió la concesión a un contratista americano, Henry Meiggs Keith, que había construido las primeras vías férreas en Perú y Chile. Meiggs Keith se comprometió a sanear la deuda inglesa y procurar en los Estados Unidos el capital necesario para la terminación de la vía férrea. Una estipulación importante del contrato era la concesión de 800.000 acres de terreno a Meiggs, en diferentes regiones del país y sobre todo en la zona atlántica donde comenzaba la vía férrea.

Muy pronto Meiggs traspasó los contratos a su sobrino Henry Meiggs Keith, quien a su vez los confió a su hemano Minor C. Keith. Este, con claro sentido económico, comenzó la producción de bananos, utilizando inmediatamente las tierras a los lados de la línea y los tramos del ferrocarril ya construidos, mientras tanto el transporte del café, que se producía en las tierras de altura de la Meseta Central, tuvo que seguir esperando la llegada del tren. El ferrocarril no se terminó sino en 1896. El derecho de explotación quedó en manos de la compañía extranjera por el lapso de 99 años.[23]

Rodrigo Facio describe suscintamente las consecuencias sociales y económicas de la aparición del nuevo capital:

"Las consecuencias sociales y económicas que la producción y el comercio del banano produce en el país, son, en algunos aspectos bien diferentes a las del café. Primero: porque la producción del café inunda la propiedad constituída - organizada ya por prácticas económicas y sobre bases sociales más o menos firmes - o sea, geográficamente hablando, la de la Meseta Central; mientras el banano se asienta en tierras vírgenes que él mismo habilita, las de la zona del litoral atlántico. Segundo: porque mientras el capital inglés, padre del café, se concretó a estimular, financiándola, una producción ya en existencia, el capital americano, padre del banano, extiende sus papeles hasta la propia organización técnico-agrícola de los cultivos."[24]

El banano promueve igualmente un nuevo tipo de agricultor nacional - pues la producción bananera atraerá a productores nacionales - que jurídicamente es propietario independiente, pero que, en realidad, depende de la compañía extranjera que tiene el monopolio del transporte terrestre, el ferrocarril, y el monopolio del transporte marítimo, su propia flota. A estos dos monopolios viene a agregarse un tercero, el de la comercialización de la fruta en los mercados norteamericanos. El productor nacional pasa así a ser casi un asalariado, privilegiado, de la compañía, es decir, de la burguesía americana, accionista de la United Fruit Co.[25]

Otra consecuencia sociológica es la importación de jamaicanos negros de lengua inglesa, que hasta hoy día, en su mayoría siguen constituyendo un sector de la población costarricense desarraigada, desintegrada y miserable. El enclave bananero acarreó igualmente una gran concentración de obreros agrícolas nacionales y centroamericanos, que si bien no sufren en igual medida el problema del desarraigo social y cultural, sí sufren las consecuencias de una radical modificación de sus formas de vida tradicionales: son trabajadores sin familia, y además de las enfermedades como la tuberculosis y el paludismo, sufren los estragos de la prostitución, las enfermedades venéreas, el alcoholismo y la droga.[26]

Económicamente la producción bananera, en tanto que producción de enclave, no redunda en gran provecho para la economía nacional. A parte del agotamiento de las tierras, - 15 años según Facio - se agrega la sustracción de mano de obra de los cultivos destinados al mercado interno: maíz, arroz, frijoles, verduras, etc. que son abandonados a causa de los halagüeños sueldos que promete la Frutera, agravándose así las crisis de subsistencia que el país ya venía sufriendo periódicamente desde que se había volcado a la producción del café como único rubro de exportación.[27]

El efecto de la industria bananera sobre la economía nacional se puede registrar en tres aspectos diferentes: como pago de la tributación directa o indirecta; como reinversión de beneficios en otros sectores productivos; y mediante enlaces de alimentación o retroalimentación con los recursos naturales y la industria complementaria. Con respecto a los impuestos directos, Casey concluye que: "... si bien los gravámenes directos sobre el banano produjeron muy pocos ingresos adicionales para las arcas del gobierno, los impuestos sobre los bienes consumidos en la región controlada por la industria y sobre los empleados directamente en la producción, bajo ciertas circunstancias, pueden haber constituido un rubro importante en la financiación del gobierno. No obstante, la información oficial respecto a las importaciones y derechos pagados por la United Fruit y sus subsidiarias, entre 1933 y 1937, hace pensar que aun esta forma de imposición indirecta tuvo muy poca gravitación."[28]

Gracias a las manipulaciones del número de racimos de banano exportados y a las exenciones acordadas, lo que recibía el fisco era prácticamente insignificante. Casey entrega al respecto datos que son reveladores. Baste un sólo ejemplo: "De acuerdo con las fuentes oficiales de que disponemos, entre 1933 y 1937, si la United no hubiera gozado de abundantes exenciones especiales para varios impuestos específicos, su pago total de aduanas hubiese llegado a más de diez millones de colones, mientras que en realidad sólo pagó aproximadamente un 2,5 % de esa cantidad al abonar ¢ 250.060."[29]

Con respecto a los salarios, Casey indica que, en 1936, se fijó un salario mínimo de ¢ 2.75 diarios para los trabajadores de la provincia de Limón y de ¢ 2.00 para el resto del país, pero que en realidad los salarios eran un poco más elevados, devengando un peón a veces hasta 10 ó 12 colones diarios. Los huelguistas en 1934 exigirán ¢ 6.00 por una jornada de 6 horas.[30] Ahora bien, estos altos salarios no tienen ninguna repercusión sobre la economía nacional: los trabajadores generalmente no pueden nunca realizar su sueño de hacer economías para volver a instalarse en mejores condiciones fuera del enclave; ni tampoco tiene influencia en el nivel de consumo, pues la compañía, haciendo uso de sus privilegios, recoge otra vez los salarios gracias al sistema de 'tiendas de raya' o comisariatos, como se denomina a esa institución en Costa Rica:

"Los cheques eran pagados por período vencido, de modo que cuando una persona comenzaba a trabajar con la United, debía esperar entre 30 y 45 días para cobrar el primer sueldo. Si en este lapso necesitaba algo, se le permitía hacer adelantos sobre el posible sueldo devengado, mediante la aceptación de cupones de la empresa, que se empleban para adquirir mercaderías en los comisariatos de la Compañía."[31]

En caso de que el trabajador necesitara comprar cualquier cosa en un negocio particular, por ejemplo si el comisariato no tenía la mercancía requerida, el comerciante le hacía un descuento del 25 % sobre el valor del cupón. El argumento de los comerciantes particulares era que tales cupones no eran aceptados por la Compañía, cuando ellos debían hacer sus compras al por mayor. Los grandes productores bananeros nacionales utilizaron el mismo sistema y aun con descuentos superiores a los de la United.[32]

Aparición del movimiento obrero

Un aspecto positivo, mas evidentemente no intencional, que trajo consigo la instalación de la producción bananera y la subsecuente concentración de obreros agrícolas, se relaciona con la posibilidad que se dio para la creación de un fuerte y relativamnete bien organizado movimiento sindical. Movimiento que si bien es cierto, en sus inicios, presentó un carácter puramente económico, llevaba en sí los gérmenes del cuestionamiento político del orden social existente bajo la hegemonía de la oligarquía cafetalera.

Las primeras manifestaciones embrionarias del movimiento obrero hacen su aparición durante la dictadura misma del General Guardia, cuando el presbítero Dr. Francisco Calvo, el 13 de marzo de 1874, fundó la Sociedad de Artesanos. Calvo estaba sin embargo más interesado en la masonería, puesto que pronto abandonó la Sociedad para dedicarse a las actividades de la logia.[33]

En 1886 se constituye la Sociedad Mutualista de Artesanos de Panadería que fue una organización interclasista que agrupaba tanto a obreros como a patronos. Ese carácter pluriclasista desapareció al ser disuelta la Sociedad y fundar los obreros en su lugar la Sociedad de Socorros Mutuos de Panaderos, en 1900. En 1905, panaderos y obreros de la construcción se organizan en la Federación de artesanos, panaderos, constructores y carpinteros. En 1908 aparece la Sociedad Mutualista de Tipógrafos.

El primer motín obrero se produjo en enero de 1874 cuando los trabajadores chinos traídos para la construcción del ferrocarril, más o menos en condición de esclavos, protestaron contra las condiciones infrahumanas en que se les hacía trabajar y la pésima calidad de la comida que se les suministraba. Hubo un muerto, varios heridos y muchos arrestados. Las condiciones de trabajo hacían que los chinos huyeran de los campamentos. Cuando se les capturaba se les aplicaba: "La cantidad necesaria de latigazos y de hierros y se les hacía trabajar; no se permitía que fueran vendidos a nadie sin orden oficial y se les mantenía con cadenas hasta recibir órdenes pertinentes".[34]

La primera huelga de que se tiene noticia fue organizada por los trabajadores italianos del ferrocarril. El contrato firmado por ellos y Minor Keith estipulaba, entre otras cosas, que los italianos no trabajarían en climas malsanos, que tendrían comida buena y suficiente. Al estimar ellos que Keith no respetaba el contrato se declararon en huelga. El dictamen de la comisión que medió entre Keith y los italianos aceptó que el patrón adeudaba salarios, pero negó que el clima fuera dañino a la salud y que la comida consistiera sobre todo de arroz y spaghetti podridos, como aseguraban los huelguistas. Los italianos en huelga abandonaron la zona bananera y aparecieron en las ciudades haciendo así visibles las condiciones miserables en que vivían. Un reportaje periodístico de la época describe algunos de los aspectos de la huelga:

"Las aceras y los patios del mercado, las graderías de la Catedral, los atrios de las Iglesias, la estación del ferrocarril, por todas partes se contempla a estos desgraciados que en el estado más deplorable de miseria esperan un alma caritativa que se conmueva de su desgracia."[35]

Los trabajadores italianos terminaron ganando el conflicto y en marzo de 1889, un 60 % de ellos se marchaba a Italia. Keith quiso que el gobierno sometiera a los que se habían quedado a trabajos forzados, pero éste no lo hizo por presiones de la opinión pública, mas Keith retuvo parte de los salarios para cubrir los gastos y perjuicios que según él la huelga le había ocasionado.[36]

Bajo la influencia de nuevos inmigrantes europeos, llegados al país a raíz de la primera guerra mundial, las sociedades mutualistas fueron abandonando el carácter inofensivo de su organización, apareciendo entonces sindicatos que representan a un proletariado con mayor conciencia de clase y un mayor grado de combatividad. En 1921 la nueva Confederación General de Trabajadores dirige con éxito una gran huelga que trae como resultado la jornada de ocho horas y un aumento general de salarios del 20 %.[37]

La Iglesia Católica y la cuestión obrera

Otro aspecto importante que se debe tomar en cuenta en una revisión, aunque sea somera del ambiente político-social de la Costa Rica de finales del siglo pasado y principios del presente, es la actitud de la Iglesia Católica frente a lo que ella misma llamaba la cuestión social. En 1891 apareció la encíclica *Rerum Novarum* del Papa León XIII sobre la cuestión obrera, la cual es considerada como una suerte de respuesta al Manifiesto Comunista. Un análisis comparado de los dos documentos cae evidentemente fuera de los límites de nuestro estudio. Lo que nos interesa destacar es su repercusión a nivel local frente a la problemática del cuestionamiento de la hegemonía de la oligarquía cafetalera y su nuevo compañero de ruta, el capital americano, personificado en la presencia de la United Fruit Co. y sus subsidiarias, por un lado y por otro, la reacción al respecto del nuevo Estado liberal.

La más clara manifestación doctrinaria de la nueva actitud de la Iglesia es la Carta Pastoral del obispo de Costa Rica, monseñor Augusto Thiel, titulada: "Sobre el justo salario de los jornaleros y artesanos, y otros puntos de actualidad que se relacionan con la situación de los destituidos de bienes de fortuna", hecha pública el 5 de septiembre de 1893. En este documento, el obispo hace un interesante análisis de la dolorosa situación de "los destituidos de fortuna" de Costa Rica, atacándose a lo que, en su opinión, constituye la raíz misma del problema, a saber, la inflación. La Carta comienza así:

"La situación económica de Costa Rica es verdaderamente alarmante, debido a la baja tan grande que ha sufrido el dinero en los últimos años. Las consecuencias de esta baja han pesado hasta ahora más sensiblemente sobre la clase trabajadora, los peones y artesanos, y sobre los pequeños empleados.[..] La causa de esto es que el justo jornal del trabajador no ha sido aumentado en proporción a la baja del valor del dinero; de modo que el peón que hace diez años tenía con su jornal lo suficiente para mantener decentemente una familia, ahora no lo puede." 38

Después de un análisis detallado de la situación, de aducir ejemplos concretos de miseria y de injusticias, Thiel entra, al final del documento, al terreno del derecho que tienen los obreros de organizarse en asociaciones mutualistas y sindicatos para luchar con miras al mejoramiento de sus condiciones de vida.

"Y si el auxilio de la autoridad civil es insuficiente para remediar los males, los obreros y artesanos tienen el derecho de formar entre ellos sus propias asociaciones y juntar sus fuerzas de modo que puedan animosamente libertarse de la injusta e intolerable opresión."[39]

La reacción del gobierno no se hizo esperar y fue fuerte y de carácter doctrinario y político. Tendía a salvaguardar los principios liberales en que se basaba la nueva ordenación del Estado y estaba alerta a la inspiración hacia ideas socialistas que de tal Pastoral pudieran nacer. Así el 14 de septiembre el Ministro de Culto, Manuel V. Jiménez escribía al obispo Thiel:

"Se ve [el gobierno] en la necesidad de llamar seriamente la atención de Ud. hacia el procedimiento empleado por Ud. dando publicidad a su citada pastoral y a otras anteriores, sin haber obtenido previamente autorización del poder Ejecutivo, y hacia doctrinas tan erróneas como la de que la autoridad debe fijar el precio de los salarios de los trabajadores, tan antieconómicas como la de que establezca los valores de los artículos de primera necesidad, tan inconvenientes como la de excitar a los obreros y artesanos a formar entre ellos sus propias asociaciones y juntar sus fuerzas de modo que puedan animosamente libertarse de la injusta e intolerable opresión que supone en los patrones. Estas doctrinas pueden dar por resultado, por las tendencias socialistas que entrañan, profundas perturbaciones en la marcha de los intereses recíprocos de la propiedad y el trabajo y no se compadecen con la misión conciliadora del Pastor."[40]

En 1884 Thiel había sido ya expulsado del país junto con los jesuitas que dirigían un importante colegio en la ciudad de Cartago, "por razones de orden público". Fue al volver al país en 1893 que Thiel pensó que era preciso fundar un partido: " Es necesario que los católicos busquen darse organización, contribuyendo cada uno a ella, ya con su persona, ya con su dinero o influencia, porque con sólo rezar en la iglesia o en la casa no se hacen las cosas, sino con la actividad varonil y con contribuciones en dinero y otros haberes."[41] Así, al responder al ministro Jiménez, Thiel declara que la Carta Pastoral forma parte del programa del partido católico. Esta organización debe haber cobrado fuerza pues en las elecciones presidenciales de principios de 1894, parece ser que el candidato ganador fue el de la Unión Católica, pero por fraude del gobierno liberal no se le reconoció su elección, más bien se hizo preso al candidato junto con muchos otros de sus correligionarios. Mas después de celebrarse nuevas elecciones y de salir electo un candidato aceptable para el gobierno y la oligarquía, se liberó a todos los que habían sido arrestados y la paz social se restableció.[42]

El nuevo presidente electo fue Rafael Yglesias. Años después, al enjuiciar su manera dictatorial de llegar a la presidencia de la república y de ejercer el poder, así como sus esfuerzos por salvar el liberalismo, escribe Yglesias: "Júzguese esa elección como se quiera, es lo cierto que el triunfo que de ella se obtuvo por el Partido Civil, salvó las instituciones libres e impidió que desde entonces y quizá para siempre se hubieran presentado en Costa Rica, con el gobierno del Clero, las luchas sangrientas que todo gobierno sectario provoca por el mismo hecho de serlo."[43]

El liberalismo asentó sus reales y el Partido de la Unión Católica se desvaneció dejando abandonados y a su propia suerte o infortunio a los "desposeídos de fortuna". Según Backer, en el fondo Thiel era profundamente conservador y utilizaba la doctrina social de la Iglesia, contenida en las encíclicas, tan sólo como base para una política clerical contra sus enemigos políticos. En apoyo de su análisis, cita Backer algunos pasajes clave de otras cartas pastorales de Thiel, por ejemplo una de 1892, donde predica la caridad tradicional y no la justicia social: "A los ricos inspiradles sentimientos de verdadera caridad evangélica que les recuerde su obligación de distribuir de su abundancia entre los necesitados y de tener siempre abiertas las manos para consolar las miserias y pobrezas de sus hermanos."[44]

Durante las décadas siguientes, la actitud dominante dentro del clero costarricense fue reaccionaria. Al hacer mención de las encíclicas *Rerum*

Novarum y *Quadragesimo Anno,* se seguía insistiendo sobre la obligación de los ricos a practicar la caridad como medio de solucionar los problemas de la miseria y el desempleo, callándose por el contrario, el derecho a la sindicalización y a la organización proclamado por las mismas encíclicas. El vocero de esta actitud fue el padre Hidalgo que, todavía en 1935, escribía en *El Mensajero del Clero:* "No queda otra solución que la propuesta por el Evangelio cuando aconseja al rico tener caridad con el pobre, y a éste ser más resignado con su suerte."[45]

Emergencia de los partidos políticos doctrinarios

La influencia de las doctrinas sociales de la Iglesia Católica se hace sentir en la actividad desarrollada por el periódico *La Justicia Social,* cuyo director y fundador fue el joven Jorge Volio (1882 - 1955). El periódico tuvo una corta existencia - de 1902 a 1904 - ya que Volio se marchó a Bélgica para realizar estudios en la Universidad de Lovaina y hacerse sacerdote. A su regreso al país, el interés de Volio por los problemas sociales y políticos no había disminuido. Así en 1912, siendo capellán en Heredia y director de un nuevo periódico *La Nave,* un semanario religioso, social y literario, protesta en el editorial del 13 de septiembre ante la pasividad del gobierno de Costa Rica frente a la invasión norteamericana a Nicaragua. El presidente era entonces Ricardo Jiménez, quien como diputado había sido terriblemente antiimperialista, pero que ahora sostenía la opinión de que Costa Rica no debía inmiscuirse en problemas internos del vecino país del norte. El editorial de Volio está redactado en un estilo que recuerda al modernismo rubendariano de la antiimperialista *Oda a Roosevelt* y con un fondo ideológico de resonancias arielistas. El editorial llevaba como título *El Deber Patrio,* y entre otras ideas decía:

"¡Mientras los costarricenses continuamos en santa paz las cotidianas labores dichosos en nuestro apacible hogar, a un paso de nosotros, allá en la vecina República de Nicaragua, ha surgido del pozo del abismo la fatídica guerra cabalgando en su pálido, furioso caballo, que implacable desola los fértiles campos, apaga los humos de las aldeas, reduce al silencio las ciudades y colma con su presa humana las fauces de la glotona muerte! ¡Y desde muy lejos, desde sus escuetas y frías llanuras del Norte, las aves de rapiña, los buitres americanos, han olfateado la matanza, y vienen en bandadas, cruzando el Océano, a sentarse al festín! En esta hora aciaga es un doble drama el que se desarrolla en aquella tierra hermana: el de la lucha fratricida de las facciones que se disputan arma en mano la prepotencia política; y el drama, mil veces más pavoroso, de la pérdida de la soberanía nacional y latina por la ocupación yankee. ¡Y nosotros podemos comer con tranquilidad el pan en nuestros hogares!? La rapacidad yankee, como la peste, no respeta fronteras y confunde en un mismo desprecio estos pueblos y estos hombres que no tienen alma para oponer a su codicia la valla de su derecho, y a su oro y a su fuerza, el abolengo de su sangre latina y castellana."[46]

El Partido Reformista

Poco tiempo después, Volio se marcha a Nicaragua, en compañía de amigos liberales de ese país "a rubricar con sangre lo que ha escrito con tinta". Su participación en la lucha antiimperialista de Nicaragua le acarreó, además de una medalla por su valor, el grado de General y la suspensión del sacerdocio por un año. Tres años más tarde, Volio se separó definitivamente del clero para casarse y para gozar de mayor libertad en sus actividades políticas. En enero de 1923, funda el Partido Reformista. En su manifiesto se expresan, como era de esperar, ideales de justicia social y principios nacionalistas y antiimperialistas:

"El Partido Reformista quiere reemplazar los ídolos por los ideales; las querellas personalistas por la fecunda lucha de valores doctrinarios que amplíen el espíritu de la Nación.[...] Queremos el gobierno de nuestra casa; queremos un gobernante que no sea un títere cuyos hilos manejan a su antojo las cancillerías extranjeras, es decir, un carácter representativo que indique que nuestra nacionalidad tiene un perfil, puesto que la Historia nos dice cómo se han perdido los países pequeños por la vileza de sus gobernantes.[...] El ilusionismo de nuestros baldíos inagotables, no ha dejado ver en toda su realidad nuestro problema agrario. La invasión de capitalistas extranjeros sedientos de nuestras tierras y de la riqueza del subsuelo nos ha maravillado, sin reflexionar en nuestro porvenir de nación independiente, ni en el de generaciones futuras cuyo patrimonio estamos entregando sin medida de tasa que deje a la comunidad esas riquezas por medio del Estado. Los países previsores de América han legislado en el sentido de la nacionalización del subsuelo y de todas las riquezas naturales aún no acaparadas, a fin de mantener la realidad de nuestra soberanía sin limitarse a sentimentalismos que ante los hechos consumados no tendrán más valor que el canto de un profeta sobre las ruinas de la ciudad bíblica."[47]

Es interesante recordar la defensa que hiciera Volio en el Congreso de algunas leyes, por ejemplo, la de accidentes de trabajo y otras, en donde vemos agudos análisis de la situación del pueblo en los años veinte:

"...Hay una inmensa categoría de hombres, la de los asalariados, el 90 % de la nación pudiera decirse, que necesitan una protección de parte del Estado para garantizarle un mínimum de vida. Esta ley de que tratamos debió haberse dictado, si bien se mira, contemplando, antes que otros, a los trabajadores del campo, gentes infelices que apenas si se alimentan diariamente, que viven en absoluta indigencia, cubiertos de harapos y ganando un salario mezquino que nunca alcanza a cubrir ni las más perentorias necesidades de su familia..."[48]

La obra política del General Volio fue sin duda precursora de muchos planteamientos que florecerán en las décadas siguientes; así concluye modestamente Marina Volio el estudio sobre su padre. "La reforma social de los años 40 es, en buena parte, fruto de la semilla que sembró el partido de la lechuza en el año 23. Jorge Volio y los fundadores del reformismo agitaron la conciencia y el sentimiento de los costarricenses para preparar el espíritu nacional a cambios importantes en la estructura económica, social y política del país. Sin embargo no se reconoce entonces la lucha precursora del Partido Reformista."[49]

En un balance del reformismo de Jorge Volio, James Backer adentra un tanto más en las razones por las que el Partido Reformista no cuajó en un vasto y sólido partido o movimiento de raigambre socialcristiana: " Este estilo anti-clerical y fogoso del Reformismo y el contenido radical y anti-tradicional de su doctrina hicieron aún más imposible el entendimiento entre la Iglesia y la tendencia política socialcristiana de la época. Esta oposición irrevocable probablemente fue una de las raíces principales de la caída del Reformismo. En un ambiente católico tradicional como el de Costa Rica, en esa época un movimiento socialcristiano tenía que aprovecharse de la aprobación de la Iglesia para sobrevivir. Pero en las décadas del 20 y del 30, el Reformismo estuvo totalmente aislado y fue atacado desde todos lados. Tanto el Partido Comunista como la Iglesia, los conservadores y los capitalistas denunciaron a Volio y a su movimiento. Sin apoyo, el Reformismo desapareció y el Comunismo tomó el campo 'progresista' ".[50]

Esa alianza entre un partido de inspiración socialcristiana y la Iglesia será posible en la década de los 40. Pero esa alianza, para hablar con justeza, no fue una alianza entre partidos o movimientos, fue más bien una alianza entre un presidente con ideas socialcristianas y un arzobispo con preocupaciones sociales. Esos dos hombres fueron Rafael Angel Calderón Guardia, médico que había hecho sus estudios en la Universidad de Lovaina, al igual que Jorge Volio, y el arzobispo, Monseñor Víctor Manuel Sanabria.

Es igualmente interesante anotar que el Partido Liberación Nacional, que en 1948 acabó con la alianza progresista que representaban Calderón, Sanabria y Manuel Mora, el secretario general del Partido Comunista, que se había unido a ellos, reconoce la deuda que tiene con el reformismo de Jorge Volio. En 1965, Luis Alberto Monge, que en ese momento era secretario general del partido, declaró:

"El Partido Social Demócrata de los años cuarenta y sobre todo el Liberación Nacional de nuestros días son los restauradores del propósito malogrado en los años veintes, en el sentido de construir un partido permanente, con definiciones ideológicas y claras inquietudes sociales. Reconocemos en el reformismo una vital raíz histórica de Liberación Nacional. Esto puede sonar raro a muchos y quizá le habría resultado desconcertante a Jorge Volio, si lo leyera."[51]

La situación de Costa Rica alrededor de la gran crisis mundial de 1929

El trienio de 1929 a 1931 es de gran actividad sindical y política en Costa Rica. La crisis económica mundial a partir de la quiebra de Wall Street tiene profundas repercusiones económicas y sociales en el país. Según Vladimir de la Cruz, el valor de las exportaciones de café y banano, los dos principales rubros de exportación, se redujo a casi la mitad en el cuatrienio 1929 - 1932. Las importaciones bajaron también de 20 millones de dólares a 6 millones. "La situación de los desocupados en la hacienda cafetalera fue angustiosa y se convirtió en verdadera tragedia. Los desocupados de la plantación bananera en gran mayoría emigró a Panamá. A todo esto se unió otro factor: no había dinero con que costear el gasto público, por lo que el gobierno se vió obligado a prescindir de muchos trabajadores."[52]

Los contratos bananeros se estaban negociando de nuevo y había una amplia movilización que presionaba al gobierno para que consiguiera mejores resultados con la United; mientras que ésta pagaba gentes que se manifestaban a favor de los contratos según las fórmulas tradicionales. Se luchaba también contra el monopolio de las compañías eléctricas y de teléfonos, subsidiarias de la UFCo. La recién fundada UGT amenazaba hasta con llegar a la violencia, si se seguía oprimiendo a los trabajadores. Por su parte la CGT tenía casi diariamente a unos doscientos obreros y desocupados en mítines.[53]

Además se habían organizado movimientos de solidaridad con Nicaragua y la lucha de Sandino, con la causa de Sacco y Vanzetti, los dos obreros norteamericanos que en abril de 1920 habían sido apresados por el presunto asesinato de un cajero y un guardia y que serían ejecutados siete años después en medio de grandes protestas internacionales. "El movimiento a favor de Sacco y Vanzetti fue una página de gloria del movimiento obrero nacional".[54] Y a tal punto que, cuando el juez que había condenado a Sacco y Vanzetti a la silla eléctrica en Boston, pasó por Costa Rica, invitado por la United, fue prácticamente echado del país gracias a manifestaciones populares.

En 1929 debían realizarse elecciones de medio período para diputados y munícipes (concejales). Había un amplio deseo popular de que cambiara la manera de elegir representantes. Un deseo de que no fuera una camarilla la que un par de días antes de las elecciones diera a conocer los nombres de los candidatos por quienes se podía votar y que por lo general eran personas que sólo estaban interesadas en granjear personalmente a la sombra de un puesto político. A causa de ese deseo "... aparecen agrupaciones que tienden a llevar personas que defiendan los intereses de los trabajadores en general y de las localidades en particular.

Los Centros de Obreros proliferan demandando representación popular. Don Joaquín García Monge, junto con un grupo de desamparadeños, funda el Partido Alianza de Obreros, Campesinos e Intelectuales."[55] Una de las intenciones de García Monge es elevar el nivel de la campaña política.

Por otra parte, el Comité Seccional del Partido APRA de Costa Rica, en donde figuran entre otras personalidades Carmen Lyra y Luisa González, desarrolló gran actividad, durante todo el año de 1930, contra los contratos y las compañías eléctricas. Otra asociación importante que se organiza es la Asociación de Estudiantes de Derecho, figurando en la directiva, como vocal, Manuel Mora, quien muy pronto se convertirá en el secretario general del Partido Comunista y que, durante el medio siglo siguiente, será una personalidad de primer orden en la vida política del país, un fermento y un catalizador, no obstante la poca importancia numérica de los afiliados o de los que votan por el partido.

Por este tiempo llega al país, como exiliado, el estudiante venezolano Rómulo Betancourt, quien informa en los periódicos no sólo sobre la situación de su país, sino que analiza problemas de actualidad, como por ejemplo el de Santo Domingo. Analizados también por Raúl Haya de la Torre, que igualmente se encontraba a la sazón en Costa Rica.

El Partido Reformista sigue todavía en la brecha y exige, por ejemplo, que el gobierno destine 2000 pesos por semana a la limpieza de las calles, ayudando así un poco a aliviar los efectos del terrible desempleo.

El Partido de la Alianza de Obreros Campesinos e Intelectuales era un partido de ideales nacionalistas, antiimperialistas y con profundas inquietudes sociales y con un marcado interés por los problemas de la educación popular. García Monge, que era maestro de formación, había sido director de la Escuela Normal de Heredia que, desde la clausura de la Universidad en 1888, era el plantel escolar de estudios humanísticos superiores en el país; había sido ministro de educación, había redactado nuevos planes de estudios para las escuelas del país y además era ya conocido internacionalmente gracias a su semanario *Repertorio Americano* (1919 -1959), que por entonces estaba celebrando su décimo aniversario. La Alianza no logró ganar un solo escaño en el Congreso. Vladimir de la Cruz, valorizando la significación que tuvo este partido en la vida política del país, a pesar de su efímera existencia, escribe:

"En términos generales, concluimos que este Partido constituyó un hito importante en la formación del Partido Comunista, ya que se presentó como un partido nuevo, con carácter policlasista de obreros, campesinos e intelectuales, que lo limitaba en su acción y en sus objetivos finales. No era un partido de la clase obrera aunque en estas elecciones representó sus intereses. No era un partido que pusiera a la orden del día una revolución social, pero sí abrió el camino para que este nuevo partido, el de la revolución social, surgiera en el país. Preparó el ambiente político partidista que da origen al Partido Comunista, declarando que el reformismo y el volismo ya no representan los intereses de la clase obrera y que urge la necesidad, en ese orden, de que nazca un nuevo partido que represente el porvenir de la patria."[56]

El Partido Comunista

La asociación antiimperialista de los estudiantes de derecho, el grupo ARCO (Asociación Revolucionaria de Cultura Obrera) de la misma Escuela, que publicaba el periódico *Revolución* desde marzo de 1930, la actividad desarrollada por la UGT, el desarrollo del aprismo, las pésimas condiciones de las clases desfavorecidas tanto en el campo como en la ciudad, la Alianza de García Monge, las luchas contra los contratos bananeros y eléctricos, constituyen el caldo de cultivo de donde surgirá el nuevo partido doctrinario.

La Costa Rica tradicionalista estaba bastante preocupada por el avance de las ideas marxistas, del bolchevismo rojo, ajeno a las tradiciones del país, como se decía: "¿Para qué quiere el público nuevas ideas? ¿Qué falta están haciendo? Conviene en primer lugar localizar el grupo de trastornadores de la paz pública de la ciudad, nuestra paz de sabroso silencio frente a cuestiones que envuelven algún peligro, así sufra algún quebranto la justicia. Pedimos a esos hombres que nos muestren para examinarles a la ligera ese su programa revolucionario, después ya se verá que se hace con ese grupo de imprudentes y con su programa sedicioso."[57]

La Costa Rica oficial parece no preocuparse mucho de los quebrantos que pudiera sufrir la justicia. El Ministro de Gobernación Gurdián cerró una radioemisora de la ciudad de Heredia porque combatía los contratos eléctricos; los estudiantes de derecho, con su secretario Manuel Mora al frente, denunciaron el hecho, así como la censura de Correos que decomisaba literatura "subversiva", entre otros a intelectuales de la talla de García Monge. Ante la denuncia, el ministro se vio obligado a responder:

"Si impedimos la entrada de comunistas por temor a la propagación de sus morbosas doctrinas, con mayor razón debe preocuparnos que nos llegue literatura, indicando que los impresos no se decomisan sino que se devuelven al destinatario...A causa de la tolerancia de los Gobiernos que han tenido en estos asuntos, el país está invadido de literatura comunista, venenosa, perjudicial en todo sentido a la salud espiritual del pueblo y cuya importación precisa a todo trance impedir...silenciosa y secretamente el mal libro corre de mano en mano dejando en cada espíritu débil o enfermo las fatales huellas espirituales de su lectura."[58]

El presidente, Cleto González Víquez, con mayor experiencia política que su ministro, se pronuncia también al respecto, mostrando, bajo guante de seda, su dura mano de hierro : "Se habla de la existencia en Costa Rica de organizaciones comunistas que actúan entre bastidores, esto es en el silencio... aún no organizadas, pero de existir ese comunismo no da manifestaciones efectivamente de propaganda. Y de existir ese elemento de acción, si es que existe, yo no veo la forma de impedir sus actividades... Nocivas son esas actividades, desde luego y hay que combatirlas, pero no a la fuerza ni con restricciones legales sino ilustrando al pueblo; sin embargo el Gobierno haría mal facilitando medios de propaganda para la expresión de esas ideas y a ese efecto hemos tomado disposiciones para impedir la importación de literatura comunista y la difusión de ella en el país por medio del servicio postal. Desde luego el Gobierno está atento a las actividades de los elementos comunistas y no les tolerará excesos de ninguna especie..."[59]

Y los comunistas salieron de entre bastidores al fundar el 6 de junio de 1931 el Partido Comunista de Costa Rica, integrándose un comité ejecutivo provisional con el estudiante de derecho Manuel Mora como secretario general. La fundación provocó gran revuelo entre los medios de opinión del país. Citemos con Vladimir de la Cruz la opinión de tres intelectuales: Luisa González, Joaquín García Monge y Carmen Lyra, cuyas respuestas eran, sin duda, réplicas a otros tantos ataques. La primera aceptó que evidentemente los comunistas eran un peligro, una amenaza: "...tienen razón los que dicen que los comunistas son una amenaza para la tranquilidad del país. Sí, son una amenaza para los capitalistas: se les quita la oportunidad de exhibir su filantropía dando limosnas baratas a los pobres."[60]

García Monge, como gran educador que era, se alegra de la llegada de la lucha de ideas, con la fundación del nuevo partido: "... vendrá la lucha de ideas que es lo que necesita Costa Rica para su mayor progreso...Consigamos lo que desde hace muchos años debió haberse conquistado. Se invoca el fantasma del comunismo. Pero venga en buena hora la lucha de ideas comunistas y no nos opongamos a ellas. Si los comunistas intervienen en las luchas electorales, intervendrán las ideas opuestas y tendremos lucha que es lo que necesitamos."[61]

Carmen Lyra explica, en una conversación con los periodistas, cómo fue la dolorosa realidad que ella conoce, a través de sus funciones de maestra en los barrios pobres, la que le ha llevado al comunismo:

" - Nos dicen que Ud. es comunista ...
- ... y de todo corazón.
- ¿Y cómo se hizo Ud. comunista?
- La Escuela Maternal me inspiró el comunismo, que ahora es para mí una doctrina. Son tantas las miserias, los dolores, tantos los males que se presencian entre la cantidad de niños y niñas que asisten a las aulas de ella, que no habría

corazón por duro que fuera que no se pusiera de lado de los desvalidos de la fortuna...
- Pero si dicen que en Costa Rica no hay miseria...
- Sí, eso dicen muy a menudo Tomás Soley Güell, el presbítero Zúñiga y muchos otros, pero es que ellos viven como el Dr. Ponglonn.
- ¿ Ha Ud. ingresado ya a alguna de las agrupaciones comunistas de la capital?
- Cómo no. Fui en busca de los jóvenes Mora, Cerdas y Carballo para unirme a ellos, ya que los considero los verdaderos directores del movimiento comunista en Costa Rica, al mismo tiempo que los juzgo sanos y puros de ideales.
- Pero se alega que el comunismo no tiene razón de ser en Costa Rica.
- Eso dicen los burgueses capitalistas...
- Piensan ustedes en el establecimiento final del comunismo en Costa Rica?
- Por corta providencia hemos pensado en fundar la Universidad Popular para estudiar de preferencia la historia y la economía política, que son las dos materias principales para una evolución tal y como la que pretendemos alcanzar en el orden político para Costa Rica...”[62]

Uno de los puntos principales del programa mínimo del partido es el que tiene que ver con la legislación social y será prácticamente el único que comentaré, por ser precisamente éste el terreno en el que el partido jugó un papel preponderante en la década de los años 40. El Partido Comunista se puso, como era de esperar, a la cabeza de las luchas sociales y sindicales. Ya en 1934 fue la principal fuerza en la organización de una gran huelga de los trabajadores del banano en la zona atlántica. El número de huelguistas superó los 10.000 trabajadores y fue la primera huelga que se le ganara a la United en el Caribe, viéndose ésta obligada a un arreglo que, por otra parte, no cumplió. [63]

A partir de la aparición del Partido Comunista, en tanto que partido doctrinario con una clara adscripción de clase, las otras agrupaciones políticas del país se verán obligadas a referirse a una clase o grupo social de manera más o menos definida y aclarar un tanto sus posiciones ideológicas. Así en la década de los cuarenta se perfilará una organización política de orientación socialdemócrata que terminará, en la década siguiente, por organizarse como partido con una ideología clara y con una base social, aunque compleja, definida: el Partido Liberación Nacional.

La alianza de fuerzas progresistas (1940 - 1948)
Para las elecciones de 1940 hubo dos candidatos: Manuel Mora por el Partido Comunista que se presentó a los comicios bajo el nombre de Bloque de Obreros y Campesinos y el Dr. Rafael Angel Calderón Guardia, por el Partido Republicano. Calderón había hecho una rápida carrera política: munícipe, presidente municipal, diputado y finalmente presidente de la República. Llegó a la presidencia según el viejo sistema: las camarillas se ponían de acuerdo sobre un candidato y se le agregaba ”-ista” a su apellido.

"En Costa Rica, escribía Alberto Quijano en 1939, no existen los partidos políticos de orientación o tendencias definidas. Cada cuatro años, uno antes de terminar su período el Presidente de la República, se forman tantas agrupaciones como candidatos haya para la campaña electoral que se inicia. Alrededor de un hombre de mérito y prestigio bastantes para llamar la atención pública, se forman los partidos políticos, cuyo distintivo se reduce a agregar al nombre del candidato las sílabas "ista" y con eso y una insignia de colores aislados o combinados, queda listo el partido para entrar de lleno en una lucha ardiente de prensa, propaganda personal, discursos, desfiles e improperios contra el o los candidatos contrarios."[64]

Calderón había hecho su carrera de medicina en la Universidad Católica de Lovaina y había estudiado a fondo la encíclica Rerum Novarum y El Código Social de Malinas, según dijo a Aguilar Bulgarelli en una entrevista.[65] Además, su actividad profesional le había posibilitado un conocimiento directo de la miseria de las clases bajas del país y, al mismo tiempo, le había granjeado fama de médico filántropo entre los sectores populares. Durante sus dos primeros años de gobierno realizó algunos proyectos de indudable valor: reapertura de la universidad, establecimiento del seguro social, etc. Este último le acarreó el descontento del capital, que estimaba que el pago de las cuotas a la Caja del Seguro Social era muy oneroso e injusto para los patronos. Al contrario, otras medidas le hicieron igualmente bastante impopular entre los partidarios de las clases modestas que le habían dado su voto: la firma de los contratos eléctricos - contra los que se venía luchando desde hacía muchos años - sobre bases muy poco favorables para el país y para los consumidores; la derogación del monopolio de la gasolina, que dejó el negocio a nuevas compañías extranjeras; el sistema de contratos sin licitación, que favoreció a capitalistas nacionales hasta un grado que lindaba con la corrupción, etc.

Unos de los más encarnizados críticos del gobierno y que hacían tribuna en toda ocasión: - en el Congreso, el periódico, la radio, la plaza pública, etc.- fueron los comunistas. Para las elecciones de medio periodo, en 1942, el capital prácticamente había retirado su apoyo a Calderón. Unas de las medidas que más pesaron en este sentido fueron las tomadas en contra de los ciudadanos de origen alemán, italiano y japonés, al declarar Costa Rica la guerra a las potencias del Eje. El descontento era tal, que se planeó un golpe de Estado. Los planes se conocen a través de unas declaraciones de Manuel Mora, recogidas por Aguilar Bulgarelli.

Una tarde a la salida de uno de los programas radiados en que Mora atacaba al gobierno, un enviado de los capitalistas le estaba esperando para invitarlo a una reunión en casa de Jorge Hine, un capitalista de origen alemán. Allí, relata Mora:

"... estaban varios capitalistas y políticos de esa misma clase y me explicaron lo siguiente: este Gobierno ya no puede tolerarse más. Ustedes que representan al pueblo están contra él y nosotros que representamos al capital hemos resuelto botarlo; pero como usted representa un partido popular hemos pensado que podríamos contar con su apoyo. Quien hablaba era don Jorge Hine, Director del Banco de Costa Rica y entonces el personaje más poderoso de la banca en general. [...] Me di cuenta que ellos se habían equivocado, ellos y nosotros estábamos frente al Gobierno pero por razones diferentes, nosotros habíamos combatido al gobierno del Doctor porque él había gobernado para ellos y ellos estaban contra el Doctor porque él estaba contra ellos y precisamente eso era lo único que a nosotros nos movía a simpatizar, en ese momento, con la política internacional del gobierno del Doctor. ¿Qué pretendían? Si era establecer una dictadura tipo nazi nosotros no podíamos estar de acuerdo con eso, y así se lo manifesté. Les dije además que lo sentía mucho y les agradecía la confianza, pero no podía prestarles apoyo."[66]

Después de esta reunión, Mora convenció a su partido de que debían colaborar con el Gobierno, en lugar de seguirlo combatiendo; también logró entrevistarse con el presidente, quien ya estaba informado de los planes de Hine y sus amigos, y convencerlo de colaborar con los comunistas para salvar la legislación social. Mora se entrevistó igualmente con el arzobispo Sanabria. Se pusieron de acuerdo sobre un nuevo programa para el Partido Comunista que Sanabria pudiese aprobar. El 13 de junio de 1943 el Partido Comunista volvió a cambiar de nombre, pasando a llamarse Partido Vanguardia Popular. Mora y Sanabria intercambiaron sendas cartas públicamente. Mora envió su carta, que el arzobispo ya conocía, en la cual preguntaba abiertamente si los católicos podían votar por el nuevo partido:

"¿Cree usted, señor Arzobispo, que exista algún obstáculo para que los ciudadanos católicos colaboren o concierten alianza con el Partido Vanguardia Popular? Muy respetuosamente me permito formularle esta pregunta en mi carácter de Jefe del nuevo Partido a usted en su carácter de Jefe de la Iglesia Católica Costarricense. Al mismo tiempo me tomo la libertad de pedirle un pronunciamiento en relación con la conveniencia de que todo el pueblo se unifique y combata decididamente contra las fuerzas salvajes del Eje totalitario que está amenazando la civilización."[67]

El Arzobispo responde a la carta el mismo día aprobando sin reparo alguno la participación de los católicos en las actividades del nuevo partido. Sanabria escribe que después de consultar a sus obispos ha llegado a la conclusión de que, vista la gravedad nacional e internacional y tomada en cuenta la conferencia en que el viejo Partido Comunista decidió disolverse y la fundación de un nuevo partido, basado en un nuevo programa, y contando con la buena fe de los personeros y miembros del nuevo partido:

"Pienso, pues, que con la nueva situación creada por aquel acto de la conferencia Nacional del Partido disuelto, quedan solucionados, siquiera en su forma mínima, los conflictos de conciencia que para los católicos resultaban de la situación anterior. Juzgo que el programa del nuevo Partido o Agrupación, tal como consta en el texto que he recibido, de una parte quedan a salvo, aunque en forma meramente negativa, las doctrinas fundamentales que informan la conciencia católica y positivamente nada hay que desnaturalice o desmejore aquellas doctrinas fundamentales y por consiguiente sin gravamen de conciencia pueden los católicos que así lo deseen, suscribirlos o ingresar en la nueva agrupación."[68]

La Revolución del 48

La nueva alianza ganó las elecciones del 44, pero para las elecciones del 48, la guerra mundial ya hacía tiempo había terminado y la alianza entre Estados Unidos y la Unión Soviética comenzaba a resquebrajarse, el mundo se encontraba en los albores de la guerra fría. A nivel nacional, el prestigio del gobierno se había deteriorado y nuevas fuerzas sociales y políticas se estaban haciendo presentes, sobre todo la gente del Centro para el Estudio de los Problemas Nacionales. Por otra parte, se había creado una entidad para el control de las elecciones, cuya direcicón el gobierno confió a la oposición; además, los diputados adeptos al gobierno se comprometieron a aceptar el veredicto del Tribunal Nacional Electoral, como se llamó a esa entidad de control. En medio del caos político, el Tribunal no pudo alcanzar la unanimidad, tan sólo una mayoría - dos votos contra uno - y declaró provisionalmente electo a Otilio Ulate, candidato de un partido opositor. Pero al no haber unanimidad en el Tribunal, correspondía entonces al Parlamento pronunciarse sobre la validez de las elecciones.

El Partido Republicano, es decir el partido que estaba en el poder, exigía que las elecciones fueran declaradas nulas. Ulate propuso, con poca lógica, pero seguramente apoyándose en la tradición, una componenda, según la cual él declaraba válidas y reconocía las elecciones para diputados, que daban la mayoría en el Congreso al partido del gobierno y a los comunistas, exigiendo, en contrapartida, que se le reconociera a él como presidente electo.

Mientras el Congreso discutía la demanda de nulidad enviada por el Partido Republicano, se rumoreó que Ulate y sus partidarios estaban armados y listos para lanzarse contra el Congreso si éste declaraba nulas las elecciones. El Gobierno envió una fuerza de policía a cercar la casa donde se reunía Ulate con sus partidarios, pero el coronel Tavío no se contentó con cercar la casa, sino que quiso arrestar a algunos de los que estaban reunidos. En la acción hubo un muerto, el Dr. Carlos Luis Valverde, que gozaba de gran estima pública.

En medio del caos político reinante, el 12 de marzo de 1948 estalló la llamada Revolución del 48. José Figueres, un joven industrial, se alzó en armas para hacer respetar la voluntad popular violentada por el fraude electoral. Figueres había firmado en diciembre de 1947, en Guatemala, un pacto para limpiar de dictaduras a la región: el Pacto del Caribe. El moderador había sido el presidente guatemalteco Juan José Arévalo y los firmantes: el dominicano Juan Rodríguez, por el pueblo de Santo Domingo, Emiliano Chamorro, Pedro José Zepeda y Rosendo Argüello, por el de Nicaragua y José Figueres, por el de Costa Rica, como dice el texto del Pacto. Al mismo tiempo corrían rumores sobre una posible invasión de los Somoza, amigos de Calderón, y de los marinos norteamericanos de la Zona del Canal de Panamá.

El cuerpo diplomático entró en negociaciones para que la guerra civil cesara. Por parte de los alzados se designó al padre Benjamín Núñez. Las negociaciones se realizaron en la Embajada de México. Mora volvió a jugar un papel clave, Núñez presenta así el dilema que preocupaba a los comunistas:

" - Pero entonces surgió el problema de Manuel Mora, del grupo comunista, - el grupo de Vanguardia Popular - Vanguardia Popular no me habló de seguridad de vidas, directamente, ni de seguridad de haciendas, ellos son gentes que no tienen haciendas y no tienen por qué preocuparse por eso; pero me hablaron de algo, a mi entender, más importante, aparte de las vidas desde luego, que era el mantenimiento de las garantías sociales, el Código de Trabajo, y las instituciones sociales como el Seguro Social y el respeto a los movimientos sindicales y hasta a la existencia y a la participación política, de este grupo en la vida nacional."[69]

Mientras las negociaciones oficiales seguían su curso, el padre Núñez organizó una entrevista secreta entre Mora y Figueres. En lo que concierne a la legislación social aprobada durante los períodos presidenciales del 40 al 48, es interesante anotar la valoración que Núñez da del papel de su adversario Mora. Al final de la entrevista participó también el escritor Carlos Luis Fallas, diputado del Partido Comunista:

"La conversación venía a ser en el fondo esto: Manuel Mora quería convencer a Figueres de la conveniencia de la concesión de las garantías, del carácter de las Garantías Sociales, de la Legislación Social, de las instituciones sociales, el reconocimiento de la vida política de su partido. Por otro lado Figueres quería convencer a Manuel Mora, que no había razón de que los comunistas estuvieran combatiendo. Si sinceramente lo que querían era el progreso social que se había hecho bajo los gobiernos de Calderón Guardia, ese progreso se mantendría, que iríamos a darle contenido económico a una reforma social que estaba en el aire y que no tenía suficiente fuerza por no tener ese contenido económico, por aplicarse en un país en subdesarrollo. Iríamos a empujar el país hacia el desarrollo económico, manteniendo el cuadro jurídico de Garantías Sociales, de organización social que se había establecido en los gobiernos anteriores"[70]

La llamada guerra civil duró cuarenta días y terminó con la firma del Pacto de la Embajada de México. En las negociaciones participaron además de representantes del gobierno y del sacerdote Benjamín Núñez, como representante del Movimiento de Liberación Nacional, los embajadores de Estados Unidos, México y Panamá, el ministro de Chile y el Nuncio Apostólico.[71] En un primer momento, Figueres había puesto como condición que se le nombrara jefe del poder ejecutivo, en una junta de reconstrucción nacional, condición que estaba en contradicción con la idea expresa de que su alzamiento se había realizado para hacer respetar las elecciones. El presidente Picado declaró no poder aceptar esa condición, llegándose entonces al acuerdo que sería el tercer designado a la presidencia, Santos León Herrera, quien se encargaría de los destinos del país. León Herrera estuvo en funciones durante veinte días, hasta el 8 de mayo, fecha del cambio de poderes y momento en que, en principio, el presidente electo Otilio Ulate hubiera debido asumir el poder. Figueres no tenía la menor intención de entregar el poder a Ulate, pues los acuerdos con los compañeros del Pacto del Caribe, que le habían proporcionado armas y gente, le obligaban a continuar la lucha contra las dictaduras de la región y principalmente contra la de Somoza en Nicaragua. Figueres y Ulate llegaron a un acuerdo, según el cual, los "revolucionarios" se quedarían en el poder durante dieciocho meses, con posibilidad de ser prorrogado por seis meses más, al cabo de los cuales Ulate sería instalado en su cargo de presidente.[72]

Tanto por presiones internas como externas, Figueres se vio obligado a renunciar a sus obligaciones con respecto al Pacto del Caribe; muchos de sus compañeros de armas no estaban interesados en una lucha contra dictaduras de otros países, además, había una opinión pública que se oponía a todo aventurerismo armado de parte de Costa Rica. A finales de 1948, Calderón Guardia, con apoyo de Somoza, invadió Costa Rica, solucionándose el problema gracias a la intervención de la recién fundada Organización de Estados Americanos.[73]

La Junta llamó a elecciones para una Asamblea Constituyente, en las cuales el Partido Social Demócrata, afín al Movimiento de Liberación Nacional, tan sólo obtuvo 4 de los 45 escaños, obteniendo la mayoría el Partido Unión Nacional, de Otilio Ulate. El Partido Comunista había sido declarado ilegal por decreto de 17 de julio de 1948, en contra de lo que Figueres había prometido a Manuel Mora en las conversaciones de Ochomogo a que se ha hecho referencia anteriormente.[74] Este decreto se incorporaría a la nueva constitución en su artículo 98. Otro importante decreto que será incorporado es el de la nacionalización de la banca, paso que arrebataba el negocio del crédito a la oligarquía cafetalera y cuya intención primordial era dar base económica al proyecto de diversificación de la agricultura y a la industrialización del grupo de Figueres, y porque, según el artículo de Figueres publicado en el periódico La Nación el 21 de junio de 1948, "La política económica de la Junta Fundadora de la Segunda República tendiente a la industrialización del país y a la explotación de todos sus recursos naturales, no podría llevarse a cabo sin un control efectivo de la política crediticia."[75]

La Junta promulgó muchos otros decretos que la hicieron bastante impopular, como lo muestra el bajo número de diputados a la Constituyente alcanzado por el partido que le era afín. Al termino de los dieciocho meses se le otorgó a la Junta, sin embargo, la prórroga de los seis meses adicionales, tal y como estaba estipulado en el Pacto Ulate-Figueres, pero la Junta prefirió retirarse. Después del período presidencial de Ulate, Figueres y su nuevo partido, el Partido Liberación Nacional, heredero del Social Demócrata, ganaría las elecciones con una mayoría abrumadora, llegando a ser la agrupación política mejor organizada y la que sin duda ha marcado más profundamente la historia de Costa Rica en la segunda mitad del siglo. La llamada Revolución del 48, enjuíciesele como se le enjuicie, y las opiniones al respecto siguen siendo divergentes, constituye, en todo caso, el fin de una época y el comienzo de otra.

Notas y referencias

1. Monge, Carlos: *Historia de Costa Rica,* Librería Trejos Hnos., San José, 1978, XIV ed., p. 244.

2. Cerdas, Rodolfo: *Formación del Estado en Costa Rica,* Editorial Universidad de Costa Rica, San José, 1978, 2ª ed. p. 68

3. Cerdas, R.: *Ibidem,* p. 19.

4. Cerdas, R.: *Ibidem,* p. 28.

5. Vega C., José Luis: *"Etapas y procesos de la evolución histórico-social de Costa Rica",*en *Alero* 9, Guatemala, 1972, p. 19.

6. Torres-Rivas, Edelberto: *"Poder nacional y sociedad dependiente (Notas sobre las clases y el Estado centroamericano)"* en *Financiamiento extranjero en América* Central, CEDAL, San José, 1976, p. 15.

7. Stone, Samuel: *La Dinastía de los Conquistadores (La crisis del poder en la Costa Rica contemporánea),* EDUCA, San José, 1976, p. 40.

8. Vega C., José Luis: *Orden y Progreso: La formación del Estado nacional en Costa Rica,* ICAP, San José, 1981, p. 40.

9. Vega C., J. L.: *Ibidem,* p. 241.

10. Jiménez, Mario A.: *Desarrollo constitucional de Costa Rica,* Editorial Juricentro, San José, 1979, p. 65.

11. Vega C., J. L.: *Orden y Progreso ...,* p. 251.

12. Consultar: *Gobernantes de Costa Rica,* Publicaciones de la Academia de Geografía e Historia de Costa Rica, dirigidas por C. Meléndez y G. Ureña, San José, 1978, p. 77-87.

13. Facio, Rodrigo: *Estudio sobre economía costarricense,* Editorial Costa Rica, San José, 1978, p. 65.

14. Cerdas, Rodolfo: *La crisis de la democracia liberal en Costa Rica,* EDUCA, San José, 1978, 3ª. ed., p. 63.

15. Volio, Julián, citado por Gamboa, Ema: *Educación en una sociedad libre,* Editorial Costa Rica, San José, 1976, p. 80.

16. Gamboa, E. *Op. cit.,* p. 63.

17. Vega C., J. L.: *Orden y Progeso...,* p. 260.

18. Consultar: González, Luis Felipe: *Op. cit.*

19. Discurso de Angel Orozco, 1909, citado por Gamboa, E.: *Educación en una sociedad libre,* p. 83.

20. Monge, Carlos: *Universidad e Historia,* Ministerio de Cultura, San José, 1978, p. 73 - 74.

21. Gamboa, E.: *Op. cit.,* p. 83 y ss.

22. González V., Cleto: *Historia Financiera de Costa Rica,* Editorial Costa Rica, San José, 1977.

23. Facio, R.: *Estudio sobre economía costarricense,* p. 54.

24. *Ibidem,* p. 55.

25. *Ibidem,* p. 56.

26. Consultar: Casey G., Jeffrey: *Limón 1880 - 1940. Un Estudio de la industria bananera en Costa Rica,* Editorial Costa Rica, San José, 1979, p. 21. Sobre todo el capítulo IV que analiza los problemas de la población de Limón, p. 213 y ss. Veáse además: Meléndez, Carlos y Duncan, Quince: *El negro en Costa Rica,* Editorial Costa Rica, San José, 1979.

27. Facio, R.: *"La moneda y la Banca Central en Costa Rica",* p. 148, citado por

Rodolfo Cerdas en *Crisis de la democracia liberal en Costa Rica,* p. 43, ver nota 14.

28. Casey G., Jeffrey: *Op. cit.,* p. 189.

29. *Ibidem,* p. 190.

30. *Ibidem,* p. 114.

31. *Ibidem,* p. 116.

32. *Ibidem,* p. 117.

33. De la Cruz, Vladimir: *Las luchas sociales en Costa Rica 1870-1930,* Editorial Costa Rica y Editorial Universidad de Costa Rica, San José. 1978, p. 25 y ss.

34. De la Cruz, V.: *Op. cit.,* p. 32. La parte entrecomillada de la cita proviene de una carta del 23 de abril de 1874 dirigida al capitán del campamento a raíz de la captura de cuatro trabajadores chinos que habían huido.

35. *Ibidem,* p. 35.

36. *Ibidem.*

37. *Ibidem,* p. 110.

38. Malavassi, Guillermo: *Los principios cristianos de justicia social y la realidad histórica de Costa Rica,* Prólogo y recopilación de documentos por el lic. G. Malavassi. Trejos Hnos. Sucs. S.A., San José, 1977, p. 63.

39. Citado por: Malavassi, G.: *Op. cit.,* p. 72.

40. Citado por: Backer, James: *La Iglesia y el sindicalismo en Costa Rica,* Editorial Costa Rica, San José, 1974, p. 43.

41. Citado por Monge, Carlos: *Historia de Costa Rica,* p. 236.

42. *Ibidem,* p. 240.

43. *Ibidem,* p. 241.

44. Backer, J.: *Op. cit.* p. 45.

45. Backer, J.: *Op. cit.,* p. 64.

46. Volio, Marina: *Jorge Volio y el Partido Reformista,* Editorial Costa Rica, San José, 1978, p. 35.

47. *Ibidem,* p. 98 y ss.

48. *Ibidem,* p. 113.

49. *Ibidem,* p. 264.

50. Backer, James: *Op. cit.,* p. 59.

51. Volio, M.: *Op. cit.,* p. 265.

52. De la Cruz, Vladimir: *Las luchas sociales en Costa Rica ...* p. 221.

53. *Ibidem* p. 221.

54. *Ibidem,* p. 195.

55. *Ibidem,* p. 222.

56. *Ibidem,* p. 235.

57. Artículo periodístico citado por: De la Cruz, V. *Op. cit.,* p. 240.

58. De la Cruz, V.: *Op. cit.,* p. 242.

59. *Ibidem,* p. 243.

60. *Ibidem,* p. 247.

61. *Ibidem.*

62. *Ibidem,* p. 248.

63. Cerdas, Rodolfo: *La crisis de la democracia liberal en Costa Rica,* p. 71.

64. Aguilar Bulgarelli, Oscar: *Costa Rica y sus hechos políticos de 1948,* Editorial Costa Rica, San José, 1969, p. 23.

65. *Ibidem,* p. 29.

66. *Ibidem,* p. 489.

67. *Ibidem,* p. 60.

68. *Ibidem,* p. 62.

69. *Ibidem,* p. 595.

70. *Ibidem,* p. 601.

71. *Ibidem,* p. 391.

72. *Ibidem,* p. 396.

73. *Ibidem,* p. 428.

74. *Ibidem,* p. 436.

75. *Ibidem,* p. 445.

TERCERA PARTE

LOS AUTORES Y LAS OBRAS ANALIZADAS

ANALISIS DE DIEZ OBRAS REPRESENTATIVAS

LOS AUTORES Y LAS OBRAS ANALIZADAS

NOTAS BIO-BIBLIOGRAFICAS

Joaquín García Monge (1881 - 1958)

La Colección XXV Aniversario de la Editorial Costa Rica inicia la publicación de las treinta y una obras consideradas como las más representativas de la narrativa costarricense, en ocasión de su vigésimo quinto aniversario de labores, con un volumen dedicado a las tres novelas de García Monge. Allí encontramos una noticia biográfica del autor: "Joaquín García Monge, nacido el 20 de enero de 1881 y fallecido el 31 de octubre de 1958, es una de las más respetables personalidades de la historia de la cultrura costarricense. Como reconocimiento a sus méritos, la Asamblea Legislativa le concedió el título de Benemérito de la Patria el 25 de octubre de 1958."[1]

Una tendencia muy pronunciada ha sido precisamente tratar de reducir a García Monge primero que todo a persona respetable, a una suerte de representante de virtudes burguesas, o peor aún, pequeño-burguesas, escamoteando con esa maniobra muchos otros aspectos de su personalidad y de su obra. No debemos olvidar, por ejemplo, lo que tiene que ver con su casi póstuma declaración de benemérito, y que Chase sí anota:

"De un anarquismo a lo Tolstoi pasó don Joaquín a la beligerancia antimperialista de los años veinte encarnada en la figura de Haya de la Torre para ir evolucionando hasta un socialismo, un poco utópico, pero claro y definido, que le hizo no participar en la Revolución de 1948 al lado de las fuerzas de Figueres, sino comprometer su prestigio al lado de los marxistas costarricenses y del propio partido Republicano Nacional, actitud esta que nunca le perdonaron sus adversarios y que les hizo, en el momento de ser declarado Benemérito de la Patria en 1958, pocos días antes de morir, mostrar su rencor y exhibir silenciosamente varias bolas negras, como símbolo de su oposición a dicho reconocimiento."[2]

Con su conocida modestia, García Monge escribió en cierta ocasión -agosto de 1944 - a un amigo que le solicitaba datos biográficos, acerca de su labor de editor:

"Pasemos ahora a las actividades editoriales que me han dado cierto nombre: Comenzaron en 1904 con la revista *Vida y Verdad*, llena de rebeldías. Luego: *La Siembra*. En 1905: La *Colección Ariel* (selecciones; logró fama, sirvió, gustó). Terminó en 1916. Y en el mismo año se continuó con el nombre de *El Convivio*, que también logró fama en América. Publicó 50 tomitos y terminó en 1928 por falta de recursos. Otras publicaciones paralelas: *La Obra* (1918), *Universo* (1917), *Convivio de los Niños* (1921-23), *La Edad de Oro* (lecturas para niños) 1925-27. Salieron 6 cuadernos; murió por falta de apoyo en maestros, profesores y padres de familia. Y pasemos a *Repertorio Americano*. Ha durado 25 años. El no. 1 salió el primero de setiembre de 1919. Van publicados a la fecha: 974. Antes era un semanario. Por escasez de fondos, ahora es quincenal y a veces, mensuario.

Una hábil distribución geográfica lo ha difundido por América. Los correos para el exterior se llevan 800 y más números, como distribución gratuita - entre autores, centros de cultura, canjes, etc.

El *Repertorio* ha tenido que batirse solo, sin capital. Todos los números han salido al crédito, contando apenas con la benevolencia de los impresores y unos 400 suscritores. La composición de la revista, número a número, ha sido cosa personal, de hombre con fe y alegría que ha trabajado solo todo el tiempo. Si de algo podría alabarme es de mi constancia. Con la misma fe y alegría con que vi salir el primer número, veré salir el próximo, el 976, el número conmemorativo de los 25 años de trabajo.

Con el título de ediciones del *Convivio* y ediciones del *Rep. Amer.* he editado muchos libros, de autores costarricenses y americanos del Sur."[3]

Es su función de editor, y sobre todo de *Repertorio Americano* lo que lo hizo conocido y estimado en el ámbito de la cultura y la lengua españolas y entre hispanistas de otros ámbitos, como muy bien se puede ver en el hermoso homenaje que le dedicara *Cuadernos Americanos,* en su volumen LXVII, Año XII, correspondiente a la entrega de enero-febrero de 1953, con colaboraciones de intelectuales de toda América Latina, España y otros países, que fueron sus lectores, colaboradores, admiradores y amigos. Esa publicación que García Monge redactaba, editaba, semana a semana, y hacía circular, es toda una proeza, como lo hace ver el profesor Evelio Echeverría, quien durante siete años trabajó en la preparación de un índice general de *Repertorio Americano,* a partir de la colección de la biblioteca de la Universidad de Colorado, USA: "De 1919 a 1958 el *Repertorio Americano* vivió cuarenta años, formándose en cincuenta enormes tomos, siempre bajo la dirección de una sola persona. El contenido cuyo índice se leerá a continuación, habla por sí mismo del alma que lo guió, como también de la de los que cerraron filas a su derredor. Las obras que deja cada ser humano serán siempre su mejor monumento, y a la vez hablan también del ambiente en que tales obras se germinaron y prosperaron."[4]

La docencia fue otra importante función de García Monge. A raíz de la clausura de la universidad en 1888, los estudios superiores debieron realizarse en el extranjero. Toda una generación de educadores se formó en el Instituto Pedagógico de Chile. En esa institución, y gracias a una beca del Estado, estudió García Monge durante tres años, de 1901 a 1904.

Allí, dice: "...seguí aprendiendo a protestar contra la injusticia. En Chile fortifiqué hasta la fecha el impulso contra todos los atropellos al bien, la verdad, la libertad y la justicia. Me tenían entonces por anarquista (la juventud de Chile y de toda nuestra América estaba por esos años bajo las influencias libertarias de Zolá y de Tolstoi).[...]

En 1915 el Sr. Ministro de Educación don Luis Felipe González, al crear la Escuela Normal, en la ciudad de Heredia, me pasó a dicha escuela en donde trabajé 2 años como profesor de Letras y Educación y uno como Director. En ese cargo me destituyó el Gobierno de los Tinoco. (Siempre los Gobiernos de fuerza me han perseguido)."[5]

Al caer los Tinoco en 1919, el nuevo presidente le confía la Secretaría de Educación, al frente de la cual estuvo apenas unos seis meses. "En 1920 pasé a la Dirección de la Biblioteca Nacional, en donde estuve 16 años; hasta el año 1936 en que cogió mando el Sr. Cortés Castro y me destituyó."[6]

García Monge estuvo siempre presente en la arena política y su opinión se hacía oír en todo momento. No fue el ingenuo personaje que Luis Alberto Sánchez cree descubrir al anotar:

"Dentro de su cuadro mental la política se resumía en dos palabras: antidictadura y antimperialismo. Su tragedia íntima, en el campo de las ideas políticas fue esa: que no siempre pudo casar ambos 'antis' y, cuando disintieron, se encontró perplejo. En el caso costarricense, creo yo que dio más importancia al antiyanquismo que al antimperialismo en sí, y subrayó el antidictadurismo con una total entrega a la libertad aun cuando fuera ésta un lema más que una realidad. De ahí que a menudo se allegara, con excesiva exigencia acaso, a los slogans comunistas, siendo él un liberal de pura cepa."[7]

No se trata de rescatar a García Monge para una o para otra ideología o tendencia política, operación que por lo general termina diciendo más del que la practica que de la persona a quien se le aplica, sino de mirar un poco más ecuánime y objetivamente la obra y la actitud de García Monge en este terreno específico, lo que me parece que hace Chase al escribir:

"No se mantuvo alejado de la política hispano-americana sino que participó activamente de la mejor manera que pudo. Firmando manifiestos, encabezando una campaña para allegar fondos a Sandino, luchando contra los Tinoco, los Machado, Trujillo, Estrada Cabrera, Ubico y tantos otros tiranos que asolaron a América durante tantos años. Su militancia fue de acuerdo con sus posibilidades y con la propiedad de aquellos que de un liberalismo romántico pasaron a una militancia socialista o marxista, americanista y revolucionaria a la manera de Mariátegui o Aníbal Ponce. [...] La grandeza de García Monge radica en que pensó tal como vivió, de acuerdo con sus convicciones y a pesar de persecusiones e indiferencias, tuvo la hidalguía suficiente para reconocer el derecho de los otros a sostener sus ideas, pero también la valentía y la constante reiteración de exponer las suyas sin temores ni recelos."[8]

Es la visión que también tiene Isaac Felipe Azofeifa, otro de los representantes de la llamada generación chilena, aquellos jóvenes que se formaron en el Instituto Pedagógico:

"Por largos años, este país, Costa Rica, su patria, al que no quiso abandonar nunca, ni por un momento, - Arcadia democrática cuyo corazón carcomido de injusticia denunció a los veinte años en sus novelas y cuentos - fue sordo a sus voces de alerta. [...] "

Pero ya se empieza a leer a don Joaquín para recoger en las páginas de sus novelas y cuentos su visión adelantada sobre la situación precaria del campesino pobre de nuestra historiada Arcadia. Durante mucho tiempo se ha leído a Magón y a Aquileo para reírse una vez más como ellos lo hacen, de nuestro campesino. Magón y Aquileo son señoritos de la ciudad. Don Joaquín es un 'conchito' de Desamparados que no tiene ánimo de risa frente a la pobreza, la ignorancia y el abandono de las peonadas. Recordemos que don Joaquín nos pone en sus relatos frente a frente con los temas que son hoy los mismos del tremendo problema social: el mísero campesino que emigra a la ciudad en busca de vida mejor y aquí se hunde en el lumpen y se corrompe. Don Joaquín denuncia en 1900 la crisis del sistema patriarcal de vida del costarricense. Esto no les gustó nunca a los demagogos aldeanos ni a los hacendados con poder político, ni a los románticos pedagogos."[9]

Todos los aspectos de la vida y obra de García Monge fueron pues ejemplares: su obra de pedagogo como profesor de colegios y liceos; como Director de la Escuela Normal; al frente de la Secretaría de Educación; como coautor junto con Brenes Mesén de unos programas para la educación primaria que le acarrearon la enemistad de altos y bajos, porque "...traían dos innovaciones 'diabólicas': la enseñanza 'mixta' o 'coeducación' como entonces se decía, y el tema del origen de las especies, según Darwin. La aldea toda se conmovió y García Monge fue hostilizado al extremo de que los pulperos empezaron a negarle al desdichado autor de aquellas barbaridades la venta de todo comestible."[10]

Su labor de editor es ingente, por haber animado a muchos escritores, ayudándoles a publicar en sus diversas colecciones, y por la labor que representa el haber redactado personalmente 1185 números de su *Repertorio Americano*. Ejemplar fue también su constante actitud americanista que le llevó a luchar contra dictaduras e injusticias y a apoyar a hombres y movimientos que luchaban por la justicia y una vida mejor para el pueblo. Y, finalmente, su obra de creación fue decisiva, ya que le marcó los derroteros a la narrativa de Costa Rica.

Carlos Gagini (1865 - 1925)
Durante muchos años los costarricenses conocían el nombre de Carlos Gagini, si lo conocían, como el del autor del *Diccionario de Costarriqueñismos,* publicado en 1919 con un prólogo elogioso de Cuervo, como una nueva edición de su *Diccionario de Barbarismos y Provincialismos de Costa Rica,* que había aparecido en 1892. Abelardo Bonilla le recono-

ce sus méritos como filólogo, pero es reticente con respecto a los literarios:

"Eminente filólogo fue Carlos Gagini, hijo de un arquitecto de origen suizo y de una dama costarricense. [...] Era varón de recia contextura física y moral, sanguíneo, sabio en materias filológicas y literarias, aunque dominaba otras ramas de la ciencia. Materialista y positivista, no admitía otros conocimientso que los de la razón y la experiencia. Conocía a Lamarck, a Darwin y a Spencer, pero su verdadero maestro fue Augusto Comte. Conocía además a los clásicos castellanos. Polemizó mucho y a veces con cierta violencia que derivaba de sus convicciones. Hizo versos, pero era un cerebral y no un poeta."[11]

Gagini fue autodidacta, pues por pobreza abandonó los estudios secundarios; también fue profesor y director de varios liceos, así como director de la Escuela Normal, de la Biblioteca Nacional y de la sección histórica de los Archivos Nacionales. Fundó un importante liceo en la ciudad de Santa Ana en El Salvador, país que lo acogió durante cuatro años, en una época en que su espíritu polémico indomeñable le había creado problemas políticos en Costa Rica, tal y como lo relata en su autobiografía inconclusa, *Al través de mi vida*.[12]

Además del mencionado diccionario, Gagini escribió estudios sobre las lenguas aborígenes de Costa Rica, una serie de textos lingüísticos para escuelas y liceos, obras de teatro y dos zarzuelas: *El marqués de Talamanca y Los pretendientes,* así como obras históricas, de filosofía y de psicología. También escribió dos colecciones de cuentos: *Chamarasca,* de 1898 y *Cuentos grises,* aparecido en 1918, y tres novelas: *El árbol enfermo,* de 1918 y *La sirena y La caída del águila,* ambas publicadas en 1920. Acerca de su producción literaria dice Bonilla:

"Como novelista y cuentista es uno de los creadores del regionalismo, pero en una forma puramente externa. [...] En la novela, el primer representante del nacionalismo y del anti-imperialismo en nuestras letras y tiene cierto interés el observar que, a pesar de su mentalidad fría y académica, sintió la influencia del *Ariel* de José Enrique Rodó, que por aquellos años, y coincidiendo con el crecimiento de los Estados Unidos, entusiasmaba a muchos escritores idealistas de la América Española. Gagini no consiguió penetrar ni en el ambiente ni en el lenguaje nacionales y se limita a descripciones objetivas, algunas muy acertadas, en un lenguaje claro y equilibrado.
Su obra de ficción queda al margen de su notable obra de filólogo."[13]

En el campo literario, suscitó con su crítica a los cuentos de Fernández Guardia en 1894 la polémica sobre el nacionalismo en literatura, influyendo así, al nivel de las ideas y de la estética literaria, el momento fundacional de la producción literaria en Costa Rica.

En las últimas décadas se ha operado una revaloración del sentido histórico de la novelística de Gagini que se trasluce, por ejemplo, en las apreciaciones que de ella hace Alfonso Chase. Este autor ve, desde los primeros cuentos de Gagini, que son para él nuestros primeros cuentos, una clara línea de desarrollo que se va matizando hasta desembocar en *El árbol enfermo:*

"En donde plantea, conscientemente, problemas que aquejaban a los otros escritores americanos de su tiempo. Antiimperialista por vocación y por sentido histórico, plantea en sus obras problemas colectivos que se vuelven, por el tratamiento idealista que les da, una contradicción entre sus creencias sociales y sus proyecciones literarias. Lo colectivo no está planteado de manera artística y al final resultan alegatos dialogados, sin mucho valor artístico, pero con profundo sentido histórico."[14]

En las notas del director que justifican la inclusión de *La caída del águila* en la Colección XXV Aniversario, como obra represenativa, se insiste igualmente sobre el valor histórico de la obra: "Por ello en gran medida, lo que importa en sus narraciones, como en *El árbol enfermo* y en *La caída del águila,* por sobre los elementos puramente estéticos, es el debate de las ideas que deja al descubierto la situación social y cultural de nuestro país. Sus enjuiciamientos al respecto cobran ahora increíble vigencia."[15]

Es evidente que hay un temor generalizado, tanto en la crítica como en la historia literarias, a la acusación de contenidismo; no se debe olvidar, sin embargo, la banalidad de que contenido y forma son inseparables y que un contenido relevante es tan respetable como una forma lograda. Es obvio que cuando una y otra calzan con perfección nos encontramos delante de la obra maestra, pero en el estudio de la producción literaria de un país, de una época, o en el estudio de un género, no basta con estudiar las obras maestras, sino que puede hasta ser más esclarecedor estudiar aquellas obras que más bien, en un sentido o en otro, puedan ser consideradas como significativas para el proceso mismo de la literatura. Se puede tratar de la aparición de una nueva temática, de una nueva forma de estructurar narrativamente el material, de una nueva concepción de la realidad social o de la historia, etc., etc. Es muy posible que la obra maestra se universalice y rebase lo nacional y lo regional, adquiriendo así otra significación, pero quizá menos relevante, en sí, para el estudio de un proceso histórico, cultural o literario. Así, las novelas de Gagini merecen ser estudiadas por constituir un momento importante de la construcción de la identidad nacional costarricense, como expresión de un nacionalismo y un antiimperialismo que hoy algunos parecieran más bien querer olvidar.

La caída del águila (1920) es una novela de ciencia ficción política, bastante inspirada de *20000 Leguas de Viaje Submarino* de Jules Verne. En esta novela encontramos a unos filántropos y políticos centroamericanos que, junto con el conde y militar alemán von Stein y el capitán Amaru, sabio y científico japonés, disponen de una terrible arma que fuerza al imperialismo norteamericano a renunciar, para siempre, a sus sueños de dominación mundial. Al contrario del capitán Nemo, los héroes de Gagini no están movidos por la sed de venganza, su móvil es tan sólo erradicar tanto la guerra como el imperialismo. Con la perspectiva que nos da el tiempo y a la luz de nuestro conocimiento del papel que jugaron los países de origen de von Stein y de Amaru, sería fácil indilgar algún reproche o formular alguna crítica a Gagini, mas no se debe olvidar la fecha temprana de la publicación de *La caída del águila,* así como el optimismo de Gagini, inspirado en las ideas del uruguayo José Enrique Rodó y su libro *Ariel,* publicado en 1900. Ese optimismo que quizá hoy nos parezca un tanto ingenuo, pero que por esos años ejercía una influencia importante en toda América Latina.

Gagini marca, pues, con sus novelas un momento importante en el enriquecimiento temático y en la crítica del sistema de dominación y del entreguismo de los sectores sociales dominantes. A la crítica de la oligarquía y del patriarcalismo en el campo y la ciudad, presentes en la obra de Joaquín García Monge, se viene a agregar, con la novelística de Carlos Gagini, la crítica de la burguesía local y del expansionismo imperialista.

Carmen Lyra (1888 - 1949)

Carmen Lyra es el pseudónimo de María Isabel Carvajal. La obra que dejó Carmen Lyra no es sólamente literaria, sino también pedagógica, ensayística, política, y periodística. En todos los aspectos de su obra, su personalidad impregnada de calidez y amistad, hizo honda huella en quienes la conocieron personalmente y en quienes leen y estudian sus trabajos literarios y tratan de comprender y valorar el inmenso significado de su función en el debate y el intercambio de ideas, tan importante - aunque muchas veces ignorado, negado o no reconocido - en la conformación de la Costa Rica actual.

Carmen Lyra se había iniciado en la literatura desde 1905 con unas delicadas páginas de inspiración modernista, que revelan una profunda sensibilidad, un tanto soñadora y melancólica, casi mística, pero siempre cargada de preocupación por el dolor y el sufrimiento humanos. Esta sensibilidad le llevó en un primer momento a querer hacerse enfermera y profesar de monja, como Hermana de la Caridad, lo que se reveló imposible por ser ella hija de padre desconocido. Carmen Lyra se hizo entonces maestra, siéndolo siempre en el mejor y más profundo sentido del término.

En un prólogo de 1946, escrito para su propia novela *En una silla de ruedas* aparecida en 1918, hace Carmen Lyra las siguientes declaraciones acerca de sus propias posiciones ideológicas y estéticas en el momento de escribir la novela:

"La persona que escribió todo esto, era una criatura que vivía emocionada en la superficie del espacio y del tiempo y su pensamiento giraba como una mariposa loca alrededor de una llama. El mejor guía de la juventud inquieta de Costa Rica en aquellos días, era José Enrique Rodó, con su *Ariel* y sus *Motivos de Proteo.* Nuestro concepto del ideal estaba encarnado en el gentil Ariel de Shakespeare, el geniecillo del aire desligado de la tierra y tan grato -como dice Aníbal Ponce- a los Prósperos eruditos y a las Mirandas de los principios del siglo veinte, unos y otros tan despectivos ante el monstruo de Calibán, sin el cual no pueden pasar, pues él es quien busca la leña y les enciende el fuego a cuyo amor cocinan los alimentos y calientan sus miembros finos y friolentos."[16]

Al lado de la calidez, la sensibilidad y la solidadridad humanas, era Carmen Lyra valiente. Una de las primeras manifestaciones políticas suyas, mientras todavía era estudiante, fue la participación, como oradora de plaza pública y conspiradora, en el incendio del diario *La Información,* órgano oficialista de la dictadura de los Tinoco; una acción popular que fue decisiva en la caída de ese régimen.

En 1920 Carmen Lyra viajó a Europa con una beca del Estado para realizar estudios pedagógicos avanzados. Dos resultados inmediatos de sus estudios en Europa se hacen visibles en el hecho de que a su regreso se encarga de la cátedra de literatura infantil de la Escuela Normal de Costa Rica, y que en 1926 funda, junto con otras educadoras, la Escuela Maternal Montessoriana.

En el terreno de las ideas políticas, el ambiente ácrata creado por los jóvenes educadores que se habían formado en Chile tiene influencia en Carmen Lyra; así, en 1910 participa en las actividades del *Centro Germinal,* donde se discuten las ideas libertarias en compañía de amigos como García Monge, Omar Dengo y Brenes Mesén. Más tarde el arielismo que había cultivado se politiza dando lugar a un claro antiimperialismo que se inspira en las ideas de Haya de la Torre, quien visitó el país en 1928. Pero las posiciones antisoviéticas y antimarxistas del APRA hacen que, en 1931, abandone el aprismo y se adhiera al recién fundado Partido Comunista, perdiendo así algunos amigos, pero ganando muchos otros. Esta militancia le costará, en 1948, el exilio, a raíz de la guerra civil. Murió en México, en 1949. Será tan sólo en 1976, cuando las circunstancias políticas han cambiado lo suficiente, que la labor de Carmen Lyra será reconocida oficialmente y se le declarará Benemérita de la Cultura Nacional. Entonces la Editorial Costa Rica publica una colección casi completa de sus relatos, con un importante prólogo y un minucioso estudio cronológico de Alfonso Chase, de donde se ha extraído la mayoría de las informaciones de esta nota bio-bibliográfica.

La antología de Chase, que comprende casi toda la producción ficcional de Carmen Lyra, cuenta alrededor de 400 páginas; el volumen contiene además unas cincuenta páginas de trabajos periodísticos: artículos de debate, discursos y ensayos. Carmen Lyra cultivó sobre todo el relato corto, pero tiene sin embargo algunos textos más largos que se acercan a la novela. La Colección XXV Aniversario de la Editorial Costa Rica recoge en su tercer tomo la novela *En una silla de ruedas,* de 1918. Carmen Lyra es conocida tanto en el ámbito nacional como internacional, sobre todo como la autora de *Los cuentos de mi tía Panchita,* que son una original recreación de los cuentos del Uncle Remus de la literatura oral norteamericana y de los cuentos latinoamericanos del Tío Conejo, adaptados a la mentalidad y a la realidad nacionales. De ellos dice Seymour Menton: "Carmen Lyra no inventó estos cuentos. Pertenecen al folklore universal; pero ella los refiere con tanta gracia, valiéndose de un lenguaje muy costarricense y de la ingeniosidad de los protagonistas, que han sido conocidos y apreciados por todas las Américas"[17]

En el presente trabajo sobre la novela socialrealista, se analiza la serie de relatos publicados en 1931 en *Repertorio Americano* bajo el título *Bananos y Hombres,* por ser "... el antecedente más notable, dentro de la literatura costarricense, del realismo social y la primera incursión por el mundo de las explotaciones bananeras hecha por un autor nacional."[18] En estos relatos Carmen Lyra, que sin duda no conocía directamente la vida en la zona bananera, no profundiza en esa realidad, como era capaz de hacerlo en los relatos que tienen como protagonistas a los niños pobres que tan bien conocía de la Escuela Maternal. *Bananos y Hombres* son textos, aunque muy humanos, de carácter eminentemente político, de denuncia de la condición infrahumana en que vivían los trabajadores de las bananeras. Anuncian de cierta manera la obra de Carlos Luis Fallas, a quien ella animará y ayudará a publicar, una década más tarde: *Mamita Yunai.*

"Aunque el tema antimperialista es bastante popular en todo Hispanoamérica y aún más en Centroamérica, es menos fuerte en Costa Rica, afirma Menton en su estudio sobre el cuento en Costa Rica, y apenas aparece en toda la trayectoria del cuento. Los cuentos de *Bananos y Hombres* no se han vuelto a publicar, a excepción de *Nochebuena* que aparece en la antología de Rogelio Sotela. *Los cuentos de mi tía Panchita,* de los cuales depende el gran renombre literario de Carmen Lyra, volvieron a publicarse en 1922, 1936, 1938 y 1956 además de figurar en varias antologías del cuento hispanoamericano."[19]

Es interesante la aseveración de Menton acerca de la fuerza del tema antiimperialista en América Central; hubiera sido aún más interesante que se hubiera animado a proponer una hipótesis explicativa al respecto. No me parece impertinente hacer la pregunta de si el antiimperialismo es tan sólo un tema literario, o si no se trata, más bien, de una compleja problemática que involucra aspectos no sólamente ideológicos, políticos y económicos, sino también sociales y humanos, susceptible de ser expresada literariamente, es decir, de convertirse también en tema literario.

Con los relatos de *Bananos y Hombres,* el antiimperialismo que aflora en las obras de Gagini, donde se expresaba sobre todo en el plano de las ideas, adquiere un carácter más concreto y deshumanizado, al tematizarse en relación con los efectos que la presencia del capital americano produce en la vida de los trabajadores de la zona atlántica.

Adolfo Herrera García (1914 - 1975)

Adolfo Herrera García es autor de una sola novela *Juan Varela,* aparecida en 1939, la cual además es muy corta. Publicó también cuentos que siguen dispersos en periódicos y revistas. Fue un periodista reputado que viajó por América Latina, Europa y Asia. Su labor le valió en 1974 el premio de periodismo "Pío Víquez" y el Premio Nacional de Periodismo Cultural "Joaquín García Monge". Su novela "inicia la narrativa de tema propiamente social-agrario en Costa Rica."[20] Fue militante del Partido Comunista. La aproximación de Herrera García a la problemática rural representa, por un lado una línea de continuidad con planteamientos que venían desde las novelas de García Monge y tendrá, por otro lado, influencia en el tratamiento que de la misma temática desarrollará ampliamente Fabián Dobles en las décadas siguientes.

Max Jiménez (1900 - 1947)

Max Jiménez fue un gran creador que dejó obras valiosas en pintura, grabado, dibujo y escultura, así como en poesía, ensayo y narrativa. Disponía de una gran fortuna que le permitía viajar continuamente por Europa y América. Publicó cinco libros de poesía en París, Madrid, Chile y Costa Rica. El prologuista de *El Jaúl,* que constituye el quinto volumen de la Colección XXV Aniversario, anota acerca de Max Jiménez:

"Espíritu rebelde, renuente a toda disciplina artística, filosófica o política. Su poderoso yo desbordaba las formas y las circunstacias; originaba adhesiones escandalosas y animadversiones, también escandalosas. Pero una cosa es innegable: la fuerza de su creatividad. Si bien por un lado planteaba deslumbrantes charadas, por el otro se entregaba a esa alquimia obsesiva de trasmutar los elementos de los sueños y la realidad en una obra, acaso informe, pero que en su época provocó nuevos estados de conciencia artística y aún permanece, a pesar del castigo del tiempo."[21]

En el campo de la narrativa, la importancia de la obra de Max Jiménez radica, en mi opinión, sobre todo en el carácter de desenmascaramiento de una falsa visión del campesino que se venía practicando en la literatura costumbrista, paralela a la tendencia socialrealista que se trata de delimitar en este estudio. El costumbrismo presentaba al campesino visto desde fuera, generalmente como un "concho" socarrón e ignorante que se caracterizaba por sus barbarismos de lenguaje, al mismo tiempo que idealizaba la vida campesina sin la menor preocupación o intención de descubrir las causas de los posibles conflictos que pudieran aparecer en el universo campesino. La intención de Jiménez es mostrar la falsedad de esa visión, pero sin interesarse tampoco por descubrir las causas de los males que registra, en una suerte de expresionismo tremendista, como brutalidad, maldad y estupidez en sus figuras campesinas.

El socialrealismo trata de ser verista en la imagen que crea del campesino o del habitante de clase baja de la ciudad, empeñándose, al mismo tiempo, en descubrir los mecanismos que causan la miseria y la injusticia. La actitud de desenmascaramiento de las obras de Max Jiménez ayudó sin duda a los socialrealistas a liberarse de los últimos lastres literarios del costumbrismo. Jiménez no fue un hombre de izquierda, por eso la maldad y la brutalidad de sus personajes no encuentran una explicación en relación con las condiciones materiales en que viven. En sus obras es posible descubrir, como explicación de la brutalidad de los personajes, la alusión a una vaga filosofía de la malicia innata del hombre y de cierta inadaptación de los campesinos blancos o mestizos a un medio natural inhóspito. En *El Jaúl* estas ideas apenas se insinúan.

Carlos Luis Fallas (1909 - 1965)

De Carlos Luis Fallas escribió Abelardo Bonilla a finales de los años 50 que era: "El más recio representante de lo que suele llamarse literatura proletaria y el único escritor naturalista de Costa Rica. No hace propaganda ideológica, pero denuncia sobre la realidad y lo hace con risa e ironía que recuerdan el espíritu de la picaresca española. Contrariamente a lo que hace el intelectual de izquierda, este narrador nos da un mundo novelesco de anti-héroes, de gentes derrotadas por la vida, que él observa desde una posición muy superior. Su lenguaje es directo, periodístico y dramático."[22]

La vena picaresca a la que alude Bonilla está presente especialmente en las novelas *Mi Madrina* y *Marcos Ramírez*. La caracterización de su producción como literatura proletaria tiene que ver tanto con su origen como con su posición de clase. Fallas se pronunció siempre clara y abiertamente al respecto en varias entrevistas:

"Cuando yo tenía cuatro o cinco años de edad, mi madre contrajo matrimonio con un obrero zapatero, muy pobre, con el que tuvo seis hijas. Me crié, pues, en un hogar proletario. Cursé los cinco años de la escuela primaria y luego dos de la secundaria. Tuve que abandonar los estudios, fui aprendiz en los talleres de un ferrocarril y, a los dieciseis años, me trasladé a la provincia de Limón, en el litoral Atlántico de mi país, feudo de la United Fruit Company, el poderoso trust americano que extiende su imperio bananero a lo largo de todos los países del Caribe. En Puerto Limón trabajé como cargador, en los muelles. Después me interné por las inmensas y sombrías bananeras de la United, en la que por años hice vida de peón, de ayudante de albañil, de dinamitero, de tractorista, etc. Y allí fui ultrajado por los capataces, atacado por las fiebres, vejado en el hospital."[23]

A principios de los años treinta regresa Fallas al interior del país, en donde las ideas antiimperialistas, las luchas contra los contratos eléctricos, las tensiones sociales, el debate político, las huelgas esporádicas, pero constantes, etc., se hacían sentir; por eso, dice Fallas:

"Entusiamado por las ideas revolucionarias y anti-imperialistas que por ese entonces comenzaban a agitar al proletariado costarricense, ingresé al naciente movimiento obrero y, para poder vivir y luchar en las ciudades, aprendí en tres meses el oficio de zapatero que ejercí por largos años. Intervine en la organización de los primeros sindicatos alajuelenses y en la dirección de las primeras huelgas; fui a la cárcel varias veces; resulté herido en un sangriento choque de obreros con la policía, en 1933, y ese mismo año, con el pretexto de un discurso mío, los Tribunales me condenaron a un año de destierro en la costa Atlántica, provincia de Limón. Allí entre otras actividades revolucionarias, intervine en la Gran Huelga Bananera del Atlántico de 1934, que movilizó 15.000 trabajadores y que conmovió profundamente al país. Por mi participación en esta huelga fui encarcelado una vez más, me declaré en huelga de hambre y, gracias a la acción del pueblo, recobré la libertad. Fui electo por los obreros Regidor Municipal en 1942 y diputado al Congreso Nacional en 1944."[24]

Al final del periodo 44 - 48, cuando la guerra civil estalla, Fallas está en el centro mismo de la tormenta, tanto a nivel político como militar: "Me tocó improvisarme jefe militar de los mal armados batallones obreros que derramaron su sangre durante la guerra civil costarricense de 1948. derrotados por las intrigas imperialistas, y bajo la brutal y sangrienta represión que desataron nuestros enemigos, fui a la cárcel, estuve a punto de ser fusilado y me adobaron un proceso calumnioso e infamante, pero salvé la vida y recobré la libertad gracias a las protestas del pueblo y a la solidaridad internacional."[25]

En cuanto a sus actividades de escritor, que Fallas siempre consideró como secundarias en comparación con sus actividades de dirigente obrero y de político, dice muy modestamente: "En mi vida de militante obrero, obligado muchas veces a hacer actas, redactar informes y a escribir artículos para la prensa obrera, mejoré mi ortografía y poco a poco fui aprendiendo a expresar mi pensamiento con más claridad. Pero para la labor literaria, a la que soy aficionado, tengo muy mala preparación; no domino ni siquiera las más elementales reglas del español, que es el único idioma que conozco, ni tengo tiempo ahora para dedicarlo a superar mis deficiencias."[26]

Con ocasión de la posible candidatura de Fallas para diputado al Congreso por el Bloque de Obreros y Campesinos en 1933, Carmen Lyra dio una entrevista a unos periodistas en la cual se pronuncia sobre las cualidades humanas, morales e intelectuales de Fallas, y aunque sin duda se trata de declaraciones políticas para apoyar su nominación, parecen sinceras y veraces:

"Tiene para mí tres virtudes de gran fuerza: es muy inteligente, muy valiente y muy joven, pero joven de verdad, no como la mayor parte de los jóvenes que estamos acostumbrados a ver en este país, que se dicen jóvenes porque tienen veinte o treinta años, pero tan débiles física y moralmente como viejos gastados de sesenta. [...]
 Fallas es muy estudioso y conoce a fondo la teoría Marxista. Por cierto que no lo asustaría ni engañaría ninguno de los diputados marrulleros que tenemos en el Congreso. [...] Viera Ud. que fuerte es en historia, Carlos Luis Fallas. Eso si no se ha limitado a contemplarla como mero expectador sino con su espíritu crítico influenciado por las teorías de Marx y Engels."[27]

Pero esta preparación teórica que Fallas debe haber recibido en la escuela del Partido no entorpece nunca su quehacer literario; por eso, Bonilla, que sin duda estaba muy lejos de simpatizar con las ideas políticas de Fallas, declara con gusto, justicia y justeza, en la cita que abre esta nota biográfica, que Fallas no hace, en su literatura, propaganda ideológica. Su conocimiento de la realidad es pues profundamente práctico y vivido, al mismo tiempo que seriamente fundamentado desde el punto de vista teórico. La obra narrativa de Fallas nunca es panfletaria. Desde el punto de vista del proceso de la literatura en Costa Rica, la obra de Fallas es un hito más, dadas sus cualidades de "cuentero", sin duda innatas, pero también suplidas con un esfuerzo constante de lectura y de formación autodidacta. Fallas viene a enriquecer el tratamiento de la problemática social y rural que se venía tematizando, concentrándola en los trabajadores agrícolas de Costa Rica más claramente proletarizados.

La producción de Carlos Luis Fallas comprende las novelas *Mamita Yunai,* aparecida en 1941, y sin duda su obra más conocida internacionalmente; *Gentes y Gentecillas,* de 1947 que goza de mucho aprecio en Costa Rica y que fue seleccionada para figurar en la Colección XXV

Aniversario. *Mi madrina,* de 1950 y *Marcos Ramírez,* aparecida en 1952, la cual le valió el Diploma al Mérito de The William Faulkner Foundation en 1962. En 1967 se publicó póstumamente *Tres Cuentos.*

Fabián Dobles (1918 -)

Al contrario de Fallas, Fabián Dobles realizó estudios sistemáticos hasta llegar a hacerse abogado, profesión que nunca ha ejercido. Es uno de los escritores más fecundos de Costa Rica. Ha publicado varios libros de poesía y varios volúmenes de cuentos así como seis novelas.

De la colección de cuentos *Historias de Tata Mundo* (1955) opina Menton que "... constituyen el *Don Segundo Sombra* de Costa Rica. [...] Pues, igual que *Don Segundo Sombra,* las *Historias de Tata Mundo* cierran un ciclo con broche de oro. Ya no se podrá escribir sobre el gaucho argentino ni sobre el concho costarricense; en parte, porque el prototipo ha ido desapareciendo a causa de los adelantos de la civilización y, por otra parte, a causa de estas obras maestras que idealizando al último de la especie, serían difíciles de superar. El mismo Fabián Dobles no pudo repetir su gran acierto artístico en el segundo tomo *El maijú y otras historias de Tata Mundo* (1957)."[28]

En 1940 Dobles ganó, junto con dos autores más, el primer premio en el concurso convocado por la casa editorial Farrar y Rinehart con su novela *Aguas turbias,* que se publicó en 1943. Su primera novela es *Ese que llaman pueblo,* aparecida en 1942, e igualmente una de las primeras novelas de la llamada generación del 40. *Ese que llaman pueblo* es, en mi opinión, lo que trataré de demostrar en el análisis, la primera novela que claramente demuestra la madurez que el género había alcanzado en Costa Rica, tanto en la presentación de su temática como en el dominio de las técnicas narrativas, la riqueza del diálogo y el manejo de los puntos de vista, la plasticidad de las descripciones y el virtuosismo con que el lenguaje local es recreado literariamente y la manera en que se articula al español académico.

La recepción de la novela fue muy positiva. Martin E. Erikson escribió en 1945: "The third novelist among the Costa Ricans is Fabián Dobles - to my mind, the best of all because the breadth of his mental horizon passes beyond the local setting of his story to include universality" *El Imparcial* de Guatemala escribió en su edición del 16 de abril de 1943: "Uno de los libros más interesantes y de más sólida estructura ideológica y literaria que nos haya tocado leer en los últimos días es la novela del joven escritor costarricense Fabián Dobles, ... esto es lo que necesitamos en Centroamérica: que se nos hable con la voz de la verdad; que los hombres de pensamiento, los escritores, los poetas, los artistas desciendan de sus tronos y se acerquen al alma popular..."[29]

118

La otra novela de Dobles que analizo es *El sitio de las abras,* de 1950. En esta novela Dobles nos da un vasto panaroma de la historia social del agro costarricense en una época que se extiende desde mediados del siglo XIX hasta los años 40 del presente, y en la cual Dobles recoge la nueva visión de la historia de Costa Rica que se gestaba en los círculos de estudio y de discusión de esos años cruciales de la década de los 40; como, por ejemplo, en uno de los más influyentes: el *Centro para el Estudio de los Problemas Nacionales,* del cual Dobles fue miembro un tiempo.[30] Este Centro agrupaba muchos intelectuales que luego destacarían en la vida universitaria y política del país. Algunos de sus miembros fundarían más tarde el Partido Socialdemócrata, el cual se convertiría, a principios de los 50, después de la llamada Revolución del 48, en el Partido Liberación Nacional, un partido cuyas ideas y reformas transformarían profundamente la sociedad costarricense a partir de la legislación de la Junta Fundadora de la Segunda República y la promulgación de la Constitución de 1950.

Pero Dobles se radicalizó, acercándose más a las posiciones del Partido Comunista.[31] En su novela *Los leños vivientes,* de 1962, Dobles tematiza, entre muchas otras cosas, la persecusión y represión a la que los comunistas y la gente de izquierda en general fueron sometidos después de la guerra civil del 48. Otra temática que está igualmente presente en la obra de Dobles, y principalmente en su última novela *En el San Juan hay tiburón,* de 1967, es la que tiene que ver con los acontecimientos políticos en la hermana república de Nicaragua: la dictadura y la lucha de Sandino y de los que continuaron creyendo en sus ideas antiimperialistas, nacionalistas y revolucionarias.

En 1946 Dobles publicó *Una burbuja en el limbo* que es bastante diferente del resto de su producción, más psicologizante y hasta existencialista, centrada en las angustias y tribulaciones de un sólo protagonista. Es una novela que despertará cada vez más el interés de la crítica por anunciar desde los años 40 tendencias de la narrativa costarricense que se irán abriendo camino dos o tres décadas más tarde.

Joaquín Gutiérrez (1918 -)
Joaquín Gutiérrez ha publicado, al igual que Dobles, poesía, cuento y novela, siendo además un destacado periodista y magnífico profesor de literatura. Es gran viajero y ha vivido gran parte de su vida en el extranjero, sobre todo en Chile, donde fue director de la Editorial Quimantú durante el gobierno de la Unidad Popular.[32] Desde el golpe de Estado en Chile en 1973 ha vivido en Costa Rica.

Su novela más conocida es *Puerto Limón* que tematiza la vivencia que un joven tiene de la gran huelga bananera de 1934, cuyo principal organizador fue su amigo Carlos Fuis Fallas. Fallas, por su parte, nunca tematizó directamente en su obra esas experiencias de dirigente sindical; la manera en que Gutiérrez cuenta los hechos históricos es muy diferente de la de Fallas. La huelga de 1934, por ejemplo, no está vista directamente, sino a través de los efectos que tiene sobre el destino del personaje principal, un chico de la clase de los productores nacionales. *Puerto Limón* será analizada en este estudio.

En 1947 Gutiérrez había publicado *Cocorí,* un tierno relato para niños que tematiza la presencia de los negros en la provincia de Limón de la cual era oriundo. Gutiérrez volverá al tema del negro en *Puerto Limón* creando algunos de los mejores personajes afro-costarricenses de la literatura costarricense.[33] Ese mismo año publicó igualmente su primera novela *Manglar.* En 1968 publicó una nueva novela *La hoja de aire* y en 1973 *Murámonos Federico.*

Con la obra de Fabián Dobles y de Joaquín Gutiérrez, los derroteros que García Monge había marcado al género narrativo, al iniciarse el siglo, llegan a su culminación y a su máxima realización; al mismo tiempo, tanto Dobles como Gutiérrez abren nuevos caminos y muestran nuevas posibilidades para las generaciones de escritores que vendrán después de ellos, gracias al cultivo esmerado y virtuoso de la forma, el enriquecimiento de las temáticas y de los modos de narrar.

Notas y referencias

1. García Monge, Joaquín: *Hijas del Campo, El Moto, Abnegación,* Notas del Director, Editorial Costa Rica, San José, 1984, p. 15.

2. Chase, Alfonso: Prólogo a *Obras escogidas* de J. García Monge, EDUCA, San José, 1984. p. 15.

3. García M., J.: *Carta a Modesto* ... agosto 1944, en *Obras escogidas,* misma edición que nota 2.

4. Echeverría, Evelio: Prólogo a *Indice General del Repertorio Americano,* Tomo primero A-B, Ministerio de Cultura y Edit. Universidad Estatal a Distancia, San José, 1981, p. xxii. Para formarse una idea suscinta de lo que fue esta publicación de García Monge, consúltese, por ejemplo: Carter, Boyd G.: *Historia de la Literatura Hispanoamericana a través de sus Revistas,* Ediciones Andrea, México, 1968, especialmente p. 134-136, y García Carrillo, Eugenio: *El hombre del Repertorio Americano,* Editorial Studium, Universidad Autónoma de Centroamérica, San José, 1981.

5. García M., J.: *Carta a Modesto* ... p. 20.

6. Ibidem, p. 22.

7. Sánchez, Luis A.: Prólogo al libro de Acosta, Luis Ferrero: *La clara voz de Joaquín García Monge,* Editorial Costa Rica, San José, 1978, p. 11.

8. Chase, A.: Prólogo a *Obras escogidas,* p. 14.

9. Azofeifa, Isaac Felipe: Presentación de la segunda edición de *Obras escogidas,* EDUCA, San José, 1974, p. iii.

10. Azofeifa, I. F.: *Op. cit.,* p. ii.

11. Bonilla, Abelardo: *Historia y Antología de la Literatura Costarricense,* 2 tomos, Librería Trejos Hnos., San José, 1957, tomo 1, p. 156.

12. Gagini, Carlos: *Al través de mi vida,* Editorial Costa Rica, San José, 1976, p. 110 y ss.

13. Bonilla, A.: *Op. cit.: t. 1,* p. 156-157.

14. Chase, Alfonso: *Narrativa Contemporánea de Costa Rica,* 2 tomos, Ministerio de Cultura, San José, 1975, t. 1, p. 54.

15. Notas a: Gagini, Carlos: *La caída del águila,* Editorial Costa Rica, San José, 1984, sin no. de página.

16. Lyra, Carmen: *Relatos escogidos,* selección, prólogo, notas y cronología de A. Chase, Editorial Costa Rica, San José, 1977, p. 437.

17. Menton, Seymour: *El cuento costarricense,* Librería Studium, México, 1964, p. 20.

18. Cita del prólogo de Chase, A. a *Relatos escogidos,* p. 17.

19. Menton, S.: *Op. cit.,* p. 20.

20. Chase, A.: *Narrativa Contemporánea ...,* p. 323.

21. Notas del director a: Jiménez, Max: *El Jaúl,* Editorial Costa Rica, San José, 1984, sin no. de página.

22. Bonilla, A.: *Op. cit.,* p. 170, ver nota 11 supra.

23-26. Las citas 23 - 26 están sacadas de una autobiografía de Carlos Luis Fallas, escrita en 1957, que se halla reproducida al frente de varias de sus novelas, aquí se cita de *Marcos Ramírez,* Librería Lehmann, San José, 1976. Sobre la actividad política de Fallas ha aparecido un estudio prácticamente exhaustivo: Aguilar, Marielos: *Carlos Luis Fallas: Su época y sus luchas,* Editorial Porvenir, San José, 1983.

27. Lyra, Carmen: *Relatos escogidos,* p. 448 y ss.

28. Menton, S.: *Op. cit.* p. 27.

29. Tanto la cita de Martin Erickson acerca de *Ese que llaman pueblo,* tomada de *The Intellectual Trends in Latin America,* The University of Texas Press, Austin, 1945, como la de *El Imparcial* se encuentran en la Presentación de *En el San Juan hay tiburón,* publicado por Editorial L'Atélier, San José, 1967.

30. Consultar la lista de miembros activos del *Centro* en el libro de Aguilar Bulgarelli, Oscar: *Costa Rica y sus hechos políticos de 1948,* Editorial Costa Rica, 1978, p. 449.

31. Sandoval de Fonseca, Virginia: *Resumen de literatura costarricense,* Editorial Costa Rica, San José, 1978, p. 19.

32. Chase, A.: *Narrativa Contemporánea...* p. 439.

33. Duncan, Quince: *El negro en la literatura costarricense,* Editorial Costa Rica, San José, 1975, p. 19 - 22.

LA CRÍTICA DE LA SOCIEDAD PATRIARCAL

El Moto de Joaquín García Monge

Hipótesis general para el análisis

Como ya se ha mencionado varias veces a lo largo de este estudio, García Monge funda, con sus novelas publicadas en 1900, la narrativa costarricense. Y como igualmente se ha anotado, antes de estas novelas existían obras de ficción; cabe preguntar, entonces, ¿qué es lo que se registra como nuevo con la aparición de *El Moto* e *Hijas del Campo?* ¿En qué consiste esa novedad que críticos e historiadores de la literatura costarricense están de acuerdo en identificar "como el inicio de la literatura auténticamente costarricense"? ¿En qué estriba ese salto cualitativo?

A mi modo de ver, ese salto cualitativo en la expresión literaria está relacionado con un cambio decisivo en la organización de la sociedad costarricense de finales del siglo pasado. ¿Qué es lo que ha ocurrido en la organización de la sociedad en las últimas décadas del siglo XIX, es decir, en el tiempo inmediatamente anterior a la aparición de las novelas de García Monge?

Como se ha mostrado en el análisis del proceso histórico de Costa Rica, durante la dictadura del general Tomás Guardia y la subsecuente institucionalización del liberalismo en los años que siguen a la muerte del dictador en 1882, el capital americano hizo su aparición en el país. Durante la etapa de la hegemonía indiscutida de la oligarquía cafetalera - desde la tercera década del siglo pasado hasta la aparición de las primeras manifestaciones del movimiento obrero a finales de siglo, en que se comienza a cuestionar esa forma de dominación - había sido el capital inglés el que había estado detrás del poder económico, político y social de esa clase . Existe una diferencia importante entre la manera en que el capital inglés y el capital americano están presentes en el cuerpo social. Como lo demostrara Rodrigo Facio, el capital inglés se contentaba con financiar la producción, sin inmiscuirse directamente en ella; el capital americano, al contrario, se hace presente directamente en la organización de la producción, así como en el transporte y la comercialización de los productos. Esta es una diferencia fundamental, pues la oligarquía pasa a ser entonces claramente dependiente, convirtiéndose en socio menor del capital extranjero.

Otra transformación importante que había experimentado la sociedad costarricense tiene que ver con el proceso de concentración de la propiedad y la proletarización de un importante número de campesinos. En la etapa anterior, si bien es cierto que la sociedad se había volcado al monocultivo del café para el mercado mundial, las relaciones capitalistas de producción no se habían generalizado y no impregnaban todo el cuerpo social, pues una economía pequeño-campesina de subsistencia seguía teniendo un peso importante. Muchos pequeños campesinos, y sus familias, trabajaban por temporadas - sobre todo la de la cosecha - en las grandes haciendas de café, pero seguían disponiendo, al mismo tiempo, de la pequeña heredad tradicional que les procuraba dinero en efectivo - pues en ella también se producía café para la exportación, como en las grandes propiedades -, pero esa pequeña propiedad permitía también la producción de otros bienes que aseguraban la subsistencia de la familia: gallinas, huevos, cerdos, frutas, verduras, legumbres, etc. El eventual excedente de esa producción se vendía en el mercado local.

Esta estructura social pequeño-campesina, y su correspondiente estructura mental o ideológica patriarcal, es la que encontramos tematizada en *El Moto,* la primera novela de García Monge. Postulamos con Goldmann - como hipótesis general para el análisis - la existencia de una homología entre la estructura pequeño-campesina y patriarcal de la sociedad costarricense de finales del siglo pasado y la estructura de *El Moto.*

Se debe recordar que García Monge escribió esta novela y la siguiente, *Hijas del Campo,* casi simultáneamente. La primera lleva la fecha: enero de 1900; la segunda, agosto del mismo año. Es decir, que el autor debe de haberlas concebido prácticamente al mismo tiempo. Si partimos de la hipótesis esbozada, las dos novelas aparecen entonces como complementarias. La primera se circunscribe a la tematización de la vida de unos pocos personajes en un ámbito muy reducido, mientras que la segunda nos presenta un panorama mucho más amplio. El número de personajes individualizados es mayor y representan a varios sectores de la sociedad. Se tematiza una oposición entre el campo y la ciudad. Los personajes que representan el campo no son gamonales, como en *El Moto,* sino asalariados; mientras que los representantes de la ciudad son hacendados ausentistas que sólo pasan las vacaciones en su hacienda. Se tematiza igualmente la proletarización del pequeño propietario campesino, que al mismo tiempo es peón de la hacienda, por endeudamiento con el hacendado. La proletarización es explicada, en parte, como un efecto de la fluctuación de los precios del café en el mercado internacional. La estructura temática y narrativa de *Hijas del Campo* obedece a otra homología que a la estructura *El Moto,* pues las relaciones sociales de producción que rigen la sociedad son otras.

Los conflictos tematizados en la segunda novela están relacionados con la mayor expansión de las relaciones capitalistas de producción que ahora impregnan el cuerpo social de manera más generalizada. Un aspecto interesante del acierto de García Monge ·- que en el momento de escribir estas dos novelas apenas tenía diecinueve años - es el haber percibido los efectos de un proceso social que se desarrollaba ante sus ojos: el paso de una organización social de tipo oligárquico-patrimonial y patriarcal a una organización liberal más claramente capitalista. El primer aspecto del proceso se tematiza en *El Moto,* el segundo, en *Hijas del Campo,* por eso las dos novelas son complementarias. En estas novelas, García Monge no tematiza aún la presencia directa del capital americano. Eso lo hará Carlos Gagini al final de la década siguiente.

Estructura narrativa

La estructura narrativa de *El Moto* es muy simple. La acción se inicia la víspera de la fiesta de la Concepción, a finales de año en un pequeño pueblo dominado por gamonales. Uno de ellos, ñor Soledad Guillén agasaja al pueblo con su tradicional luminaria, una especie de juego pirotécnico a base de hojas secas. Cuando los participantes se retiran, se oye un güipipía, grito tradicional del campesino costarricense. Es el protagonista, el Moto, que anuncia así a su novia que ya va lejos y que piensa en ella. La muchacha en quien el Moto cifra todas sus ilusiones es Cundila, la hija menor de don Soledad. El Moto, es decir huérfano, de padre y madre, en su caso, ha sido criado por su padrino ñor Sebastián Solano, el mejor amigo de ñor Soledad. El simpático e inteligente Moto, al no tener padre, se dirige al cura del lugar para que le ayude a pedir la mano de Cundila a quien quiere hacer su esposa. Entretanto don Soledad ha llegado a une acuerdo con Sebastián, cincuentón, rico, viudo y sin hijos, según el cual, Cundila se casará con él. Este acuerdo es sólo conocido por don Soledad, su mujer Micaela y don Sebastián.

Como parte de los preparativos de la boda, Sebastián manda a su ahijado, el Moto, a traerle un caballo azulejo que ha estado pastando en un potrero de su propiedad en las afueras del pueblo, ya que el quiere lucirlo el día de su casamiento. El caballo que se ha vuelto medio salvaje, al ser laceado, revuelca al Moto, dejándolo malherido e inconsciente. Don Sebastián, furibundo, porque el Moto tarda en volver con el caballo, manda al chico Panizo, amigo del Moto, a ver que ha ocurrido. Panizo encuentra al Moto medio muerto y lo lleva a su casa para cuidarlo. Sebastián está muy satisfecho de que su ahijado esté al cuidado de la madre de Panizo, pues eso le evita tanto los gastos como las molestias, ahora que él sólo piensa en su boda.

Cundila hace una visita clandestina al Moto, en compañía de su criada, la india Chon. Al saber de parte de la madre de Panizo que seguramente el enfermo quedará cojo e ido de la cabeza, el amor de Cundila se transforma en compasión. Poco tiempo después, don Soledad y su mujer dan a Cundila la noticia de que muy pronto se ha de casar con don Sebastián. Ella obedece sin rechistar y se consuela pensando que el Moto, ahora inválido, se quedará sin duda a vivir en casa de su padrino. Ella lo cuidará entonces como una hermana o como una madre.

Llega el 20 de enero y la boda tiene lugar. Pocos días después, el Moto, reconvalesciente aún, va a ver al cura para preguntarle acerca del resultado de su negociación con el padre de Cundila. Al recibir la noticia de que Cundila ya es la mujer de su padrino, el Moto se va del pueblo, hacia las salinas, donde su padre había muerto.

Instituciones y personajes

La recreación literaria de la sociedad patriarcal en *El Moto* está constituída, entre otros detalles, por la descripción de ciertas tradiciones, por ejemplo, la luminaria de la víspera del día de la Concepción que ñor Soledad ofrece todos los años al pueblo, y la extraña fiesta de la Santa Cruz, y su respectivo fandango, con que doña Benita Corrales agasaja, por su parte, a los habitantes de la aldea. La descripción de ciertas instituciones forma igualmente parte de la recreación literaria de la estructura patriarcal de la sociedad aldeana; la Iglesia; la recolección del diezmo; la escuela de don Frutos con sus principios pedagógicos, sobre todo aquél de que "la letra con sangre dentra". La creación de ciertos personajes, sobre todo los de los gamonales: ñor Soledad, con su regocijo precapitalista de contar su dinero e irlo echando en mochilas que luego guarda en una alacena, con su machismo que oprime y aterroriza a su mujer; ñor Sebastián, con su avaricia y su sensualidad de viejo, que le lleva a escoger a Cundila para segunda esposa, a causa de sus anchas caderas, aunque sea treinta años más viejo que ella; el cura gordo, comilón e ignorante y el maestro autoritario y orgulloso de sus discípulos. Todos estos son elementos que van creando un efecto de realidad que nos revela:

"La sociedad un tanto patriarcal de aquellas gentes, sujetas las voluntades a la del cura don Yanuario Reyes; por hombres de pro, el señor Alcalde y el no menos respectabilísimo señor Cuartelero - el Juez de Paz de antaño con las prerrogativas del Jefe Político de hogaño -; señorón y medio lo era el maestro de escuela don Frutos y no menos encogollados lo fueron, tanto por su posición holgada, cuanto por el temple de carácter, tres o cuatro ricachos campesinos." (402)[1]

La recreación de estas instituciones y fiestas, y su peso en la estructura de la obra, es sin duda la razón por la cual la crítica ha caracterizado *El Moto* como una novela costumbrista, mas la recreación literaria de esas costumbres y tradiciones no existen en la novela por sí mismas, como en el costumbrismo, sino que tienen una funcionalidad en relación con los personajes y los conflictos entre ellos. Tanto el paisaje como las tradiciones e instituciones - que podrían conceptualizarse como un paisaje social - son parte constitutiva de los personajes literarios. Esta estrecha imbricación ayuda a la creación del efecto de realidad y a dar a los personajes su sentido de vitalidad y de autenticidad de que generalmente carecen en las obras costumbristas.

El personaje de ñor Soledad y su luminaria

El personaje de don Soledad Guillén, ricacho con once hijos, muchos nietos, casona espaciosa y buenas propiedades, está estrechamente relacionado con el juego pirotécnico que tradicionalmente celebra a principios del mes de diciembre. Con él cumple algunas de las funciones de gamonal y patriarca con respecto al pueblo, sirviéndole la ocasión además para demostrar su riqueza y su status. "La luminaria de don Soledad era de lo más concurrido. Vistoso panorama ofrecía su casa, visitada por un sinnúmero de campesinos, enamorados hasta el tuétano y atraídos por las mozas que afluían por la tranquera de entrada, guapetonas ellas, cual más, cual menos airosa, cargando a los cuadriles hojas secas de plátano." (402)

Don Soledad también desempeña, como era de esperar, funciones más oficiales. "¡Hombre aquél, para quien la exigencia y el orden marchaban aunados! ¡Férrea mano que sujetaba muchas cervices! Varón virtuoso - que lo mismo se iba caballero sobre una mula de esta finca a la otra - como ocupaba el puesto de Alcalde o de Cuartelero cuando se ofrecía! Igual cosa era para él - irse con un par de alforjas al pico de la albarda y otra en la grupa de su cabalgadura, llegar a los sitios y con sus manos agrietadas esparcir en las piedras la sal y gritar: tom, tom, tom, llamando a los animales - como ponerse de rodillas, quitarse el sombrero y rezar al compás de los golpes de pecho, tres veces el ¡Ave María! -sin atender a horas ni lugares - en el momento de Alzar en el sacrificio de la misa." (406) Por las noches antes de acostarse reza el Rosario y toda la familia y la servidumbre le responde en coro. Al amanecer todos se levantan profiriendo otra oración: "el trisagio santo de la Trenidá".

Especial cuidado presta don Soledad a sus ganancias como se puede ver en la escena en que cuenta las entradas de la cosecha del año: "¡Ay de quien le hubiese sorprendido en aquellas ocupaciones se habría llevado un redoble de pescozadas, así hubiese sido el mismísimo Presidente de la República o su más íntimo amigo don Sebastián Solano." (404)

Esta es la actividad del gamonal que más intimidad recobra; la realiza en ayunas y en soledad, terminando exhausto, pero agradecido con Dios, y malhumorado con su pobre mujer: "Así pasó todo el santo día, sin asomos de probar bocado, echa y más echa con fruición, las monedas en mochilas de cáñamo teñido y con las orejas sin repliegues atentas al menor ruido. [...] Con aire patriarcal y rezando una oración de gracias a Dios, se dio una vuelta por la casa: echó primero una mirada a las trojes, de allí al trapiche y se informó si los yugos y aperos estaban en su lugar; anduvo por el corral, pasó cerca de los chiqueros; tendió su vista por los campos y notó que los ganados, pasado el ramoneo del día, íbanse llegando a buscar el calorcito de la casa; miró a los vecinos del barrio que allá, en el bajo, cogían el agua del Tiribí y en cambio a la del Damas ni caso le hacían, porque según las creencias vulgares era salada." (404)

Luego de esa inspección crepuscular, ñor Soledad se echa a descansar un momento en su hamaca, pidiendo a su mujer que le sirva el chocolate y la tortilla de maíz: "A la orden estuvo doña Micaelita, su esposa, de cuerpo echado delante y enaguas a media pierna, con su batidora de chocolate y una tortilla de queso. Temblando se acercó a su marido: ¡si bien sabía la pobre los berrinches que en tales ocasiones se gastaba Soledá!" (405) Y así van pasando los días y los años, unos iguales a otros.

Doña Benita Corrales y su fiesta de la Santa Cruz
Como personaje es Benita Corrales muy secundario, pero su tradicional fiesta es de suma importancia en la economía de la novela. Se verifica en el mes de mayo, cuando plantas, animales y seres humanos, renacen con las primeras lluvias del año, después de la sequía agobiadora del verano. Doña Benita pasa por ser una de las mujeres más acomodadas y devotas del pueblo: "Consistía su mayor gozo en el empleo de la mayor parte de su dinero en pólvora, condumios y lo demás para adorar la memoria de la Santa Cruz. De tal modo que su casa en aquel día, era punto menos que la de su hermano en vísperas de la Concepción." (414)

La fiesta de la cruz merecería todo un estudio antropológico, que no sé si habrá sido realizado. Aquí me contentaré con algunas observaciones que me parecen tener relevancia para el análisis de *El Moto*. Primero, la descripción de la cruz, - tomada de la edición XXV Aniversario y no de la de *Obras escogidas* -, por haber en ésta un error, precisamente en ese pasaje.

"En el fondo [de la sala] y como acurrucada entre la verdura, está la cruz, y, ¡qué cruz!: una camisa blanca y bonita, con abundancia de ribetes, como hecha de encargo la cubre el cuerpo; enaguas rameadas y con estrellitas, se ajustan al extremo inferior. Agréguese a esto algo que resalte, una tela chillona hecha un bulto redondo y puesta en la parte superior y tendremos una copia de esas muñecas de trapo que usan las niñitas y por la cual tienen veneración profunda los campesinos.

Por añadidura: un pañuelo con pájaros caído hacia adelante y encima de los brazos de la cruz y unidas las puntas por una espina, le viene de rechupete.

128

"Doña Benita, que de curiosa peca, ha colocado a guisa de gargantilla y junto con un rollo de cadenas, un rosario tradicional de cuentas de vidrio azul, con mexicanos y cortadillos de por medio." (415 en Obras escogidas y 189 en la edición de XXV Aniversario) (Mexicanos y cortadillos son monedas antiguas).

Para la fiesta, la cruz es transformada en una figura antropomorfa con características femeninas. La cruz es un madero, es decir un árbol muerto. Entre los judíos era un símbolo de escarnio, sobre el cual eran ajusticiados los criminales. Los cristianos hicieron perder a la cruz todos sus atributos disfóricos, llenándola de calidades positivas, hasta llegar a reivindicarla como símbolo de su fe, al establecerse el cristianismo como la religión oficial del imperio romano. Al cargarse de calidades positivas, la cruz pasa, de madero muerto, y de muerte, a ser árbol vivo, llegando entonces a coincidir con el árbol de la vida. Me parece que ésta debe ser la significación que recobra la cruz de doña Benita Corrales. Ignoro si la fiesta de la cruz existe aún en Costa Rica o en otros países católicos, pero yo la recuerdo de los tiempos de mi infancia. La fiesta de la Santa Cruz se realiza, además, en el mes de mayo, que marca el comienzo de la época de las lluvias y el retorno de la fertilidad, una especie de primavera tropical.

En el contexto de la novela, la fiesta de la cruz es la mejor ocasión que tienen los jóvenes, chicas y chicos, de revelarse mútuamente sus sentimientos amorosos. Es de notar que en la descripción de García Monge el aspecto religioso, que era de esperar que la fiesta presentara, está prácticamente ausente. Sólo se hace alusión, y de manera un tanto negativa, a un rosario que reza un viejo de hablar gangoso, acompañado no más de unos pocos invitados de entre los más devotos. Así, la fiesta de la cruz, y el fandango que le sigue, adquiere más bien un aspecto secular, hasta pagano, podría decirse.

La naturaleza, al llegar la noche del fandango, se reviste de matices castamente eróticos: "Bien decía el padre Yanuario: - 'Bonitas las mañanas de abril y las noches de octubre'. Y aquella con ser una noche del mes de mayo, no le iba a la zaga a las anteriores; aquí abajo los campos respirando frescura y sosiego, y el Tiribí llevando la nota más alta del barrio al quebrar su corriente contra los pedrejones de su lecho; allá arriba el cielo limpio y azul, amplio escenario que servía de paseo a la luna, por entonces asomándose en la escotadura de dos jorobas, con su faz llena y radiante; las nubes formaban denso cendal por las laderas de las montañas y eran marcadísimo indicio de un aguacero contenido: ahora dejaban el valle e iban subiendo por las faldas o bien quedándose en la mitad parecían torres en el aire - ya se encaramaban por la cumbre y, como barridas en grupos unas detrás de otras -, a modo de grandísimos patos en desfile, si apenas le daban tiempo a tal cual picacho, para ostentar el azul oscurón de su frente." (417)

La antropoformización de la cruz se corresponde con la descripción llena de metáforas que humanizan el paisaje nocturno. No se trata de un paisaje que está en lucha consigo mismo, mas de una naturaleza que se divide en partes a las que se atribuyen valorizaciones masculinas o femeninas. Ciertas palabras se llenan de connotaciones que aluden al cortejeo y a la relación entre los sexos: lecho, cendal, escotadura, faz llena y radiante, encaramarse, picacho que ostenta su frente, etc., etc. Esta lectura se legitima - en este caso concreto - porque conocemos las escenas que siguen durante el fandango y en las cuales los jóvenes tienen la ocasión de dar rienda suelta a sus sentimientos, dentro de estructuras más o menos ritualizadas que son aceptadas por los mayores y por el grupo social en general. De ello están conscientes Cundila y su amiga, cuando afirman, en una conversación que sostienen mientras ayudan a doña Benita con los preparativos de la fiesta:

"- Por las cuartetas que en el trapiche te echó, da a conocer que te quiere mucho. Pobrecillos, viste cómo se jueron detrás de nosotras hasta el ríu.
  - Sí. Lo malo es tía Benita, bien sabés lo brava que se pone - respondió Cundila.
  - Adió. Si hoy ni se conoce de buena; si hay que hacer una raya en el cielo.
  - Esta noche en el fandango vas a ver qué contestadillas pa José Blas
  Y al decir esto, Cundila agarró la cara de su amiga, le imprimió un beso y dos palmotazos por un cachete y desapareció por entre los cuartos." (416)

A la hora de la fiesta, la concurrencia pide que salgan a bailar el Moto y Cundila. José Blas aprovecha para decir a su novia:

> "Asomate a esa ventana
> linda cara y te veré
> sacame una taza diagua
> que vengo muerto de sé."

A lo que Cundila responde, mientras gira y baila alrededor del chico:

> "No tengo taza ni coco,
> ni en que dártela a beber,
> sólo tengo mi boquita
> qués más dulce que la miel."

Lo cual los mayores comentan muy satisfechos, estimando sin duda que todo ocurre según las reglas del juego: " Estos, al decir de los buenos viejos, 'han quedao lucíos y tenía que ser ansina, pos el pueta es muy listo y Secundila muy vivilla.' " (419)

Por su parte, José Blas se siente feliz: "¡Cuánto saboreó el Moto aquellos minutos del suelto!; expansión única en sus horas de amor. ¡Qué rigurosidad la de los padres de Cundila y no menos la de su padrino! Salvo las miraditas que so pretexto del diezmo podía cruzar con ella, salvo tal cual palique cambiado en las tardes de molienda en el trapiche, o en una vela o a las orillas del Tiribí - lo demás del tiempo era de ruda faena para él - Por esto... ¡oh, el fandanguillo!...(419)

Otras parejas aprovechan igualmente la oportunidad y se declaran su amor en cuartetas que van improvisando. "Así, cual más cual menos, se dio el gustazo de decirle mil lindezas a su novia en aquella fiesta tradicional de la Santa Cruz, única en el año en que se divertían de veras." (420)

El carácter profano de la fiesta es subrayado una vez más por el narrador: "Algunos emparrandados no poco, con el guarapo que se habían echado entre pecho y espalda, cantaban entre piruetas versitos nonsanctos, para diversión de los concurrentes, quienes por su parte reían y zapateaban." (420)

El tema de los dos jóvenes que se aman, pero que no pueden realizar su amor por razones económicas o sociales o de otra naturaleza: pobreza del amante, diferencias de estamento o clase, enemistad entre las familias, etc., es harto conocido en la literatura. Si la diferencia se revela irreductible y la razón de ello se encuentra en lo trascendente, nos abocamos a la tragedia. En la comedia, al contrario, los impedimentos se eliminan a través de peripecias que hacen posible que el amante joven y pobre termine heredando una fortuna, o que la aparición de sus padres le devuelvan su nombre y su status social, o que la enemistad entre las familias no sea más que un malentendido, etc., etc. Las variaciones son múltiples. En la novela burguesa, que en su esencia es la historia de la victoria del individualismo, el héroe puede, por su propio esfuerzo, vencer todos los obstáculos, realizar su proyecto y apropiarse del objeto de su pasión. En una sociedad patriarcal, como la recreada por García Monge en *El Moto,* el protagonista no puede llevar solo a buen término la realización de sus deseos, debe echar mano de otras personas, los padres generalmente. El Moto, siendo huérfano, recurre a los buenos oficios del cura.

Las calidades personales de Cundila y del Moto son las condiciones de su mutuo amor, pero la consumación del amor en una sociedad patriarcal requiere la presencia de otros requisitos que tienen que ver con el status social, el poder, la influencia, la edad, etc. Además, la realización del amor sólo puede llevarse a cabo a través del matrimonio, que es la base de la institución fundamental sobre la que descansa la sociedad patriarcal: la familia. Eso plantea ciertas exigencias al Moto, de las cuales, por otra parte, él está muy consciente.

Durante su visita al cura don Yanuario, el Moto insiste sobre el hecho de poseer calidades que estima que deben contar a su favor. El cura por su parte es un buen representante de la mayor parte de esos valores que tienen como función la salvaguardia de las tradiciones; sin embargo, por el cariño que tiene al muchacho le promete ayudarle, aunque bien es cierto que sus costumbres y su filosofía, que él mismo formula a ese respecto, no le permiten, en principio, apoyar iniciativas que irían en contra del orden establecido:

" El Padre Yanuario era un misacantano de esos que se hacen estos cargos:
    'Barriga llena y corazón contento y de ahí, vayan a la trampa ilustraciones y literaturas. Deme el Señor suerte, que el saber nada me importa; sepamos vivir como Dios manda y San Se Acabó'.
    Por lo demás su vida regalona podía resumirse así: levantarse tempranito, tomar leche al pie de la vaca, comer mucho, pero mucho, cristianizar, casar o expedir el pasaporte para la otra vida a quien lo necesitase; darse una vuelta por sus hacenditas, leer una vez perdida y estar en la tertulia con don Frutos, el cuartelero y demás yerbas. Por toda sabiduría sus refranes y unos adocenados latinajos"
(425)

El Moto insiste en que es buen peón y que además posee ya una yunta de bueyes bien aperada. Y más tarde y por aquello de quien se casa quiere casa, se dice a sí mismo: "Contimás agora que padrino me va a dar en arriendo un cercadito de los dél, como quien dice, un solar primero y una casita endespués. Yo por ella lo hago todo; bien sabe Dios que ella a nadie quiere más quiamí." (428)
    Y para concluir su cadena de pensamientos, mientras va por el caballo azulejo de su padrino, José Blas introduce el tema de la muerte, complementario a menudo del del amor: " Tirando algunos cárculos, diaquí a marzo estoy casao, si no me he muerto." (428)
    Al contrario del proyecto del Moto, dominado sobre todo por los sentimientos, la idea de ñor Sebastián de hacer de Secundila su segunda esposa está basada en lo práctico y lo razonable, según la lógica que rige la sociedad patriarcal. La chica ha despertado, es cierto, el deseo del cincuentón, pero no es eso lo que verdaderamente cuenta en su decisión. Todo queda sintetizado en las cavilaciones de ñor Soledad, que razona según los mismos principios que su amigo:

"Media hora antes don Sebastián Solano - el padrino del Moto - se la había pedido, previo consentimiento de doña Micaela - con aquella franqueza que podía resumirse en estas palabras:
    - Y había de crer a lo que vengo Soledá: pos a pedirte su muchacha; yo la jallo muy mujer en su casa.
    - Todo sea lo que Dios quiera Sebastián; si en tus papeles está escrito que Secundila ha de ser tu esposa, llévatela con bien." (422)

Lo que cuenta en la fácil decisión, tanto de ñor Sebastián como de los padres de Cundila, es la posición económica y social del pretendiente. Que sea muy viejo, comparado con la novia y que la novia no tenga ningún afecto por él, no juega ningún papel en el contrato entre novio y suegros.

El narrador facilita la resignación de Cundila gracias al accidente del Moto y al juicio perentorio de la madre de Panizo quien dictamina que el joven quedará más o menos loco después del percance.

En lo que concierne el orden social, que hace que los viejos tengan prioridad en el mercado de las relaciones matrimoniales, lo sabían muy bien los jóvenes, como lo demuestra la conversación entre Panizo y un amigo suyo. La única posibilidad de protesta que les queda es abandonar el pueblo, para no ser testigos de su impotencia:

-"Hombré, como que oyí no se onde, que mano Sebastián se casa con Cundila. ¿Vos qué sabés d'eso?
  -Asina corre el cuento. La verdá es que dende que le pasó el percance a Blas, yo no he vuelto por aquellos laos, contestó Panizo.
  -Ya vés lo que es ser torcío. Al Moto no le conviene casase con esa muchacha.
  -Está perdido. ¿Qué tal? Con mano Sebastián pidiendo a Cundila, quién se tiene?
  -Bien conocío lo tenés, que nosotros podemos querer mucho la novia, pero si a un viejo de estos se le antoja casase con ella, no hay tu tía; no le queda a uno más recurso que safase, aunque uno sea rico trabajador y tenga el Catón necesario. Blas me lo había dicho siempre: 'si me quitan a Cundila, no hay más que irse' ". (435)

La protesta implícita del narrador de *El Moto,* es una protesta que va dirigida primordialmente al carácter patriarcal de la sociedad y sus privilegios, quizá no tanto en su aspecto económico, como en cuanto a las contradicciones que oponen a las generaciones. Si el pretendiente de Cundila hubiera sido mayor, pero pobre, la situación habría sido otra y las posibilidades para el Moto de sacar su proyecto adelante tal vez se hubieran visto coronadas por el éxito. Mas patriarcalismo y holgura económica van sin duda de la mano y guardan estrecha relación con la edad. Lo que si parece claro es que García Monge quiso tratar el problema del peso del patriarcalismo en su primera novela, terminada a principios de 1900, dejando los aspectos más puramente económicos para su segunda obra, acabada algunos meses después.

En el plano narrativo, *El Moto* termina con una suerte de apertura, pues el protagonista desaparece en una especie de muerte simbólica. José Blas abandona el pueblo y se dirige hacia un espacio, las salinas, escasamente tematizado, pero fuertemente presente en la imaginación del Moto, pues es allí donde su padre había muerto, mientras trabajaba para ñor Soledad.

Pero esa apertura sólo concierne el personaje y no la obra en sí.

La relación que existe entre el personaje de ñor Soledad y la fiesta de la Concepción, así como la que se da entra el personaje de doña Benita y la fiesta de la Santa Cruz son signicativas. Los dos personajes son hermanos y se cuentan entre los más ricos de la aldea. Soledad tiene una docena de hijos, mientras que Benita es soltera y sin familia. Soledad es avaro, mientras que su hermana es desprendida: la luminaria del uno se hace con hojas secas que los participantes mismos acarrean, mientras que el placer de Benita es gastarse sus ganancias en pólvora, una acción completamente antieconómica.

Hay cierta contradicción entre el nombre del hermano y su fiesta, entre soledad y concepción. El narrador alude al hecho de que los jóvenes que participan en la fiesta "están enamorados hasta el tuétano", pero esos sentimientos no encuentran expresión en la cercanía del patriarca. Y aunque se diga que la luminaria es muy lucida, la alegría no aparece. Una contradicción similar existe entre el nombre de la hermana y su fiesta: entre Benita, benedicta y bendición, y los significados de resignación y sufrimiento que normalmente se atribuyen a la cruz. Dada la importancia que tiene la familia en la sociedad patriarcal, debe ser una cruz el quedarse solterona y sin hijos. Pero es en la fiesta de doña Benita, no obstante, que los jóvenes tienen la oportunidad de expresar sus sentimientos y su deseo.

En las sociedades patriarcales, el poder se halla concentrado en manos de los mayores, sobre todo del hombre cabeza de familia; mujeres, jóvenes, criados, peones y pobres, están sometidos a la autoridad y al poder del patriarca. Es comprensible, entonces, que los chicos para expresar sus sentimientos, en la ocasión que les brinda el fandango, echen mano de un lenguaje especial, estereotipado y ritualizado y por ende socialmente controlado. Los jóvenes no se dicen su amor en frases de la vida cotidiana, sino que recurren a la poesía en cuartetas, cuyos dobles sentidos les permiten expresar sus sentimientos de manera más adecuada y socialmente aceptable.

La contradicción que existe entre los sentimientos que se pueden expresar en relación con la fiesta de la Cruz, pero que se quedan estériles y sin realización en la fiesta de la Concepción, está relacionada con el hecho de que la reproducción sólo se puede llevar a cabo dentro de la institución del matrimonio. El matrimonio, la concepción y la reproducción van unidos al personaje de Soledad, y a su lado no hay alegría. La alegría y la expresión del deseo son posibles en relación con la fiesta de la Cruz y el personaje de doña Benita, pero doña Benita está vinculada a la esterilidad. La estructura patriarcal de la sociedad hace que los conflictos entre las generaciones no afloren. Al viejo don Soledad no le puede ni siquiera pasar por el magín la idea de una unión entre su hija y el huérfano José Blas. Los viejos han registrado la inclinación natural de los dos jóvenes, con ocasión de la fiesta de la Cruz, pero para ellos no existe una relación entre esa inclinación y el matrimonio. Los jóvenes son capaces de formular esa contradicción interna de la sociedad en que viven - como se ve en el diálogo entre Panizo y su amigo -, pero no tienen ningún poder para remediarla.

Esa imposibilidad de diálogo, de enfrentamiento, impide a la sociedad patriarcal de reproducirse, de resolver sus conflictos y avanzar, por eso se queda anquilosada y condenada a desaparecer. Los viejos, al ejercer su poder de patriarcas, acogotan a las nuevas generaciones, llevando así las posibilidades mismas de reproducción de la organización de su propia sociedad a un grado cero. Por esa razón no hay ni siquiera un enfrentamiento entre las generaciones, y la única solución que le queda a José Blas, es abandonar el pueblo.

En la realidad social e histórica de Costa Rica, el modelo de organización oligárquico y patriarcal estaba agotado y pronto sería reemplazado por un nuevo modelo, capitalista y liberal. En el universo de ficción de la novela no se hace alusión a ninguna fuerza externa que amenace la organización patriarcal de la sociedad, su desintegración es interna, en ella no existen dispositivos o instituciones que permitan enfrentar los conflictos, resolverlos y seguir adelante. Esa es la razón por la cual, *El Moto* deja la impresión de ser una novela de estructura estática.

EL CONFLICTO CAMPO-CIUDAD

Hijas del Campo de Joaquín García Monge

Hijas del Campo, la segunda novela de García Monge, fue publicada, como la primera, en 1900. Estructuralmente es más compleja y temáticamente más rica que *El Moto*. En *El Moto* se trataban sólamente problemas que concernían una pequeña sociedad rural de carácter claramente patriarcal, sin mayores relaciones con el mundo exterior; en *Hijas del Campo,* se tematiza, al contrario, una crisis general de valores que abarca tanto la vida en el campo como la vida en la ciudad. Esta crisis generalizada guarda estrecha relación con el impacto que la extensión de las nuevas relaciones de producción capitalistas traen consigo.

En esta novela, García Monge aparece claramente como el primer sujeto problemático de la historia literaria del país. Mas no exactamente en el sentido que Goldmann da a este concepto en su introducción a los primeros escritos de Lukács, como anotamos en la parte teórica de este estudio.[3] En la opinión de Goldmann, el escritor se convierte en sujeto problemático por el hecho de seguir interesándose por los valores de uso, por la calidad de sus obras, mientras todos los otros productores "normales" de la sociedad sólo se interesan por los valores de cambio, la cantidad. La adaptación del concepto que se hace necesaria a la hora de utilizarlo para explicar la actitud de García Monge, y el carácter de su novela, se debe a la diferencia entre la estructura de la sociedad en que vivieron los escritores que Goldmann analiza - franceses, generalmente - y el tipo de sociedad que era Costa Rica a finales del siglo pasado y principios del actual. Costa Rica estaba todavía muy lejos de ser una sociedad en la cual las relaciones de producción capitalistas se hubiesen generalizado. Por otra parte, las consecuencias y los efectos de la presencia del capital imperialista en la periferia, como bien sabido es, son diferentes a los que tiene en los países centrales. Por ello, pienso que García Monge no es escritor problemático porque sienta un malestar a causa de que sus obras se conviertan en mercancías, porque se vean sujetadas al valor de cambio, pues al no existir - como ya lo hemos visto - un público lector y un mercado para la obra literaria, este aspecto de la tesis de Goldmann se vuelve prácticamente irrelevante en el contexto costarricense de principios del siglo XX. García Monge, y con él, el narrador de *Hijas del Campo,* es sujeto problemático en el sentido de haber tomado conciencia de los efectos que las nuevas relaciones de producción tienen en el cuerpo social: el peso cada vez mayor de los valores de cambio y la cosificación creciente de las relaciones humanas.

García Monge denomina a este proceso mercantilismo. El mercantilismo se ha introducido, según él, en las relaciones humanas y las ha corrompido. La reacción del escritor es un profundo malestar existencial y una absoluta condena moral que se expresa, por ejemplo, por boca de Julio, un obrero de origen belga, que ha viajado y visto mundo:

> "... sabía que en este mundo por la plata bailan todos. Y en Costa Rica, más que en cualquiera parte: uno de sus males salientes: es el mercantilismo abyecto en las cosas sociales y políticas, así en las clases bajas, como en las encumbradas." (479)[4]

Un segundo aspecto que subraya Goldmann con respecto a la teoría del sujeto problemático, es su pertenencia a una capa social - que se debe determinar, en cada caso, a través de estudios sociológicos concretos - en la cual se desarrolla un malestar afectivo y no conceptualizado frente al proceso creciente de reificación de la sociedad, malestar que es el fundamento social indispensable a la creación de toda obra literaria auténtica.[5] Este segundo aspecto de la teoría de Goldmann me parece ser utilizable, sin más ni más, como punto de partida teórico para explicar el surgimiento y el proceso de la narrativa socialrealista en Costa Rica. A lo largo de este estudio, he insistido sobre el hecho de que el carácter fundacional de las obras de ficción de García Monge, en relación con la narrativa socialrealista, se debe precisamente a ser él, el primero en haber registrado y expresado ese malestar en una forma literaria adecuada, en haber echado así, las bases de una manera específica de percibir los problemas y las contradicciones de la sociedad costarricense. Pautas que serán seguidas por una serie de escritores que él inspirará, ayudará a publicar, dará a conocer, etc., etc. García Monge es pues el primer integrante del grupo productor de la novela socialrealista en Costa Rica

El tercer aspecto de la teoría de Goldmann no me parece, al contrario, tener la misma validez para el caso costarricense. Este aspecto concierne, nos dice Goldmann, la base individualista de un conjunto conceptualizado de valores. Estos valores están en estrecha relación con la estructura de la economía liberal, siendo a la vez necesarios, generales e irrealizables.[6] El carácter no individualista de los valores que García Monge opone implícitamente a los valores degradados según los cuales vive la mayoría de los personajes de *Hijas del Campo* tiene que ver, de nuevo, con el desfase existente entre el desarrollo del capitalismo en la sociedad a la que se refiere la teoría de Goldmann y el estadio en que se encuentra el desarrollo capitalista de la Costa Rica de García Monge.

Este hecho explica, en mi opinión, igualmente, la ausencia de un claro personaje principal en *Hijas del Campo*. Gran parte de la narración se concentra alrededor del personaje de Casilda, pero Casilda no es un personaje individualista, comparable a los héroes y heroínas de la novela escrita en una sociedad auténticamente burguesa, es decir, una sociedad en donde las relaciones de producción capitalistas son absolutamente dominantes. Casilda tiene un carácter, a pesar de sus sueños de realización personal, más de víctima que de sujeto que lucha, en una sociedad cosificada, por valores verdaderamente auténticos. Tampoco hay otros personajes que lo hagan, excepto quizá, el belga Julio, que sirve algunas veces de portavoz al autor, pero Julio es un personaje con funciones muy limitadas en la novela. La lucha por los valores auténticos es implícita y está representada, principalmente, por el narrador.

No se debe olvidar que el desarrollo del capitalismo en la periferia, muy a menudo, no elimina completamente a los otros modos de producción precapitalistas, sino que hasta puede muy bien desarrollarse basándose en ellos, refuncionalizándolos. Al ser la clase dominante no la burguesía, sino la oligarquía, las estructuras mentales e ideológicas dominantes no están basadas primordialmente en un individualismo de tipo burgués, sino en un patriarcalismo más bien precapitalista, para el cual el individuo no juega el mismo papel de fuerza motora que para la burguesía. Con respecto a las clases bajas, el peso de la tradición y del patriarcalismo es sin duda aún mayor, como lo pudimos ver en el análisis de *El Moto*.

Si la novela socialrealista de Costa Rica constituye, en gran medida, una crítica de la organización de la sociedad oligárquico-patriarcal, primero, y, más tarde, burgués-liberal y capitalista - como lo postula nuestra hipótesis de trabajo - sus personajes no pueden estar basados en principios y valores que pertenecen a la visión del mundo de la burguesía. Este es un punto de partida general que deberá ser matizado, pues como bien sabido es, la influencia de la ideología y de los valores de las clases dominantes, puede extenderse, precisamente por ser dominante, a los sistemas de valores de las clases dominadas. En este sentido, es posible que las aspiraciones de Casilda sean una suerte de despertar del individualismo que hace su aparición como secuela de la importancia que ha ido adquiriendo la nueva organización de la sociedad. Pero, ni Casilda - ni el narrador, y en última instancia, el escritor - puede basar la realización de sus sueños en ese individualismo que despierta, ya que su margen de maniobra, como personaje, en tanto que mujer y campesina apenas alfabetizada, es muy reducido. Ese individualismo en ciernes no es suficiente para constituirla en sujeto de una acción comparable a la de los sujetos de la novela burguesa; sea esta acción proburguesa, como en la novela de Balzac, o antiburguesa, como en la de Flaubert.

A nivel de las ideas políticas, podemos anotar desde ahora que, si bien es cierto que García Monge aceptará en 1929 ser candidato a diputado por el partido Alianza de Obreros, Campesinos e Intelectuales - un partido de tendencia socialista y antiimperialista, García Monge nunca fue verdaderamente un hombre de partido. Al contrario, los escritores de la generación del cuarenta: Fabián Dobles, Joaquín Gutiérrez, Carlos Luis Fallas, e inclusive Herrera García y Carmen Lyra, que publicaron en las décadas anteriores, fueron todos, militantes del Partido Comunista; mientras que escritores como Gagini, claramente antimperialista, y Max Jiménez, rico hacendado individualista, no fueron gente de izquierda. Mas en este orden de ideas, lo importante no es la adscripción a un partido, sino la actitud crítica frente al modelo oligárquico-burgués de organización de la sociedad.

La coyuntura histórica de los años treinta y cuarenta hizo que los intelectuales progresistas encontraran un punto de convergencia precisamente en el movimiento socialista, y concretamente, en el Partido Comunista de Costa Rica. Un movimiento que por esos años se enfrentaba, a nivel internacional, al fascismo, al nazismo y al franquismo, y que, a nivel nacional, canalizaba y expresaba la actitud crítica frente al sistema de dominación imperante. Esta es la razón por la cual ese grupo crítico es el grupo que estuvo en condiciones de crear una literatura que articula el proceso de cuestionamiento de vastos sectores sociales que se oponían a la oligarquía y a la burguesía nacionales. Los valores que están a la base de la creación literaria socialrealista no son pues individualistas y burgueses, sino valores de solidadridad con los sectores obreros y campesinos y claramente dirigidos hacia reformas de inspiración socialista.

La estructura narrativa

La galería de personajes de *Hijas del Campo* tiene una estructura de forma piramidal, pues se inicia con la presentación de un apreciable número de personajes, cada cual con su propia historia, contando además algunos de ellos historias de otros personajes que no aparecen directamente en la novela. Esta galería de personajes se va reduciendo paulatinamente hasta terminar, de manera un tanto abrupta, únicamente en la tematización del inicio de la prostitución de Casilda.

La novela se abre con la presentación de Melico que de la capital ha venido a la finca de la familia, el segundo domingo de diciembre, a entregar al mandador el dinero para los sueldos de los peones y dar el recado de que su madre y sus hermanas vendrán el domingo siguiente a instalarse en la hacienda para pasar el verano en el campo. Luego nos es presentado Nieves, uno de los peones de Melico, "... muy simpático y candidote", quien por andar muy enamorado, aprovecha el descanso dominical para ir a ver a su viejo maestro, don Canito, y pedirle que le pase en limpio una carta para su novia, Piedad, la nieta del mandador de la hacienda.

La dueña de la hacienda, doña Carlota, llega acompañada de sus tres hijas: Angélica, enfermiza, larguirucha, madre de dos niñas y vestida de luto por haber perdido a su marido, muerto de tisis hace medio año; las dos mellizas Ofelia y Catalina, en el esplendor de sus dieciocho años; y por último, la vieja cocinera. Las mujeres son recibidas, en la casa de la hacienda, por el viejo ñor Pascual, quien muestra regocijo de "perro agradecido". Por su parte "... los campesinos alegráronse mucho con la venida de doña Carlota y corrieron a dejarla cuanto Dios les deparaba. Ella, a su vez, atraíalos con su buen humor, su familiar conversación, dábales la comida sobrante, pantalones usados, cotonas y fustanes viejos. ¡Bien comprendía la señora, que el pobre nunca saca algo de su choza, si no es para que le den, en cambio, lo que necesita!" (458) A la hora de la cena, llega Melico de la capital, en compañía de su primo, a quien por ser flaco y moreno, le llaman Tijo.

Días después, Nieves acompaña a su joven patrón, don Manuel - llamado hipocorísticamente Melico o Melis - a cazar palomas. En amistosa conversación, Melico aconseja al peón no casarse antes de disponer del dinero suficiente, pues él "... hubo de observar a muchos de sus peones, que sin un centavo, sin más esperanza que el salario, echáronse encima la cruz del matrimonio; con el tiempo, sus mujeres, con ser a una concubinas, madres y nodrizas, con los trabajos y abstinencias, se agotaban presto y criaban una generación panzuda y raquítica.

Para no acordarse de los que se fastidiaban a los ocho días, después de amargos desengaños, de los que enfermaron a poco de haberse casado y tuvieron de irse a morir al hospital! " (464)

Nieves, que tiene hipotecada su pequeña propiedad a doña Carlota, piensa, sin embargo, que si la cosecha es buena y los precios del café altos, podrá casarse con Piedad dentro de un año. Melico le promete entonces ser su padrino de boda. La solicitud y cuidado del patrón por Nieves es tan sólo aparente, pues forma parte de los planes que tiene con respecto a Casilda. Pero el campesino está contento: "Aquella vez, Nieves mató muchas palomas y agradecido se las regaló a su señorito. ¡Sí, sería el padrino! (465)

El tiempo va pasando. Llega la Noche Buena. Pronto las cogidas de café - como se denomina la cosecha del producto más importante del país - habrán terminado. El verano se acerca a su fin, y doña Carlota y sus hijas se preparan para volver a San José. La señora quiere llevarse a Piedad para niñera de las hijas de Angélica y a Casilda para que haga la limpieza de la casa. Casilda está feliz, pues le aburre la vida en el campo y le fastidian sus pretendientes paletos. A ella le gustaría casarse con un señorito de la capital, o por lo menos con un obrero de la ciudad. Piedad, por el contrario, está muy nerviosa, así como su abuelo. Pero la presión de la patrona es tal, que no hay manera de evitar que vaya a trabajar a la ciudad, pues se trata de una obligación cuasi-feudal con respecto a sus patronos. El nerviosismo del abuelo concierne el peligro moral que su nieta puede correr en la ciudad, pues él conoce la historia de otras muchachas de campo que fueron a trabajar a la capital:

" -Sí... A la Ambrosia le pasó...Se fue pa la ciudá... ¡y adiós muchacha! Una ocasión vino y memorias muertas. Los muchachos la extrañaron, como que ya no les olía a la de antes.
   - ¡Qué ocurrencia! ¡Ja! ¡Ja! ¡Oh, ñor Pascual!
   - La pura verdá, señora, a la indina la enredaron los oficiales, de los que enstruyen en melicia y se hizo callejera." (488)

Casilda, por su parte, está feliz de marcharse a la ciudad, pero su madre después de despedirla, hace para sus adentros otro tipo de reflexiones, más acorde con el estado de miseria en que vive la familia: "Lanzó la infeliz madre un hondo suspiro al entrar y enjugándose con la gola de su camisa un par de lágrimas, grandes como cuentas, exclamó: - dicen que la necesidad tiene cara de caballo." (497)

Los primeros días en la ciudad transcurren tristes y aburridos para Piedad que echa de menos a su pueblo, pero llenos de alegrías y buenas impresiones para Casilda. El trabajo de Casilda la retiene en casa, mientras que Piedad debe salir a pasear por los parques de la ciudad con las niñas de Angélica. Al principio lo hace con mucha timidez, y aún con miedo, pero poco a poco entabla relaciones con otras criadas que también sacan los niños de sus patronas a jugar. A través de ellas, oye Piedad terribles historias de campesinas que, poco tiempo después de haber llegado a la capital, fueron pervertidas por señoritos o soldados, yendo luego a parar a burdeles y lupanares. Esas historias despiertan la curiosidad de Piedad y algunas diversiones comienzan a excitar su sensualidad, por ejemplo, la del tiovivo:

"Los caballitos fueron en mejores días, una diversión sosa y ridícula, muy gustada de las bellas y aristócratas pollas josefinas y de los no menos alegres pollos. Ahora han pasado al dominio de la vulgaridad y a ellos concurren las sirvientas, los granujas y las mozas del partido.
   Piedad, tan luego como terminaba la tarde, íbase a los caballitos, eran de su gusto y en ellos pasaba sus deliciosos ratos." (511)

Allí escuchó Piedad otras de esas terribles historias. "Y esta narración embobó, por el momento, a Piedad, mas la dejó después en su corazón, muchas impresiones y el aguijón de la curiosidad innata, que la llevaba a otros mundos, como la palomilla al fuego. A su alrededor, mucho ruido, la algarabía de los chiquillos, los pitazos de la máquina, el aire atabacado, el dar vuelta de los caballitos, las rameras sentadas en los corceles de madera, sintiendo un lujurioso placer, aquellos aires de música sensualistas por extremo, que tocaban directamente a los sentidos.

Y Piedad, ya en la casa, con el recuerdo de esa degradante diversión de los caballitos, con el de muchas amigas, que por un rato de volteretas, agitación y alegría, entregaban el primor de sus formas a la turba de gavilanes que las perseguían, acostóse, casi mareada, y ya en el lecho, acordóse de Nieves, mas no como de costumbre, casta y blancamente." (512)

Entretanto, Nieves, en el pueblo, está cada vez más triste por la ausencia de su novia, y decide entonces marcharse a la ciudad y entrar de recluta en el ejército. El buen viejo ñor Pascual le hace advertencias sobre los graves peligros que la vida de cuartel representa para los jóvenes campesinos, y como una suerte de patriarca con experiencia de la vida, trata de convencerlo con ejemplos: " - Acordate de Melesio, tan buen marido siempre, un ángel con su mujer y con sus hijos; trabajador inmejorable, se lo llevaron al cuartel, porque un oficial le tenía tema, y Melesio, una vez allá, se hizo bebedor; cuando volvió le pegaba a la esposa, no la mantenía y le arrimó un hijo, lleno de llaguitas en todo el cuerpo. La mujer paró en difunta, por la mala vida que le dio Melesio; éste se hizo mujeriego y parecía el mesmo demonio. Pensalo, pues." (514)

Pero Nieves tiene metida en la cabeza la idea de marcharse a la capital para estar más cerca de Piedad. Ella, por su parte, se pone muy contenta de poder mostrar a sus amigas que también tiene novio, y que además es soldado.

Ya casi pasados los tres meses de rigor, Nieves, contagiado de una enfermedad venérea, decide regresar al pueblo, dejando abandonada a Piedad, en quien por otra parte, "había descendido a tanto su perversión, que Nieves le era ya demasiado honesto". (524) Piedad y Casilda terminan peleándose y doña Carlota, para evitarse problemas, pide a ñor Pascual que venga por ella. El matrimonio tan añorado de los dos jóvenes se ha vuelto prácticamente imposible. Nieves está enfermo y tendrá pronto que entregar sus terrenos a doña Carlota, abandonados mientras estuvo en el cuartel, para subsanar la deuda de la hipoteca; Piedad, por el solo hecho de haber estado en la ciudad, tiene ya fama, en el pueblo, de ser "fruta probada".

A partir de este momento, García Monge se concentra en la narración de la seducción de Casilda por parte de Melico. Casilda ha resistido largo tiempo a los embates de su señorito, quien le ofrece ponerle casa, si accede a ser su amante. Este verano la familia no se ha marchado al campo, por eso doña Carlota y sus hijas participan en el baile de Año

Nuevo. Casilda está sola en su habitación cavilando sobre sus posibilidades de matrimonio y en las seductoras propuestas de Melico y hasta experimenta celos, al pensar que él, a esta hora, estará sin duda bailando con sus amigas en el Teatro. Pero Melico ha vuelto a casa. Entra al cuarto de Casilda y le ruega una vez más que le complazca; ella se resiste, y como una última estratagema de seductor, Melico hace guisa de marcharse, entre herido y enfadado; Casilda se levanta a cerrar la puerta, "...los pechos le temblaban como dos palomitas prisioneras en una red de encajes.

Manuel, listo como el camaleón que cae sobre la azulada viuda - hasta el momento oculto - , tiróse sobre Casilda y la levantó en sus brazos, desmayada...(539)

Poco tiempo después de esta púdica escena de rasgos románticos, en la que el narrador salva a la muchacha de toda responsabilidad en la violación, Casilda comienza a sentir las transformaciones que ocurren en su organismo y se decide entonces a abandonar su trabajo, alegando una enfermedad. Melico la instala en un *"boudoir"*, donde viene a pasar las noches con ella. Pronto llega con un amigo médico que provoca a Casilda un aborto.

Esa misma noche Melico va a casa de su madre a comer y discute con ella y sus hermanas, quienes se extrañan, al volver de sus vacaciones de verano, de que Casilda se haya marchado. A la pregunta de sus hermanas, Melico asegura que no la ha visto, lo cual es comentado por la madre:

" -¡Qué vas a ver! - siguió doña Carlota -. Si la muy canalla salió de aquí para la calle. Esa era la enfermedad que tenía. Ahí vino la madre a buscarla y yo le dije que se había ido de aquí. Lloró la pobre mujer tanto, que me dejó descompuesta. Partía el alma verla.
    - ¡Ay, Jesús! ¡Pobrecita!
    - ¿Y quién se llevó a Casilda?
    - Alguno que la quería, muchacha - repuso Melico, disimulando y en guasa-. Ya sabes que aquí en eso paran las criadillas." (541)

A la cínica respuesta de Melico, se opone, de manera interesante, la reacción de las dos hermanas, la cual, un tanto al contrario de lo que el narrador ha hecho a lo largo de la novela, traslada el problema de la corrupción de las hijas del campo, del plano moral, al plano de lo jurídico y lo social:

" -¡Hombre! Dios me lo perdone, pero yo pudiendo, mandaba a quemar todos esos diablos que son la desgracia y ludibrio de las mujeres. ¡Lástima de Casilda! ¡Tan simpática que era! - habló Ofelia, temblorosa y en pie.
    - De veras. Yo no sé por qué aquí a nosotras las mujeres nadie nos ampara, nadie nos autoriza para reclamar el honor perdido, ni hay quien nos ayude a exigir al

violador un casamiento inmediato con sus víctimas - prosiguió Catita." (541)

Después de la cena, Melico sale a pasear por las calles de la ciudad para reflexionar y tratar de encontrar una solución a sus relaciones con Casilda. La posibilidad de casarse con ella está descartada, pues la diferencia social hace imposible un matrimonio imposible: qué dirían sus amigos y su familia. Es mejor no volverla a ver, al final de sus reflexiones concluye que puesto que "...ya queda instalada. Ahora que comercie con sus formas" (543) Y llega a darle vuelta a los argumentos de sus hermanas, que eran una clara condena de su actuación, de tal manera que le sirven para perdonarse todo rastro de culpa:

" Manuel, al pie del Monumento Nacional, ya más fresco, recordando las palabras de sus hermanas, se atrevió a asegurar que eran culpables de la prostitución que hoy roe todas las clases sociales, las leyes del país, la mala educación que dan las madres a sus hijas, esa hipócrita libertad sin freno de que gozan bajo un cielo siempre de color turquí y en un clima tropical como éste, muy propio para provocar impresiones fuertes." (544)

La temática del mercantilismo y la corrupción
Las teorías de Goldmann, así como sus análisis concretos, iban dirigidas, primero que todo, al estudio de las grandes obras de la literatura mundial.[7] Sus conceptos son aplicables, sin embargo, para la explicación y comprensión de obras de menor envergadura, dado su carácter teórico general. Así, por ejemplo, el concepto de la naturaleza dialéctica de las realidades humanas que son procesos de doble face: desestructuración de viejas estructuraciones, que son suplantadas por la estructuración de nuevas totalidades, más aptas para responder a las nuevas exigencias de los grupos sociales que las elaboran.[8] A lo largo de este estudio, he venido insistiendo sobre el hecho de que la sociedad costarricense estaba, a finales del siglo pasado y principios del presente, en pleno proceso de transformación de su organización oligárquica para dar paso a una organización liberal y capitalista. Los efectos de los procesos sociales son diferentes, y a menudo opuestos, para las clases dominantes y para las dominadas.

En *Hijas del Campo,* García Monge tematiza, principalmente, los efectos negativos que el proceso tiene para las clases bajas del país, el campesinado, sobre todo. La clase dominante había echado a andar el proceso de establecimiento de un nuevo equilibrio con las reformas del general Guardia, y luego con la institucionalización del liberalismo a la muerte del dictador. Las nuevas clases bajas, y los sectores medios, se oponen a la organización del nuevo equilibrio según los valores de la oligarquía y la burguesía, y tratan de influir en el proceso o de proponer una reestructuración alternativa. Esto sólo se irá haciendo posible a partir del momento en que las nuevas concentraciones de obreros se organizarán en movimientos mutualistas y sindicalistas, y bien entrado ya el siglo XX, en partidos políticos doctrinarios: el Partido Reformista de Jorge Volio, la Alianza de Obreros Campesinos e Intelectuales, de García Monge y sus amigos, y finalmente, el Partido Comunista. Este proceso de articulación de un nuevo sistema de valores por parte de las clases bajas, y de algunos miembros de los sectores medios, es parte importante de la temática y de la estructura de la novela socialrealista.

La crítica del mercantilismo, es decir, de la extensión de las relaciones sociales de producción capitalistas, y la subsecuente cosificación de las relaciones humanas, constituye la temática principal de *Hijas del Campo*. La temática se desarrolla sobre todo en el plano moral, girando especialmente alrededor del proceso de degeneración, como lo designa el autor, de Piedad y sobre todo de Casilda. Una primera lectura de *Hijas del Campo* deja la impresión de cierta idealización de la vida rural, en contraposición a la vida disipada e irresponsable de los representantes de la clase alta de la capital. La crítica de ciertas instituciones estatales - principalmente el ejército -, así como la de la Iglesia y su anquilosamiento rutinario, son imputadas como igualmente culpables de la corrupción moral del pueblo. Una lectura más detenida revela, no obstante, que la vida en el campo está muy lejos de ser idealizada.

El siglo XIX se cerró con una profunda crisis económica, anota el historiador Carlos Monge, "... provocada principalmente por la caída del precio del café. Como los negocios se realizaban con base en el crédito, que cada día era mayor, la crisis produjo gravísimos trastornos en todas las empresas. [...] Esa crisis que se inició con el fin del siglo XIX continuó hasta el año de 1903."[9] Las cosechas y los precios podían fluctuar de un año al otro, arruinando, en cuestión de meses, a los productores más débiles, es decir, sobre todo a los pequeños campesinos. Una de las consecuencias inmediatas de esas crisis periódicas fue la concentración de la tierra en manos de los grandes productores y exportadores y la proletarización de los pequeños propietarios.

Al mismo tiempo, el país había experimentado un aumento demográfico importante, que acompañado de la creciente concentración de la propiedad territorial, provocó un éxodo rural y un aumento de la población urbana, principalmente en la ciudad capital. Fenómenos de los que García Monge, sin duda, fue atento observador. El censo de 1883 arroja un número de habitantes de 182.083; doce años más tarde, en 1900 - año de publicación de la novela - el número de habitantes había ascendido a 303.762. Sin embargo, la ciudad de San José no sobrepasará los 50.000

habitantes, sino veinticinco años más tarde, como lo acusa el censo de 1927.[10] Como lo anotáramos en otro lugar, vistas desde una perspectiva continental, estas cifras parecen insignificantes, pero desde el punto de vista de la sociedad nacional, tanto las cifras como los procesos que traducen, son de gran trascendencia.

García Monge observó y tematizó en su novela los primeros problemas, acarreados por la creciente urbanización, que no se debía a la aparición de la industria, sino a los problemas que aquejaban al campo. Mas, si bien es cierto que el problema de la pérdida de las pequeñas propiedades de algunos de los personajes de la novela, está tematizada, García Monge no hace de ella la causa explicativa del proceso de corrupción generalizado, sino que alude a un fenómeno más general y abstracto, que, como lo hemos visto, denomina mercantilismo y que sería la causa profunda del nuevo estado de cosas. La novela se concentra en los efectos morales que el predominio del mercantilismo, en la organización de la sociedad, produce a nivel de las relaciones sociales y humanas. En las clases altas, el mercantilismo lleva a actitudes de cinismo, como en el caso de Melico y de Tijo y sus amigos; en las clases bajas, ocasiona la desintegración de los valores tradicionales y una total desorientación por la imposibilidad de articular un nuevo sistema de valores, a partir de las nuevas condiciones de producción y de vida.

Al principio de *Hijas del Campo,* Melico entabla una conversación con el mandador de su hacienda sobre la situación económica por la que atraviesa el país:

" -¿ Y cómo están las cosechas del vecindario? -interrogó el josefino, volviéndose hacia ñor Pascual.
- Malucas, don Melico, malucas. Ha caído alguillo de chasparria.
- Lo siento por los que deben, por café, a mi mamá. ¿ Y como andan los joles?
- Según me han dicho, no están bien. Se ha escaseado tanto la plata, que no es tan fácil conseguirla.
- Es la crisis general. Yo no me preocupo por aquellos que nos adeudan, porque mi madre no necesita ahora dinero; además, las hipotecas responden por los documentos.
- ¿Son diez?
- Diez y por sumas regulares.
- Lo peor es que así andan muchos. Diz que dicen que don Irineo, el dueño del patio, amigo suyo, piensa este año quitar las propiedades a los que le deben; que es mucho aguardar. ¡La cosa tupe!
- Sí; pero yo no sería capaz de hacer lo mismo con mis deudores. Me duelen tanto esas gentes que nunca podré echarlos fuera de su hogar.
- ¡Pa que así pensaran todos! Usted tiene el mesmo corazón que su papacito, que en paz descanse.
- Por otra parte; ¿Quién me cuidaría las nuevas fincas que yo adquiriese? Con dificultad hallaría un mandador, tan experto como usted.

- ¿Quién sabe? Pobres vecinos, de veras me dan compasión..." (452)

El malestar económico que provoca la crisis va aconpañado de una decadencia moral que se trasluce en la descripción de las fiestas populares, que tienen un carácter muy diferentes a las de *El Moto*. Las fiestas de la primera novela estructuraban la vida de la aldea y estaban estrechamente relacionadas con el status social de los personajes más influyentes de la comunidad. En *Hijas del Campo,* las fiestas no están organizadas, ni por la Iglesia, ni por los gamonales, ni por ninguna otra instancia. La Noche Buena llega y nada más. Como fiesta carece de sentido religioso y no tiene la menor función cohesiva para los habitantes del pueblo. Las diversiones que ofrece la ciudad tienen el carácter de ser un simple negocio montado por alguien completamente anónimo, como por ejemplo los caballitos. La tarde del 24 de diciembre, los campesinos se reúnen en la pulpería para divertirse. La extensa escena en que se nos presenta a los campesinos que esperan la celebración de la misa del gallo, se concentra en la descripción de la costumbre de la ingestión de alcohol en la que todos participan: viejos, jóvenes, mujeres casadas y solteras y aún niños y hasta recién nacidos:

"Para el novio existía un motivo de satisfacción, en dar aguardiente mezclado con otros venenos, a su pareja; y no menos la sentía el padre cariñoso, repartiendo copas a su mujer y a su prole. Por aquí veíase a un hombrachón borracho, tirado como un trozo con la barbota peluda, clavada en el polvo y en las babas; por allá, otro, boca arriba, debajo de un asiento, da resoplidos y berrea como una bestia; acullá seis benditos, que bailan los aires populares tocados por un acordeón y guitarra. [...]
    Allí las madres, echan a poquitos una bocanada de cautel al rorró que llevan en los brazos y se ríen de mil amores, con los visajes que pone aquél, cuando siente el escozor en las encías y paladar; allí llegan los niños abrazados, fumando por imitación, piden con el énfasis y el garbo de un adulto las copas de aguardiente, se van entre ellos mismos a las manos, se rompen, lloran, mésanse el cabello, golpeándose la cara, zapatean como locos y la masa idiota se divierte con ellos y la indolente autoridad, como si tal cosa. A los ojos mismos de ésta, el vicio extiende sus alas asquerosas de murciélago..." (467)

El cura de *Hijas del Campo* no se parece en nada al de *El Moto* - que poseía fincas, estaba gordo, contento y rebosante de vida y buena conciencia. La ceremonia religiosa de la misa del gallo tiene un carácter más bien lastimero y que recuerda un cuadro negro de Goya: "Las mujeres se desparramaron en la mitad de la nave y los hombres por ambos costados del recinto y en núcleo por el presbiterio; en el cual - oculto por la humareda del incienso - perdíanse las débiles palabras de un sacerdote asmático". (467)
    La música apolillada del órgano, el monótono piar de las chirimías y los

pitos así como el tarantantán del tambor y las voces desafinadas de la feligresía, son acompañados por los ruidos, nada píos, que llegan del exterior: "Por las puertas del templo, entraba un ruido, como de marejada, que venía de la calle: era el hatajo ebrio y salvaje que bramaba, repartiendo pescozones y cayendo redondito en los baches; era la inmunda prostituta, con el rostro arrebolado, que pedía aguardiente, arañaba y entre alaridos, colgábase de los hombres, y metía la camorra entre ellos; era la madre que avanzaba entre los pelotones, a impulsos de su instinto de protección a defender a su hijo. Era Nieves, bolo, con la crisma rota, sin acordarse de Piedad, de sus deudas, ni de su casamiento... Y la luna, altísima, alumbraba con claridad tenue, este cuadro, que más parecía un aquelarre." (468)

Al lado de la crítica directa de la autoridad religiosa por no velar por la educación del pueblo y su superación moral, hay una crítica de la autoridad civil por no considerar de su incumbencia reprimir las manifestaciones públicas del vicio y de la inmoralidad, y por carecer ella misma de moral. La institución familiar está igualmente en plena decadencia.

Así se percibe a propósito de la triste historia de la muchacha de Las Pavas quien

"... dejó a su familia, por huir de los apetitos lujuriosos de un su padrastro, humanidad rechoncha y concupiscente. Fastidiado de la madre, quería vivir con la hija en concubinato inmundo, carcoma que consume a la clase baja. Pero la moza, de un natural levantisco, no lo aceptó ni un momento. Esta corrupción, consecuencia de la ignorancia en que vive el pueblo, es una de las más grandes calamidades, por extremo palpable, pues se conoce el caso de padres que violaron a sus hijas, hermanos que han hecho madres a sus hermanas, cocheros que han desflorado niñas, y papás que dan una hija por la escritura de una casa, más doscientos pesos en dinero: vicios que hacen estragos en los adolescentes y en las casadas, para no hablar de los infelices que se desarrollan como brutos, en regiones apartadas del país, sin freno religioso ni social, sin una chispa de inteligencia, enfangados en la podredumbre." (506)

La indignación del joven autor es tal, que le lleva a romper la unidad del discurso narrativo y trenzar sus propias reflexiones al respecto, lo que da al pasaje en cuestión, además del carácter de denuncia, que no es incompatible con lo narrativo, un sabor casi de ensayo sociológico. Las instituciones civiles, en especial el ejército y la policía, someten a los miembros del pueblo a continuas agresiones bajo las cuales sufren hombres y mujeres. El viejo Pascual recuerda el caso de "... aquel cristiano, que vino una noche de Santa María de Dota, a comprar medicinas, pa su madre, que agonizaba. Lo cogieron unos cabos, y pa la ciudá. Después supimos que se fue poniendo triste, muy triste, sin comer, con abejón en el buche, hasta que se murió." (513) Ya conocemos la historia de Melesio, quien después de pocos meses en el cuartel terminó cambiado moralmente y con una enfermedad venérea, de la cual contagió a su mujer, causándole la muerte. Algo parecido le pasa a Nieves, a pesar de las advertencias de su suegro ñor Pascual. Nieves perderá su finca, cogerá también una enfermedad venérea y no podrá casarse con su novia. El caso más terrible es el de la violación de Filomena. Una noche de julio, la familia oye con terror el trote de los caballos de los policías que se acercan:

"El pavor se apoderó de todos, así es el miedo que inspiran los guardias a la gente campesina, expuesta a muchos atropellos. "Un hombre corpulento, con la cara de color vinoso y picada de viruela, la nariz chata y como un tomate y sanguinolentos los ojos, hizo crujir la puerta del dormitorio, sacó a Filomena la hija mayor, en los veinte años por entonces, y en lujuriosa estrujadura, violó la virginidad de la moza." (472)

Estas escenas de la vida campesina forman el trasfondo sobre el que resalta el personaje de Casilda, que sueña con una vida mejor en un ambiente diferente. Casilda se nos revela como hermosa, inteligente y en posesión de una entereza moral que le ha permitido conservarse pura, a pesar de la influencia del medio en que vive. Casilda es una suerte de "perla en el basurero". Desde el inicio de la novela, llama la atención el contraste entre las condiciones de vida de la familia y el temple de carácter de Casilda, entre las posibilidades concretas que se le presentan, dada su condición social, y los sueños que orientan su vida. Silveria, su madre, es viuda y vive de vender comida a la gente. El padre murió a raíz de la brutal violación de Filomena, la hermana mayor de Casilda, madre ahora de cinco hijos, frutos, más o menos, de otras tantas violaciones. El violador no se contenta con estropear la vida de Filomena, sino que provoca la ruina y la muerte del padre:

"Quiso la mala suerte, que un chismoso acusase al padre de Filomena, como comerciante de guaro clandestino, que traía del Agua Caliente, y la turba de raposas, capitaneadas por el famélico violador, husmeó los escondrijos y halló unas botellas de contrabando; como buitres cayeron sobre el indefenso hombre y en satánica algazara, hiciéronle prisionero.
    El rústico infeliz, para cancelar su multa, hipotecó la única propiedad que tenía - consistente en casa y solar - y murió después de pesadumbre.
    Con la joven Filomena, pasó un caso muy frecuente en la clase baja del país." (473)

Filomena no se transforma en ruiseñor, como en la mitología, sino en monstruo: "Entre oscuro y claro todavía, escurrióse por entre los cafetos una mujer, aún joven, con el pecho hundido, con harapos, chamuscada la crencha, con un niño abotagado, ambos reflejo fiel de la miseria campesina: era la hermana de Casilda; rejuntaba palitos y charamascas. De pronto, mirando hacia atrás, asustada, decía; - En este cercado asustan y sale el tulumuco. (486)

Filomena tiene miedo, pero no cabe duda de que es su propia silueta la que los habitantes del pueblo han visto a esas horas, por entre los cafetales, personificando en ella su temor a ese mosntruo de la fantasía campesina. Casilda ha tratado, por todos los medios, de evitar el destino de su hermana. "La familia vivía miserablemente; de todo carecía. Ña Silveria oficiaba de tamalera y sus hijas ocupábanse en lavar ropas de señoras josefinas. El milagro de la casa, era Casilda. Esta perla del basurero, se mantenía inmacualda en un ambiente tan vulgar." (473)

El punto de partida de *Hijas del Campo* no es una sociedad rural con ciertos rasgos positivos, al fin y al cabo, como la que García Monge nos presenta en *El Moto,* sino un pueblo campesino lleno de violencia, de miseria y de vicios. No se trata de una sociedad en un momento de equilibrio y en proceso de cambio hacia algo mejor, sino de una sociedad en plena desestructuración y decadencia. En estas circunstancias, la actitud de Casilda es admirable, aunque sus sueños de una vida diferente sean tomados como arrogancia por sus vecinos. Casilda trata de liberarse de las ataduras y estrecheces de su medio, de escapar al proceso de desintegración de la aldea, en un deseo de superación social. Una primera posibilidad de realización de su proyecto pudiera haber sido su relación con Julio, el joven belga que, por la quiebra de la empresa que lo había contratado para trabajar en San José, se ha visto obligado a ganarse la vida en el campo, mientras espera el momento oportuno para regresar a su país. Julio quiere y estima a la joven, pero la censura social hace esa relación imposible. Así lo revelan las amigas de Casilda, al recitar burlonamente: "No ten amores, mi niña,/ de mosquito forastero,/ porquén volviendo l'espalda / si te vide no mi'acuerdo." (486)

El cambio de espacio que representa la instalación de Casilda y de su amiga Piedad, en casa de la patrona en la capital, permite al autor presentarnos un medio urbano, que, al contrario de lo que imaginaba Casilda, no tiene nada positivo que ofrecer a las dos muchachas. Los temores del viejo ñor Pascual, que de alguna manera representa el sistema de valores de la antigua sociedad rural en equilibrio, se ven confirmados: el ejército corrompe a los jóvenes y éstos se encargan de corromper a las muchachas. Y si no son los soldados quienes corrompen a las hijas del campo, son los señoritos.

Antes de acabar este rápido recorrido de *Hijas del Campo,* me referiré a una falla formal de la novela. Hemos anotado que en algunos pasajes, García Monge rompe la unidad del discurso narrativo, dándole a su texto un cariz que lo acerca al ensayo. En algunas ocasiones, se sirve de Julio como portavoz, que por ser extranjero puede tener una visión externa de los problemas y formular una crítica que los nacionales quizá más difícilmente podían hacer. Otras veces la crítica aparece directamente en forma de una clara intervención de autor. Pero la falla formal mayor se refiere al hecho de que García Monge confía las ideas que cierran la novela al personaje de Melico. Estas ideas son una suerte de profesión de fe del joven autor:

"Volviendo los ojos a Casilda, la compadeció muy de veras y su compasión la extendió a él mismo, a su círculo, a su clase obrera, al pueblo, y sobre todo, a esa agrupación de hijas del campo, que diariamente afluyen, por causas variadísimas, a la capital, que se corrompen lastimosamente, se avejentan, tomando menjurjes y abortivos y consideró, cuánto mejor sería para Costa Rica, que en vez del agostamiento de sus robustos elementos femeninos, se viese en ellos a las madres fértiles, vigorosas, simiente rica de su momento histórico más apetecible, con una raza, con un pueblo sano, con una juventud valiente, elevada, pensadora, activa; con una juventud robusta como la griega, austera como la de Roma, soberbia y terrible como la de Polonia; con una generación admirable, de aquellas que son el esplendor de las naciones, la defensa del derecho, la realidad más querida de los pueblos; de aquellas que, por cierto, la Patria afligida y mustia, casi yerta, para su salvación imprescindiblemente necesita." (545)

Esas reflexiones no pueden obedecer a un profundo cambio en la psicología del personaje. No puede tratarse de una conversión de último minuto de Melico, pues no hay nada que la justifique. La falla está en no haber encontrado otro personaje que las pudiera formular sin salirse de su estructura lógica de personaje. Lo que si está fuera de toda duda es la sinceridad del autor, pues su actitud frente a las mujeres y su causa, sigue siendo la misma, pasadas más de cuatro décadas, tal y como la expresa en su *Carta a Modesto* ...: "En 1905 el gobierno del Lic. don Cleto González Víquez - varón ejemplar - me llamó de nuevo a la enseñanza. Unos días enseñé en el Liceo, Pedagogía y luego me pasaron al Colegio de Señoritas, en donde estuve unos trece años como profesor de Literatura y Pedagogía. Estuvo en mi destino ser profesor de niñas y hoy - ya retirado - sigo en la misma. Hallo más interesadas en Costa Rica a las mujeres por la Filosofía y las Letras que a los hombres. Tal vez sea esa la razón que las mueve - las ha movido - a buscarme en todo tiempo."[11]

García Monge contaba tan sólo diecinueve años cuando publicó sus dos primeras novelas. Su visión de los problemas que aquejaban a la sociedad costarricense de su época, contiene, por un lado, una percepción dolorosa de la realidad social y moral del campesinado y de la clase baja urbana, y, por otro lado, una actitud moralizante, ante esa realidad, que hace pensar en un joven de extremada sensibilidad, en medio de una suerte de crisis religiosa o casi mística, y con una gran ansiedad de pureza. Esta actitud, que hoy probablemente parezca a muchos un tanto exageradamente puritana, le lleva a veces a la condena, no sólamente de los verdugos, como era de esperar, sino hasta de las víctimas. Pero, por otra parte, y esto es lo más interesante, su actitud le lleva a considerar, como única solución posible a toda esa problemática, la intensificación del nivel de instrucción y de cultura del pueblo. Esta actitud, que se puede captar desde sus primeras obras de ficción, será la actitud de Joaquín García Monge, durante toda su vida: como escritor, como publicista, como maestro, como ensayista y como polemista.

Con respecto a la tematización de la vida campesina, habrá que esperar, para volver a encontrar una descripción tan fuerte y tan sincera de las miserias del pueblo, sin edulcuraciones ni tapujos pundonorosos, las fuertes y polémicas escenas de la vida campesina del Max Jiménez de *El Jaúl,* publicado en 1937.

La institucionalizacion de la literatura en García Monge

Una de las afirmaciones más generalizadas acerca de la obra de creación de García Monge, es la que lo clasifica como costumbrista, al lado de Manuel González Zeledón (Magón) y de Aquileo J. Echeverría. Mas es interesante notar que tales afirmaciones aparecen casi siempre modificadas de alguna manera; actitud que parece revelar la intuición de que en García Monge hay algo más y diferente que en los dos otros autores.

Así, Abelardo Bonilla, para quien el valor de la obra literaria, su calidad, se mide primero que todo a nivel del lenguaje, insiste en que lo significativo de la obra de García Monge, desde el punto de vista de la historia literaria de Costa Rica, es el hecho de haber sido escrita por "... el primer escritor que rompe con el período anterior y, estilísticamente, le traza rutas nuevas y propias al realismo costarricense."[12]

Bonilla estima, y con sobrada razón, que es mucho más interesante observar el trabajo de recreación del lenguaje campesino que rastrear las influencias de escritores sobre la obra de García Monge, influencias que por otra parte él mismo indicó:

"Nos hemos referido antes a tres posibles influencias en la obra de don Joaquín, la de Pereda, la de Zola y la de Tolstoi, pero es indispensable anotar que ambas - y las demás que pueda haber - no se manifiestan directamente ni son fácilmente apreciables. El autor tiene la personalidad suficiente para asimilarlas y disolverlas, dándoles una interpretación nueva y original. Y esto es característico en la forma de servirse del lenguaje campesino. [...] Pero lo más importante es que García Monge no se sirve directamente de las formas campesinas, tomándolas como se presentan en el 'concho', según lo hacen todos los demás folkloristas nacionales, sino que las asimila a su propio estilo y, sin estilizarlas, les da un sabor nuevo que se acerca mucho a un redescubrimiento de los valores sonoros y conceptuales de las palabras y de los giros idiomáticos."[13]

León Pacheco, en su ensayo *"El costarricense en la literatura nacional"*, insiste sobre la diferencia que separa a García Monge de los otros autores mencionados, pero sigue considerando a García Monge como costumbrista:

"Desde el punto de vista esencialmente nacional, García Monge es el verdadero precursor de la novela costarricense. Era un escritor de claro talento literario, atento a cuanto se publicaba en el mundo y observador agudo del ambiente en que le tocó vivir. Empleó, en el planteamiento y desarrollo de sus sencillos cuadros costumbristas, una auténtica técnica costumbrista. Magón no llega a la novela. Echeverría permanece en el sentimiento popular del romance con todo el sabor del género. Para ambos la costumbre es lo fundamental, para García Monge además lo es también el drama del hombre, sobre todo del hombre del campo, es decir del auténtico tipo nacional. García Monge, que carece de vena humorística, la cual circula bravíamente por las páginas de los relatos de los otros dos, coloca finamente al costarricense en su paisaje, en su vida simple y rudimentaria, en su despertar perezoso, en su aferramiento a la rutina pachorruda; modalidades que aún perduran en nuestros días, a pesar de los esfuerzos que se hacen para iniciarlo en eso que llaman la técnica."[14]

Isaac Felipe Azofeifa, en su presentación a *Obras escogidas* de García Monge, afirma que si hoy aún nos sigue conmoviendo la primera novela de García Monge es por la sencillez del lenguaje, la belleza simple y la sobriedad de las metáforas, que nos vienen de un tiempo "...en que la literatura centroamericana se encontraba llena de piedras falsas y de cantos de cisnes, apenas existentes en la imaginación de nuestros artistas."

Con respecto a la segunda novela, Azofeifa anota, de manera un tanto contradictoria a mi modo de ver, que si bien García Monge no llega a la sencillez lograda en la primera, en ella "... se emplean técnicas muy especiales y la morosidad de las descripciones la emparenta con muchos experimentos que ya se gestaban en otras latitudes, aunque el autor lo hace dentro de cánones estrechamente tradicionales."[15]

La contradicción radica en la aseveración de que las técnicas son muy especiales y que apenas comenzaban a gestarse en otros países, y la afirmación del tradicionalismo de García Monge.

Alfonso Chase, que pertenece a la más nueva generación de escritores de Costa Rica, está, como muchos otros jóvenes autores latinoamericanos, muy empeñado, como creador, en hacer suyos los logros de los grandes maestros de la más reciente narrativa latinoamericana; como crítico comparte, con otros analistas de la literatura costarricense, por un lado, la idea de clasificar a los autores nacionales en tradicionales y modernos, según criterios preferentemente formales, quejándose al mismo tiempo del peso de la tradición. En sus *"Notas para una historia de la narrativa contemporánea"*, estudio introductorio a la ya muchas veces citada antología *Narrativa Contemporánea de Costa Rica,* Chase afirma que:

"Al través de los años se ha producido una deificación de las formas tradicionales de narrativa, enquistadas en esa tradición realista, que no es propicia a una renovación de la narrativa nacional, ya que por su forma de ser, el lector costarricense - pasivo y hasta indolente - es refractario a la experimentación. La gran tradición realista de los prosistas del 900, fundadores de nuestra literatura, sigue vigente porque al convertirlos en clásicos, se excluyó para con su obra, cualquier intento de crítica constructiva. Se volvieron estereotipos, formas tácitas de ejemplo a seguir por los escritores posteriores a ellos."[16]

Pero por otro lado, y con la autoridad que le dan sus propios logros como creador, Chase critica a los escritores jóvenes que experimentan sólo por experimentar.

"La mayoría de las obras que hemos señalado están entre el trazo autobiográfico y el documentalismo, siendo por esto valiosas, pero excluyendo muchas veces cualquier forma de exceso de imaginación, lo que se ha tachado de esnobismo, sobre todo en los autores más jóvenes que, deslumbrados por formas ajenas a la tradición, han caído en la experimentación por la experimentación, sin mucho contenido, en poca relación con el fondo de las obras"[17]

Estos comentarios me parecen demostrar que García Monge, a nivel de la creación lingüística, no sólamente representa algo nuevo con respecto a los escritores inmediatamente anteriores y con respecto a sus contemporáneos, sino que la influencia de su obra, en relación al ulterior desarrollo de la literatura costarricense, ha sido decisiva, ocupando una posición que se podría, sin temor a equivocaciones, denominar como fundacional.

Con respecto a los temas, Bonilla dejó planteado el problema muy claramente: "La polémica que se produjo alrededor del nacimiento del costumbrismo no obedeció únicamente a los asuntos o temas, puesto que ya los había de ese carácter antes de la aparición de *El Moto,* en Argüello, Garita y González Zeledón. Se debió, principalmente, al nuevo lenguaje folklórico."[18]

A causa del punto de partida de este autor que, como hemos visto, da prioridad absoluta en la concepción de lo literario, al lenguaje y a lo formal, Bonilla no puede prestar mucha atención a la manera en que los temas son tratados por los autores en cuestión. Magón y García Monge describen ambos el personaje dominante de la sociedad agraria de principios de siglo, el campesino, pero su actitud frente a este personaje es completamente opuesta. Otros críticos sí lo han registrado, por ejemplo León Pacheco, quien - al deslindar las diferencias entre los autores que nos ocupan: Magón, el aristócrata que escribió la mayor parte de sus cuentos en Estados Unidos, recreándolos, en el recuerdo y la nostalgia, y García Monge -, nos hace ver que:

"El conjunto de los pequeños dramas que nos relata Magón, producen la sensación de que Costa Rica era una gran familia donde no había injusticias, socarrona, democrática por carencias económicas y no por vocación política. [mientras que] Joaquín García Monge, hombre de campo, nacido en una rica zona cafetalera que hoy se ha convertido en una barriada de la capital, Desamparados, es el único novelista que a fines del siglo pasado nos dio una visión auténtica del 'concho'. Tiene la ventaja sobre Magón de la objetividad y el enriquecimiento de sus novelas con un mensaje social, el primero de la literatura costarricense."[19]

Alfonso Chase, observa por su parte, en el estudio citado más arriba que:

"A los personajes de García Monge no sólo los conforma la anécdota o el suceso narrado, sino también la sociedad en que viven. Son seres oprimidos por su propia condición social. Pertenecen a categorías sociales definidas y los problemas íntimos son, la mayoría de las veces, consecuencia de una explotación familiar o una dependencia económica que los oprime y constriñe hasta lo infinito. Son seres tristes, a diferencia de la felicidad, o en su defecto: infelicidad pintoresca, que caracteriza las narraciones de Magón. García Monge no esboza caracteres, sino que los hace vivos por la conciencia que tienen de la solidaridad humana, de la lucha de todos los días. García Monge hace cuentos y González Zeledón los esboza. [...] El concho de García Monge es un hombre explotado, marginado en un proceso social. En Magón es un viejillo pintoresco, una anécdota graciosa en la mente de un niño"[20]

La conclusión que parece imponerse es que constituye un error reducir la obra de ficción de García Monge al costumbrismo, si bien es cierto que en sus novelas y cuentos hay abundantes elementos costumbristas.[21] Lo decisivo es la manera en que el autor relaciona la problemática de su creación literaria y la problemática de la sociedad de su tiempo y que hacen que su obra adquiera un carácter muy diferente de la risueña actitud de González Zeledón o del poeta Echeverría. Son esa actitud y ese compromiso los que determinan el carácter de la obra y la manera de relacionarse, de vincularse con los destinos y proyectos de la sociedad, según la perspectiva de las clases con las que García Monge se solidariza.[22]

Carlos Enrique Aguirre Gómez, en un extenso ensayo sobre la obra de García Monge y cuyo título he utilizado para encabezar este apartado, retoma muchas de las discusiones acerca de la significación de la obra de García Monge en sí y para el ulterior desarrollo de la novela costarricense. El estudio de Aguirre Gómez se fundamenta, en parte por lo menos, en las teorías genético-estructuralistas de Goldmann sobre la novela y sus relaciones con la sociedad en que la obra literaria se produce. El problema que enfrenta la estrategia de investigación de Aguirre radica en gran medida en seguir, por un lado, demasiado anclado en la problemática de las influencias literarias, que sin duda son reales e importantes, y por otro, en la utilización directa de las categorías goldmannianas sin tomar suficientemente en consideración las diferencias entre las sociedades europeas y la costarricense. En efecto, Aguirre anota por ejemplo:

"El espíritu de nuestros intelectuales se nutrió de los grandes logros del pensamiento burgués. Así, se integraron a la corriente de los tiempos que cobijaba a Europa y a Occidente. Este momento, en Europa, corresponde a lo que Goldmann identifica como la consolidación de la novela del héroe individual. Nuestros primeros novelistas y más concretamente don Joaquín, según él mismo lo declara, siguen como modelo a los grandes realistas europeos de la Segunda Mitad del Siglo XIX. De aquí, nuestra literatura al igual que toda nuestra cultura, adopta modelos típicamente europeos para captar la realidad. Los problemas metodológicos que nos permiten comprender la literatura costarricense en estos momentos, salvo algunas pocas variantes, son los mismos que impone la literatura europea."[23]

Las estructuras económicas, sociales y mentales en una sociedad agraria de corte oligárquico-patriarcal, que bien es cierto estaba en vías de transformarse en una sociedad liberal capitalista en el momento en que aparecen las novelas de García Monge, distan mucho de las que regían en las sociedades europeas, y concretamente en la francesa, que es el objeto de muchos de los estudios de Goldmann. Se trata de sociedades que se encontraban en una etapa ya muy avanzada del capitalismo, prácticamente en los albores de la etapa imperialista. Evidentemente, las problemáticas que preocupan la producción literaria en las metrópolis y las que aparecen, aunque en buena parte se deban al mismo proceso de expansión del capital, en los países de la periferia, como en el caso de Costa Rica, son también muy distintas. Seguir ciertos modelos literarios no implica que se llegue a los mismos resultados, o dicho en otras palabras, la realidad que se percibe y se trata de plasmar literariamente, siendo otra, los resultados, las obras literarias, serán necesariamente distintos.

Otra consecuencia que tiene la estrategia de investigación de Aguirre, al seguir a Goldmann acríticamnete, o sin tomar en cuenta las diferencias antes anotadas entre los distintos tipos de sociedad, es el hacer de García Monge, para decirlo con un término de Gramsci, un intelectual orgánico de la naciente burguesía costarricense. "En este sentido, *El Moto* se integra a la problemática social, prestigiando las nuevas instituciones que allí se dan y en la cual lo más importante es la concepción del nuevo hombre bajo los ideales desprendidos de la ideología burgués-liberal. *El Moto,* bajo esta dimensión, es un llamado a adoptar los esquemas del liberalismo."[24]

Que García Monge en *El Moto* haga la crítica de la sociedad patriarcal y las condiciones de vida en el campo no significa necesariamente que estime como positiva, como lo deja entender Aguirre, la nueva etapa histórica que se inicia para el país y la importancia que van adquiriendo las ciudades y en especial la capital. Esta actitud crítica frente a la vida urbana y sus valores degradados es, como lo hemos visto, muy clara en *Hijas del Campo*

Por ello es difícil aceptar la conclusión a que llega Aguirre Gómez con respecto a la significación de la obra fundacional de Joaquín García Monge: "De esta manera, la literatura narrativa pasa a cumplir y a continuar una tarea que los costarricenses habían empezado desde tiempos atrás y que don Abelardo Bonilla ha caracterizado como la búsqueda del fundamento de nuestra nacionalidad. Básicamente, esta novelita devela el contenido de tradicionalidad que existió y que probablemente, siga existiendo en el costarricense. En ello radica su importancia, pues nos permite ver cómo se enriquece el grupo de los desarrollos intelectuales que habían madurado durante los primeros sesenta años de nuestra vida independiente a través del ensayo."[25]

Evidentemente que la obra de García Monge, y no ya sólamente la obra de ficción, es uno de los aportes más importantes a la formación de la identidad nacional. Pero no se debe olvidar que ese aporte se hace en una actitud crítica frente a las clases dominantes y en solidaridad con las clases desfavorecidas. El problema radica en que Aguirre Gómez no toma suficientemente en consideración que Costa Rica era una sociedad dividida en clases o estamentos, si se quiere. No es que se tenga que tomar como punto de partida ese hecho histórico en el análisis, pero si se utiliza a Goldmann no se debe olvidar que él sí lo hace. García Monge muestra en sus obras, más bien lo contrario de lo que postula Aguirre, es decir, el envés de la medalla liberal, y su genialidad está en que lo captó justo en el momento en que las reformas de las últimas décadas del siglo pasado, que marcaron el paso de la sociedad patrimonial a la sociedad liberal apenas empezaban a cementarse. La posición ideológica y la toma de partido de García Monge, como lo indicarán claramente su actitud, sus esfuerzos y funciones durante toda su vida adulta que apenas se iniciaba a la hora de escribir sus novelas, nos lo mostrarán como una personalidad que siempre estuvo del lado de los miembros de las clases menos favorecidas. No es García Monge pues el intelectual orgánico de la burguesía ascendente, sino más bien su crítico. En el campo de la literatura, García Monge echó la bases de una literatura antiburguesa que a mi modo de ver es la literatura dominante en Costa Rica, la narrativa socialrealista, que se escribe dentro del sistema que Losada denominaba el modo de produc-

157

ción literario social-revolucionario, como se mostró en la introducción a esta investigación.

Notas y referencias

1. Se cita de: García Monge, Joaquín: *Obras escogidas,* EDUCA, San José, 1974, indicándose el número de página entre paréntesis.

2. García Monge, J.: *Hijas del Campo, El Moto, Abnegación,* Colección XXV Aniversario, Editorial Costa Rica, San José, 1964, p. 189. *Obras escogidas,* p. 475.

3. La argumentación se basa en la siguiente idea de Goldmann: "L'expérience personnelle de l'écrivain qui, comme tous les créateurs, devient dans la société productrice pour le marché un personnage problématique par excellence, par le simple fait que, d'une part, il continue à s'intéresser à la valeur d'usage, à la qualité de ses oeuvres, alors que pour tous les producteurs 'normaux' dans cette société, la qualité n'est qu'un détour secondaire pour atteindre la seule fin vraiment importante, la valeur d'échange purement quantitative..." "*Introduction aux premiers écrits de Lukács*", en Lukács, G.: *La théorie du roman,* Editions Gonthier, Ginebra, 1963, p. 182.

4. Se cita de García Monge, Joaquín: *Obras escogidas,* p. 189, indicándose el número de página entre paréntesis.

5. La idea se basa en la siguiente cita de Goldmann: "L'existence dans la société réifiée d'une certaine couche sociale, qui reste a déterminer par des recherches sociologiques concrètes, dans laquelle se developpe un malaise affectif et non conceptualisé devant le processus croissant de réification, malaise qui constitue, dans ce cas particulier, le fondement social à la création de toute oeuvre littéraire authentique." Goldmann. L.: *Op. cit.,* p. 182.

6. Se argumenta a partir de la siguiente idea de Goldmann: "L'existence dans cette société d'un ensemble conceptualisé de valeurs qui, sans être supraindividuelles, ont néanmoins un caractère général, celles de l'individualisme, et qui, il faut le souligner, sont, par leurs relations avec la structure de l'économie libérale à l'intérieur de cette économie, à la fois nécessaires, générales et irréalisables." Goldmann, L. *Op. cit.,* p. 183.

7. Ver Goldmann, L.: *Pour une sociologie du roman,* Gallimard, París, 1964, p. 347.

8. *Ibidem,* p. 338.

9. Monge, Carlos: *Historia de Costa Rica,* Librería Trejos Hnos., San José, 1978. XIV ed., p. 251

10. Flores Silva, Eusebio: *Geografía de Costa Rica,* Universidad Estatal a Distancia, San José, 1979, tomo 1, p. 175.

11. García Monge, J.: *"Carta a Modesto...,"* en *Obras escogidas,* p. 23.

12. Bonilla, Abelardo: *Historia y Antología de la Literatura Costarricense,* T. 1, p. 140.

13. Bonilla, A.: *Op. cit.:* p. 139

14. Pacheco León: *"El costarricense en la literatura nacional",* en *Puertas adentro, puertas afuera,* Editorial Costa Rica, San José, 1976, p. 93.

15. Azofeifa, Isaac Felipe: *Presentación a García Monge, J.: Obras escogidas,* EDUCA, San José, 1974, p.7-8.

16. Chase, Alfonso: *Narrativa contemporánea de Costa Rica,* I, Ministerio de Cultura, San José, 1975, p. 149..

17. Chase, A.: *Op. cit.,* p. 140

18. Bonilla, A.: *Op. cit.,* p. 140

19. Pacheco, L.: *Op. cit.,* p. 117.

20. Chase, A.: *Op. cit.,* p. 30.

21, Consultar: García Carrillo, Eugenio: *"Acotaciones al contenido bibliográfico del libro,* en García Monge, J.: *Obras escogidas.*

22. "El compromiso si significa algo, es seguramente consciente, activo y abierto: una toma de posición." Williams, Raymond: *Marxismo y literatura,* Ediciones 62 s/a, Barcelona, 1980, p. 229.

23. Aguirre Gómez, C. E.: *"La institucionalización de la literatura en Joaquín García Monge",* en *Repertorio Americano,* Año V, no. 1, Heredia, Costa Rica, oct.-dic. 1978, p. 11.

24. Aguirre Gómez, C. E.: *Op. cit.,* p. 16 - 17.

25. *Ibidem,* p. 6.

CRITICA DE LA BURGUESIA Y DEL IMPERIALISMO

El árbol enfermo de Carlos Gagini

Carlos Gagini se había hecho presente en el debate literario, cultural y político desde la última década del siglo XIX, como uno de los principales participantes en la llamada polémica sobre el nacionalismo en literatura, analizada anteriormente en este estudio. El nacionalismo que sostenía Gagini en dicha polémica concernía tanto la temática como la lengua que se debería emplear en las obras que con el tiempo llegarían a constituir la literatura nacional; en la novela *El árbol enfermo*[1], publicada en 1918, Gagini hace una crítica fuerte de la clase dominante costarricense que no ha sabido responder a la misión histórica que le correspondía en el desarrollo de la nación. A la crítica del sector social dominante se agrega la crítica del expansionismo norteamericano, a partir de posiciones de clara inspiración rodoista. En *La caída del águila*[2], de 1920, que es una novela de ciencia-ficción política muy inspirada de Julio Verne, el énfasis se pone en la tematización de la victoria, por parte de representantes de los pueblos de Alemania, Japón y Centroamérica, gracias al descubrimiento de un arma terrible, sobre el imperialismo nortemaricano.

Los personajes y la estructura narrativa

En opinión de Carlos Luis Altamirano: "*El árbol enfermo* no está escrito para entretener al lector, sino para ponerlo a meditar con seriedad. La novela cabalga, en varios trechos, a lomos del ensayo. Su mayor interés radica en lo que expone, no en lo que narra."[3] La exposición de las ideas que interesan a Gagini se expresa a través de una trama sentimental que a un lector de hoy quizá no le parezca convincente. El personaje central es Fernando Rodríguez que, además de ser un brillante abogado y un dramaturgo exitoso que fustiga en sus piezas los vicios de la sociedad costarricense, es uno de los principales miembros del Partido Progresista. Fernando es amigo del hacendado don Rafael Montalvo, un sesentón "... alto, enjuto, de nariz aguileña y fisionomía que recordaba la de los antiguos caballeros castellanos". (19) Fernando es el enamorado de Margarita, la hija de Montalvo: "... una señorita bellísima, más alta que baja, de cabellos castaños, grandes ojos pardos, velados por largas pestañas, nariz recta y labios sensuales: su andar rápido y gracioso revelaba una nerviosidad extraordinaria y las ondulaciones de su esbelto y bien proporcionado cuerpo tenían algo de felino." (21)

El otro gran amigo del señor Montalvo es Thomas Ward, joven empresario norteamericano, simpático y dinámico, "... de elevada estatura, colorado y robusto, enteramente afeitado, de cabello rubio y grandes ojos azules, ejemplar magnífico de la raza sajona." (19) El dinamismo, el sentido de los negocios, la llaneza y sinceridad de Ward tienen fascinado a Montalvo.

El estreno de la última obra de Fernando Rodríguez, *Al borde del precipicio,* constituye un gran éxito que Margarita goza; pero pronto un artículo anónimo califica el drama de "...inmoral y absurdo, atribuyendo el triunfo del autor, no a su talento artístico, sino a la circunstancia de ser uno de los más prestigiados jefes del Partido Progresista: y como esta agrupación se componía en su mayor parte de artesanos y campesinos, era obvio - a juicio del articulista - que el drama había sido escrito con fines políticos, para halagar las pasiones de la plebe." (47)

El Partido Progresista gana pronto las elecciones de primer grado y el gobierno, temiendo perder también las de segundo grado, organiza un golpe de Estado y envía al exilio en Nueva York a los principales dirigentes de la oposición, entre ellos a Fernando Rodríguez. Durante los primeros meses las cartas de Margarita llegan con frecuente regularidad. La amnistía se hace esperar. Fernando se impacienta, pero finalmente recibe una carta de doña Virginia, la hermana de Montalvo quien prácticamente ha sido la madre de Margarita, pues la esposa de Montalvo murió siendo la hija todavía una niña. Doña Virginia le anuncia un desastre, Margarita ha sido seducida por el norteamericano. Llegada la comunicación de la amnistía, Fernando vuelve al país. La tía le informa de la seducción de Margarita por parte de Ward que tenía deslumbrada a toda la sociedad josefina desde la espléndida fiesta que dio en su residencia, mientras era cónsul interino, el pasado 4 de julio. A pesar de los denuestos del señor Montalvo, Fernando promete salvar el honor de Margarita. Vuelve a Nueva York donde exige reparación de Ward, quien le hace ver que él no se siente culpable de la incosntancia de Margarita, que por otra parte no estaba comprometida con Fernando, así como lo ridículo de un duelo, pues la muerte de uno o del otro, al hacer público el escándalo, no salvaría el honor de nadie. Fernando vuelve una vez más al país, hace que la familia Montalvo acepte su plan: reducir su fortuna a metálico, anunciar su matrimonio con Margarita, escribir un artículo de crítica al Gobierno. El plan es puesto en marcha, el gobierno exige a Fernando marchar al exilio antes de las veinticuatro horas. Fernando solicita al Presidente tres días para arreglar sus papeles y para celebrar su boda, que se realiza en familia, vistas las circunstancias políticas, marchándose luego a España con la intención de nunca más volver a Costa Rica. Pasado un tiempo prudencial, Margarita podrá solicitar el divorcio.

Esta es la parte novelesca de *El árbol enfermo* cuya trama sin duda no es

161

la causa de que la obra haya sobrevivido, haya sido reimpresa varias veces y se siga leyendo; la causa hay que buscarla en el otro aspecto de la novela, el ideológico que a veces da carácter de ensayo a la novela, y que contiene a la vez una crítica de la clase dominante local y la expresión de un valiente antiimperialismo que no cae ni en el patrioterismo ni en la literatura panfletaria.

La temática antiimperialista

El arielismo de Gagini es menos especulativo que el de José Enrique Rodó[4], es decir, más claramente político. Gagini no insiste sobre las características de una y otra raza, ni abunda sobre las diferencias entre la civilización materialista de los norteamericanos y la cultura espiritualista de los latinoamericanos, herederos de la cultura grecolatina y europea. Los argumentos raciales - y aún racistas - los pone Gagini sobre todo en boca de Thomas Ward, mientras que Montalvo y Rodríguez, que aceptan muchas de las juiciosas críticas del norteamericano, toman pie en el derecho de los países a la autodeterminación y el necesario respeto al principio de la no intervención. El punto de partida actual y concreto del antiimperialismo de la novela de Gagini está sin duda relacionado con las recientes intervenciones norteamericanas en Cuba, Puerto Rico, Panamá, Honduras, Nicaragua, México, Haití y República Dominicana.[5] Así, tanto Montalvo como Fernando expresan directamente su oposición al proyecto norteamericano de establecer un protectorado en Nicaragua. (86 y ss.)

Ward, que quiere comprar una de las haciendas de Montalvo para iniciar el cultivo del algodón y el henequén e instalar una fábrica de textiles, ha viajado por todo el país. En cierta ocasión explica sus motivos a Rodríguez: "... y puedo vanagloriarme de conocer esta república mejor que muchos, que la mayor parte de sus habitantes. ¿Se admira usted? - añadió sonriendo al ver que Fernando le miraba abriendo desmesuradamente los ojos -. No vaya usted a tomarme por detective o espía: obro por cuenta propia. Estas comarcas inexplotadas brindan ancho campo a las iniciativas de mi raza y están llamadas a ser con el tiempo el asiento de vastas empresas industriales. ¿Qué tiene de extraño, pues, que los americanos nos preocupemos de conocer a fondo el teatro de nuestros futuros negocios? (44)

A raíz de un match de fútbol entre el equipo de los norteamericanos venidos de la zona bananera de Limón, y capitaneados por Ward, y un equipo nacional, celebrado el 11 de abril - precisamente el día que Costa Rica festeja el triunfo sobre los filibusteros de William Walker, quien en 1856 se había hecho presidente de Nicaragua y pretendía anexar todo Centroamérica, pero que fueron vencidos en 1857- una nueva discusión se entabla para elucidar las razones de la inferioridad del equipo costarricense. Según Ward, la explicación se debe buscar en el tipo de educación que se da a la juventud en uno y otro país: "Consciente de su misión, mi pueblo se ha educado siempre para la vida activa, para luchar con la naturaleza, vencerla y arrancarle los tesoros que ha de aprovechar después la humanidad entera; por eso se preocupa de formar jóvenes sanos, fuertes, intrépidos y emprendedores, al paso que otras razas, inficionadas aún del espíritu oriental difundido en Europa por los árabes, viven en las regiones del ensueño, del misticismo y de la poesía, condenándose fatalmente al suicidio." (61)

Fernando arguye que esos principios le parecen demasiado *terre à terre,* como dicen los franceses, y que no sólo de pan vive el alma; Ward se impacienta y explica que el éxito de los americanos se debe a que ellos comienzan por el comienzo, no permitiéndose el lujo antes de poder pagárselo. "En cambio, en varios países hispanoamericanos que he recorrido y cuyas riquezas naturales son prodigiosas, la juventud rehuye todo lo que supone esfuerzo, mira con repugnancia la agricultura y la industria, y disipa sus mejores años en ocios literarios, en hacer versos, artículos y discursos, como si el ejército cada vez más numeroso de poetastros y declamadores pudiera contribuir a la prosperidad de la república." (61)

Montalvo que en cuanto a valores humanos, a pesar de su interés por las iniciativas del nortemanericano, mira más hacia el pasado, por parecerle mejor que el presente, pues estima que las virtudes del costarricense han decaído,- antes había, por ejemplo, un mayor respeto por la propiedad privada (42) - se siente molesto por la crítica tan dura y directa de Mr. Ward, así lo dice a Fernando, de regreso a casa, después de un agasajo en la residencia del extranjero:

"- Cuando vaya a verme el machito, voy a darme una agarrada con él para demostrarle que está muy equivocado. ¿Qué te parecen las barbaridades que ha dicho? Fernando inclinó la cabeza, y murmuró: - Ha dicho la verdad." (63)

Durante la cena del 4 de julio, cuando ya Fernando está en el exilio, Ward discute con su invitado de honor, el Ministro de Hacienda, y con Margarita y las niñas Valdés, "la gran noticia del día, el protectorado norteamericano en Nicaragua, que la prensa daba como hecho consumado. A lo que Thomas Ward responde con argumentos basados en las doctrinas y la política según la cual Estados Unidos se atribuye el derecho de intervenir en América Latina en cualquier momento para defender sus propios intereses:

"- En la América Latina - dijo Mr. Ward - se cree que mi país está ávido de conquistas. Nada menos cierto: queremos estar en buenas relaciones con estas repúblicas, pero no podemos permanecer indiferentes, cuando se destrozan en luchas intestinas provocadas por la ambición o la codicia, o cuando en ellas no hay garantías para nacionales ni extranjeros.

- De manera - dijo Luisa Valdés - que si a los costarricenses se les ocurre meterse en revoluciones ¿correrán la misma suerte de sus vecinos?

- No puedo asegurarlo como cónsul interino - dijo sonriendo Mr. Ward; - pero si de mí dependiese, declararía en tal caso, no el protectorado, sino la anexión.

- ¡Usted!

- Sí, para poder llamarme costarricense sin dejar de ser americano." (81)

Esta discusión continuará unos días después en la finca de Montalvo, a la sombra del higuerón, el gran árbol que le da su nombre a la hacienda. Montalvo, que no había participado en la fiesta del 4 de julio, se ha informado a través de los periódicos de los planes acerca del protectorado. Ante don Rafael, Ward modera un poco sus opiniones, que se contradicen un tanto con las que ha expresado anteriormente, pero con argumentos que parecieran anunciar ya, vagamente, la contradictoria política del buen vecino que Estados Unidos practicaría dos décadas más tarde:

" - Mi carácter oficial, que por fortuna no ha de durar mucho - replicó sonriendo - me veda publicar mis opiniones; pero aquí en el seno de la amistad, declaro que mi país comete un grave error al imponer por la fuerza su tutela a estas repúblicas, porque las hiere en sus sentimientos más íntimos y siembra la desconfianza en el resto de América. ¡Cuánto más cuerdo sería ayudarles a mejorar sus condiciones políticas, morales y económicas, dándoles así motivo para estimarnos, no para aborrecernos!

- Lo mejor es - replicó don Rafael - que nos dejen arreglar solitos nuestros asuntos: que más sabe el loco en su casa ...

- Y ¿no han disfrutado ustedes un siglo de vida independiente - unos cuantos años menos que nosotros - y acaso han podido arreglar sus asuntos? Por el contrario desde allá hemos podido contemplar con tristeza incesantes convulsiones, frecuentes violaciones de la ley guerras civiles ..." (87)

La actitud de Gagini frente al personaje de Ward es ambigua, a veces pone en su boca opiniones que evidentemente no comparte - sobre todo las que tienen que ver con la superioridad de la raza sajona - mientras que en otras se sirve de él como su portavoz, para expresar su crítica de la naciente burguesía local. En estos casos, Fernando, que también es crítico frente a la clase dominante de Costa Rica, puede declararse de acuerdo con él, pero hay cuestiones sobre las que discrepan, no sólo con respecto a ciertos valores tradicionales de la cultura latina, como por ejemplo, el concepto del honor y su estrecha relación con la sexualidad femenina, cierta caballerosidad, el gusto y admiración por la cultura europea, etc., etc. Los dos hombres tienen además un concepto muy diferente del pueblo. Después de haber demostrado Ward que uno de los vicios más graves del pueblo costarricense es la ingestión de alcohol - en

Costa Rica se consume cuatro veces más que en Estados Unidos -, Fernando responde incomodado que no es culpa del pueblo, sino de las autoridades que mantienen la fábrica nacional de licores, a lo que Ward contesta:

">- ¡El pueblo, el pueblo! - exclamó con desdén Mr. Ward -. Los pueblos no adelantan sino por el impulso que les viene de arriba, de la clase directora, de las personas ilustradas. Los pueblos son inconscientes, como los niños, tan inconscientes como este árbol - continuó el yanqui, golpeando con su ancha mano el higuerón - que necesita de los cuidados del agricultor para no perecer devorado por los parásitos." (45)

Pareciera que la opinión de Ward expresa la opinión de Gagini, pues la argumentación de Fernando es débil y su concepto de pueblo se queda en la abstracción. Habrá que esperar aún algunos años para que aparezca la idea, entre los intelectuales de avanzada del país, de que la crítica de las clases dominantes lleva lógica y consecuentemente a exigir el derecho a que las necesidades de las clases populares sean tomadas en cuenta en las decisiones políticas, y en última instancia, a recalcar claramente que, al no haber una coincidencia entre los intereses de la clase dominante y las clases dominadas, tampoco es un derecho natural que sean las primeras las que decidan los destinos del país. El nacionalismo y el antiimperialismo de Gagini no van acompañados de una posición socialista. Políticamente Gagini se revela más bien como conservador y elitista.

El único personaje representante de la clase popular que aparece con cierta nitidez en la novela es Fermín, el mandador de la hacienda El Higuerón. Una sola vez se hace alusión a las relaciones entre trabajadores y patronos, expresándose la preferencia de Fermín por la manera de mandar de Fernando, más humana, seguramente por precapitalista:

"¿Quién podría pintar el entusiasmo del leal servidor cuando a la noche supo por boca de la cocinera que la niña Margarita se iba a casar con don Fernando? Malicioso como todos los aldeanos, al observar pocos meses antes las repetidas visitas de Mr. Ward, había sospechado que pretendía la hija del patrón; pero sin dejar de reconocer la inteligencia, pericia y energía del machito, le desagradaba altamente la dureza y falta de consideración con que trataba a los peones. Don Fernando era otra cosa: mandaba sin lastimar a los subalternos, sin hacerles sentir la inferioridad de su condición, y era tan campechano y tan noble, que todos le respetaban y querían, en particular él, Fermín, que habría dado gustoso dos dedos de la mano y aun sus dos perros y su vieja escopeta por ver aquel joven convertido en yerno de don Rafael."(121)

Las relaciones de don Fernando con Fermín no están exentas de cierto paternalismo. Así, a continuación del párrafo citado anteriormente, Fermín recuerda agradecido: "¿No había sido él quien le socorrió con un billete de diez colones cuando tuvo grave a uno de sus chacalines? ¿No le había regalado su propio cuchillo de caza el día que tiraron las pavas?" (121)

Como educador que era, Gagini aboga por la importancia de la educación generalizada, y las palabras de Ward al respecto expresan sin duda sus propias ideas: " - Una cosa son los ambiciosos políticos - le interrumpió don Rafael -, esa plaga fatal de Centro América, y otra los pueblos inocentes y laboriosos a quienes explotan y corrompen.

- Cierto; pero si los ciudadanos instruidos, es decir, lo que yo llamo verdadero pueblo, sacudiendo su egoísmo y apatía pidiera estrecha cuenta a los transgresores, estoy seguro de que cesarían los abusos, porque hasta los falderillos se hacen respetar cuando enseñan los dientes. Desengáñese usted don Rafael: la mayor parte de las antiguas colonias españolas no estaban preparadas para la vida republicana cuando se emanciparon, ni desde entonces se han preocupado de educarse prácticamente en la libertad ni en el ejecicio de sus derechos." (87)

Seducción e imperialismo

La relación entre la trama sentimental y el fondo ideológico de la crítica de la burguesía y del imperialismo culmina con la seducción de Margarita, seducción que comenzó durante la fiesta nacional norteamericana del 4 de julio, al mismo tiempo que se discutía la inminente declaración del protectorado de Nicaragua, en el capítulo titulado precisamente "Expansionismo yanqui". Margarita, bella e ingenua - es un símbolo de Costa Rica -, igualmente hermosa e indefensa. Ward no necesitó ser muy activo para llevar a cabo la seducción, la cual ni siquiera está tematizada directamente en la novela. La seducción es tan sólo el resultado de la fascinación que Ward ejerce sobre los representantes de la buena sociedad capitalina, carcomida por lo que Gagini llama la "manía extranjeril", y que corresponde al proceso de americanización que el propio Ward había descrito con respecto a las relaciones entre América Latina y los Estados Unidos:

"No creo ni deseo que mi país intente absorber a los latinos; pero el día que se le antojara hacerlo, no hallaría grandes obstáculos, porque ellos mismos le han allanado el camino. ¿Por ventura no han adoptado ustedes con entusiasmo los trajes, las costumbres, los bailes y hasta los juegos de los Estados Unidos? Los jóvenes van allá a hacer sus estudios profesionales; las señoritas imitan el andar hombruno y la despreocupación de mis paisanas; la cuarta plana de los diarios se publica en inglés y este idioma se cultiva en los colegios más que la lengua materna. No somos nosotros los que queremos hacerlos yanquis; son ustedes los que se empeñan en dejar de ser costarricenses." (88)

La novela termina con la catástrofe que Ward mismo había previsto, el frondoso higuerón que don Rafael había plantado el día que nació su hija y que representaba para él el hijo que no tuvo, se desgajó un día , por ser un árbol enfermo, carcomido por dentro - como la burguesía - aplastando a su dueño ya debilitado por la pena que le causó el deshonor de su hija y la traición de su amigo Thomas Ward. El mensaje de Gagini señala que ya es hora de cortar por lo sano, y que no hay mal en adoptar los mejores métodos norteamericanos, basta aclimatarlos y velar por la soberanía nacional y la independencia. En la actual coyuntura latinoamericana, el mensaje de Gagini sigue, sin lugar a dudas, teniendo actualidad.

Idealismo romántico y materialismo positivista
El historiador de la literatura costarricense, Alvaro Quesada Soto nos recuerda, en su reciente libro *La voz desgarrada,* publicado por la Editorial de la Universidad de Costa Rica en diciembre de 1988, la perplejidad de los estudiosos de la literatura de Costa Rica, al llamar la atención sobre el materialismo positivista de Gagini y la confluencia de su discurso antiimperialista con el discurso idealista del uruguayo José Enrique Rodó, autor de *Ariel:*

"Todos sin embargo se han limitado a señalar esa influencia; nadie se ha preocupado por dilucidar esa aparente contradicción. La comparación entre Rodó y Gagini, bien puede servir, no obstante, para reconocer algunas características fundamentales del discurso ideológico y literario, costarricense y latinoamericano, de principios de siglo. La coincidencia entre Gagini y Rodó sólo se vuelve a nuestro juicio comprensible, si nos olvidamos de la oposición entre las etiquetas de 'idealista', 'materialista' o 'positivista'. [...] Veríamos entonces que ni el idealismo de Rodó estaba tan alejado de la realidad material, como se expresa claramente en varios pasajes de Ariel, ni el positivismo de Gagini estuvo nunca alejado de un cierto idealismo humanista y romántico."[5]

Quesada Soto demuestra brillantemente que no hay contradicción entre el materialismo positivista que Gagini profesaba en sus actividades científicas como lingüista y las posiciones ideológicas que sustentan sus obras literarias antiimperialistas.

Siguiendo la perspectiva general de mi estudio, que analiza algunas obras representativas del conjunto literario de la novela socialrealista de Costa Rica, como un cuestionamiento de la hegemonía de la oligarquía cafetalera, y habida cuenta de las posiciones ideológicas y políticas de Gagini, *El árbol enfermo* se explica como una crítica desde el interior mismo de esa clase, o por lo menos de un escritor que ideológicamente no le era totalmente adverso. Como quedara anotado en el análisis del contexto histórico, una de las primeras tentativas de articular a nivel político el cuestionamiento del orden oligárquico-liberal fue, precisamente,la actividad ideológica, política y de concientización llevada a cabo, desde la segunda década del siglo, por Jorge Volio, quien siendo ya sacerdote se marchó a Nicaragua a luchar contra la intervención norteamericana, en 1912. La actividad política de Volio, que culmina con la fundación del Partido Reformista (1923), es prácticamente contemporánea de las novelas antiimperialistas de Gagini (1918 y 1922). Volio y el Partido Reformista dan voz al nuevo sujeto histórico, los sectores sociales populares, que están poniendo en entredicho el sistema de dominación nacional y su entreguismo frente al imperialismo norteamericano. La actitud de hombres como Volio y Gagini es claramente una actitud nacionalista y antiimperialista, pero no necesariamente anticapitalista y socialista.

Gagini comparte el antiimperialismo que se expresa a lo largo de todo el subcontinente, y en esto su discurso coincide tanto con la ensayística de Rodó como con la lucha política de Volio, pero su propia posición ideológica aristocratizante no le permite aceptar al pueblo como sujeto histórico de un nuevo proyecto de sociedad, al contrario de García Monge, por ejemplo.

Al nivel del texto mismo de *El árbol enfermo,* Fernando Rodríguez aparece como un sujeto problemático, en el sentido de Lukács y Goldmann, por estar escindido entre unos valores de uso humanísticos, tradicionalmente latinos - según Rodó y sus seguidores - cuya funcionalidad era aceptable durante el periodo de hegemonía incuestionada de su clase, - el pasado que añora Montalvo - y unos valores de cambio, que Fernando no puede aceptar, representados por el simpático y emprendedor anglo-sajón Thomas Ward, que fascina a Montalvo y seduce a Margarita. Si bien es cierto que Fernando Rodríguez es el jefe máximo del Partido Progresista, que reúne a obreros y campesinos, Gagini subordina la actividad política de su personaje a sus actividades literarias y espirituales, haciendo aparecer a la primera como secundaria y adventicia, más que constitutiva del personaje. Los partidos doctrinarios, no personalistas, todavía no han hecho su aparición. Un aspecto de la crisis del discurso oligárquico que analiza Quesada Soto se expresa en Gagini a través de la contradicción entre el tradicionalismo de Montalvo y sus fascinación por el pragmatismo de Ward.

Desde el punto de vista del proceso de la literatura, preocupación fundamental de este estudio, la importancia de las novelas antiimperialistas de Gagini radica en el hecho de ser él el primero en haber dado expresión literaria, a nivel nacional, al sentimiento y a las posiciones políticas e ideológicas antiimperialistas. Es sin duda innecesario insistir en que, dado el carácter dependiente de la economía, la política, la cultura, etc., así como la presencia del enclave bananero y la generalizada importancia del capital norteamericano en muchos otros ramos de la actividad económica, el antiimperialismo es un elemento esencial de la novelística socialrealista.

El árbol enfermo representa, así como otros textos antiimperialistas de Gagini, un momento importante en el desarrollo de la corriente literaria que nos ocupa.

Notas y referencias

1. Se cita de: Gagini, Carlos: *El árbol enfermo,* Editorial Costa Rica, San José, 1978. El número de página se indica entre paréntesis.

2. Gagini, Carlos: *La caída del águila,* Editorial Costa Rica, San José, 1978.

3. Altamirano, Luis: Prólogo a *El árbol enfermo,* edición indicada en la nota 1., p. 11.

4. Sobre la influencia del arielismo en la literatura y el pensamiento latinoamericanos, consultar: Henríquez Ureña, Pedro: *Las corrientes literarias en la América Hispánica,* Fondo de Cultura Económica, México. Franco, Jean: *Historia de la literatura hispanoamericana,* Editorial Ariel, Barcelona; así como: *The Modern Culture of Latin America,* de la misma autora, y el libro de Quesada Soto, cuyos datos bibliográficos se dan en la nota 5, infra.

5. Quesada Soto, Alvaro: *La voz desgarrada. La crisis del discurso oligárquico y la narrativa costarricense* (1917 - 1919), Editorial Universidad de Costa Rica, 1988, p. 94.

EXPLOTACION BANANERA Y EXPLOTACION HUMANA EN EL PARAISO TROPICAL

Bananos y Hombres de **Carmen Lyra**

Bananos y Hombres[1] es una pequeña serie de relatos cortos que Carmen Lyra publicó por entregas en *Repertorio Americano* en 1931.

La primera producción literaria de Carmen Lyra estuvo muy influida por el modernismo rubendariano. La tonalidad estilística de esa época está bien representada por la siguiente corta cita de *Página de Album,* un lánguido elogio de la tarde: "Ha declinado el sol. Es la hora feliz del rubio crepúsculo, y el silencio va llegando con la sombra a envolver la tierra con sus lóbregas alas y a presidir el fatal y solemne reposo de la Naturaleza durante la noche." (33)

En *Bananos y Hombres,* un motivo similar es recreado en un estilo muy diferente; aquí naturaleza, sol, silencio, tienen otra tonalidad:

"La lancha El Parismina remonta el río en su viaje semanal. Ha salido a mediodía con todo el sol. [...]
El gris del cielo es para la mirada una lámina dura de metal caliente. Dijérase que los émbolos y las válvulas del viejo motor de la lancha, han cogido a patadas el silencio espeso que oprime el paisaje como una pesada capa de hule caliente" (384)

En el cuarto de siglo que separa esos dos textos y esos dos estilos, Carmen Lyra experimentó una importante evolución ideológica y artística. *Bananos y Hombres* presenta algunos aspectos formales que hacen que el texto cabalgue un poco entre el documento, el ensayo y la ficción. Aspectos que por otra parte no le restan verismo ni fuerza a la denuncia, ni impiden a la autora el despliegue de ciertos procedimientos literarios que dan valor al texto. Como lo anota Alfonso Chase en su prólogo a la edición de *Relatos escogidos:* "Entre 1920 y 1927 empieza a dominar en su literatura la técnica de los contrastes, la presentación de personajes que atraen nuestra simpatía, que nos llevan, casi de la mano, por el mundo que los rodea, que no es amable, o luminoso, o bello, pero sí profundamente humano." (15)

El primer contraste aparece en el título mismo, bananos y hombres, el producto vegetal primero y sus servidores humanos en segundo lugar. La autora nos explica en una pequeña introducción, de carácter no ficcional, la intención que el orden de las palabras encierra: "Pongo primero BANANOS que HOMBRES porque en las fincas de banano, la fruta ocupa el primer lugar, o más bien el único. En realidad el HOMBRE es una entidad que en esas regiones tiene un valor mínimo y no está en el segundo puesto, sino que en la punta de los valores que allí se cuentan."(371)

Bananos y Hombres se compone de cinco relatos cortos, cada uno con su respectivo subtítulo: I *Estefanía*, II *Nochebuena,* III *Niños,* IV *Río arriba* y V *El peón que parecía un santo*. Se trata de un texto que apenas llega a las veinte páginas. *Bananos y Hombres* constituye, por un lado, una etapa importante en el desarrollo de la narrativa costarricense, y por otro, un importante antecedente de toda una literatura, que en las décadas siguientes, tematizará la vida y miserias de los trabajadores de las grandes plantaciones de banano de la región centroamericana.

I. Estefanía

El primer relato es la historia de la vida y miserias de una mujer, imaginada a partir de una cruz con un nombre: Estefanía R., que el narrador encuentra en una de esas bellísimas playas desiertas de la costa caribeña del país. Es la historia de una de esos miles de mujeres anónimas que con su esfuerzo cotidiano y sus penas diarias contribuyen a la acumulación de la riqueza de la multinacional, al alto nivel de vida de sus administradores extranjeros y de los capitalistas nacionales y sus familias.

La Estefanía que Carmen Lyra crea, comienza a rodar por el mundo desde su adolescencia, pasando de violación en violación, siendo su iniciador el juez del pueblo que más tarde llegará a ser un honorable magistrado de la Corte de Justicia. En cierto momento de su vida, Estefanía trabaja en la hacienda de un latifundista nacional:

"En la finca en donde la conocí de cocinera era fiel al hijo del dueño como un perro. El mozo era bello y amable y por él se habría dejado ella matar. Venía el muchacho cada mes a la hacienda a inspeccionar el estado de los cultivos y a la muchacha esas visitas la hacían tan dichosa como a una santa las de un ángel que bajara de los cielos. Por él aguantaba que el administrador de la finca en sus borracheras la pateara lo mismo que a su hija y a su perrillo; y por él, no permitía que se perdiera un cinco en el comisariato, ni que se extraviara un huevo, no se llevaran un palo de leña. Entretanto en la ciudad, las ganancias de la finca servían para que el padre y el hijo fueran socios del Club Unión, para que la señora que tenía juanetes y callos no se bajara del automóvil y para que la hija se vistiera muy chic y fuera cada año a Europa y a los Estados Unidos y trajera unos vestidos y una ropa interior que dejaban envidia en el corazón de sus mejores amigas." (373)

II. Nochebuena

El segundo relato contrasta la Nochebuena de los trabajadores, que el veinticuatro de diciembre han debido salir a cortar banano, en medio de aguaceros torrenciales, pues ha llegado la orden de enviar fruta a los mercados de Estados Unidos que se han quedado desprovistos de ella, y la fiesta de Nochebuena con que la Compañía agasaja a sus altos funcionarios, extranjeros y criollos, en el Amusement Hall de la zona residencial de la ciudad de Limón, y finalmente, la Nochebuena que pasa, en Nueva York, uno de los grandes accionistas de la Compañía, Mr. Sweentums, con su querida Dolly Darling, Polly Flapper, la hija del rey del papel higiénico, y otras amiguitas más.

Aquí es interesante notar los apellidos de grandes revolucionarios latinoamericanos, que llevan dos de los trabajadores: un joven nicaragüense se llama Juancito Sandino y otro Zapata. Sandino era fuerte, simpático y de modales suaves, pero se convierte en un tigre cuando está borracho. Ha salido dos veces a San José a curarse el paludismo, pero ahora ya ha tenido dos hemorragias pulmonares. Hoy ha estado cortando fruta en ese paisaje que se ahoga bajo la lluvia: "Da pena verlo con su cara febril bajo el viejo sombrero de fieltro que chorrea agua. Las hojas secas penden de los tallos como harapos sucios y las chiras rojas hacen pensar en corazones que cuelgan a la intemperie" (376) (La chira es la esparata o garrancha del banano, de color rojo sangre y que cuelga libre a unos centímetros del racimo.)

Los racimos cortados son recibidos por los concheros con todo cuidado, depositándolos en camas de hojas secas al borde de la línea del ferrocarril que los recogerá. Algunos peones toman ron para calmar la sed, los que no tienen dinero para ron, beben agua de los charcos. "¡Qué cuento de parásitos intestinales! - exclama el narrador - Da risa pensar en el Ministro de Salubridad Pública que anda en un Congreso de cuestiones de higiene que se celebra en los Estados Unidos. A saber si muchos de los señores que asisten a dicho Congreso tienen acciones de la 'United Banana Co.' " (376)

Al final de la jornada, a las nueve de la noche, vuelven los carreros con la noticia:

"Han rechazado la fruta...No tenía el grado pedido.
Claro que sí lo tenía, pero había exceso de fruta en los mercados de los Estados Unidos y de las alturas vino la orden de rechazar la fruta. Un costarricense yanquizado de ésos que creen que hablar inglés es una gran cosa recibió dicha orden y se apresuró servil a transmitirla.
Los cortadores perderán todo su trabajo. ¿Maldita sea? No, ya ni maldita sea dicen... Es tan corriente.
Los bananos pierden toda su importancia y allí quedan tirados en la oscuridad, bajo el agua que sigue cayendo." (377)

El río ha crecido y cubre los pisos, la gente se sube a las mesas y a las camas y como es Nochebuena todo el mundo se emborracha, hasta las mujeres y los niños, en las chozas de techo de paja.

En la sala de fiestas de la Compañía, el empleado que recibió la orden de rechazo de la fruta también se divierte. "...es un buen hombre, padre amante de sus hijos que mira con indiferencia los cuernos que con los machitos le pone su mujer. Ha jugado y cantado con sus niños en torno al arbolito resplandeciente y más tarde se ha emborrachado con los amigos y amigas de su mujer en el Amusement Hall." (378)

En Nueva York, la fiesta de Nochebuena también ha sido un éxito, Dolly Darling está feliz, pues el accionista le ha dado, como regalo de Navidad, un Rolls-Royce y una piel de zorro.

III. Niños

El tercer relato contrapone la vida de los niños de los trabajadores de las bananeras y la imagen de la publicidad que predica a los padres de los países ricos las virtudes dietéticas que tienen para sus niños el banano y el vaso de leche cotidianos.

Con seguras pinceladas, Carmen Lyra crea en dos páginas una serie de personajes infantiles que nos revelan su vida triste, aburrida y miserable en un caserío perdido de las bananeras. La obra de Carmen Lyra está llena de niños, cuya miseria la autora ha conocido en su trabajo de maestra en los barrios pobres de la capital. Es como si la exhuberante naturaleza tropical misma estuviera en contra de ellos.

"Cae la tarde. Comienza mayo y el canto de las chorchas y de los yigüirros pone una dulzura infinita en la paz hipócrita de estos campos tropicales cubiertos de charcos en cuya mirada verdosa acecha la fiebre. Corre el Parismina sin ruido con su taimada mansedumbre que el sol poniente dora y toca de melancolía. Pasan sobre el agua las garzas blancas y grises con su vuelo romántico y entre las ondas se esconden tiburones y cocodrilos. Los zancudos del paludismo comienzan a inquietar el encanto de la tarde." (380)

En este paisaje deambulan los niños pálidos y de vientres abultados y sus perrillos flacos y sarnosos. Allí están los dos hermanos Ramón y Julián, uno con rasgos nicas y el otro de fisonomía asiática, según el orígen de sus respectivos padres. Anselmo, que tiene la responsabilidad de un montón de hermanos menores. "Quizás es el oficio lo que ha dado al niño esa cara de tonto o de bestia de carga." Lidia, que a pesar de sus siete años, pero gracias a la promiscuidad, sabe todo lo que concierne al sexo. "(Yo me pregunto lo que piensan los católicos que hace su Dios con las almas de esas criaturas.)" Martín, de ocho años y que ayuda a su padre en la destilación de aguardiente clandestino, ha tenido muchas madrastras que lo malquerían, pero ahora ha llegado la Eva, que quiere que Martín y sus propias hijas aprendan a leer y a escribir. Y muchos otros más. "Son verdosos, muy morenos, con las pancillas repletas de lombrices, amebas, ankilostomas y de sabe Dios cuántos monstruos. No gritan ni saltan, se mueven con lentitud y cuando sonríen dejan ver unas encías exangües, lo cual da un fondo doloroso a esta sonrisa." (380)

Los niños contemplan sin alegría las luciérnagas y el cielo: "Hacia el oriente, sobre el azul tierno del cielo comienzan a brillar con inocencia y timidez las estrellas. A saber si en muchas de ellas hay paludismo, culebras venenosas, tiburones y fincas de banano." (382)

A esta imagen de los miserables niños del bananal, se opone la de los niños de la publicidad: "¡Cuán sugestiva la propaganda que esa compañía hace a su artículo! Unos carteles artísticos y unos anuncios irresistibles en las revistas. Si logran interesar hasta a la Pedagogía...En revistas para maestros pintan a los trópicos, las tierras en donde se cultiva el banano, como un paraíso terrenal y dedican páginas enteras a los bananos de la United Fruit Co., grabados de niños sonrientes y sanos que esperan con mirada golosa el plato que una madre encantadora les está preparando, o de graciosos chiquillos que comen banano. Y luego la lectura habla de maestros interesados en la salud y la vitalidad de los alumnos, quienes saben, por experiencia, que no hay nada mejor para éstos como un banano maduro y un vaso de leche, y de las autoridades médicas que han encontrado en el banano elementos indispensables para los huesos y los músculos.

For growing children bananas and milk are a nourishing luncheon.
Una merienda nutritiva para los niños que crecen: leche y bananos." (383)

IV. Río arriba

En el cuarto relato, la autora junta un grupo de personajes que constituyen todo un microcosmos de la zona. Aquí se contraponen los efectos de la exuberancia de la naturaleza tropical que encanta a los turistas, pero que apachurra y amodorra a los que viven allí y luchan contra ella. Por un lado, el submundo de los que ya no sirven en el mercado de trabajo de la bananera a causa de la edad, las enfermedades, los accidentes y la criminalidad. En la lancha que va remontando el río, "viene una familia que emigra a otra finca; el hombre de edad indefinible, seco, alto, encorvado; el clima ardiente, el paludismo y el alcohol lo han retorcido como retuerce el fuego una rama verde. La mujer y los chiquillos, seres anémicos, raquíticos, hinchados; estos niños que no han probado más leche que la materna." (384)

A ellos se contrapone, por otro lado, el nuevo jefe del Resguardo, un joven policía, "sobrino de una amiga de la mujer con quien vive uno de los ministros de Estado; es un joven de San José con cara de comemaíz, criatura inútil que lo único que ha aprendido es a bailar muy bien y a beber. Su zapato bajo, sus medias de seda rayadas, su charla insustancial y su pelo peinado para atrás como los intelectuales cursis desentonan entre aquella gente silenciosa que lo mira como se pueden mirar unos aretes, un collar o cualquier otro adorno de joyería barata en las urnas de los comisariatos." (384)

En el apeadero siguiente se embarcan:

"... un preso custodiado por dos guardias, unas mujeres jóvenes con paludismo y sífilis, que van para el hospital de San Juan de Dios en San José y un hombre que lleva el mismo rumbo, acompañado por una mujer menuda con cara de hormiga. Este hombre se ha golpeado terriblemente el pecho y una pierna al cargar bananos en un lanchón de la finca. Casi no puede respirar y tiene la pierna terriblemente hinchada y amoratada. Cuando se golpeó nadie le hizo caso, precisaba cargar la fruta, y después el dueño de la finca no tuvo tiempo de ocuparse del asunto. ¿Acaso los hombres enfermos cuentan en las fincas de banano?" (385)

El hospital de la capital es una especie de basurero a donde va a dar toda esa gente del enclave bananero a tratar de curarse el paludismo, la tuberculosis y la sífilis.

"...la hermanita de la caridad encargada de las enfermedades venéreas inyectará Salvarsán a las pobres muchachas de piernas llagadas que entran en la embarcación. Y la Virgen del Señor les echará en cara su liviandad al ver la mueca de dolor de las míseras al sentir la aguja hipodérmica introducirse con piadosa saña en la carne pecadora. Eso sí, no las curará los domingos ni días de fiesta religiosa por tratarse de enfermedades relacionadas con el pecado." (386)

V. El peón que parecía un santo

El último relato es la historia de un peón, manso y bondadoso, que en sus ratos libres enseñaba a leer y a escribir a los niños, que les traía cachorros del monte, que sabía contar cuentos y a quien no picaban las avispas ni hacían daño las fieras, pero que un día la policía apresó, pues en otro sitio había degollado, con cuidado de cirujano, a un agente de policía corrupto que, con la ayuda de un negro que intencionalmente buscaba camorra los días de pago, metía a los peones a la cárcel, les hacía pagar multas y así se enriquecía. Es el peón "...con cara de santo que se embarcó en El Parismina al mismo tiempo que las dos muchachas palúdicas y sifilíticas y el hombre golpeado en el pecho por un lanchón al cargar bananos." (387) Así terminan los relatos de *Bananos y Hombres*.

La problemática general de la vida en las zonas bananeras será poco después ampliamente tematizado por otros autores. En Costa Rica por el compañero de luchas de Carmen Lyra, Carlos Luis Fallas, en su conocida novela *Mamita Yunai*. En Guatemala con la trilogía bananera de Asturias.

175

Al releer los textos de Carmen Lyra, queda la clara impresión de que Ernesto Cardenal retoma en algunos de sus poemas temas y episodios de *Bananos y Hombres:*

"... llega la orden de la United Fruit Company:
 'La Iunai no compra más banano'.
 Y hay despido de trabajadores en Puerto Limón.
 Los pequeños talleres se cierran.
 Nadie puede pagar una deuda.
 Y los bananos pudriéndose en los vagones del ferrocarril.
 Para que no haya banano barato
 Y para que haya banano barato".[2]

En la perspectiva del desarrollo de la narrativa socialrealista, Carmen Lyra aporta con sus relatos una visión del mundo y de la sociedad con una perspectiva de solidaridad con los sectores populares más desamparados, que entronca con la actitud crítica del autor de *El Moto* e *Hijas del Campo,* así como con el antiimperialismo de Carlos Gagini.

Con *Bananos y Hombres,* Carmen Lyra introduce en la literatura nacional toda una región que hasta entonces no formaba parte de la conciencia de los costarricenses, que siempre habían identificado el país con la Meseta Central. Se tematiza por primera vez la presencia del enclave bananero con toda su secuela de injusticia, explotación y miseria. Carmen Lyra conserva en esos textos su sensibilidad poética y humana, forzando su estilo de resabios modernistas a expresar vivencias y observaciones muy alejadas de los tópicos de esa corriente literaria.

Bananos y Hombres contiene igualmente, tal como se aprecia en algunos de los trozos citados, un ajuste de cuentas con el catolicismo y la política oficial de la Iglesia en lo que concierne su actitud para con las clases desfavorecidas y en general frente a la cuestión obrera, marcando así en el terreno de la literatura, la transición, en lo político, marcada por la diferencia de actitudes entre el reformismo de Jorge Volio de los años veinte y las ideas y principios sustentados por el recién fundado Partido Comunista .

Carmen Lyra no ha perdido pues su aptitud y su estilo poéticos de los primeros escritos, pero es su compromiso humano y político el que dirige la creación de las metáforas y la dosificación consciente de los efectos de estilo. Su integridad como persona, maestra, escritora y polemista le rodearon de amigos y lectores que la admiraban con respeto, así como de enemigos que no vacilaron, en la coyuntura de la guerra civil del 48, en perseguirla y en negarle el derecho de regresar a morir a su país.

Notas y referencias

1. Se cita de: Lyra, Carmen: *Relatos escogidos,* Editorial Costa Rica, San José 1977, indicándose entre paréntesis el número de página.

2. Cardenal, Ernesto: *Poemas,* Edición policopiada para estudiantes, Cátedra de Castellano, Dpto. de Estudios Generales, Universidad de Costa Rica, San José, 1971, p. 12.

DOS VISIONES DEL CAMPESINO EN LOS AÑOS TREINTA

El lirismo épico de Adolfo Herrera García en *Juan Varela* y el naturalismo expresionista de Max Jiménez en *El Jaúl*

Las dos obras que se analizan en este capítulo son textos cortos: el primero claramente narrativo, el segundo más bien de carácter descriptivo. Los dos figuran en la Colección XXV Aniversario de la Editorial Costa Rica que en veinticinco volúmenes reúne las treinta y una obras más representivas de la narrativa costarricense. *Juan Varela,* que fue publicada por primera vez en 1939 con el título de *Vida y dolores de Juan Varela,* sobrepasa apenas las cuarenta páginas. *El Jaúl,* que apareció en Chile en 1937, cuenta poco más de cien páginas.

Las dos obras representan visiones diametralmente opuestas de la problemática del campo. Entre ellas hay una distancia comparable a la que separa la idealización del indio en *El mundo es ancho y ajeno* de Ciro Alegría de la brutalidad de las relaciones humanas que en gran medida caracteriza a *Huasipungo* de Jorge Icaza. La actitud solidaria frente a los problemas campesinos de Herrera García se prolongará en muchas obras de la década siguiente y sobre todo aparecerá en la obra de Fabián Dobles, cuyo tratamiento de la problemática campesina tiene muchos rasgos comunes con *Juan Varela.* Sin duda hastiado de la tendencia a la visión idílica del campo, muy característica del costumbrismo de Aquileo Echeverría y de Manuel González Zeledón, y sus seguidores, Jiménez intenta, con su novela, desenmascarar esa visión falsa del campo y del campesino.

Juan Varela de Adolfo Herrera García

Juan Varela[1] es la historia trágica de un campesino que se marcha de un pueblo de la Meseta Central para establecer, junto con su mujer, una finca en medio de la selva. En los dos primeros capítulos vemos a Juan Varela trabajar con alegría. Todo marcha bien: la tierra es fértil, los sembríos crecen, las cosechas son buenas, los animales se reproducen, un niño nace, los precios en el mercado son altos. Mas de pronto, un año, los precios bajan. Entre maniobras de acaparadores y permisos de importación del extranjero, que el gobierno otorga para favorecer a amigos y partidarios, los pequeños campesinos se arruinan.

Juan Varela se desalienta, pero después de consultarlo con Ana su mujer, deciden responder a la crisis con un ensanchamiento de las actividades. Hacen una hipoteca en el Banco Americano de Costa Rica para la instalación de un pequeño trapiche para la elaboración de la panela, tratando de eliminar así intermediarios que se quedaban con la mayor parte de las ganancias. Después de otros años de trabajos todavía más duros, "Cuatro trabajaban en la molienda: Ana, dos bueyes y él...", (133) reciben una carta del Banco, en la cual se les comunica que por no haber pagado los intereses según lo estipulado en el pagaré, la finca ha sido rematada.

Los capítulos cuatro y cinco nos muestran a Juan trabajando de peón en una gran hacienda, mientras Ana y los niños se han quedado en casa del vecino de la antigua propiedad. Juan Varela, que un mes antes todavía era propietario, está resentido con la tierra:

"El maíz y la caña y el café y los frijoles se los llevarían a la capital en los grandes camiones ruidosos. No era para él. Ni para Ana. Ni para los chiquillos.
    ¡El patrón! ¡La tierra! Por eso era blanda y tibia y pierniabierta y paridora: para el patrón. Era para darle de patadas. ¡La tierra!
    La tierra grande y ajena." (135)

En el capítulo seis, por haberse comido unos plátanos de la hacienda, Juan Varela es despedido. No ve entonces otra solución al problema del desempleo que la de meterse a fabricante de aguardiente clandestino. Clandestino, porque la fabricación de licores era, desde hacía mucho tiempo, monopolio del Estado. Llega el momento de la traición, pues siempre hay alguien que quiere ganarse los cien pesos con que el gobierno premia una delación. Varela se niega a entregarse a los policías del Resguardo Fiscal y ayudado por uno de sus clientes, Alvaro Castañeda, un ex-maestro de escuela, mata a dos policías. Durante la huída, muere Castañeda que había resultado herido en la contienda. Juan Varela se esconde en la montaña durante dos meses, luego sale para ver a su familia. Se venga del delator y confiesa su triple asesinato a las autoridades. Camino al temido presidio de la Isla de San Lucas, Juan Valera espera ver una última vez a su familia y entonces, se ha prometido, llorará en el hombro de Eduardo su hijo primogénito; pero su familia no llega a despedirlo y tampoco esa vez Juan Valera podrá llorar.

El último capítulo tiene función de epílogo. Muchos años después cuando Juan Varela tiene ya las sienes encanecidas, Pedro Pablo Echeverría, el aventurero buscador de oro, que también se emborrachaba con el licor clandestino de la saca de guaro de Varela, le cuenta que el paludismo mató a Eduardo y que Ana estuvo mucho tiempo juntando dinero para venir a visitarlo a San Lucas, pero que ahora se ha marchado con un nicaragüense a la ciudad de Parrita, en los nuevos bananales de la costa del Pacífico.

Esa es la historia de la vida y dolores de Juan Varela. Herrera García era periodista y aparte de este texto, que generalmente se menciona como novela, a pesar de tener una extensión que la aparenta más bien al género de la novela corta, escribió algunos cuentos. El texto de Juan Varela presenta algunas heterogeneidades interesantes: se abre con una dedicatoria manuscrita y firmada por el autor que literalmente dice: "A la memoria de Eduardo, primogénito de Juan Valera y Ana Madrigal, enterrado la tarde del domingo 20 de febrero en el cementerio de San Ramón. Herrera García 1939." (110). También se reproducen dos documentos judiciales: el denuncio de la finca de Juan Varela y el pagaré firmado por éste, el representante del Banco Americano de Costa Rica y dos testigos. Además aparece una nota a pie de página del autor referente a la última voluntad de Castañeda quien había pedido a Juan Varela, al morir, que pasados cinco años lo desenterrara y echara sus huesos al mar que acaso los llevaría a las costas donde vivía su amada. La nota en cuestión dice: "Alvaro Castañeda, maestro de escuela: yo recogí por intermedio de un reo tu última voluntad. Espero el transcurso del tiempo para darle cumplimiento. - A. H. G." (151)

Estos textos heterogéneos podrían constituir tan sólo un rasgo estilístico comparable, por ejemplo, al que utiliza Vargas Llosa en *Pantaleón y las visitadoras* para crear un efecto de realidad, a través de una tipografía especial que subraya la autenticidad de las cartas mecanografiadas que Pantaleón envía a sus superiores militares, sin embargo, el tono de la nota acerca del último deseo de Castañeda da la impresión de que Juan Varela es un "*fait divers*" novelado por el periodista-autor. A este respecto, más que determinar si el relato se basa en una historia de la vida real o no, me parece interesante subrayar las estrechas relaciones que existen entre lo documental, el testimonio y la ficción de tipo socialrealista. Un rasgo característico de la obra de Herrera García, que la aleja de lo documental y lo testimonial, es el tono lírico que se mantiene a lo largo de toda la novela. Otro rasgo que tiene la misma función es la decisión del escritor de no utilizar el voseo local más que en los escasos diálogos, mientras que usa el tú en el discurso de autor, recurso que contribuye, según la vivencia de un lector que se sirve del voseo, a elevar aún más el tono lírico. Es el elemento agregado, para utilizar la terminología de Vargas Llosa, el que separa la obra de ficción de los otros géneros documentales y testimoniales. En el caso concreto de *Juan Varela,* me parece que es precisamente el tono lírico, el elemento agregado más importante. Por otra parte, los historiadores de la literatura costarricense están de acuerdo en señalar que Juan Varela es la obra que inaugura la eclosión, en la década de los cuarenta, de la novela socialrealista moderna.

El Jaúl de Max Jiménez

El Jaúl [2] está compuesto de una serie de capítulos apenas unidos por la presencia de unos pocos personajes que aperecen en varios de ellos. La unidad de la obra radica más en el hecho de que la mayor parte de las descripciones y de la acción se sitúan en San Luis de los Jaúles, un pueblo de montaña al norte de San José, que en hilvanamiento coherente de una historia. Lo que interesa a Jiménez no es la presencia de una estructura política y económica que regularía o determinaría las relaciones entre los hombres, sino el aspecto moral de la personalidad humana. El rasgo dominante de los personajes de Jiménez es la maldad. Parece existir cierta relación entre el paisaje dominado por la lluvia, la humedad y el barro y el temple amoral, o la miseria moral, en que viven los personajes que, como hongos y líquenes, siempre rehuyen el sol. Una de las peores maldades que se le podía infligir a un vecino era cortarle los árboles que daban sombra a su vivienda: "Al metérseles el sol en el rancho, inmediatamente se iban para otra madriguera." (84)

No hay vicio que no encuentre tierra abonada en el alma de los jauleños; uno de los más generalizados es el hurto:"Era el robo evidentemente, para el noble pueblo de San Luis de los Jaúles, una voluptuosidad y hasta lo hacían colectivamente." (83) "El robo en el apacible pueblo de San Luis de los Jaúles tenía carácter deportivo. Los habitantes de San Luis de los Jaúles no podían vivir sin el robo. Aun trabajadores de buena paga, robaban por necesidad de espíritu." (81)

La violencia es correlativamente otro rasgo esencial de las relaciones humanas y es característico de las relaciones entre hombres y animales, entre padres e hijos, entre marido y mujer, entre las autoridades y la gente del pueblo. En contrapartida, a la gente del pueblo le gusta "joder" (hacer daño) al político, al patroncito, al maestro y al cura. Aún el ministro, en su despacho capitalino,se regodea, en el fondo, de que el maestro se acueste con las mujeres de los gamonales que han venido a quejarse ante él.

Todos los hombres, y algunas de las mujeres, se emborrachan, sobre todo con el apreciado guaro clandestino, que a menudo tiene el color y el sabor a cobre de los primitivos alambiques. El Chunguero que es uno de los personajes que aparecen en la mayoría de los capítulos y cuya historia alcanza cierta coherencia y desarrollo, se ensaña desde el principio de la novela contra sus bueyes:

"Unos tragos más de guaro. Ya el buey gacho parecía pedirle perdón al Creador sobre las rodillas delanteras, la boca llena de espuma y las narices aventando la vida. [...]
La soledad de las alturas es espantosa. La neblina se satura del terror de un buey débil y de la mano pavorosa que empuña un chuzo.
- Buey pendejo ... Y se lanzó a chuzazos contra el buey. En una de las lanzadas dio un tumbo, se rasgó el pellejo del buey y Chunguero fue a dar contra el 'gacho'.

Se ensangrentó la cara y fue amable en la mejilla el frescor del lodo.

Un gran jadeo. El sudor reintegrándose al cielo.

Una soledad profunda. El canto de pájaros que predicen la muerte y un dormitar de la bestia que repetía: buey pendejo, buey pendejo..." (24)

Chunguero es un matón que se estima el hombre más valiente del pueblo. Sus supuestos amigos explotan su bravuconería para gozar un duelo a machete entre Chunguero y Jeremar. Jeremar tenía muchos enemigos y había servido a un tiranuelo de la América Central. "Jeremar se había alimentado de las sombras de la noche. Era de color triste, de ojos profundamente negros. Todo relato lo empezaba: 'Era una noche oscura. La lluvia caía, monótonamente. Yo iba solo, como de costumbre, con el farol. Y por único compañero, este corvo.'" (69) Es decir, su enorme machete.

"Jeremar no buscaba pleitos, pero era muy hombre." (69) Mas Chunguero no morirá a manos de Jeremar, dejará la vida a manos de otro matón, Gordiano Rajapanzas, quien "... llamaba a su cuchillo corto, el espadín, y mostraba, saltando en círculo, su eficiencia y su manera de defensa." (134) En las fiestas del pueblo, los amigos organizan un duelo para divertirse:

"- Hijos de puta, Uds. quieren joderme.

El hombrecillo, Gordiano, empezó a dar vueltas con el espadín. En el centro, Chunguero que ya había sacado el corvo, daba vueltas como bestia idiota buscando a Gordiano.

El hombrecillo daba saltos diabólicos, y decía con una voz chillona:

- Ah! Conque vos sos el más valiente.

- Acercate choyao, no des tantas vueltas.

Chunguero parecía un perro que se estuviera buscando el rabo. De un salto, Gordiano le dio un terrible cintarazo en la espalda y saltó a tres metros con las piernas abiertas, piernas de acero de salvar troncos y bejucos en las encrucijadas. Chunguero no pudo más, soltó espuma con maldiciones, y se tiró sobre Gordiano. Gordiano esquivó el golpe, se le puso a la espalda y le clavó el espadín de filo en la cabeza, como en el tronco de la palma del palmito." (136)

Las relaciones entre los sexos están igualmente marcadas por la violencia, alcanzando el paroxismo en el caso de promiscuiad del Mosco que vive con tres hermanas: Petra, Tina y Dulcerina. Llega un momento en que las relaciones entre las tres mujeres se hacen imposibles. Petra acusa a Tina, que siempre está embarazada, de haber maleficiado al Mosco para convertirse en su preferida; ésta acusa a Petra de sólo tener una hija por haber matado a todos los otros que había parido y de haberlos enterrado bajo el piso del rancho. Para vengarse del Mosco y de la preferida, Petra acusa al Mosco de incesto con su hija Graciela, de sólo diez años. Sangrando, la niña es llevada a las autoridades, habiéndola instruído su madre antes acerca de lo que debía declarar:

"- El Mosco me persiguió. Yo salí corriendo y corriendo río abajo, hasta que me cayó encima, me arrancó la enagua y me abrió durísimo las piernas. Estaba como loco de borracho. El Político se tapó la cara y dijo:
- Cállese, cállese, no diga más.
Y la Tina:
- Es mentira, es mentira, esa es una sinvergüenza. (Y se jala el pelo). Eso se lo hizo esa canalla de Petra con el cuchillo de raspar dulce. Si no, vaya véalo y lo verá junto a la tapa. Ni le lavó la sangre.
El Político llamó al médico del pueblo. Este dictaminó: "Herida con arma cortante". Y se fue del pueblo, aterrado. La gente parecía despertar y ñor Santiago gritó:
- Apedriemos a esa perra." (92)

Los ejemplos de maldad, de crueldad y de estupidez se pueden multiplicar, *El Jaúl* no trata en el fondo de otra cosa. Los niños de la escuela sólo conocen dos juegos, además del de acribillar la espalda del maestro con peloticas de barro, lanzadas con cerbatanas: matar pajarillos y estropear las flores del jardín del maestro. Hasta la procesión del Viernes Santo termina en bochinche, pues ñor Sebastián y sus hijos, completamente borrachos, deciden emprenderla contra los romanos y judíos que maltratan al pobre Nazareno.

Max Jiménez fue además de ensayista, poeta y novelista, pintor, grabador y escultor, y por ser muy rico hacendado, incansable viajero. Stefan Baciu lo caracteriza como un moralista feroz.[3] Con respecto a los personajes, Elizabeth Portuguez de Bolaños retiene, en su estudio *El cuento en Costa Rica,* que: "Los relatos apenas están enlazados por el paisaje húmedo y lluvioso, y por algunos tipos perversos, brutales. [...] Los paisajes de las alturas, como parte esencial de la obra, están descritos con una bella fuerza expresiva. Sus personajes, con el alma tan monstruosamente deforme, nos recuerdan sus pinturas."[4] Portuguez de Bolaños, costarricense y un poco atemorizada por la barbarie de los jauleños, prefiere subrayar la belleza de la descripción de los paisajes y tratar de olvidar los personajes, rechazando al mismo tiempo, y de refilón, el expresionismo de la pintura de Max Jiménez, pues si los personajes literarios son deformes, deformes son también los de las obras plásticas. En la parte antológica de su trabajo, esta autora salva dos de los capítulos de *El Jaúl,* seguramente por encontrar allí los personajes menos "deformes": "*La siembra*" y "*El palmitero*"..
Esta actitud de rechazo, desconcierto y fascinación frente a la obra y la personalidad de Max Jiménez está muy claramente expresada en un ensayo del poeta Arturo Echeverría Loría: "A Max Jiménez no se le conoce en este terruño; pero se le critica; se le ataca desconociéndolo. Claro está que su valentía intelectual, su fuerza poética y narrativa en su original

prosa, y su desconcertante pintura que asombra por la magia de colores y por la fuerza humana de sus inhumanas figuras, tiene que desconcertar a sus conterráneos, llenarlos de asombro."[5]

Francisco Amighetti que, como Jiménez cultiva tanto las artes plásticas como las literarias, subraya la fuerza de las creaciones de su colega: "Los personajes que habitan sus páginas poseen aquella potencia que era propia del autor, por medio de la cual agrandaba las figuras que surgen de su libro que habla como un hombre, como le gustaba a Unamuno que hablaran los libros."[6]

Stefan Baciu, rumano de origen, estima, al contrario de Portuguez de Bolaños, más que el paisaje, los personajes, y no está de acuerdo tampoco con la crítica que insiste en la falta de unidad de *El Jaúl* en tanto que texto narrativo: "No hay personaje en esta obra (y procedimos cuidadosamente a la selección de los trechos más importantes) que no tenga su lugar bien determinado; no sólamente bajo el punto de vista pintoresco, sino, sobre todas las cosas, en la economía de la obra, que aparece como una sola unidad, construida de un material que, además de espantar, impresiona.

En realidad, todo lo que hay de espantoso en *El Jaúl,* es impresionante. No lo es por espantoso, sino porque evoca un mundo hasta entonces ignorado."[7]

Baciu valora muy altamente y tiene en gran estima la independencia de Max Jiménez que no sirve ningún credo ni ninguna doctrina: "Este es el libro de un moralista; pero de un moralista que no hace la moral de nadie, que no ataca las causas 'malas' ni defiende las 'buenas', dejando todo esto para el lector, pues, por encima de cualquier otra cosa, le interesa la verdad.

Max Jiménez no quiere ganar adeptos ni escribe a favor de ningún Comité Central, ni de ningún Consistorio. No tiene sobre él persona alguna destinada a vigilar su rectitud moral o ideológica, tal como acostumbra suceder en los escritores partidistas."[8] (Enfasis de Baciu)

Es posible que el origen de Baciu explique hasta cierto punto su animadversión por la literatura *engagée,* como él dice; sin embargo, me parece difícil hablar del amor a la verdad, con mayúscula, sea ésta literaria, filosófica u ontológica, sobre todo tratándose de una novela que toma como escenario y punto de partida un sector social subalterno, su dudoso temple moral y sus condiciones de vida rayanas en la animalidad. Que Jiménez no obedezca, ni quiera congraciarse con nadie ni con institución alguna, no impide que su visión de la realidad esté impregnada por un punto de vista filosófico o ideológico, que detrás de su creación plástica o poética haya una visión del mundo y del hombre. Además la independencia económica que le permitía su considerable fortuna, le permitía, igualmente, cualquier otro tipo de libertades, liberalidades y quizá hasta libertinajes en su arte y en su literatura.

Es fácil ver dónde están las simpatías de Herrera García en su novela, y eso no le resta ni le suma valor literario a *Juan Varela;* en la obra de Max Jiménez, al contrario, es difícil descubrir un mínimo rasgo de solidaridad, sea ésta humana o social; yo siento más bien en él un fondo de misantropía, una imposibilidad casi absoluta para creer en que haya algo bueno en el hombre, ni siquiera a un nivel abstracto. Me es difícil ver donde está, y no es que tenga que estar, el cariño de Max Jiménez por sus personajes, tal como Baciu cree descubrirlo: "Después de haber observado demoradamente a los protagonistas (no debemos olvidar que la hacienda de Max Jiménez se encontraba en el mismo lugar donde sitúa esta aldea de la novela) en sus vidas cotidianas, examinándolos con atención y cariño, el autor consiguió presentarlos tal cual son en realidad, sin quitarles ni ponerles nada."[9]

En *El Jaúl* hay una vaga explicación de la razón de la maldad de esa raza pálida y cruel que se parece a la mala madera del jaúl, que por mala sólo sirve para hacer ataúdes. La explicación parece radicar en la inadaptación de los personajes a un medio ajeno. "Nacimiento, vida y muerte tienen en aquel pueblo casi el mismo valor. La vecindad de la tierra hace más fácil la muerte. Allí no hay rebelión contra la muerte. No se trata del campesino que ama la tierra y que al morir se une a su madre la tierra. Se trata de un hombre blanco que no se ha integrado. Los indios, los verdaderos dueños, los que eran raíz de la montaña, huyeron a sus fondos. La selva los acogió blandamente. Huyeron de unos invasores mil veces más bárbaros que ellos y cuyo único sostén, cuyo único motivo de vida es la maldad. No es una vileza adquirida: es una segunda naturaleza, es un empleo perverso de sus fuerzas." (27)

Juan Varela, que pertenece a la misma "raza" que Chunguero y todos los demás jauleños, comenzó utilizando bien sus fuerzas, pero fue una organización viciada de la sociedad la que le llevó a desviar su camino pasando de hombre honrado a criminal, pero la psicología de Juan Varela no parece alterarse a pesar de sus acciones, que en la arquitectura de la novela son explicables y hasta excusables. La naturaleza humana de los jauleños, por el contrario, está viciada desde el principio. Las autoridades de *El Jaúl* no imparten justicia, ni siquiera en nombre de un interés común: el político, el maestro, los policías y el ministro son todos corruptos. Sólo parece salvarse el cura, y más bien por empecinado que por santo.

Pero la última palabra le debe corresponder a Max Jiménez, cuyo pensamiento polémico era, como todo pensamiento que se construye contra esto y aquello, contradictorio y paradójico. En una nota que precede a su libro de máximas, publicado póstumamente, y que lleva el título de *Candelillas*[10], que es el nombre que ostentan las luciérnagas en Costa Rica, Max Jiménez escribe:

> Si se encuentra que algunas de estas
> notas son oscuras estoy completamente
> de acuerdo con el lector.
> Puede ser que a un precepto lo
> contradiga otro, como la vida,
> que no se repite nunca.
> Todas estas notas están escritas
> sobre la palabra probablemente y,
> de equivocarse, han cumplido
> en gran parte su cometido.

El desenmascaramiento de la falsa idealización del campesino costarricense en *El Jaúl* tiene su función social y aún política, además de su valor intrínsecamente literario, pues, como cita Carmen Naranjo a Jiménez en su prólogo a *Candelillas,* "... los libros cuando salen del autor están inconclusos y es un buen síntoma que el lector inteligente los termine."[11]

La importancia de *El Jaúl* radica, a mi modo de ver, en haber acabado una vez por todas con la visión amena y sonriente del campesino que el costumbrismo había institucionalizado. Ese desenmascaramiento es un aporte necesario y esencial para la percepción más equilibrada y verista que los autores socialrealistas necesitaban. *Juan Varela,* por su parte, entrega a los autores de la generación siguiente un esquema narrativo que será plenamente explotado sobre todo por Fabián Dobles. Así, el proceso de formación de la narrativa socialrealista de Costa Rica alcanza con estas dos obras, que fueron publicadas al finalizar la década de los treinta, un estadio de desarrollo que permitirá el pleno florecimiento del género con los autores de la llamada generación de los cuarenta.

Notas y referencias

1. Las citas provienen de: Herrera García, Adolfo: *Juan Varela,* Editorial Costa Rica, San José, 1984.

2. Se cita de: Jiménez, Max: *El Jaúl,* Editorial Costa Rica, San José, 1984.

3. Baciu, Stefan: *"Max Jiménez - un moralista feroz"* en Duquesne Hispanic Review, Año VII, no. 1. Pittsburgh Pa., 1968.

4. Portuguez de Bolaños, Elizabeth: *El cuento en Costa Rica, estudio, bibliogra-*

fía y antología, Antonio Lehmann, San José, 1964, p. 175.

5. Echeverría Loría, A.: *De artes y de letras, opiniones y comentarios,* Editorial Costa Rica, San José, 1972, p. 27.

6. Amighetti, Francisco: Prólogo a: Jiménez, M.: *El domador de pulgas,* citado por Baciu: *Op. cit.,* p. 33.

7. Baciu, S.: *Op. cit.,* p. 39.

8. *Ibidem,* p. 48.

9. *Ibidem,* p. 44.

10. Jiménez, Max: *Candelillas,* Editorial Costa Rica, San José, 1978.

11. Carmen Naranjo: Prólogo a *Candelillas,* p. 81.

INDIOS, NEGROS Y BLANCOS A LA SOMBRA DEL BANANO
VISION PROLETARIA DE OTRA COSTA RICA

Mamita Yunai de Carlos Luis Fallas

Luchas de una novela de lucha
Creo que no hay otra obra literaria costarricense que haya tenido, desde el punto de vista de la recepción, una trayectoria más interesante que la novela *Mamita Yunai* de Carlos Luis Fallas

En 1940 la Unión Panamericana y la Casa Editorial norteamericana Farrar and Rinehart convocaron un concurso a nivel latinoamericano. La mejor novela ganaría un premio de seis mil dólares, además, las obras seleccionadas en cada país tendrían la opción de ser publicadas por el Club Argentino del Libro. En Costa Rica se presentaron dieciocho novelas de las cuales fueron descartadas ocho. Entre las diez restantes se debería hallar la ganadora; además una que obtendría mención. El 15 de diciembre el jurado dio su fallo: se otorgaba el primer premio a tres novelas y se hacía mención de otras dos "La prensa de esos días, relata Alfonso Chase, describió el hecho 'como el más inesperado de los fallos literarios', tanto por la incapacidad del jurado para ponerse de acuerdo en una sola obra, como por la exclusión de la novela del dirigente obrero Carlos Luis Fallas, la luego famosa *Mamita Yunai,* que a juicio de los comentaristas debió haber quedado como finalista entre las cinco mejores."[1]

Yolanda Oreamuno, cuya novela *Por tierra firme* estaba entre las premiadas, renunció a enviarla a Nueva York, declarando en un polémico artículo publicado el día siguiente de que el fallo se diera a conocer:

"Prefiero perder la oportunidad de concurrir a la prueba en los Estados Unidos que hacerme eco de los temores del jurado. Nada importa perder, siempre que no sea en el propio concepto. Nada importa ganar, si esto no representa una íntima y honrada satisfacción. Pero una y otra cosa deben tener claridad. Me avergonzaría ante mí misma si yo aceptase el fallo en la forma que se ha rendido. Es ya un mal endémico en Costa Rica eso de eludir los problemas. Quizás sea este el punto más grave de la cuestión social en nuestro país."[2]

Yolanda Oreamuno pretendía sin duda que su artículo hiciera también renunciar a los otros dos escritores que habían obtenido el primer premio: Fabián Dobles con *Aguas turbias* y José Marín Cañas con *Pedro Arnáez,* pero no fue el caso. Por su parte, el presidente del jurado,

Roberto Brenes Mesén, declaró que la obra de Fallas había sido eliminada por razones especiales, razones que nunca precisó; García Monge, que también era miembro del jurado, se pronunció diplomáticamente, pero quizá con mayor claridad, expresando que el fallo revelaba la situación política del país.

La prensa de izquierda, por su parte, se hizo eco de la injusticia de que había sido víctima Carlos Luis Fallas. Emilia Prieto publicó un atículo en el cual elogiaba las cualidades literarias de *Mamita Yunai,* que serían, en su opinión, de otra índole que las tradicionales: "Fallas con su libro, puesto en una posición creadora por revolucionaria, contribuye eficazmente a construirnos una patria intelectual. Esa que íbamos perdiendo a fuerza de remedos e insinceridad. No se le ocurre a uno, leyendo el libro, que haya en él el más leve asomo de literatura a que todavía está acostumbrado el paladar de la mayor parte de nuestros intelectuales. No pensó Fallas, pero ni remotamente, en esa cosa resobada y desteñida que llaman por allí literatura."[3]

Antes de que el fallo fuera conocido, hasta la prensa burguesa había reconocido los méritos de la novela de Fallas. Chase cita, sin indicar quien es el periodista, la siguiente declaración: "Fallas, miembro del Buró Político del Partido Comunista se ha revelado como un autor de recia contextura, de finísima observación y de visión amplia y clara. Escribe descarnadamente, con fuerza, con brutal sencillez. En Fallas, Costa Rica tendrá a un escritor meritísimo. Su *Mamita Yunai* es el relato de la vida de los bananales del Atlántico, donde el autor vivió muchos años como trabajador de las plantaciones.[4]

Mamita Yunai saltó las estrechas fronteras costarricenses gracias al padrinazgo de Pablo Neruda que la echó a correr mundo, dándola a conocer tanto en América Latina como en el campo socialista, donde fue traducida al ruso, polaco, alemán, checo, eslovaco, búlgaro y húngaro. También hay traducción al francés y al italiano. En español ha sido editada en Costa Rica, Argentina, Chile, Cuba y México.[5] Neruda dedicó a uno de los personajes de la novela, en la realidad compañero y amigo de penas y alegrías de Fallas, uno de los poemas del *Canto General.* Se trata de Calero que, dice Fallas, "...a pesar de su lenguaje sucio, como el de todos los que tienen que estudiar en la escuela cruda de los campamentos, [...] era ingenuo como un niño y tenía un corazón de oro, abierto a todos."

No te conozco. En las páginas de Fallas leí tu vida
gigante oscuro, niño golpeado, harpiento y herrante.
De aquellas páginas vuelan tu risa y las canciones
entre los bananeros, en el barro sombrío, la lluvia y el sudor.

189

Qué vida la de los nuestros, qué alegrías segadas,
qué fuerzas destruidas por la comida innoble,
qué cantos derribados por la vivienda rota,
qué poderes del hombre deshechos por el hombre!

Pero cambiaremos la tierra. No irá tu sombra alegre
de charco en charco hacia la muerte desnuda.
Cambiaremos, uniendo tu mano con la mía,
la noche que te cubre con su bóveda verde.[6]

En las décadas siguientes el debate sobre *Mamita Yunai* continúa más o menos según las mismas pautas de 1940; por un lado se pone en duda su valor literario, si bien se le reconoce, como algo sumamente positivo, la fuerza del valor documental, la sinceridad y la verdad en la recreación de los personajes y del ambiente, pero se le critica por sus posiciones políticas, y ciertas carencias formales; por otro lado, se insiste en que esos valores documentales, de sinceridad y de verdad no impiden, de por sí, la presencia de cualidades auténticamente literarias. Quienes así opinan dejan entender que el juicio de los que niegan la calidad literaria de la novela sigue estando basado en un rechazo del compromiso político de la obra y la adscripción ideológica del autor. Es decir lo que dejaban traslucir, en el fondo, las declaraciones mencionadas de los dos miembros del jurado que se pronunciaron públicamente: la de que la novela no se seleccionó por razones especiales y la de que el fallo reflejaba la situación política del país. Pero, la creación de personajes que tienen fuerza y parecen verdaderos, la fuerza en la descripción de ambientes, etc, ¿no son acaso valores literarios? Mamita Yunai, en tanto que texto, ¿no está hecha del mismo material que cualquier otro texto?, ¿ de palabras?

Y es como si el éxito mismo alcanzado por la novela en el campo socialista comprometiera aún más el reconocimiento definitivo de sus valores literarios. Así, el prologuista de la edición cubana que utilizamos deja oír un tono de excusa, cuando escribe:

"Porque la verdad es que *Mamita Yunai* es uno de esos libros sobre los cuales el lector no puede emitir un juicio frío, ajeno al mundo que describe. O se le condena, de modo tajante o encubierto, según los grados de 'franqueza' reaccionaria, o se le aplaude, señalando los batientes de la hazaña literaria y de la demostración humana que el autor nos ofrece con la sola entrega de la obra. Se trata de uno de los títulos fundamentales de la novelística latinoamericana, a pesar de sus evidentes fallas formales, porque el vigor plástico y la expresividad artística que trascienden de sus páginas alcanzan igual altura que el aliento revolucionario que las sostiene."[7]

Esas fallas formales serían las que han hecho dudar si en realidad se trata de una obra que merece contar entre las fundamentales de la novelística latinoamericana, y en última instancia, si estamos frente a una novela o no. Los críticos que la admiran tratan de probar que en efecto se trata de una novela, a pesar de las fallas formales que se señalan; las cuales, por otra parte, se circunscriben fundamentalmente a problemas de composición. Personalmente recuerdo un comentario negativo de Vargas Llosa, maestro si hay de la arquitectura novelística, acerca de esa falla formal.

Creo que la discusión debe retomarse desde el principio, y no para tratar de demostrar si *Mamita Yunai* es o no es una novela o si lo erróneo está en el concepto de literatura de que se parte, sino más bien mirando atentamente algunos de los rasgos textuales de las diferentes partes de la obra en cuestión con miras a determinar, a partir del análisis mismo, el tipo de texto que tenemos ante los ojos.

Escritura y estructura narrativa

La obra está dividida en tres partes: la primera lleva el título *"Politiquería en el Tisingal de la leyenda"*, siendo la parte más extensa del texto, alrededor de ciento veinticinco páginas de un total de doscientas sesenta. La segunda se llama *"A la sombra del banano"* y consta de noventa páginas. La tercera tiene como título *"En la brecha"* y cuenta tan sólo ocho páginas. Es posible que una de esas fallas formales que tanto un lado como otro de la crítica aceptan, tenga que ver con esa asimetría entre las partes, sin embargo, hay otras novelas de las que se analizan en este estudio, por ejemplo *Ese que llaman pueblo,* que presenta igualmente una composición asimétrica, sin que por ello se le haya criticado como una carencia formal. Quizá valga la pena recordar, aunque se trate de dos obras muy diferentes, la desorientación e incomprensión de la crítica frente a *Hombres de Maíz,* la obra más importante de Asturias, igualmente acusada de fallas formales. A la crítica le tomó años descubrir su error.

La naturaleza del texto de *Mamita Yunai* parece tener unas características tales que permiten que, en la edición cubana que manejamos, se haya agregado una parte más, que lleva precisamente el significativo título de "A manera de cuarta parte". Esta cuarta parte es un discurso que Carlos Luis Fallas pronunció el 18 de septiembre de 1955 en una asamblea de solidadridad con los huelguistas de la zona bananera del Pacífico. Esta cuarta parte, y su adición al texto original de la obra, puede ser considerada como una falla más: la novela está tan mal arquitecturada que se le puede agregar cualquier cosa sin hacerla mejorar ni desmejorar. O bien puede mostrar - si aceptamos que en verdad se trata de una cuarta parte, lo que los editores cubanos no se deciden a hacer definitivamente, pues en el índice sólo aparecen las tres partes originales, mientras que en el texto mismo, el discurso lleva el título que se ha indicado - que esa adición se justifica por la continuidad temática con las tres primeras, o dicho de otra manera, por el hecho de que los problemas que se tematizan en el texto de 1940, siguen en gran medida, quince años más tarde, sin encontrar una solución. Eso demostraría la vigencia histórica del texto de Fallas, o lo que es más interesante, la hipótesis de que el texto tiene un carácter específico que permite precisamente tales agregados, sin comprometer su unidad o su naturaleza, que sería otra que la de un texto pura y simplemente novelesco.

I Parte: "Politiquería en el Tisingal de la leyenda"
La primera parte está constituida fundamentalmente por el relato de las dificultades que encuentra el protagonista, José Francisco Sibaja, para cumplir la misión que su partido - el Bloque de Obreros y Campesinos (avatar del Partido Comunista) - le ha confiado. Se trata de ir a controlar, como fiscal, el proceso electoral en una mesa de votación en el corazón de una de las regiones más alejadas e inaccesibles del país, Talamanca. Esta región sigue aún hoy rodeada de cierta aura de misterio entre los costarricenses centromesetinos, pues es una zona relativamente deshabitada y bastante desconocida. Es la región donde ha sobrevivido la población aborigen de Costa Rica, distribuida en varias etnias que los españoles nunca lograron conquistar: "Talamanca es una región poblada de indios, en su mayor parte analfabetos, que casi no hablan español y que hacen una vida primitiva y miserable. Viven agrupados en rancheríos cerca de las márgenes de los diferentes y caudalosos ríos o en el corazón de la montaña." (19)

La región está igualmente relacionada con el nombre mismo de Costa Rica, pues los conquistadores creyeron que ésa era una de las posibles localizaciones de El Dorado. Tisingal es el nombre de unas fantásticas minas de esmeraldas cuya existencia se localizaba allí. Los representantes del gobierno, dada la lejanía de la región y el control que sobre ella ejercían, siempre pudieron asegurar una considerable cantidad de votos al partido en el poder, conseguidos a través de manipulaciones de los electores.

"El agente de policía es el amo y señor de la región y ejerce un control absoluto sobre las indiadas a través de los pocos indios que saben leer y escribir, que hablan bien el español o son un poco más despiertos que los demás. También se sirve para esto de los escasísimos castellanos, ticos y chiricanos, que habiéndose amancebado con indias se han radicado definitivamente en la región. Con estos últimos se había integrado siempre la junta electoral de Chasse, y entre ellos, el agente de policía y sus secuaces indígenas, se elaboraban las clásicas elecciones de Talamanca." (19)

El Bloque se había propuesto, esta vez - las elecciones de 1940 -, impedir el fraude electoral en la región, por ello confió la misión a Sibaja que conocía bien la zona por haber trabajado, durante años, en los bananales de la costa atlántica vecinos a la región de Talamanca. Sibaja, que además de protagonista es el narrador, está muy cerca o más bien es idéntico con el autor mismo.

Un rasgo característico del discurso narrativo es la organización del texto alrededor de la modalidad del no-saber. Este rasgo es fundamental, como lo demostrara Todorov, de la novela detectivesca. No se trata de ignorancia, pura y simple, sino de algo que no se sabe, generalmente se trata del autor de un crimen, y de una voluntad de conocerlo, descubrirlo, un deseo de acceder a la modalidad de saber. La tensión entre las modalidades del no-saber y del querer-saber crea el suspenso, importante en el texto policíaco, pero también característico de todo texto ficcional.[8]

Tradicionalmente el lugar donde se suele reunir a los indios de Talamanca los días de elecciones ha sido el pueblo de Chasse, mas esta vez no se ha informado dónde estará la mesa exactamente, sólo se sabe que será en un lugar remoto, cerca del pueblo de Amure. "El gobernador no quiso decirnos el lugar preciso en que funcionaría la mesa de Amure. En resumidas cuentas, si queríamos fiscalizar esa mesa teníamos que ir a buscarla a las montañas de Talamanca." (20) La única manera de circular por Talamanca es remontando los ríos en canoa y siguiendo las "picadas", senderos que por la feracidad de las tierras se cierran poco después de haber sido marcados a machete. El no-saber obliga a Sibaja a desconfiar de todos: del chino del comisariato que en el fondo hasta le tiene simpatía por ser Sibaja representante de un partido que recientemente se ha declarado contra la agresión japonesa a la China, y de unos indios que "por casualidad" han aparecido por ahí y que se ofrecen a acercarlo en su cayuco al lugar de destino: "Se trataba de dos indios jóvenes que estaban metiendo la provisión dentro de una red. Uno era alto y fornido, cara ancha de niño grande y pelo cerdoso recortado en forma de hisopo. El otro, bajito y esmirriado, con una carilla afilada que bien podía ser de un ingenuo o de un taimado, me dio la impresión de un zamarro metido a tonto por negocio." (32)

Así, en la primera parte de *Mamita Yunai,* el protagonista, que al mismo tiempo es el narrador, crea, dada su expuesta situación, esa atmósfera de peligros y amenazas, un suspenso acerca de las posibilidades de éxito de su misión, que le hacen aparecer casi como víctima de una conspiración que pone en peligro una buena causa. Peligros y amenazas que al mismo tiempo lo constituyen en una especie de héroe, modesto y abnegado. Este es el principio de la ficción que hace posible la identificación del lector con el protagonista en peligro. Al no tratarse de una acción individual enmarcada en una sentimental y truculenta trama, la naturaleza que se describe en *Mamita Yunai* es muy diferente, por ejemplo, a la de *La Vorágine,* del colombiano José Eustacio Rivera. La novela de Fallas no es una novela de la selva, un espacio de aventuras, como la de Rivera, sino un lugar de trabajos, por eso, a Sibajita no se lo traga la montaña. Fallas describe la naturaleza, ora amenazante ora sonriente, según el estado de ánimo del protagonista. Cuando éste ya está seguro de poder cumplir su misión, a pesar de todos los tropiezos que sus enemigos políticos le han organizado, Sibajita siente el embrujo y la belleza de la selva, que describe sin caer en sentimentalismos, pues siempre tiene presente la importancia de su tarbajo:

"En la primera quebrada que encontré me senté a comer, calculando las raciones de pan para el domingo y el lunes. Más adelante desapareció el barro y la picada se ensanchó en vereda alfombrada de zacate. El trenzado y bien tupido ramaje de los árboles y los amplios cortinajes de bejucos formaban un prolongado túnel verde-oscuro, iluminado de vez en cuando por un débil rayo de sol que, al descolgarse por la verdura del follaje, chisporroteaba contra el rojo encendido de las extrañas parásitas. Más de una vez, interrumpiendo entre el gorjeo de los pajarillos que escandalizaban el silencio de la selva, llegaban hasta mí rumores apagados de conversaciones lejanas, y descubría huellas que partiendo de la vereda se perdían en la espesura del monte." (52)

Esta primera parte de la novela constituye evidentemente la tematización de un desenmascaramiento de las prácticas políticas imperantes y una denuncia de las condiciones de vida de los electores indios que, sólo en el momento que pueden proporcionar unas centenas de votos fraudulentos a los partidos en el poder, cobran momentánea importancia. Así, a la hora de los hechos, todo termina en una especie de farsa, que en sí misma es una denuncia más. La estrategia que los fiscales han puesto a punto consiste en hacer votar varias veces a una treintena de indios que tienen ya bien instruidos, pues los otros son incapaces de pegar la estampilla en el lugar correspondiente para que un voto por el partido gubernamemtal pueda ser declarado válido; pero llega un momento en que la farsa es demasiado burda y Sibajita protesta. Vista la correlación de fuerzas, éste trata de sacar el mayor provecho posible de la situación y exige de sus adversarios que se conformen con ciento cincuenta votos, en el fondo regalados, en lugar de los trescientos que habían prometido procurarle al gobierno. Después de una corta discusión llegan a un acuerdo, y Leví, el agente de policía, que siempre dice no tener nada que ver con la política, pero que es el que ha tratado de disfrazar un poco a los indios para que Sibaja no los reconozca cada vez que se presentan a votar con una nueva cédula, trae el recado del que manda:

"- Dice don Samuel que ciento cincuenta son muy pocos porque si'ha gastao mucha plata en esto, y que si vos querés la paramos en ciento sesenti'cinco!

- ¡Cómo me van a meter ciento sesenti'cinco! - grité yo -. Por lo menos dejémosla en ciento sesenta.

- Pero mirá, José Francisco, ¡si es que no podemos rebajar tanto! Vos sabés...; los compromisos son muchos. Si más bien nos estamos arriesgando mucho.

Al fin aceptaron la cantidad que yo fijaba y a las doce del día se dio por terminada la votación.

Entonces, ¡nos vamos a almorzar! - exclamó Leví, arrastrándome hacia la cocina." (74)

El primer texto de *Mamita Yunai* fue una suerte de informe al Partido sobre la misión en Amure, pero despertó, desde el principio, el interés de muchos y sobre todo de Carmen Lyra, quien ayudó a Fallas a transformarlo en un texto para ser publicado en el periódico. El 16 de marzo de 1940 apareció una primera parte, en forma de artículo, en el semanario *Trabajo,* el periódico del Partido Comunista. En una entrevista Fallas precisó algunos detalles al respecto:

"A poco decidieron mandarme a la zona bananera, donde había habido un problema con los trabajadores, con el objeto de reportar para el periódico lo acontecido, y ese reportaje fue el primer trabajo que hice. Es esa misión electoral a Talamanca, que se cuenta en *Mamita Yunai.* Pero fui a casa de una compañera, una escritora revolucionaria, Carmen Lyra, que por cierto murió allá por el 48 o el 49, y nos pusimos a conversar, y yo le contaba el viaje y sus peripecias. Y ella se indignaba unas veces, y otras se reía. Y me hizo escribirlo. Pero así como se lo dije a ella. Así mismo. Y empezamos a publicarlo en el periódico. Pero, fíjese, yo no estaba haciendo una novela. Los nombres son los mismos de los personajes, los lugares, los sucesos; todo, paso a paso, tal como fue, porque estaba informando."[9]

Es obvio que llegado el momento del desenlace, por otra parte nada glorioso, pero sin lugar a dudas ajustado a la realidad, el importante elemento de suspenso decae y tiende aún a desaparecer completamente. En este momento el texto mismo tematiza la aparición de la problemática de la escritura, al anunciar explícitamente la intención del narrador (escritor) de escribir y de introducir otros elementos y temas en un relato sobre las costumbres de la región de Talamanca. Así se lo confiesa el protagonista al músico chiricano, que por necesidad participa en la dudosa fiesta de la política de Costa Rica:

"- Yo simpatizo mucho con usté, ¿entiende? Y es que casi somos los mismos, pues yo soy del Partido Socialista de Panamá; pero soy músico y tengo que ganarme una platilla, ¿entiende? - Se quitó el chonete de fieltro y se sacudió el montón de colochos negros y sedosos. Luego preguntó -: ¿Qué piensa hacer sobre esto?

- Nada - le dije -. Posiblemente más adelante escriba algo sobre las costumbres y la vida de estos lugares.

- Pues si escribe, no se le olvide de decir algo de mí. Hable de Serafín de la

Miranda, el músico talamanqueño. Que sepan allá que también aquí hay artistas."
(75)

Y con esa decisión de escribir no sólo introduce Fallas a Serafín de la Miranda al mundo de la literatura, como más tarde Neruda dará a conocer en ámbitos más amplios a Calero, un importante personaje de la segunda parte de la novela, sino que es toda una nueva región: Talamanca, la zona atlántica, con la presencia de la gran empresa capitalista y la vida miserable que llevan costarricenses y centroamericanos, indios y proletarios negros y blancos a la sombra del banano, que entrará en la literatura a través de *Mamita Yunai.* Ya que de literatura se trata, pues a pesar de las declaraciones de Fallas, algo especial ocurre en el paso de lo oral a lo escrito, en el paso de la conversación con Carmen Lyra y el proceso de pasar el relato al papel una vez vuelto a casa. Es evidente, por ejemplo, que las descripciones líricas de la naturaleza, tal y como aparecen en la novela, no pertenecen directamente al registro oral, sino a un proceso de creación que tiene que ver con la escritura misma. Otro efecto que ese proceso tendrá para Fallas, es que sin abandonar el papel y las funciones de dirigente obrero y político, se convertirá en escritor, proletario y político, pero escritor en definitiva. En 1942 Fallas, que es ya una pluma conocida, será elegido regidor y en las elecciones del 44 saldrá electo diputado a la Asamblea Legislativa, jugando un papel importante, como lo hemos visto en otro apartado, en el proceso de legislación laboral y social de mediados de los años cuarenta y en los hechos políticos y militares de la guerra civil del 48.

Mas volvamos al texto. Terminada la votación y la especie de fiesta que le sigue, fiscales y autoridades regresan al día siguiente a sus respectivos lugares de residencia, Fallas redondea esta primera parte con el relato de la vida y destino de Meléndez, uno de los amigos de Sibaja, es decir de Fallas mismo, que hace poco encontraron asesinado en el río que van descendiendo en el bote de Leví, y con la historia del renco Martínez que llegó huyendo a Talamanca por haber matado, en una de las fincas de banano, a un capataz yanqui que le había violado a su compañera y que Leví, con engaños capturó y entregó a las autoridades. Así se introducen unas historias que van transformando el texto-reportaje de la misión política a Talamanca, en un texto más claramente narrativo y ficcional. Esta primera parte se cierra con el reencuentro de Sibaja y Herminio, un antiguo compañero de penas y alegrías del narrador.

II Parte: "A la sombra del banano"
La segunda parte de *Mamita Yunai* se articula a la primera como el relato retrospectivo de Sibaja y Herminio que intercambian recuerdos, ahora

que se han encontrado, acerca de su vida y la de otros compañeros que, como peones en diferentes fincas de la United Fruit Co., habían experimentado algunos años antes de la misión de Sibaja a Talamanca. Esta segunda parte está escrita no en primera persona del singular, como la primera, sino en primera persona del plural: un nosotros que traduce el sentimiento de amistad y de solidaridad que permiten hacer más llevadera la vida en el infierno verde, que permiten sobrevivir a la sombra del banano. Acerca de la segunda parte declara el mismo Carlos Luis Fallas en la entrevista citada más arriba: "Fueron los lectores luego los que me hicieron seguir. Quisieron que volviera, y ahí empecé a componer un poco, a fundir en uno solo muchos episodios semejantes, a sintetizar...".[10] En efecto la segunda parte aparece como más elaborada desde el punto de vista literario. Con respecto a la composición, la estructura es más clara y más acabada.

"A la sombra del banano" se abre con una parte que nos muestra la vida cotidiana de trabajo y tiempo libre que tres amigos - Sibaja, Calero y Herminio - comparten en un campamento de la bananera con el poético, pero desajustado nombre de Andrómeda. Se levantan de madrugada para poder comenzar la labor, a varias horas de marcha, antes de la salida del sol. Pero están contentos, pues gracias a un hábil capataz nicaragüense que los trata bien, ganan y comen mejor que las otras peonadas. Hay dos sistemas de contratación: los peones pueden trabajar directamente para la Compañía o bien la Compañía contrata con un intermediario quien, a su vez, se encarga de enganchar la gente necesaria para realizar el trabajo que, en este caso, generalmente es una tarea especial. Así a los tres amigos se les confía la tarea de dinamitar un enorme derrumbe que ha bloqueado un trecho del ferrocarril. Por ser un trabajo especializado, los tres amigos exigen una paga más elevada.

Una vez realizada la faena, llega el día de pago: el ingeniero Bertolazzi es el responsable de los trabajos, Azuola es el capataz y por eso recibe el sueldo de los tres amigos, quienes a su vez lo recibirán a través del contratista, llamado cabo Pancho. Mas Azuola se escapa con el sueldo de los peones, cabo Pancho no puede hacer nada y al reclamarle Herminio directamente a Bertolazzi, éste se contenta con golpearlo con una botella de wiskey vacía, con tal fuerza que le hace perder el conocimiento. Calero, que igualmente protesta, es apaleado y metido a la cárcel, junto con muchos otros hombres, borrachos o peones acusados de haber faltado el respeto a la autoridad. La cárcel es un medio que tiene el agente de policía para suplir su sueldo, pues para salir del calabozo, los peones deben entregar buena parte del salario, en forma de multas que el agente de policía se echa al bolsillo, una práctica que ya hemos visto tematizada en *Bananos y Hombres*. Vista la peligrosa situación que ha surgido, el ingeniero también huye a Puerto Limón, dejando antes, sin embargo, la orden expresa de que los tres amigos deben marcharse dentro de un lapso de ocho horas.

Sibaja, Calero y Herminio parten esa misma noche a trabajar en unos abandonos, es decir unas viejas plantaciones que la Compañía intenta volver a poner a producir. Los tres amigos hacen un contrato con el viejo míster Gordon quien les pagará 10 dólares por cada hectárea que dejen limpia. Calero que les tiene un miedo pánico a las serpientes se encarga de la tala de árboles ya que así puede trabajar a una prudente distancia del suelo, sobre un tapezco, mientras Sibaja y Herminio se ocupan de las tareas que deben ser hechas con machete. No será sin enbargo una mordedura de serpiente lo que le costará la vida a Calero, sino un enorme tronco que le cae encima. Sibaja y Herminio abandonan los trabajos, prefiriendo perder el sueldo ganado a vivir cerca del lugar donde su amigo ha muerto. Para no regresar a Andrómeda sin un centavo, lanzan una candela de dinamita que les da una enorme cantidad de pescado que al llegar al pueblo venden a los otros peones. Sibaja ha cogido el paludismo y para calmar la fiebre se emborracha, y otro tanto hace Herminio para ahogar sus penas:

"Entre la bruma de la fiebre y el ron, cuenta Sibaja, yo alcancé a ver el último reflejo de sus ojos verdes. Um momento después iba en un motocar, rumbo a Limón, amarrado como un asesino. A Bertolazzi también lo llevaban, herido de dos machetazos.
    Cuando el viejo Jerez terminó de relatar lo ocurrido, agregó:
    - ¡Si no se lo quitan, lo acaaba! ¡Jodido, hajta que le brillaban loj ojoj verdej como loj de un tigre!
    Yo cogí el litro y lo escurrí de un trago." (230)

Así termina la segunda parte de *Mamita Yunai.*

III Parte: "En la brecha"
La tercera parte nos devuelve al diálogo entre Sibaja y su amigo Herminio con que se cerraba la primera parte. Sibaja también fue sacado a Limón a causa de las fiebres palúdicas. Después de pasar mes y medio en el hospital, va a la cárcel, pero su amigo ya no estaba allí. Trabaja un tiempo en los muelles, donde apenas gana para ir viviendo y como la enfermedad lo ha endeudado, se interna otra vez a trabajar en los bananales. A causa de la muerte de un compañero, mientras trabajaban con dinamita, organiza una huelga de protesta. Los huelguistas son atacados por la guardia y habiendo tenido que salir para curarse una enfermedad intestinal, Sibaja se queda a vivir en la ciudad para luchar con los compañeros por una patria mejor. Esa actividad es la que le ha traído otra vez a la zona para

realizar la misión de fiscalizar la votación en Talamanca, misión que constituye la primera parte de la novela.

Por su parte, Herminio, después de salir de presidio, abandonó la idea de volver a su pueblo del interior, para no avergonzar a su madre, pues los periódicos lo habían caracterizado como un brutal y vulgar asesino. Por eso vive ahora en la amargura y el odio contra los gringos. Esa es la razón por la cual dice a su amigo: " - ¡Yo quisiera que todos los machos tuvieran un solo pescuezo pa cortarlo di'un machetazo!"

A lo que Sibaja, con visión más amplia y madurez política, responde con gran cariño y amistad:

" - Así pensaba yo también antes, Herminio. Pero no son todos: son unos cuantos que viven sangrando a los pueblos. Allá, en el país de los gringos, hay también millones de hombres que sufren como nosotros. ¡Hay que luchar de otro modo para cambiar la vida, hermano!
- ¿Onde cogistes todas esas cosas? - preguntó, riendo con tristeza.
- ¿Onde? Las he sacao del fondo del suampo, Herminio. De lo que vivimos juntos, de lo que t'he contao y de otros pasajes de mi vida más negros todavía y que me guardo aquí dentro. ¡Y es por eso que por estas cosas sólo nosotros podemos luchar, hermano! Nosotros, que nos hemos forjao en el barro y que tenemos el cuero muy duro pa resistir los golpes." (237)

Así termina la tercera parte y con ella *Mamita Yunai*. Sibaja se despide de sus amigos y en especial de su compañero Herminio, camina buena parte de la noche para volver pronto a la capital y continuar en la brecha.

Este rápido recorrido del texto de *Mamita Yunai* permite detectar por lo menos dos tipos fundamentales de discurso en el conjunto de la obra: el de la primera parte que se acerca más al tipo de discursividad que caracteriza el texto épico-historiográfico, muy afín al testimonio, tal y como se da, por ejemplo, en textos producidos a raíz de la revolución cubana y de la revolución sandinista, y en ocasión de la masacre de la plaza de Tlatelolco, por un lado y por otro lado, el discurso característico de textos tales como *Si me permiten hablar* de Domitila o *Me llamo Rigoberta Menchú*. El discurso de la segunda y tercera partes es más claramente típico de la ficción socialrealista. Es posible que sea la yuxtaposición de esos dos tipos de discurso lo que los críticos llamaron fallas formales, pero en general, la mezcla de diferentes tipos de discurso no es ajena al género novelesco. Es evidente que autores posteriores a Fallas lo han hecho con mayor virtuosismo, pero entonces se trata no de fallas formales, sino de un mayor o menor grado de éxito en la composición y disposición del material y no de absolutos que justificarían el rechazo y el olvido a que se trató de condenar la obra de Fallas.

El discurso narrativo

Fallas mismo da algunos detalles acerca de su esfuerzo de composición en la confección de la segunda parte de su novela, especialmente en cuanto a la sintetización. Para no mencionar más que un ejemplo, con respecto al dispensario de la compañía en Andrómeda, dice Fallas en su discurso a los huelguistas en 1955 - incluido en la edición cubana, como se ha indicado, a manera de cuarta parte - refiriéndose al testimonio que a sus ojos es *Mamita Yunai:* "En ese libro simulo la existencia de un dispensario en Andrómeda, porque me interesaba exhibir el dispensario y el 'doctor' que posteriormente conocí en la hacienda Pejibaye, propiedad entonces de la misma hacienda imperialista, en la provincia de Cartago. Pero en las inmensas bananeras del Atlántico, en aquel tiempo, no existía un solo dispensario ni se conocían servicios médicos de ninguna clase exceptuando el hospital de Limón." (240) Es decir que la segunda parte no está escrita como la primera, tal cual habían ocurrido los hechos y tal y como Fallas se los había contado a Carmen Lyra, en un intento de recreación fotográfica de la realidad, sino de una manera que se basa en principios clara y conscientemente literarios.

La segunda parte muestra una estructura que es muy corriente y característica de los textos narrativos: un primer momento, en el cual reina cierta armonía y cierto contento: la amistad entre los protagonistas y el buen trato que les da el contratista, mas los conflictos que se deben a las condiciones generales de trabajo y de vida imperantes en el enclave, siempre están latentes. Por esa razón, este primer momento se cierra con la pérdida del salario de los tres amigos que es robado por Azuola; además, Herminio es herido y Calero golpeado. Los tres deben abandonar Andrómeda e irse a trabajar en los abandonos regentados por míster Gordon, en condiciones bien peores.

Este segundo momento narrativo se contrapone al anterior. La situación desesperada de los protagonistas termina con la muerte trágica de Calero, la enfermedad de Sibaja y el encarcelamiento de Herminio. El tercer momento, que generalmente está signado por la muerte, marca la transición a un cuarto momento que puede ser una consolidación de la armonía del primer momento o, al contrario, de la situación disfórica que carateriza el segundo momento. La amistad, la unidad y la solidaridad que existían en el primer momento entre los tres amigos desaparece: Calero muere, Herminio es encarcelado. Sibaja abandona, después de algunas vicisitudes y nuevas experiencias, la zona bananera y vuelve a la Meseta Central.

En el cuarto momento, Calero existe sólo en el recuerdo, Herminio, que era fuerte y fornido, está esmirriado, encanecido y casi sin dientes y sin pelo, a pesar de tener apenas cuarenta años. Vive en el odio, y para él, el futuro parece no existir. Sibaja, al contrario, se ha comprometido con la causa de sus hermanos y trabaja, a otro nivel, en la organización del movimiento obrero y político. Hay optimismo en sus palabras. Es como si el proceso histórico del país - los ocho años que seguirán al momento en que *Mamita Yunai* fue escrita, muy importantes en logros para las clases trabajadoras, por ejemplo con respecto a la legislación social, y en el cual Fallas jugará un papel de primer plano - se anunciara ya en las páginas finales de la novela.

La relación entre las partes de la novela, tal y como Fallas las marcara, y la división del proceso narrativo en cuatro momentos que aquí se propone, se puede visualizar de la siguiente manera:

Primera parte	*Segunda parte*			*Tercera parte*
4o. momento	1er. momento	2o. momento	3er. momento	4o. momento
Presente	.... Pasado			Presente

Se puede decir que la estructura de la novela, mirada desde este punto de vista, no sólamente muestra una clara y consciente composición en la segunda parte, sino que también la primera parte, así como el corto epílogo que constituye la tercera parte, están perfectamente articuladas a la totalidad, pues primera y tercera partes constituyen, en la perspectiva de los cuatro momentos del desarrollo narrativo propuesto, el cuarto momento, que corresponde a la situación y a las actividades actuales del personaje de Sibaja. Esta clara estructura narativa, así como el trabajo consciente con el aspecto temporal y cronológico, es, en mi opinión, un argumento más en favor de la calidad literaria de *Mamita Yunai.*

Negros, indios, blancos y proletarios

En el prólogo a *Marcos Ramírez,* otra de las novelas de Carlos Luis Fallas, precisa el crítico León Pacheco - cuya novela *11 grados latitud Norte* había figurado entre las dos que obtuvieron mención en el certamen de 1940 - la significación de *Mamita Yunai* para la historia literaria y para la toma de conciencia del país como un todo geográfico y humano, pues hasta su publicación, los costarricenses desconocían la región del Atlántico y los que iban allí a trabajar atraídos por el espejismo de los altos sueldos, raramente regresaban, y cuando lo hacían, era al hospital en un vano esfuerzo por curarse el paludismo y las enfermedades intestinales. Pero ellos nunca hablaron de sus experiencias:

"No fue sino Carlos Luis Fallas, que llevó su misma vida en su juventud, quien les reveló a sus compatriotas lo que encerraba aquel litoral lodoso. La revelación fue brutal porque la hizo por medio de las páginas de una obra descarnada, hondamente escrita, humanamente vivida y en cuyos relatos sus hombres vencidos por la miseria, respiran la indignación y la protesta. Por otra parte, la lengua ruda de estos hombres era otra, muy otra a la que estaban acostumbrados los ticos al leer los relatos amables de Magón, de García Monge, de Fernández Guardia."[11]

Con respecto a la temática, León Pacheco continúa su prólogo tomando como punto de partida una comparación con las obras de Asturias que tratan de los mismos problemas:

"Mamita Yunai es obra muy anterior a las novelas que Miguel Angel Asturias dedicó al mismo problema del imperialismo amarillo de los trópicos. Pero en las páginas de Miguel Angel Asturias se siente el artificio, pues sus novelas están escritas en forma de panfletos y carecen del calor humano de la de Carlos Luis Fallas, quien le llevaba la ventaja de haber vivido en hígado propio lo que descarnadamente relataba."[12]

En la zona atlántica y en Talamanca viven respectivamente la población negra y la población indígena de Costa Rica. Los primeros son de orígen jamaiquino y llegaron al país a finales del siglo pasado como mano de obra para la construcción del ferrocarril y la organización del enclave bananero, hablaban inglés y eran en su mayoría anglicanos. Una legislación racista les prohibía hasta 1950 instalarse fuera de la povincia de Limón. Los segundos constituyen los últimos residuos de población aborigen de Costa Rica. Existe un censo muy controvertido de 1927 y otro, hecho sobre bases más científicas en 1950. Este último arrojó un número total de habitantes de 800,875, siendo al mismo tiempo, el último censo en que se incluye un cuadro de la población por grupos étnicos. Según este cuadro, 782.041 eran blancos y mestizos, representando el 97.6 % del total. Había 15.118 negros que representaban un 1,9 % y 2.692 indios que constituían el 0,3 %, además se contaron 993 habitantes de raza amarilla, 0,1 % de la población total.[13]

En la literatura costarricense no se había dado una literatura indigenista o un movimiento de la negritud, Fallas es el primer escritor en tematizar los problemas de estos dos grupos poblacionales y culturales de manera un poco más amplia y profunda, pues antes de *Mamita Yunai,* sólo había alusiones esporádicas, a veces descriminatorias o en todo caso paternalistas, a esos dos grupos, excepción hecha de los cortos relatos de Carmen Lyra. Fallas plantea la problemática a nivel humano y político.

Al terminar la farsa de las elecciones, Sibaja, que no entiende la lengua de los indios y que ha sido ridiculizado ante ellos por sus adversarios políticos, haciéndolos llamarle *"nasigua chiquirina",* (enemigo, perro enfermo), anota la ignorancia y explotación en que los indios son mantenidos por los blancos. Al pedirle un viejillo un poco de aguardiente,

Sibaja le explica que él no tiene nada que ver con ese aspecto de la política, a lo que el indio responde: "- Utede llamar indios pa los votos, y dar guaro; ora tener votos, no quiere dar un trago ... Utede con los votos ganar mucho, inditos quedar aquí y no ganar nada. ¡Inditos no volver salir pa la votación." (86)

Unas páginas más adelante, aparece un pasaje que es una clara intromisión del autor; se trata de un texto más bien ensayístico, lleno de informaciones históricas y de un sostenido tono lírico:

"Esos indios que casi lloraban implorando un pedazo de carne o un jarro de guaro, ¿eran los descendientes de aquellos belicosos talamancas? ¿No fueron sus antepasados los que hicieron famoso, con su bravura, el nombre de su región en tiempos de la colonia? ¿No fue esta raza, altiva otrora, la que mantuvo en jaque al audaz y fiero conquistador hispano? Los codiciosos buscadores de las misteriosas minas de Tsingal, si no encontraron nunca las esmeraldas que anhelaban, ¿no tropezaron siempre en cambio con las certeras lanzas y las mortíferas flechas de los valientes guerreros indios? [...]

Para sojuzgarlos resultó vano el halago e inútil la amenaza; inútil también desorejar, en la vieja metrópoli colonial, a centenares de indios prisioneros. No lograron, entonces domar la raza, ni los habilidosos frailes con sus escapularios y oraciones, ni los valientes soldados de España con sus espadas, arcabuses, cascos y corazas.

La doma, el embrutecimiento del indio, la destrucción de la raza bravía, quedó para otros conquistadores mil veces menos valientes, pero infinitamente más crueles y rapaces que aquellos españoles ¡y más arteros!: para los conquistadores imperialistas yanquis, secundados por criollos serviles. Y para otros tiempos: para los gloriosos tiempos de la república democrática y libérrima." (88)

En su antología *El negro en la literatura costarricense*, Quince Duncan hace constar que la incorporación del negro a la literatura nacional se debe a Carlos Luis Fallas: "En su obra *Mamita Yunai* narra uno de los episodios más importantes de la historia de las relaciones raciales en el país, la huida de los negros, muchos de ellos costarricenses, a la República de Panamá, como una resultante de las medidas restrictivas de los gobiernos de León Cortés y Ricardo Jiménez, quienes a raíz de la decisión de la Compañía Bananera de establecerse en el Pacífico, prohibieron al negro a trasladarse a esa zona, dejando sin trabajo a miles y miles de personas, y causando la ruina a la población limonense. Curiosamente se toleró la presencia de extranjeros - incluyendo a negros - en las fincas del Pacífico."[14]

Duncan evalúa la significación y el carácter de los textos de Fallas sobre los negros, así:

"Tiene del grupo una visión fundamentalmente testimonial. Señala su presencia, destaca ciertos rasgos que a los ojos de un alajuelense aparecen como característticos del grupo: la alegría, la facultad de reírse de sí mismo, la reciedumbre para el trabajo, tan contrario a lo que los prejuiciados afirmaban sobre el negro.

La narración de los hechos objetivos es característica de la obra de Fallas. Sin embargo, como podemos observar en el texto seleccionado, en un repentino e inesperado giro lingüístico, el autor inserta sus reflexiones: son una mezcla de lirismo y de historia, de política y de protesta. Su poco conocimiento del negro está compensado con creces por el cariño que vuelca en su texto. Y ese es el secreto de su acierto."[15]

Yendo a cumplir su misón de fiscal a Talamanca, Sibaja se encuentra con los negros que van hacia Panamá y hacen en compañía un buen trecho de camino. Como la emigración es más o menos ilegal y Sibaja también se siente en peligro, deben caminar de noche a través de la selva. En esas circunstancias la imaginación de Sibaja se aviva:

"Avanzaban las sombras y la gente venía perdida y regada por el monte. Nada como las sombras y la soledad y el silencio de las montañas desconocidas para imponer pavor a los hombres más audaces. Quizá por eso comenzaron a gritar los que iban más lejos, contestáronles los otros, se generalizó el griterío, y un coro de potentes aullidos horadó el silencio de la montaña. Yo pensaba en la tribu huyendo amenazada, o en el regreso de los guerreros victoriosos con el botín a cuestas y las cabezas de los vencidos colgando de las cinturas. Y deseaba también lanzar gritos potentes que se quedaran clavados en el corazón del monte, y sentía que el clamor salvaje y primitivo, que aquel aullar de tribu africana, era el lazo fraternal que nos unía a través de las sombras y a través de las distancias." (27)

En un pasaje que se inicia con preguntas retóricas de mucho lirismo, Sibaja se cuestiona sobre el destino del pueblo negro y reflexiona sobre su triste historia en tierras americanas:

"¿De dónde venían y adónde iban esas gentes, arrastrando a través de los siglos el pesado fardo de su piel quemada? ¿Adónde encontratrían su tierra de promisión?

Huyeron en la jungla africana de los cazadores de esclavos; tiñeron con su sangre las argollas en las profundas bodegas de los barcos negreros; gimieron bajo el látigo del capataz en los algodonales sin fin y se internaron en la manigua tropical como alzados, perseguidos por los perros del patrón. Pareciera que para los negros se ha detenido la rueda de la historia: para ellos no floreció la revolución francesa, ni existió Lincoln, ni combatió Bolívar, ni se cubrió de gloria el negro Maceo. Y ahora los pobres negros costarricenses, después de haber enriquecido con su sangre a los potentados del banano, tenían que huir de noche, a través de las montañas, arrastrando su prole y sus bártulos. No los perseguía el perro del negrero: los perseguía el fantasma de la miseria. ¿Qué les esperaría al otro lado de la frontera? ¿Adónde irían a dejar sus huesos?" (28)

El tercer grupo étnico que aparece en *Mamita Yunai,* como ya lo hemos visto, es evidentemente el de los trabajadores nacionales y centroamericanos. Los indios han preferido retirarse al corazón de la montaña y se relacionan muy poco con los blancos y los negros. Los negros y los blancos que constituyen la inmensa mayoría de los personajes que aparecen en las páginas de la novela son proletarios. Durante el trabajo no hay diferencias entre unos y otros, mas algunas de ellas se revelan durante los ratos de ocio. A los negros les gusta jugar a las damas y discuten a grandes voces y se ríen con estruendosas carcajadas que hacen exclamar a los blancos como Calero:

"- ¡Condenaos negros! ¡Parece que están en la gloria! - me decía Calero cuando los oía reír.
No había nada de eso. Nosotros los habíamos visto doblados sobre el suampo, trabajando como bestias, con las piernas envueltas en trapos para librarse de las raíces agudas. Llevaban al trabajo su miserable comida en un tarro: ñame, yuca, ñampí y bananos, todo arreglado con aceite de coco; algunas veces arroz y 'alalú' una planta moradita que se cría en el monte y que sólo ellos saben cocinar y comen.
[...] Son fuertes y sufridos para el trabajo. Por eso dejan sus huesos para abono del banano." (165)

Los ticos son sentimentales y el alcohol los pone tristes:

"Nosotros también nos emborrachábamos de cuando en cuando y casi siempre nos daba por ponernos sentimentales y románticos con el ron. [...]
A los pocos tragos, el ron ardiente bajaba como agua, encendiendo la sangre y excitando el cerebro. Cuando ya se sentía la piel gruesa y pesados los párpados, entonces comenzaban los cuentos, las canciones y las lágrimas, Yo casi siempre tenía un guaro triste; Herminio también. Si cantábamos, eran canciones tristes, que terminábamos llorando. Si contábamos cuentos, eran cuentos tristes para llorar también." (168)

Las explosiones de la dinamita recuerdan a los costarricenses los juegos pirotécnicos de sus fiestas populares, a los otros centroamericanos, sus guerras y rebeliones.

El testimonio
La discusión teórica acerca del testimonio es muy rica y llena de matices. Lisandro Otero, uno de los teóricos del testimonio cubano, lo define de la siguiente manera:

"La palabra testimonio significa la atestación de un hecho, la prueba o demostración de un evento. Y no de otra cosa se trata en el tipo de literatura que este nombre ha recibido [...] En el testimonio predomina el lenguaje corriente, el abordaje directo del tema, la sencillez de los esquemas, la riqueza informativa, la compilación directa sobre el terreno. El testimonio se diferencia del reportaje en su longitud, en su vuelo, en su interés perspectivo, en una mayor profundidad en el desarrollo de la materia. El testimonio suele incluir, en estatura menor: el ensayo, la sociología, la filosofía, la historia, la politología, y en estatura mayor: la crónica, el reportaje, el artículo de memorias."[16]

Bundgaard cita la distinción introducida por Margaret Randall entre el "testimonio en sí" y el "testimonio para sí". El primero se refiere a cierto tipo de literatura: novela, teatro, poesía, etc., así como a cierto tipo de periodismo, documentos fotográficos y fílmicos, que contienen una fuerte carga documental. El testimonio para sí es, según Randall, un género literario aparte que se caracteriza por: el uso de fuentes directas, a través de la voz o de las voces particulares de un pueblo protagonizador de un hecho histórico y no a través de las generalizaciones del discurso historiográfico; la inmediatez, el informante es un protagonista directo de los hechos; el uso de material secundario de apoyo, introducciones, otras entrevistas, fotografías, etc., etc.; y por una alta calidad estética.[17]

Tanto la definición de Otero como la categorización de Randall presuponen la presencia de un informante y la de una persona que graba, copia, transmite a la forma escrita u otra, el testimonio directo de uno o más informantes. Uno de los casos de testimonio donde este proceso aparece con mucha claridad es el de *Me llamo Rigoberta Menchú*. Rigoberta produce todo el documento que crea tanto en el momento de la acción como en el de relatarlo a la antropóloga, pero al momento de su entrada en la institución literaria, de su comercialización, o en el momento de buscarlo en el fichero de la biblioteca, el testimonio no aparece bajo el nombre de Rigoberta, sino bajo el nombre de la persona que disponía de la infraestrusctura necesaria para darlo a conocer. Seguramente sería demasiado hablar, en este caso, de una nueva forma de colonialismo y de explotación, pero, sin embargo, algo de eso hay.

En el caso de *Mamita Yunai,* que presenta muchos rasgos que la acercan al testimonio, tanto en su forma más directa de la primera parte como en la forma más ficcional de la segunda y tercera partes, no existe esa escisión entre informante y anotador. Aquí, informante, personaje, narrador y escritor son idénticos. Las categorías de personaje y narrador pertenecen al universo interno del texto mismo, y en el caso de *Mamita Yunai,* al no haber un narrador omnisciente, personaje y narrador coinciden en José Francisco Sibaja. Las categorías de informante y escritor son exteriores al texto y coinciden en la persona de Carlos Luis Fallas. Las relaciones entre José Francisco Sibaja y Carlos Luis Fallas - entre personaje / narrador e informante / escritor - conciernen el proceso mismo de la escritura que parece exigir un mínimo de ficcionalización, de lo contrario estaríamos frente a unas memorias y no delante de una novela. La relación raigal entre Sibaja y Fallas se revela en un pequeño detalle a nivel textual: ambos ostentan un nombre compuesto: José Francisco y

Carlos Luis, mientras que sólo llevan un apellido: Sibaja y Fallas respectivamente. Fallas era hijo natural, como estipulaba la ley, o hijo del amor, como se decía hipócritamente, y tenía por ende derecho sólo a un apellido. Es posible que no se trate de una mera coincidencia.

Se puede concluir que *Mamita Yunai* es un obra de testimonio, tanto en el sentido de la definición de Otero y según las dos categorías de Randall, debiéndose agregar, además, que *Mamita Yunai* es doblemente testimonio por las coincidencias que se han anotado entre las cuatro instancias de protagonizador, personaje, narrador y escritor, lo que subraya el valor de la obra de Carlos Luis Fallas como la obra estéticamente válida de un creador, auténticamente proletario y revolucionario, que no vieron los críticos miopes, pero que sí percibió el ojo avizor del poeta Neruda.

Al iniciarse la cuarta década del presente siglo, el panorama de la producción literaria mostraba en Costa Rica ya cierta solidez, gracias a la acumulación que se había ido llevando a cabo a lo largo de los cuarenta años que separan la publicación de las obras de García Monge y la aparición de *Mamita Yunai*. Las temáticas se habían enriquecido hasta alcanzar en la primera obra de Fallas una amplitud que abarca ya prácticamente toda la problemática social y humana presente en la sociedad costarricense. En *Mamita Yunai* hay una integración de todo el territorio nacional y de todas las culturas presentes en ese ámbito cultural y geográfico que no aparecían ni en las obras literarias anteriores, ni, en gran medida, a nivel de la conciencia de los habitantes del país; de todas las clases y sectores sociales. Desde el punto de vista de la creación de estructuras narrativas, espero haber mostrado siquiera una parte significativa de la riqueza y seguridad con que Fallas estructura su historia. Otro tanto vale para el aspecto lingüístico mismo. Fallas alcanza, a pesar de sus afirmaciones de que apenas sabía escribir y de que hasta su ortografía era defectuosa, una naturalidad en el tratamiento de la lengua popular, y en sus formas de contar, una suerte de estilo transparente, muy acorde con sus intenciones y posiciones ideológicas y políticas, que sin duda deben mucho al esfuerzo de creación consciente. *Mamita Yunai* no sólamente es la expresión del grado de desarrollo a que había llegado el proceso mismo de la narrativa en Costa Rica en sus cuatro décadas de existencia, sino que también inaugura y señala un amplio camino y un extenso panorama para el florecimiento de la producción literaria de la fértil generación de los cuarenta.

Mas el mundo que nos muestra Fallas es un mundo de valores absolutamente degradados. Los indios de la primera parte son obligados por las autoridades y los correveidiles y ayudantes de políticos a participar en unas elecciones que son una farsa y una caricatura de la democracia. Los negros y los blancos, proletarios de Costa Rica y América Central, son más que asalariados de la compañía bananera, cuasi-esclavos estafados del sistema establecido por el todopoderoso enclave. Calero deja su vida en medio del rudo trabajo, Herminio es un muerto en vida, carcomido por la injusticia y el odio. El único que ha podido vislumbrar unos valores que orientan su vida en ese mundo, no ya de valores degradados, sino del cual todo valor parece excluido - a no ser los restos de sentimientos de amistad y de solidaridad que sobreviven entre algunos compañeros de trabajo y como valor atávico entre los negros - es Sibaja. Sibaja que cree en la posibilidad de cambiar el mundo a través del trabajo sindical y político.

Notas y referencias

1. Chase, Alfonso: *Narrativa Contemporánea de Costa Rica,* Ministerio de Cultura, San José, 1975, tomo 1, p. 60.

2. *Ibidem,* p. 68

3. *Ibidem,* p. 69.

4. *Ibidem,* p. 72.

5. Arroyo, Víctor Manuel: *Carlos Luis Fallas,* serie ¿Quién fue y qué hizo?, Ministerio de Cultura, San José, 1973, p. 55.

6. Citado por Arroyo, V. M.: *Op. cit.,* p. 45.

7. Alvarez García, I.: *"Fallas: una expresión de vida",* Prólogo a *Mamita Yunai,* Editorial de Arte y Literatura, La Habana, 1975, p. 12. A continuación se cita de esta edición, indicándose el número de página entre paréntesis.

8. Todorov, Tzvetan: *"Tipologie du roman policier",* en *Poétique de la prose,* Seuil, París, 1975, p. 12.

9. Alvarez García, I.: *Op. cit.,* p. 11.

10. Citado por Alvarez García, I.: *Op. cit.,* p. 11.

11. Pacheco, León: Prólogo a Fallas, C. L.: *Marcos Ramírez,* Librería Lehmann, San José, 1965, 9a. edic., p. 13.

12. *Ibidem,* p. 14.

13. Flores Silva, Eusebio: *Geografía de Costa Rica 1,* Editorial Universidad Estatal a Distancia, San José, 1979, p. 156-157.

14. Duncan, Quincy: *El negro en la literatura costarricense,* Editorial Costa Rica, San José, 1975, p. 14.

15. *Ibidem,* p. 14.

16. Otero, Lisandro: *"Testigos de nuestra época",* en Granma, 10 de abril de 1983, citado por Bungaard, Ana, en: *"Testimonio: Un camino hacia la identidad, un arma en defensa de la memoria colectiva".* Conferencia presentada en el Congreso de Nosalf, Sundvollen, Noruega. octubre 1985. Fotocopia, p. 3.

17. Randall, Margaret: *"¿Qué es, por qué, el testimonio?,* citada por Bundgaard, *Op. cit.,* p. 4.

LITERATURA Y PROLETARIZACION URBANA Y RURAL

Ese que llaman pueblo de Fabián Dobles

La estructura narrativa

El título de la novela *Ese que llaman pueblo*[1] es una solidaria y clara reivindicación del concepto de pueblo. La novela tematiza las condiciones sociales en que transcurre la vida del pueblo costarricense en una época que se extiende desde la última década del siglo XIX hasta la cuarta década del XX. La parte central de la anécdota se desarrolla en unos pocos días alrededor de las fiestas cívicas de fin de año, en la ciudad de San José, durante los primeros años de la segunda guerra mundial. En la novela no hay un personaje decididamente principal; el verdadero personaje principal es el pueblo como tal, si bien es cierto que sobresalen dos protagonistas: José Manuel Anchía, hipocorísticamente llamado Lico, y Reyes Otárola. La importancia de estos dos personajes obedece tanto a motivos temáticos como a necesidades narrativas. La proletarización rural y urbana constituye la temática central de la novela cuyo desarrollo se estructura alrededor de los dos personajes mencionados, de sus aventuras y desventuras.

La historia de Juan Manuel transcurre en el presente y estructura las cuatro partes en que el autor divide la novela. 1) Una secuencia muy corta, de apenas 11 páginas, en donde nos es presentado Lico, quien por razones económicas, se ve obligado a marcharse a trabajar a la nueva zona bananera del Pacífico para economizar el dinero suficiente que le permitiría casarse con Rosalía, la hija de ñor Campos, un campesino un poco más acomodado que él. En esas pocas páginas el novelista deja pasar un año y pronto vemos a Lico de vuelta en Crifo Alto, su pueblo. Del bananal trae Lico el paludismo y unas economías que suben a la importante suma de 1000 pesos.

2) La segunda parte es más extensa, alrededor de 240 de las 300 páginas de que consta la novela. Al regreso de Lico, el 31 de diciembre, su familia le informa que han visto a Rosalía, que ahora vive en otro pueblo con su familia, en compañía de un hombre que piensan debe ser su nuevo novio. Desesperado y lleno de amargura, Lico decide irse a las fiestas de la capital a olvidar sus penas: "¡Yo le voy a enseñar que hay más mujeres que ella, y que si traiba plata pa casame la puedo botar en otra cosa!" (20) Al llegar a San José, Lico se encuentra con el otro personaje importante: Reyes Otárola, campesino de un pueblo de la provincia de Heredia, que también ha venido a la capital a divertirse un poco y a olvidar su dura vida

de peón viudo con varios hijos pequeños. En esta parte de la obra se desarrolla la temática principal a través de conversaciones entre los dos nuevos amigos y a través de otros personajes con quienes entran en contacto.

La historia de la familia de Reyes es la historia de la proletarización de buena parte del campesinado costarricense. En la década de 1890, "... empezaba ya a hervir en los pueblos meseteros el agua de la conciencia popular. Era un hervir como de niños. Se hablaba del voto, de la elección por el pueblo y para el pueblo, de las mejoras públicas, de la responsabilidad de los elegidos, de jesuitas expulsados, de coaliciones de partidos republicanos." (59) Pero la influencia de los militares seguía teniendo mucha importancia "... reinaba aún la época de la cuartelería. Un comandante de plaza en cada cabecera de provincia, unos cuantos soldados a su orden, un disparo de vez en vez, y el señor Presidente de la República, allá en la capital cercana, enviando órdenes a los comandantitos - sus hijos políticos, hermanos en obediencia y en ley de los gobernadores. En los cantones los jefes políticos - prolongaciones del espíritu de los anteriores - obedecían y no pensaban." (58)

Bernabé Miranda, un campesino que tiene su pedazo de tierra en las afueras de la ciudad, al no querer descubrirse al paso del gobernador en su destartalado coche que arrastra un caballuco, es muerto a bocajarro por el comandante matón. Esa misma tarde, Jesús Miranda se enfrenta al comandante con su machete y lo mata para vengar así la muerte de su padre. Jesús Miranda debe entonces enmontañarse.[2] Después de pasar varios años de duros trabajos en plena selva, donde había tratado de hacerse una finca, que finalmente pierde por artilugios de abogados sinvergüenzas, regresa con su mujer, sus hijos y unos pocos enseres al pueblo de origen, a vivir como peón. Uno de esos hijos que trae de la montaña es Reyes Otárola. Lleva el apellido de su madre, porque Jesús Miranda nunca quiso casarse con su mujer.

En comparación con la historia de la familia de Reyes Otárola, los problemas que por su parte enfrenta Lico actualmente representan el desarrollo contemporáneo del mismo proceso de concentración de la tenencia de la tierra y de la emigración forzada del campo a la ciudad o a los enclaves bananeros.

En San José, los dos nuevos amigos entran en contacto con representantes de las capas populares urbanas. A través de la historia de Gálvez, un exempleado de oficina, se tematiza la proletarización de las incipientes capas medias urbanas.

Gracias a la historia de Betty Romero, que de niña era inteligente, bonita y diligente, pero que ha acabado como prostituta y habitante del terrible tugurio, el tabarán - simbólicamente ubicado en el barrio Keith, apellido del constructor del ferrocarril y organizador del enclave bananero y de la primera multinacional de la región, la United Fruit Co. - nos es presentada la trayectoria de la familia de un antiguo cochero independiente que, a causa de la modernización de la capital, pasa a formar parte del proletariado urbano. Esta es la historia no sólo de la proletarización urbana, sino también, o más que todo, del proceso de marginalización de importantes sectores populares citadinos.

En tres días de fiestas, y a causa de su ingenuidad y de su inexperiencia de campesino, Lico pierde todo su dinero, en parte por habérselo confiado a los dos tahúres, Gálvez y su amigo el tuerto Moreno, y en parte, por haberse dejado robar por Betty Romero. Entretanto, la madre de Lico envía a Damián, el hermano menor, a San José, con el recado de que todo era un malentendido. Rosalía no lo había traicionado, pues el hombre con quien la habían visto era un tío que no habían reconocido por haber estado ausente del pueblo durante muchos años. En medio de un ataque de fiebre palúdica, Lico trata de encontrar una salida a su situación actual. Tiene la idea de recuperar su dinero volviendo a la mesa de juego y para ello recurre otra vez a los buenos oficios de Gálvez y Moreno. Estos le hacen ver que un tal proyecto es irrealizable. Entonces Gálvez le propone recurrir a Barrantes, un prestamista que él conoce. Este exige a Lico hipotecar parte de la finca que posee junto con su madre y sus hermanos a cambio de un préstamo de 100 pesos, pagadero a un año de plazo, junto con 100 pesos más por concepto de intereses. Así termina la segunda parte de la novela: Lico ha perdido los 1000 pesos que a duras penas había economizado en todo un año de trabajo en "...el bananal - hermanastro, hijo de la tierra adúltera - " (13), donde también había dejado su salud, y además, ha hipotecado su heredad.

3) La tercera parte de la novela cubre apenas cuatro páginas y es el relato de la vuelta de Lico a casa después de las fiestas. En el tren, en medio de su desesperación, Lico no sabe si volver al bananal y trabajar un año más, arriesgando su salud ya minada, o quedarse en el pueblo y sufrir la vergüenza de su estúpido comportamiento. Al final decide permanecer en Crifo Alto.

4) La última parte de la novela es también muy corta. Al volver a casa, Reyes Otárola se encuentra con su hermano mayor que lo está esperando. No se habían visto durante muchos años a causa de que el viejo Jesús Miranda había dejado toda su herencia: 5000 pesos, a Reyes, seguramente por ser el único de los hijos que había tenido suficiente valentía para oponerse a su brutalidad en defensa de la madre, una vez que el viejo le iba a pegar. El hermano está ahora viejo, viudo y sin hijos; además ha heredado un cafetal y necesita la ayuda de Reyes:

"Yo sé que vos estás bastante jodío; ser peón es una gran vaina. Decímelo a yo que lo jui mucho tiempo. Mi mujer había heredao las siete manzanas de café y diez de potrero que tengo en San Francisco. No nos vinieron hijos. Dios no lo quiso. Se murió ella, como vos lo sabés, hace año y resto, y me quedó el pedazo. Vos podías ite pa allá, a administrámelo. Te ayudás vos y me ayudo yo, que estoy ya algo baldao de reumatismo y como aperezao." (280)

Reyes, cuya situación económica ha mejorado gracias a su hermano, escribe a Mercedes Retana, la valiente viuda que vende comida en Parrita, y de quien Lico le había hablado, proponiéndole que venga a cuidarle sus niños y que traiga los suyos, con la esperanza de que así todos vivirán mejor.

Por su lado Lico sigue los buenos consejos de Mercedes y se acerca otra vez a Rosalía. Pronto el viejo ñor Campos perdona las tonterías de Lico y le propone casarse con su hija y venir a trabajar con él. El buen viejo también necesita brazos, pues está igualmente endeudado con el gamonal ñor Carmona, el usurero local. A él recurren también Lico y su familia, ya que prefieren hipotecar el doble de la finca para cancelar la deuda que tienen con el prestamista de la capital, pues "... al acreedor hay que tenerlo de cerca, para estarlo viendo, saber qué hace, a dónde va, si vive, si ha muerto." (284) Pronto Rosalía espera un niño. En el campo eso trae siempre alegría. Reyes está contento y escribe a Lico prometiéndole ayuda, pues no es bueno que la tierra esté hipotecada. Además, el sentimiento de amistad es muy hondo en los dos campesinos. Los protagonistas cierran la novela con cierto optimismo, mas el narrador no puede esconder su pesimismo y comenta la propuesta de Reyes en un pasaje que evoca el fantasma de la guerra que recorre Europa y que a pesar de la distancia influye sobre la vida diaria de los países dependientes:

"Quiere ayudar a Juan Manuel Anchía. Es bueno en la amistad, sí, pero mal calculador. No sabe hacer números. No comprende que siete manzanas de café son poca cosa; el precio del grano no depende de sus emociones, sino de las relaciones entre los mercados; esas relaciones que son como caballos desbocados que galopan, insensibles, sobre las llanuras de los continentes, boñiga de oro a veces, sordo casco oprimente y verdugo otras; sin bozales ni grupas, porque nadie se atreve, o no quiere ponérselos. Y los mercados se han cerrado porque los hombres que habitan la tierra tienen que matarse con bombas y discursos..." (296)

La estructura temática

En la perspectiva del presente análisis, se delimita la problemática de la proletarización como tema principal. Esta problemática se organiza principalmente alrededor de la historia de cuatro personajes: José Manuel

Anchía, Reyes Otárola, Betty Romero y Arnoldo Gálvez. Alrededor de la historia de los dos primeros personajes se tematiza la proletarización rural; la historia de los otros dos permite la tematización de la proletarización urbana.

La proletarización rural

En cuanto a José Manuel Anchía, la proletarización parece más una amenaza que una realidad actual. Lico encarna el campesino tradicional costarricense, tal y como se había desarrollado a lo largo de la Colonia y del siglo XIX, es decir, el campesino propietario de una pequeña parcela que en el fondo nunca fue suficiente para asegurar la existencia de toda su familia. Es el campesino que en muchos casos se ve obligado a trabajar como asalariado en las grandes haciendas una vez que ha realizado las faenas en su propia finca. Este tipo de campesino habitó hasta finales del siglo pasado principalmente la Meseta Central, pero por el crecimiento mismo de la familia - muchos hijos que debían heredar la finca de los padres, o bien por pérdida de la propiedad por deudas - se vio obligado a desplazarse hacia las zonas periféricas del valle intermontano. Así, Lico y su familia tienen su finca al oeste de la Meseta, en una zona de colonización espontánea del siglo pasado. Para solucionar sus agudas necesidades económicas, Lico no trabaja en una hacienda vecina, sino que se va de peón al nuevo enclave bananero de la costa del Pacífico. Al final de la novela trabaja en la finca de su suegro. El tema de la proletarización, centrado en el personaje de Lico, está visto desde una perspectiva de actualidad. Se trata de los problemas presentes que podrían llevar a Lico a perder su pequeña heredad que por otra parte está amenazada de convertirse en minifundios al tener que ser dividida entre los hermanos a la muerte de la madre. En realidad, de lo que disponen es de derechos, pequeñas parcelas, en que ha sido dividida la propiedad heredada del padre.

En el momento de su aparición, Reyes Otárola es peón en una hacienda de la Meseta Central, cerca de la ciudad de Heredia. A través de la historia de su familia, el tiempo narrado se extiende hacia el pasado. Su abuelo había sido propietario. El padre de Reyes intentó establecerse como campesino propietario en una nueva zona de colonización al noroeste de la Meseta junto con un amigo, un intento sin duda parecido al del padre de Lico, pero que tendrá como resultado el fracaso. Tanto el padre como Reyes trabajarán entonces de peones en diferentes regiones del país. (Fabián Dobles retomará el tema de la colonización de nuevas regiones, esbozado apenas en *Ese que llaman pueblo,* en otra de sus novelas, *El sitio de las abras,* publicada ocho años más tarde, en 1950, y que será igualmente analizada en este estudio.)[2] Reyes es pues un representante

214

de la proletarización rural, pero es un personaje que prefiere permanecer en el campo a trasladarse a la ciudad.

La somera historia de la niña lunática y su familia, que la patrona del hotel cuenta a Reyes la mañana del primero de enero, representa, al contrario, el caso de una familia campesina ya proletarizada en el campo, que decide mudarse a la ciudad, pasando a ser parte no ya de un subproletariado urbano, sino más correctamente, de un sector urbano marginal.

La historia del joven policía Lesmes Arburola, que apresa a Reyes por haber éste golpeado a otro hombre en defensa de una mujer, parece, en contraposición a la historia anterior, ser la historia de una familia que abandona el campo y que sobrevive más o menos bien en la ciudad. El padre de Lesmes, peón en la misma finca que Reyes, había quedado inválido después de trabajar toda su vida en el campo. El mandador de la finca pide a Lesmes y a su hermano, todavía niños, robar un poco de café en grano al patrón, para pagarse, supuestamente, una deuda que el patrón tiene con él. Si alguien los descubre, los niños deben decir que el café es para ellos. En efecto, los niños son descubiertos, y al declarar, empero, que el café es para el mandador, éste niega todo y los niños son entonces enviados al reformatorio de menores. Al darse cuenta Reyes de la injusticia cometida, utiliza sus escasas economías para pagar un abogado que apele el juicio. Así fue como sacó libres a los hijos de Moncha Cascante, Lesmes y su hermano, por eso Lesmes, al reconocer a Reyes esa noche del primero de enero, no lo lleva al cuartel, sino que lo pone en libertad.

La proletarización urbana

La historia de Gálvez es igualmente la historia de una marginalización. Gálvez representa los incipientes sectores medios. Ana María, su mujer, se mantiene al borde de la marginalización gracias a un esfuerzo y una voluntad casi sobrehumanas; trabaja noche y día en la máquina de coser para mantener a su familia, y algunas veces hasta al marido que, habiendo comenzado como un estimado empleado de cuello blanco, acaba más o menos en la criminalidad.

La historia de Betty Romero y su familia es la de un cochero independiente que, a raíz de la modernización de la ciudad, no puede mantener su status social. De cochero, Jenaro Romero pasa a empleado de la construcción donde sufre un accidente. Para tratar de conseguir una justa indemnización, Betty, la hija mayor, entra en contacto con un señor importante, que termina violándola. Luego, el tinterillo Villegas, que también trata de ayudarla, termina prostituyéndola. Y de peldaño en peldaño, baja Betty hasta la prostitución y el tugurio. La historia de Betty es una historia de proletarización y marginalización urbanas.

Dado que la temática general de la obra se centra en 'ese que llaman pueblo', la presencia de otras clases o sectores sociales que los subalternos, es muy esporádica: se les ve pasar en coches que destripan perros callejeros o amenazan con atropellar a peatones inexpertos, como los campesinos; otras veces se percibe una zapatilla, al subir al tobogán, por ejemplo, que por su elegancia debe pertenecer a un pie de clase alta; o se vislumbra la presencia, en las corridas, de una señora que en un momento de agradable pánico hace una promesa por la vida de Lico que la arriesga para salvar la de Reyes. Pasado el miedo, la señora se pregunta luego si en el fondo vale la pena pagar la promesa, pero un lejano temor religioso, que tiene mucho de superstición, la hace anotarla en su libreta para no correr el peligroso riesgo de olvidarla y cometer así un pecadillo.

La oposición entre los valores rurales y los valores urbanos
A través de estas historias centrales que forman la segunda parte de la novela, vemos pues que hay una clara oposición entre el campo y la ciudad, mas no una oposición de tipo naturaleza - cultura, como suele presentarse en muchos análisis temáticos, sino una oposición entre dos tipos de cultura: por un lado una cultura rural tradicional, en gran medida basada en la pequeña propiedad, y por otro lado una cultura urbana que se va acomodando a los cambios que sufre la ciudad. Esta oposición entre campo y ciudad es también una oposición entre unos valores tradicionales, valores de uso, y los valores que acarrea la modernización, unos valores de cambio.

Tanto el campo como la ciudad no son, sin embargo, espacios homogéneos. La ciudad presenta a los ojos de los campesinos sitios elegantes e imponentes: la enorme catedral, el elegante Parque Central, las estaciones del ferrocarril y los grandes hoteles, etc., y en contraste, los barrios obreros pobres y sobre todo, las zonas marginales, como el tugurio del tabarán. El espacio rural está compuesto por los antiguos asientos poblacionales con sus pequeñas ciudades de provincia, sus pueblos, así como por haciendas y pequeñas fincas; por las zonas selváticas de colonización espontánea, adonde fueron a instalarse los campesinos desplazados de la Meseta Central; y finalmente, por las zonas bananeras, primero la del Atlántico y actualmente, los nuevos bananales del Pacífico Sur, organizados a causa de las enfermedades que atacaron el banano de la vieja zona atlántica en la década de los treinta.

Hay cierto paralelismo en la manera en que las diferentes historias se oponen unas a otras, en una suerte de composición en contrapunto. De la misma manera que la historia de Jesús Miranda ensancha el tiempo narrado hacia el pasado llevándonos hasta finales del siglo XIX, la historia de Jenaro Romero nos presenta las condiciones de vida en la ciudad, en una época muy cercana a la de la historia de Miranda. Es evidente que las simpatías del narrador están del lado de los valores de la vida rural. Betty Romero, inteligente, bonita, hija legítima de un padre honesto y responsable, termina en la absoluta marginalización, prostituída, sifilítica y habitante del tabarán. Reyes, por el contrario, hijo ilegítimo de un padre introvertido, violento, que maltrata a su mujer - y cuyo único sentimiento positivo es su amistad por Jeremías Leiva, el compañero de la selva - no cae en la marginalización, a pesar de ciertos momentos de mala suerte, como por ejemplo la muerte de su esposa. Un rasgo característico de la personalidad de Reyes es su oposición a la violencia injusta: cuando apenas tenía quince años se enfrentó a la brutalidad de su padre; más tarde no duda en gastar sus economías para defender a Lesmes y a su hermano; en San José, durante las fiestas, no puede aceptar que un hombre maltrate a una mujerzuela. Además es fiel en su amistad por José Manuel Anchía, capaz de reconciliarse con su hermano y decidido para proponer directamente a Mercedes Retana un entendimiento que ayuda a resolver los problemas de ambos. Finalmente todas esas virtudes y valores culminarán, es de suponer, con que heredará la finca de su hermano, volviendo así a ser propietario, como su abuelo Bernabé Miranda.

Otro tanto se puede decir de la historia de Gálvez y su esposa Ana María, la cual presenta también cierta simetría con la historia de Mercedes Retana y su marido, empleado de comercio como Gálvez. Al quedar viuda, Mercedes decidió un día probar fortuna en la zona bananera; al final de la novela, como hemos visto, ella mejorará su situación al irse a vivir con Reyes. Mercedes pasa pues de habitante de una ciudad de provincia y esposa de un empleado de comercio, a ser campesina, con esperanzas de convertirse en propietaria, después de haber pasado un tiempo de penas en el bananal. Ana María, al contrario, y a pesar de poseer las mismas virtudes de trabajo y abnegación que Mercedes, no parece tener, en la ciudad, esperanza de un futuro mejor para sí y para su familia. Es evidente que el autor estima que los valores de uso tienen mejores posibilidades de sobrevivir en una cultura campesina que en una sociedad urbana.

Existe igualmente cierto paralelismo entre la historia de los diferentes habitantes del tabarán, citadinos muchos de ellos, y la historia de Blanquita, la niña lunática. "No sabe la patrona dónde nació. En alguna casucha de paja, Dios sabe cómo y entre qué suciedad. Su madre es una campesina haraposa y descuidada, que ha rodado por muchos lugares. Por último, vino a encallar a la capital, y ahora vive en un cuarto maloliente de las afueras. Hace ya tiempos se había unido con un hombre. Era un hombre de instintos oscuros. Se juntó con él en San Isidro de Acosta, cuando ya ella cargaba con esa hija y otro niño más pequeño. Pudieron hacer un rancho de tablas y tejas usadas. Mas, lo construyeron junto a la calle, en terreno ajeno. Por eso, un día les dijo el dueño de aquella tierra que se fueran de allí. Constituían un estorbo." (143) Como no acataron la orden, el dueño incomodado manda a dos de sus peones a incendiar el rancho. Después de muchas miserias, entre ellas la del hombre incestuoso que contagia de sífilis tanto a la madre como a la hija de ocho o nueve años, la niña ha venido a dar con sus huesos, como hija adoptiva, a la fonda donde se hospedan Lico y Reyes.

El mundo del tabarán es esperpéntico. Allí vive Peregrina la vendedora de periódicos que tiene diez hijos vivos de los dieciséis que ha parido. Allí se refugia el tísico con su hijo-lazarillo de nueve años. Allí vive el zapatero que pierde su trabajo por cuidar a su hija abandonada por la madre. Allí viven Betty Romero y su hija, que ella no quiso abortar como lo exigía su hombre, el tinterillo Villegas. Allí vegeta Tinita la mendiga imbécil y sonriente, que no piensa en nada, lo que hace decir a algunos que eso debe ser la felicidad. Allí se gana Landelina, la campesina que vino de empleada a la capital y que el patrón dejó embarazada, unos pesos con hombres que pasan, mientras sus tres niños tiritan de frío a la intemperie, pues ella necesita el cuartucho para ganarse el sustento. Allí está el niño bobo que parece un ídolo de piedra, y el viejo que sólo sabe decir ajá, pero que lo dice día y noche. Allí tratan de sobrevivir muchos otros más. Y por allí pasa a menudo doña Caridad, la andaluza simpática y buena que quiere salvar con buenas intenciones y muchas oraciones a todos esos pobres niños. (193 - 211)

La conclusión que se impone, al comparar la vida en el campo y la vida en la ciudad, es que las virtudes intrínsecas de los personajes, que existen aún entre la escoria humana del tabarán, tienen sin duda mayores posibilidades de realizarse en el marco de la vida rural que a través de las oportunidades que ofrece la ciudad. Quizá algunos acusarían a Dobles de cierta actitud reaccionaria, de abogar por un modelo de organización de la sociedad basado en la pequeña propiedad, considerado por él como el más apto para procurar la felicidad, o por lo menos el bienestar de 'ese que llaman pueblo'. En efecto, una crítica de este tipo se le ha hecho a Dobles, como veremos al referirnos a este aspecto en el análisis de *El sitio de las abras*. Mas podemos adelantar ya la opinión de que la crítica implícita en la obra de Fabián Dobles con repecto a las condiciones de vida en el campo y en la ciudad en la Costa Rica de la época entre las dos guerras mundiales, no constituye un alegato por el retorno a una vida campesina idílica, susceptible de ser contrapuesta a la vida de los obreros de la ciudad. Esta oposición es imposible de establecer, pues en la Costa Rica de la primera mitad del siglo que corre, la industria era prácticamente inexistente. Se trataba del comienzo del consabido proceso de urbanización que en la periferia del capitalismo generalmente es anterior a la industrialización. El proletariado agrícola de las zonas bananeras, que Dobles en el fondo si apenas tematiza, no puede ser contrapuesto a un proletariado urbano, por la simple razón de que éste todavía no había hecho su aparición. La oposición es más bien entre el campesino libre, o que quiere serlo, y los valores tradicionales que esa forma de vida contenía y el pueblo esclavizado de los bananales o miserable de la ciudad, en donde es difícil hallar otros valores.

La enunciación

En este apartado, el análisis de *Ese que llaman pueblo* versará sobre los problemas del punto de vista y de los niveles de enunciación, ya que desde la perspectiva del proceso de la literatura en Costa Rica, la voluntad de experimentación en las técnicas narrativas por parte de Fabián Dobles y los resultados alcanzados en esta novela representan un avance importante. Con respecto al punto de vista, Dobles utiliza por lo menos tres variantes: a) El portador del punto de vista es un narrador omnisciente y omnivedente. Es el caso, por ejemplo, de la manera de contar la historia de Lico en San José. b) En esta segunda variante, el punto de vista corresponde a un personaje que cuenta su propia historia, o partes de ella. Es el caso de Lico que cuenta a Reyes sus experiencias en la zona bananera. Aquí es posible la utilización de una norma lingüística heterogénea, por ejemplo, un sociolecto rural campesino. c) La tercera variante está representada por el relato o la descripción de un narrador omnisciente, pero no omnividente, es decir, el narrador cuenta la historia pero confía el punto de vista a un personaje.

Con respecto a los niveles de enunciación existen varias posibilidades: En a) el narrador omnisciente y omnividente presenta la historia en enunciados directos, primarios - un discurso directo - generalmente en tercera persona, en presente o en pretérito. En b), donde el personaje cumple la función de narrador y además encarna el punto de vista, la historia relatada es un discurso segundo que puede aparecer igualmente en presente o más comúnmente en pretérito, y generalmente en primera persona. En c), que es el caso en que el narrador reduce el punto de vista al del personaje, la historia relatada es también un discurso segundo, en el cual se pueden dar los fenómenos de coloración en la sintaxis, el léxico, la fonética, las metáforas, etc. En este caso aparecen también los fenómenos del discurso directo libre, del discurso indirecto y del estilo indirecto libre, así como el del monólogo interior.

El punto de vista

Las diferentes historias que constituyen la segunda parte de *Ese que llaman pueblo* se organizan en gran medida alrededor del personaje de Juan Manuel Anchía que funciona como portador del punto de vista, que se manifiesta directamente en expresiones de admiración por ciertos rasgos fascinantes de la capital, o al registrar las extrañas diferencias existentes entre el campo y la ciudad. Pero su mera presencia también puede provocar reacciones que son reveladoras de la visión que tienen del campesino representantes de los distintos sectores sociales urbanos.

Al decidir el escritor organizar la materia novelística centrando el punto de vista en el personaje de Lico, el narrador debe ajustar su visión a la psicología, los valores y la visión del mundo del personaje, lo que da una coloración especial a gran parte de las descripciones y aún de los relatos. El hilo conductor de la narración en *Ese que llaman pueblo* es la historia de Lico, que por otra parte es el único personaje que aparece en las cuatro partes de la novela. A esta historia principal se enganchan otras historias de personajes que Lico ha conocido, por ejemplo la de Mercedes Retana, o de personajes que va a conocer, como la de Reyes Otárola, la de Arnoldo Gálvez y la de Betty Romero .

Las aventuras y desgracias de Lico durante sus tres días en la capital - 31 de diciembre, 1 y 2 de enero - están relatadas en presente, a través de diálogos o de descripciones de un narrador omnisciente, o bien de un narrador que confía el punto de vista a Lico mismo, a personajes con quienes Lico entra en contacto, o a otros que lo ven desde afuera.

Discurso directo libre y coloración

En los relatos, la técnica más común seguida por Dobles es dejar que el personaje inicie su relato con sus propias palabras, es decir, con palabras acomodadas a su extracción de clase y su experiencia vital. Así, cuando Reyes pregunta a Lico dónde comía en la zona bananera, éste hace el relato de sus relaciones con el personaje de Mercedes Retana, al mismo tiempo que cuenta la historia de la cocinera de Parrita. Es un relato de tipo b, es decir un relato hecho por un personaje según su propio punto de vista:

" Cuando me ajilé pa Parrita, se compuso un poco la cosa. Por dicha que jue pronto, como a las dos semanas. Allí sí comía mejor, onde Mercedes Retana. Viera qué mujer era esa; trabajaba como una mula. Ende las tres de la madrugada estaba parada, palmeando tortillas y alistando el fuego, pa poder enllenar aquella carretada de peones tragones que hasta que no. Viera qué güena mujer. ¡Había llevao cuero!" (40)

El relato, como se ve, está en primera persona y en pretérito, y presenta rasgos del sociolecto rural del personaje-narrador. Lico continúa contando la historia de Mercedes Retana durante unas pocas líneas más, luego el narrador se hace cargo del relato que se convierte entonces en un relato de tipo a, un relato de narrador omnisciente y omnividente.

"Y el muchacho sigue hablando con cariño de la cocinera que da de comer en Parrita.
   Es viuda. Hará unos dos años era la esposa de un empleado de comercio, en la ciudad de Alajuela. De joven estuvo en colegio; tiene algunos libros guardados; a veces arranca un rato a sus muchos trabajos para saborear un trocillo de cosas escritas." (40)

Pero hay una clara diferencia entre la primera frase del narrador y las que siguen. La primera tiene la función de texto introductorio. Es el tipo de texto que se utiliza antes de un discurso directo, que sigue entonces entre comillas o después de un guión. Lo que aquí no es el caso, pues el narrador continúa como si se tratara de un discurso primario, del cual él fuera totalmente responsable. Las diferencias que se notan entre la primera frase y las que siguen estriban en el carácter de enumeración de informaciones acerca de Mercedes Retana y recuerdan el modo de contar y la sintaxis del discurso de Lico al comienzo del relato. El léxico está igualmente influido por el personaje: "*arranca* un rato", "un troc*illo* de *cosas escritas*". (Enfasis agregado) Esta coloración del relato de narrador por un relato de personaje anterior, es corriente en el estilo de Dobles en esta novela. Pero la coloración se muestra generalmente sólo en las primeras frases, justo cuando el narrador se suplanta al personaje. Esta técnica corresponde a lo que Jenny Simonin en su análisis de los niveles de enunciación en *Berlin Alexanderplatz* de Döblin,[3] llama el discuso directo libre, es decir un discurso relatado (*rapporté*) que reproduce las palabras de un personaje, pero sin texto introductorio, *inquit,* comillas o guión.

   Dobles sigue el mismo procedimiento en el relato de la historia de Reycs Otárola que, después de haber tomado bastante ron con su nuevo amigo, y al ver que la letra sentimental de un tango que se escucha en la radio parece molestar a Lico, olvida a su vez toda reserva y se decide a contar la historia de la plata mal habida y de su extraña relación con una mujer que más tarde causaría la muerte de su esposa:

"A yo sólo una mujer me sirvió. ¡Y a esa me la maleficiaron! Se llamaba Adelina Fuentes; le decían Nina. Era la mama de los chacalines que dejé en la hacienda. Ya ven, se me murió de un malefecio que le echó una bandida. Yo viví juntao dos años, enantes de enyugame con Nina; era una muchacha guapa, algo morena, que me encontré por Turrialba y que me atarantó ende las primeras platicadas. Dios me lo perdone pero ese diablo jue el causante de la enfermedá de Nina." (52)

Reyes continúa contando su historia - relato de tipo b - pero pronto cede la palabra al narrador, omnisciente, que se encarga de continuar el relato, Pero este relato de narrador - relato de tipo a - está marcado, por lo menos al principio, por la forma de contar del personaje. Desaparecen los rasgos de fonética popular, pero se conservan las frases cortas y algunas palabras e imágenes que reproducen el estilo del personaje. Estamos pues frente a otro ejemplo de coloración de un discurso directo libre:

"Y continúa relatando ... Hace mucho tiempo, cuando Reyes era un muchacho, se encontró con unos ojos que lo dominaron. Hubo un noviazgo. Un día, se la llevó a vivir con él; no hicieron matrimonio. Ella lo quería; a él una soga le apretaba el alma. Así duraron unos meses. Luego, un niño lloró una noche entre las piernas de la muchacha. Crecía la alegría en el corazón del campesino y la leche germinaba en el pecho turgente de la moza. Por entonces, Reyes tenía algún dinero, que, poco tiempo atrás, le había dejado su padre." (53)

La imagen de la "soga que aprieta el alma" corresponde a la vida cotidiana del peón Reyes y por ende a su relato de personaje-narrador, el adjetivo "turgente", al contrario, sólo puede ser adscrito al discurso literario del narrador omnisciente.

El cambio de persona y de tiempo verbal
Dobles no sólamente utiliza la técnica de dejar que el personaje comience el relato de su historia, sino que a menudo le deja también clausurarla con un comentario final. Así ocurre al terminar la historia del malefecio, el cual consistió en que la mulata una noche de luna se sacó leche de los pechos y en una especie de trance persignó con ella a Reyes en la frente, mientras decía frases incoherentes cuyo significado el campesino no entendía. El amor desaparece, Reyes abandona a la mujer junto con su hijo, dejándole quinientos pesos de la herencia de su padre, los cinco mil colones que se había ganado en los bananales, donde, como generalmente nadie puede hacer economías, se decía que él las había hecho gracias a su amistad con el diablo. Por eso el dinero no sirvió ni siqiuiera para salvar la vida del hijo de Reyes. La mulata, dice Reyes, causó además unos años después la muerte de la esposa legítima. Esa era la historia de la plata mal habida. Al terminar el narrador omnisciente el relato, el personaje hace un comentario a través del cual el escritor quiere dar la impresión de que es el personaje el que ha hecho el relato. Pero el paso de un tipo de relato a otro puede ser graduado. En este ejemplo el relato del narrador termina con la muerte del niño:

" Y él pensó que, al irse, le había dejado quinientos colones. Por eso no tuvo remordimientos. En el fondo de su espíritu, se sintió más libre que nunca, porque aquel hijo era lo único que lo unía a aquella mujer que le había amargado el pasado. Que él le había dado la vida al niño, pensó, pero no se la arrancó con sus

manos; había sido la voluntad de Dios ... Ah, ¡si el chacalín hubiese tenido otra madre!
 - Cuando pienso en eso, ahora que ya voy pa viejo, creo que jue maldá mía no habémelo llevado con yo. Debí habéselo quitado cuando me ajilé -exclama aquí el cuarentón -. Güeno, pero de todos modos esa mujer me sirvió para deshaceme de una plata mal habida." (57)

En el primer párrafo, el narrador relata la historia del personaje, en tercera persona y en pretérito, y además, con indicación explícita del verbo introductor, que aparece dos veces: "él pensó / pensó". Mientras que la última frase carece de verbo introductorio explícito, el cual debería ser no ya un tercer "pensó", sino más bien un "exclamó", como lo muestran tanto los signos de exclamación, así como la palabra "chacalín" que pertenece al discurso del personaje y no al del narrador. La transición al estilo directo del segundo párrafo, con guión, léxico del sociolecto del personaje y el verbo introductorio correspondiente: "exclama aquí el cuarentón", pasa por la frase exclamativa en estilo directo libre, como la llama Simonin. Además, el primer párrafo crea la ilusión de que nos encontramos en el pasado junto con Reyes, mientras que el segundo nos devuelve a la actualidad de los personajes que están cenando en la fonda, al presente del diálogo y de los verbos introductorios.
 Otra función del comentario del personaje que cierra un relato es servir de introducción al relato de una nueva historia; en este caso concreto, a la de la familia de Reyes:

" - Sí. Es largo el cuento. Era de mi tata. Se llamaba Jesús Miranda. Yo soy hijo natural y por eso mi apelativo es Otárola. La verdá es que a yo no me gusta platicar de mi tata, porque si lo hago tengo que apuntale algunos defectos, y al fin y al cabo yo soy su hijo ...
 Pero esta vez Reyez Otárola tiene la lengua desenfrenada"
 " Cuando ya el siglo pasado iba por sus últimos diez años, Jesús Miranda tendría unos veinte. Era alto, claro de piel, de mirada recta y segura y músculo formado a fuerza de dar paladas y levantar la herramienta. Su padre tenía un negro pedazo de tierra, que terminaba junto a las primeras casas de adobe de la pequeña ciudad-aldea de Heredia." (58)

El paso del narrador-personaje al narrador omnisciente está marcado evidentemente por el cambio de persona gramatical, de primera a tercera, y en algunos casos por el cambio de presente a pretérito, como en la historia de Gálvez. Gálvez convence fácilmente a Lico, que está bastante borracho, de que se han conocido en la zona bananera, donde Gálvez en realidad nunca ha estado. Gálvez lo presenta luego a su amigo, el tuerto Moreno. El interés de Gálvez y su amigo no es por Lico, sino por el dinero que le han visto meter en su bolsillo. Mas los dos tahures son muy diferentes uno del otro.

"El no es como Arnoldo Gálvez, el hombre de impresiones, de palabras, de miedo; de alegrías; que tiene dos ojos y ningún diente sano; que a veces es recto y llora, y otras torcido, amargo, zigzagueante. No: él es el Tuerto, y se traga las emociones para mover su cuerpo con soltura.

Dos manos se estrechan ...

- Ernesto Moreno, a sus órdenes." (111)

Aquí termina el capítulo V. El VI comienza inmediatamente y es la historia de Gálvez y de su mujer, que será contada por el narrador omnisciente:

"Hace nueve años, otras dos manos también se estrecharon. Era en una iglesia. Un cura dijo: "Compañera te doy, no sierva"." Qué linda estaba la novia, vestida de vaporoso, jovial, rosada y llena de palpitaciones en el pecho.

Arnoldo Gálvez era un buen empleado. Se había trajeado de negro; una flor blanca en el ojal alumbraba su matrimonio." (111)

Aquí hay un cambio de presente a pretérito , pero no de persona, pues la historia de Gálvez comienza con el encuentro de éste con Lico, es decir, en la historia actual del personaje que el narrador omnisciente va relatando en presente, pero en tercera persona como corresponde a un relato de tipo a.

El monólogo interior
Otro procedimiento utilizado por Dobles es el monólogo interior, que sirve al narrador para darnos a conocer, por ejemplo, los más recónditos pesamientos del gamonal ñor Carmona, cuando planifica la manera de posesionarse de la finca del suegro de Lico, pensamientos que evidentemente no quiere confiar a nadie: Ñor Carmona estaba seguro de que ñor Campos no poseía más que sus manos y su tierra. Pensó:

"Si yo le ofrezco cambiar la que tiene por aquella mucho mayor de que soy dueño en barrio de Jesús, y le pongo ésta por un precio bajo, sin duda el hombre se ilusionará y entrará en tratos. Bien vale la de él seis mil. La mía, veinte mil. Yo le digo que se la dejo en quince, con tal de que me pague el saldo que entonces me adeudará, a dos años de plazo. Yo me arriesgo. El - es casi seguro, o seguro del todo - no podrá reunir el dinero en ese tiempo. Y me quedaré con lo suyo y lo mío." (291)

En la historia de Betty Romero encontramos una variación de este procedimiento, un tanto más complicado. Betty ha llevado a Lico a un bailongo, donde nadie hace diferiencias, pues ella había descubierto que en el Parque Central, donde bailaban sobre todo obreros de saco y corbata, el campesino descalzo y nada diestro para la danza, se sentía incómodo. Lico, ya muy borracho, insiste en contar sus penas a la Romero, quien por su parte, al sentirse a gusto con el ingenuo cliente, experimenta la necesidad de confiarle la historia de su vida. Mas esta vez, Dobles no confía al personaje el inicio del relato, sino al narrador omnisciente. El relato comienza, en un primer momento, en forma de discurso indirecto y monólogo interior, para ser continuado luego por el narrador omnisciente que se adueña entonces del relato y del punto de vista. El relato se hace en una perspectiva de pasado, en tercera persona y pretérito. La primera parte del texto que se cita a continuación es extraña y su extrañeza tiene sin duda que ver con el estado de borrachera y de ánimo en que se encuentran los dos personajes. El texto no permite saber cuándo hablan y cuándo se contentan con pensar.

"Pero la prostituta ha reído. Eso no es nada, Juan Manuel Anchía, piensa ella. Y su mirada como un espinazo, se ha hundido en el suelo. Eso no es nada, ja, ja, ja ... Ríe, a su vez, el muchacho. Son dos risas de amargo y paralelas; pero distintas, porque ellos tienen los sentidos y los recuerdos muy distantes. Siguen hablando. Beben más. Bailan, medio tambaleándose, otro rato. Después, la mujer del tabarán empieza a explicar al campesino por qué ella es más infeliz. Su voz es resbalosa y vacilante. Pero su mente no, ahora que habla de sus cosas... (215)

La primera frase: "Pero la prostituta ha reído" se puede interpretar como discurso directo, una observación del narrador, pero se puede entender también como una respuesta inarticulada a lo que Lico le ha contado. "Ríe" significaría entonces: "dice riéndose", una simple variación del verbo introductorio. Esta interpretación se corroboraría por la respuesta repetitiva de Lico: "Eso no es nada, ja, ja, ja, ... Ríe, a su vez el muchacho", pero entonces "ríe" debería estar escrito con minúscula. De lo contrario hay que interpretar la respuesta de Lico como sólamente pensada, como la de Betty: "Eso no es nada, Juan Manuel Anchía, *piensa ella.*" Pero en este caso, al no haber un *inquit* del tipo: pensó él, se trataría de una respuesta de Lico pensada entonces por Betty y no por Lico, o si se quiere una interpretación que hace Betty del significado de la risa de Lico. Por otra parte *"piensa ella"* puede interpretarse no como referencia a los pensamientos del personaje, sino como sinónimo de *"opina ella"*. (Enfasis agregado) El texto no permite decidir. El narrador anota que la voz del personaje es insegura, lo único que está claro, es el recuerdo en su mente. El lector se queda en una incertidumbre parecida a la que producen los vapores del alcohol en que están los personajes.

El texto continúa con tres asteriscos y el relato articulado del narrador omnisciente acerca de la vida de Jenaro Romero y su familia.

"Hace ya muchos años. La ciudad era un poco más pequeña. Las calles de piedra suelta. El tranvía de la Avenida Central se veía como una cosa de lujo. No había cines, ni radio, ni automóviles. Los coches a cascos corrían, salpicando de lodo las aceras, como señores del tráfico callejero. Los cocheros cuidaban a sus hermanos los caballos, y daban de comer, con bastante holgura, a sus familias. [...]

Jenaro Romero tenía un coche. Vivía en el camino a Desamparados. Como nadie - dicen - es feliz, él y su familia casi, casi lo eran. [...] Betty acaba de hacer el sexto grado. Le dijo a su padre que quería entrar en la Escuela de Comercio ...

A la niña le gustaban los números. Se imaginaba sentada en una oficina, junto a un señor oloroso a agua colonia, tomando, a máquina, los apuntes, las multiplicaciones, las sumas. Y ver signos de colones, en pilas, en montañas, en ríos; escribirlos, tocarlos, tan sólo tocarlos. Muchos colones para estar cerca de ellos. Le pagarían, entonces, un buen sueldo. Podría vestir mejor y ser una señorita educada. Tenía inteligencia. La emplearía." (218)

De desgracia en desgracia, Betty Romero llegará a lo que es hoy, una prostituta sifilítica que habita con su pequeña hija en el horrible tugurio del tabarán, pues "La calle tiene muchos peldaños hacia abajo ... Por allí descendería Betty Romero." (229)

Punto de vista y descripción impresionista

Un procedimiento similar, de *"vision avec"*, según la terminología de Pouillon, es decir, un narrador omnisciente que sigue el punto de vista de un personaje, es utilizado en algunos pasajes de carácter descriptivo, en los cuales el narrador sigue los pasos de un personaje y va describiendo lo que éste observa o registra casi inconscientemente. El narrador anota las impresiones del personaje, por ejemplo, de las fiestas cívicas en Plaza Víquez, en donde las impresiones visuales, auditivas, táctiles, olfativas y aún gustativas de Lico, un poco alcoholizado ya, dan pie a una descripción claramente impresionista, pequeñas pinceladas, frases sin verbo, etc., que traducen los detalles que el personaje va descubriendo:

" Plaza Víquez. Un sinfín de chinamos; ventas de sandwiches añejos; tortillas untadas de gallina medio cocida; lechón, tomate, repollo; cervezas, alcohol. Muchas ruletas, carpetillas con números pintados, churucos con dados saltones: "siete más, siete menos, y completo". Orquestas de cuatro músicos con instrumentos gangosos. "La Casa de las Sorpresas". Barracones de tablas, con dos pisos, en donde las parejas bailan, entrelazadas como trenzas las cabezas alcoholizadas. Juego de argollas. Tiro al blanco. Una manzana, uvas, nueces. Más hacia dentro, el tiovivo, los caballitos, la rueda de chicago, el tren para niños, ¡el tobogán! ¡Cómo está de lleno el tobogán! Y, entre todo, el gentío; como una melaza de sudor, perfume barato y loción cara, corbatas, majonazos, empujones, sexo; yendo y viniendo, haciendo rueda, embrocándose sobre las carpetas de juego, llegando en autobuses, desapareciendo a como haya lugar. Y el redondel de los toros, allá, algo apartado, mole oscura y sin gente ahora."

Allí el señor de sociedad y el mendigo; la señorita asedada, y la mujer que se vende. Y el vocerío, el pregón, la radio desgañitada y el hombre ronco de cantar el juego de lotería.

Casi no se ven campesinos. Aquello es para la gente de la ciudad." (104-105)

Algunos pasajes tienen como punto de vista a personajes que ven a los campesinos desde su propia visión del mundo, pero a la que se mezclan los comentarios del narrador. Hay una página interesante en que esta técnica es utilizada:

"Pero entre ayer y hoy los ha visto un médico.
- La ankilostomiasis - pensó.
No era un comerciante. Pudo también haberse acordado del nombre de cualquier otra endemia.
Un diputado, distraídamente:
- Dos labriegos. Dos votos.
Un cura:
- Buena gente ... Dos misas.
Un finquero adinerado
- Iguales a los de mi hacienda. Hay que andar tras ellos. ¡Perezosos...! La tierra es un mal negocio.
Su esposa:
- ¡Uf, huelen a sudor! Si se pudiera prescindir de ellos. Pero ¿Cómo? Sea por Dios.
Un gendarme antiguo:
- En el cuartel digo a menudo: "un detenido". No sé qué vienen a hacer por acá. A tomar ron; a traerme dificultades ...
Un chofer:
- Ah, cómo se atraviesan. Son estúpidos.
Un profesor:
- Apostaría que no saben leer. Por lo menos, escribirán sin ortografía. ¡Tan necesaria que es la ortografía!
Un obrero con familia:
- Dichosos; son felices.
Un estudiante majadero de la Escuela de Derecho:
- Esos no saben nada ... Economía Política, Ciencia Constitucional. ¿Para qué? No necesitan nada. No llevan ni siquiera zapatos.
Un izquierdista del extremo:
- No comprenden. Estorban. ¡Malhaya!
Un abogado muy parecido a todos:
- Dos pleitos. Varias escrituras. Un negocio. La justicia ...
Una niña rica, de alta clase. Esa no pensó nada. Anemia en el corazón y albinismo en la mente.
Un limpiabotas:
- No hay nada con ellos. Van descalzos ... ji, ji. (168-169)

Otras técnicas enunciativas
Dobles realiza otros tipos de experimento en la manera de presentar la materia narrativa. Las experiencias de Lico durante el año que pasa en los bananales están contadas en unas pocas páginas al principio de la novela, dejándose los detalles para otros momentos, por ejemplo, la conversación entre Lico y Reyes Otárola en la fonda de San José, mientras los dos personajes hacen amistad. La llegada de Damián, el hermano menor de

Lico, a la capital, se cuenta en varios momentos que no están ordenados cronológicamente. Primero vemos a Damián en la gran fonda donde suelen hospedarse los campesinos que llegan a la capital y que es mitad hotel y mitad burdel. Allí tiene el chico algunas experiencias desagradables y grotescas con una vieja prostituta que lo quiere seducir. En un segundo momento esta prolepsis es sustituída por un diálogo analéptico en el cual vemos a la madre de Lico y Damián enviando a este último a la capital para informar a su hermano del malentendido que le había hecho marcharse a la ciudad: su novia no lo había traicionado. Luego se nos relata el viaje en tren, la llegada a la ciudad y las primeras pesquisas de Damián hasta su instalación en el hotel. (239 - 253)

Una última técnica que será comentada es el intercambio espistolar: Reyes Otárola escribe a Mercedes Retana, proponiéndole venir a vivir en su casa para que le cuide a sus niños que necesitan una madre y para que los de ella tengan en él un padre que los apoye. Lico escribe también a Mercedes para desahogarse y recibe consejo de ella que le recomienda casarse con Rosalía. Reyes escribe igualmente a Lico para informarle de su nueva y mejorada situación como responsable de la finca de su hermano y de la presencia de Mercedes a su lado. El intercambio epistolar se justifica no sólamente por la distancia y la dificultad del transporte que no permiten las visitas frecuentes, sino también porque hace posible que los personajes superen su timidez que generalmente les impide decir ciertas cosas directamente en una conversación. La distancia que media en el intercambio epistolar tiene una función parecida al efecto del ron sobre las inhibiciones en el diálogo directo.

Vemos pues, en *Ese que llaman pueblo,* el despliegue de toda una gama de técnicas narrativas cuyos resultados representan un avance en el proceso de desarrollo de la novelística de Costa Rica. Es una técnica que otro gran "cuentero" de los años cuarenta no domina o por lo menos no utiliza en igual medida; se trata de Carlos Luis Fallas, quien en *Mamita Yunai,* publicada un año antes que la obra de Dobles, pone en boca de sus obreros agrícolas de las bananeras, que en su gran mayoría son, como los personajes de Dobles, igualmente campesinos, pasajes líricos o descripciones que por su estilo carecen de la verosimilitud que exige el género realista, que rompen las reglas de juego de la ilusión escriptural. No es que se postule la necesidad de un respeto a unas reglas pretendidamente universales, pues es un hecho que cada obra literaria crea, hasta cierto punto, sus propias reglas; se pretende hacer una observación sobre el hecho de que las reglas internas a cada obra, deben ser observadas, en miras a la coherencia de la escritura y de la obra misma. Un personaje literario de extracción de clase campesina no puede en un momento ser caracterizado por una fonética y un léxico que corresponden a su sociolecto rural y luego en otro momento encumbrarse a cimas de un lirismo que normalmente están vedadas tanto a su psicología como a su lenguaje. (Ver por ejemplo el relato que hace Leví de la historia del renco Ramírez, páginas 115 y ss. de la edición citada en su lugar.)

Hay en Fabián Dobles un mayor profesionalismo en cuanto al trabajo literario, una diferencia entre él y su amigo y correligionario, que ninguno de los dos nunca trató de ocultar. Al igual que en *Mamita Yunai* se descubre en la novela de Dobles un claro intento de abarcar la problemática contemporánea con una mirada totalizadora que incluye tanto la vida de ese que llaman pueblo tanto en el campo como en la ciudad. Esta problemática seguirá interesando a Dobles como se verá en el análisis de *El sitio de las abras.*

Notas y referencias

1. Las citas provienen de: Dobles, Fabián: *Ese que llaman pueblo,* Editorial Costa Rica, San José, 1978, indicándose el número de página entre paréntesis.

2. En un estudio sobre lo que hoy se llamaría historia de las mentalidades, el filósofo español, que formó en Costa Rica varias generaciones de jóvenes desde su cátedra de la Universidad, delimita como un rasgo constitutivo de la idiosincracia costarricense el enmontañamiento. Es una tendencia centenaria a aislarse, a meterse a la montaña, a la selva, para evitar los conflictos con autoridades civiles y religiosas, con vecinos, familiares y conocidos. Mientras la sociedad fue de carácter eminentemente rural, el costarricense se marchaba a hacer su abra; hoy que la urbanización es más pronunciada, pienso yo que el enmontañamiento se expresa como reserva y timidez en las relaciones humanas. Después de una rápida presentación del habitat y del proceso cultural, Láscaris afirma: "Dados los supuestos ya señalados, no extrañará al lector que pase a afirmar que el eje fundante de la mentalidad costarricense ha sido el 'enmontañamiento'. " Láscaris, Constantino: *El costarricense,* EDUCA, San José, 1975, p. 30.

3. Simonin, Jenny: *"Les plans d'énonciation dans Berlin Alexanderplatz de Döblin, ou de la polyphonie textuelle",* en *Langages* 73, Larousse, París, marzo 1984, p. 30-56.

LAS LUCHAS POR LA LIBERTAD

El sitio de las abras de Fabián Dobles

Ficción e historia

El marco histórico en el cual se desarrolla la acción de *El sitio de las abras*[1] cubre una época que se extiende desde la dictadura del general Tomás Guardia (1870-1882) hasta el período de la promulgación de las llamadas Leyes Sociales bajo los gobiernos de Rafael Angel Calderón Guardia (1940-1944) y de Teodoro Picado (1944-1948), constituyendo en cierta manera, y en su aspecto intencionalmente referencial, una historia particular de la evolución de las condiciones de vida en el agro costarricense.

En el plano de la ficción este espacio de tiempo está directamente tematizado y cubierto por cuatro generaciones de personajes protagónicos: la primera generación se compone de los pioneros Espíritu Santo Vega y su mujer Dolores Sánchez de Vega, llamada también Lola de Vega, y sus amigos, quienes dejan los parajes de la Meseta Central para irse, siguiendo la inveterada tradición del costarricense que el filósofo C. Láscaris llamó el enmontañamiento[2], a abrir montaña, a establecer las abras en la región de Turrialba, por donde en ese entonces corría la frontera agrícola. La segunda generación la forman los hijos de los pioneros, entre los cuales los más jóvenes nacen ya en las abras: Fermín, que siempre estaba interesado en introducir modestas mejoras de carácter estético para el embellecimiento de las casas y el entorno, y que se marchó del abra para nunca más volver; Remigio que vive hasta la época del populismo calderonista, estableciendo así un puente entre la generación de los pioneros y la última; Magdalena, la mayor de las hijas, quien en su juventud se entrega dulcemente al héroe aventurero Martín Villalta. De esta unión nace Marcelino Vega, el representante más importante de la tercera generación. Marcelino será quien matará al latifundista Laureano Castro que había llevado hasta el final el sitio de las abras, desalojando a los campesinos de sus tierras; Marcelino sufre, junto con su tío Remigio, la enajenación de la proletarización. Marcelino es asimismo el padre de Martín Vega Ledezma, protagonista de la cuarta generación. Es dirigente sindical y trata de recuperar la historia de las abras, y con una clara visión de clase, organizar tanto a los obreros agrícolas como a los precaristas que invaden parcelas abandonadas de la hacienda que en parte está asentada en las tierras de los antiguos abreros.

El marco geográfico de la acción son las abras, un lugar en plena montaña en donde los pioneros talan la selva para convertirla en campos de labor. Es un paisaje del valle del río Reventazón que bajando de las montañas corre hacia el este para irse a echar en el Mar Caribe.

En el momento en que Fabián Dobles escribe su novela, el conocimiento y el estudio científico de la historia económica y social de Costa Rica apenas estaba iniciándose. La manera de escribir la historia de Costa Rica de Carlos Monge Alfaro, por ejemplo, es todavía tradicional, un tanto en la línea de la vieja *Cartilla Histórica de Costa Rica,* de Ricardo Fernández Guardia, que apenas recoge algo más que los cambios de gobernante, recordando así un poco las historias tradicionales de los países europeos con sus largas listas de reyes, reinas e intrigas de palacio. Mas ya comenzaban a aparecer, por ejemplo, las investigaciones modernas del economista Rodrigo Facio, miembro, así como Fabián Dobles, del *Centro para el Estudio de los Problemas Nacionales,* estudios que entregan una visión más profunda, y sin duda más ajustada, a la realidad del proceso histórico y político del país.

Cuando a continuación se citan trabajos de economistas e historiadores no se hace con la intención de medir el grado de verdad de la novela de Dobles, que evidentemente al quererse realista, tiene una fuerte carga de referencialidad, sino para mostrar más bien que el trabajo que realizan algunos de los nuevos intelectuales que comenzaron a producir en la década de los cuarenta, dedicándose a las ciencias sociales, a las ciencias exactas, etc., y el que hacen otros, al seguir su vocación de creadores, haciendo literatura, es igualmente válido y trata de los mismos problemas que interesan tanto a unos como a otros: una recuperación de la historicidad perdida, para plagiar a Agustín Cueva, y al mismo tiempo una reflexión, muchas veces comprometida, sobre los problemas actuales que sufre la sociedad. Los trabajos en cuestión no se citan, pues, porque se adhiera a alguna teoría literaria del reflejo o a sus avatares mediacionistas, que parten de una supuesta oposición entre la realidad social y la literatura.

Una de la razones por las cuales muchos campesinos oriundos de los viejos asientos poblacionales de la Meseta Central se vieron obligados a emigrar hacia otras regiones del país fue, como lo demuestra Carolyn Hall, el aumento demográfico.

"Cuando el cultivo del café se estaba estableciendo en Costa Rica, la mayoría de la población, aunque pobre, poseía alguna parcela. A medida que la población aumentó en la Meseta Central, muchos hijos de familias grandes emigraron para colonizar tierras baldías en nuevas regiones. Los campesinos costarricenses, en su mayoría, siempre han preferido tener una finca propia, aunque pequeña, a convertirse en empleados de otra persona."[3]

Otra razón igualmente importante, además del aumento poblacional y el tradicional apego a la propiedad de la tierra, fue la desaparición paulatina de la pequeña propiedad a causa de la complejidad creciente de la producción cafetalera. Este desarrollo había comenzado tempranamente, ya desde 1856 - 57, a raíz de la introducción de maquinaria para el procesamiento del café.

"Muchos no pueden entonces seguir el ritmo de la racionalización creciente de la agricultura, y entrabados por el nivel superior de costos, que no resisten la competencia, se ven obligados a deshacerse de sus propiedades; otros, de una relativa mayor capacidad económica, han de apelar, para la adquisición de nuevos instrumentos, al crédito en grande de los exportadores, y por allí llegan en algunos casos al mismo resultado: la pérdida de sus fincas, esta vez por remate judicial. Este es un proceso que se prolonga hasta nuestros días."[4]

Uno de los mitos que se han mantenido vivos durante más tiempo en el espíritu de la inmensa mayoría de los costarricenses es el de la buena distribución de la tierra. El estudio de Seligson acaba definitivamente con esta creencia, por lo menos a nivel de la información y del saber científicos: " En los comienzos de 1950, la tierra en Costa Rica se encontraba distribuida con mayor desigualdad que en otros países centroamericanos. Los Indices Gini eran: Guatemala .87; El Salvador .83; Honduras .76; Nicaragua .74 " El índice de Costa Rica es .90.[5]

Fabián Dobles tematiza toda esta problemática desde el inicio de *El sitio de las abras:* "Este ñor Espíritu Santo Vega Sanabria era todo un campesino de buen seso. Hijo y nieto de propietarios de tierra, había venido a menos por obra y gracia de ser muchos hermanos y haberse peleado mutuamente la herencia paterna." (12) Después de un tiempo como jornalero siente "el escozor de la tierra" y habiendo discutido, a su manera, la situación con su mujer, deciden abandonar el pueblo:

"- Lola ¿no te has fijado que esto aquí en el cantón empieza a cambiar? Ñor Domingo Ramos se hace cada vez más rico. Acaba de comprarles la finca a los González, que buscaron para otros lados. El año pasado fueron los Domínguez los que perdieron la de ellos en aquel pleito con el ricachón de ñor Bolaños. Como que cada vez principiamos a ser más los peones y menos los propietarios." (17)

Otra de las razones que aduce Vega para alejarse de la Meseta Central es la reciente evolución política del país; él no quiere tener nada que ver con el poder y los que mandan:

"También está esa cosa de la política. Antes los que mandaban hacían sus arreglos entre ellos sin molestarlo gran cosa a uno. Acordate del cuartelazo que se trajo al suelo a don Jesús Jiménez, no hace mucho. Se hizo entre unos cuantos que se metieron en el cuartel escondidos en dos carretas con guate para las bestias. A uno no lo tocaban. Pero ahora el asunto está cambiando; y si fuera para bien de uno, pero no lo es. No me gustó nada lo de hace unos días, que llegaron con aquel librote a exigir que votara por el partido de don Tomás. Bueno a don Tomás no lo malquiero, pero si se trata de votar, que lo dejen libre a uno, así sí me gustaría la cosa; no, mejor que no lo anden jodiendo, como antes ...

Dolores escuchaba.

- Allá, por lo menos estaremos lejos de esas vainas. No me gustan las molestias con nadie, no hay caso, y menos que me arreen como ganado." (18)

El mundo de antes, patriarcal y arcádico, que Espíritu Santo conoció en su juventud, los buenos tiempos inmediatamente posteriores a la guerra contra los filibusteros de William Walker, en la cual había participado, tiempos que corresponden al auge de la producción cafetalera y a la consolidación del Estado nacional, es el mundo que va a tratar de recrear en las abras, junto con su familia y sus amigos, enmontañados, lejos de toda ingerencia de autoridades y ricos. Como quedó anotado en otro apartado de este estudio, es el gobierno de Guardia, precisamente, el que marca la transición de la organización patriarcal de la sociedad oligárquico-patrimonial a un tipo de sociedad más moderna de corte liberal. Durante su gobierno se inicia la construcción del ferrocarril al Atlántico, aparece el capital norteamericano y se establece el enclave bananero. Las relaciones sociales de producción capitalistas y los valores de cambio, comienzan a generalizarse. El enmontañamiento de Espíritu Santo Vega es una tentativa de reorganizar el mundo a partir de valores de uso tradicionales, valores que el protagonista ve desaparecer en su derredor.

Estructura narrativa
El sitio de las abras puede dividirse, desde el punto de vista de la estructura narrativa, en cuatro partes bien diferenciadas que se corresponden con las cuatro generaciones de personajes protagónicos a las que se ha aludido más arriba y a las que he dado los siguientes subtítulos: 1. la lucha por transformar la naturaleza, 2. la lucha del hombre contra el hombre, 3. la catástrofe, 4. la vida en el latifundio y la organización del sindicato agrario.

Primera parte: la lucha por transformar la naturaleza
La primera parte describe el mundo arcádico-patriarcal en el que la única lucha que existe es la del hombre que transforma la naturaleza en campos de labor. La lucha del hombre contra el hombre, la lucha de clases, no ha aparecido aún. Las relaciones entre los abreros y el hacendado vecino, ñor Rosa, no son conflictivas. El nombre mismo del hacendado alude a lo arcádico. Pareja función simbólica tiene el nombre del abrero principal,

Espíritu Santo Vega, el espíritu santo del amor a la tierra, del amor a la vega.

Esta primera parte corresponde a los tres primeros capítulos de la novela y están consagrados a la descripción de la dura lucha por establecer las fincas. Primeramente se internan en la montaña el padre y los hijos mayores, por las noches comen y se cobijan en casa de otros abreros amigos que ya han construido su vivienda. Una vez que la primera cosecha de maíz se ha realizado y han armado una cabaña, llegan la madre y el resto de la familia. Entre luchas y penas cotidianas, alegrías y fiestas - sobre todo los alegres rosarios de Navidad de Dolores - la vida de las abras transcurre apaciblemente. La familia de los Vega se convierte en la familia más estimada y querida de la comunidad, debiéndose mucho de ello a las cualidades humanas de Dolores, quien desempeña hasta las funciones de enfermera y comadrona. Incluso el hacendado hace uso de las habilidades de Dolores para curar a su hijo enfermo. La lucha por transformar la naturaleza es ruda, pero el trabajo se ve compensado por la libertad de que se goza y por los abundantes frutos que brindan las feraces tierras vírgenes.

" Y las casitas se veían bien entejadas y rodeadas de macetas con flores y helechos; los terrenos ondulaban verdes y bien cultivados; los perros habían nacido en el lugar, hijos de que los que llegaron con la primera gente. Por doquiera reinaba la sensación de que el hombre, prolongado en el hacha y el cuchillo, había salido vencedor. Las abras se llamaban ahora fincas y constituían una nueva y hasta pujante comunidad." (36)

Mas ocurre algo nuevo que cambiará el ritmo de los acontecimientos: "Sólo que ñor Rosa Vargas, el hacendado que servía de portón con la zona ya desde mucho antes domada por los hombres, un buen día se sintió viejo y achacoso y decidió vender su hacienda." (35) Entonces comienza lo que el narrador llama "la peor pelea; la del hombre contra el hombre."

Segunda parte: la lucha del hombre contra el hombre
La segunda parte se inicia con la llegada del nuevo hacendado, don Ambrosio Castro. Este no está conforme con el tamaño de su hacienda y le molesta la presencia de los abreros. Su nombre está igualmente cargado de valor simbólico: Castro tiene claras connotaciones bélicas, y efectivamente el instrumento distintivo del nuevo hacendado es la pistola que siempre lleva al cinto. Por otra parte, Ambrosio, según la etimología popular costarricense, que llama ambrosia al hambre, permite asociar Ambrosio con hambriento. Ambrosio Castro está hambriento de propiedades, de poder, de ser envidiado por sus amigos de la ciudad.

El proyecto es lo que constituye al personaje. El proyecto de Ambrosio

Castro es muy claro y muy concreto y de él arrancan todas sus acciones y sus relaciones con los campesinos de las abras.

"Debo acercármeles de un modo paternal y amistoso, ofreciéndoles protección y prometiéndoles cooperar con ellos. Poco a poco, entre palmadas en el hombro y café de mi cocina, los iré convenciendo de que deben venderme ... al precio que les indique ... De cualquier modo, estos hombres viven aquí sin futuro. No pasarán de ser pobres labriegos sucios e ignorantes. ¿Cómo van a agrandar sus terrenos más allá de donde ahoran llegan, cómo van a conseguir caminos, hacer puentes? Son una rémora. Cada año se les mueren en conjunto cuatro o cinco chiquillos, no progresan, se estancan. Yo que soy hombre de empresa, necesito convertir sus tierras en algo que haga enrojecer de envidia a mis amigos. Culpa no es mía si escogieron las mejores esos malditos y ahora me interesan. Con lo que yo les dé la pasarán mejor en otra parte, o se podrán quedar trabajándome de peones ..." (37)

El capítulo IV está consagrado a relatar las dificultades que el hacendado crea a los campesinos. Castro pone sitio a las abras; para cercarlos se decide a talar la selva con jornaleros indios a quienes paga un salario miserable. El derecho a la tierra se obtiene por la transformación de la selva en campos de labor. Las ideas liberales y el apego al dogma de la propiedad privada impiden actuar a los campesinos. Así, muy en consonancia con su ideología, ñor Vega estima que:

"No había manera de reclamarle a nadie que ensanchara su tierra a menos que se metiera en la de otros. Si Castro llegaba un día a encerrarlos habría realizado un acto lícito, ya que no habría tocado tierra ajena. Y si empezaba luego a negarles salida a través de su hacienda, estaría en su razón de propietario." (45)

Quien se decide a hacer algo es Lola de Vega. Se pone en contacto con las otras mujeres y conciben el proyecto de voltear montaña para asegurar una salida a sus propiedades. Proyecto que no deja de tener inconvenientes, siendo el más grave de ellos, el tener que abandonar tareas más necesarias en las fincas. Algunos piensan sin embargo que sería más fácil y hasta más justo matar a Castro, pero el "no matarás" está demasiado internalizado; otros, en su impotencia, invocan al cielo esperando que un rayo le parta la cabeza al hacendado, quien de manera prepotente se pasea siempre pistola al cinto. Castro los hostiga de mil maneras: encomia irónicamente su proyecto de ensanchar las propiedades; les ofrece crédito para que contraten peones indios, que por otra parte no son caros, pues basta pagarles con aguardiente; hace igualmente que sus peones metan su ganado en los potreros de los campesinos, etc., etc.

Con la llegada de Castro se introduce la lucha de clases. Nos encontramos ahora frente a un mundo escindido, y en el momento en que la partida parece estar a punto de resolverse a favor del hacendado, aparece un personaje providencial, el aventurero Martín Villalta, cuyo nombre igualmente tiene resonancias simbólicas. Más que su apellido, que en efecto connota lo positivo de su función y de su personalidad, es su ocupación favorita la que le procura una especie de sobrenombre simbólico. Villalta es en efecto cazador de lagartos, es decir de caimanes. En la etimología popular costarricense un lagarto - o un alagartado - es aquél que se sirve primero y coge lo mejor de la comida, sin la menor consideración por los demás, es también el que se traga los alimentos.

Villalta es quien parará los hambrientos proyectos de Ambrosio Castro. En su vida aventurera, Villalta había corrido mundo, viajando por Centro y Sudamérica. Su intención al llegar a las abras era dedicarse un tiempo a la caza de lagartos, aunque tenía un vago proyecto de instalar alguna vez un aserradero para vender madera a la compañía que construye el ferrocarril que pronto pasará por la zona. Pero al descubrir la lucha desigual en que están comprometidos los campesinos, Villalta cambia pronto de idea. Uno de ellos, vecino inmediato de Castro, ha decidido abandonar la partida y rendirse. Está a punto de vender su propiedad al hacendado que le ofrece la miserable suma de cien pesos. Tocado por la injusticia de la oferta, y un tanto por gusto de la aventura y la lucha, Martín Villalta le compra la propiedad al campesino en quinientos pesos.

Castro sigue metiendo su ganado en los pastizales del nuevo propietario, mas éste no se inquieta. Cada semana se cobra "el alquiler" sacrificando un novillo; reparte la carne entre los campesinos, enviando al mismo tiempo un buen regalo a Castro. Para que no quepa duda acerca de la proveniencia de los carnosos presentes, Villalta envía a Castro tres cueros en donde pueda ver estampadas sus propias iniciales.

Villalta aconseja a los campesinos parar la tala de árboles, pues de todas maneras Castro con sus peones y sus indios les ganará la partida y además sus esfuerzos son más necesarios en los plantíos de las fincas. Villalta desaparece todo un mes, los campesinos comienzan a inquietarse, pues Castro ya casi los tiene cercados. Dolores es la única que no pierde su fe en el aventurero, y es ella quien le recibe a su regreso.

"- Don Martín, cuánto gusto de saludarlo. Usted otra vez por aquí, qué bueno ...
¿Ya vio cómo van los trabajos de don Ambrosio?
    - Sí, ya lo ví.
    Y mirándola directamente a los ojos, agregó:
    - Pero esta semana se van a acabar. (71)

A la noche, Villalta va a hablar con los indios que trabajan para el hacendado, presentándoseles como una autoridad del Gobierno que anda reclutando jóvenes para el ejército. Les dice que volverá la noche siguiente para saber cuántos hay en el campamento y que pocos días después pasará una patrulla a recogerlos. Eso es suficiente para que opere la ancestral fobia de los indios frente a todo cuanto tenga que ver con el poder central, precipitando así su huída hacia sus montañas. Ambrosio Castro se ve entonces obligado a aceptar la paz que Villalta le impone.

"- ¿ Acepta usted la paz, Ambrosio Castro, o prefiere usted la guerra? Bien, pero en este caso sepa que de ahora en adelante nos dejaremos usted y nosotros de cortar arbolitos. Ese es juego de mujeres. No, de ahora en adelante limpiaremos nuestras pistolas y escopetas y vendremos a tantear nuestra puntería en su barriga.
... Y así terminó la infancia de las abras." (74)

El sitio se resuelve por el momento a favor de los abreros.

Los capítulos VII a X describen una época de paz y de bonanza para los habitantes de las abras, en cierta manera, bajo la protección y la pujante iniciativa de Martín Villalta, quien "...en poco tiempo había convertido la zona en un semillero de actividad". El centro de esa actividad era el aserradero que producía madera y sobre todo durmientes para el ferrocarril, pues "... ya no se trataba de hacer potreros, sino de sacarle madera al tiempo para convertirla en dinero con qué comprar más ganado y mejorar la casa y traer bienestar a las familias, que bien se lo merecían." (74)
El hijo mayor de los Vega hace ya vida marital con la hija de otro de los abreros, Fermín se ha marchado a trabajar en la construcción del ferrocarril. La admiración de Dolores por Villalta le lleva a expresar, para escándalo de su marido, la idea que le gustaría tener un nieto hijo de él. Poco a poco el proyecto va tomando forma en su cabeza y cuando Susana, la mujer de Villalta, enferma del corazón, necesita ayuda para los trabajos domésticos, Dolores propone los servicios de Magdalena, su hija mayor, quien por su parte se siente oscuramente atraída por Villalta.

" En esos momentos, precisamente, la madre comprendía cuán honda pasión bullía en su hija y la desazón de su 'nieto' la atormentaba. Era como una callada alianza entre las dos, Magdalena pensando sólo en el hombre, Lola prolongándose en Magdalena con la mente puesta en su otra prolongación: el hijo de su hija; dos estremecimientos distintos, el uno juvenil y encendido, el otro contradictorio, asaeteado por la idea de que aquello no venía de Dios." (81)

De esa unión nacerá Marcelino, representante de la tercera generación. Este acontecimiento da pie a un duelo feroz entre Espíritu Santo Vega y Martín Villalta y contiene una crítica intrínseca, y un tanto irónica de parte del narrador, de ciertos valores tradicionales acerca del honor, encarnados en el tradicionalista espíritu de ñor Vega. (96 y ss.)

Después de algunos años de relativa felicidad, la enfermedad da en tierra con Susana. La muerte de su mujer coincide con un decaimiento de los negocios de Villalta. En el momento en que éste debe comenzar a cancelar la hipoteca que había hecho para financiar el establecimiento del aserradero, la Compañía baja los precios que le pagaba por la madera, pero él, no queriendo modificar los precios que pagaba a los campesinos por los troncos, termina arruinado "...Villalta no era un buen negociante, sino un aventurero contemplativo que se había calzado botas de empresario" (101)

A la muerte de su mujer, Villalta se marcha para nunca más volver. La última noticia que los abreros tienen de él es un sobre lacrado con los documentos que hacen de su hijo Marcelino Vega su heredero. Con la desaparición de Villalta se inicia una nueva etapa de la historia de las abras. Es la etapa del despojo y la proletarización de los antiguos abreros y sus descendientes. Así se cierra la segunda parte de la novela.

Tercera parte: la catástrofe

La tercera parte está signada por la muerte. No se trata de una tematización de la muerte, sino de la muerte como un principio estructural, como la negación de todo contrato. El conflicto que opone los valores de la posición de partida, por ejemplo, en el caso concreto de la novela que analizamos, unos valores de uso, centrados en la comunidad de las abras y encarnados principalmente en el personaje de Espíritu Santo Vega, de un lado y del otro, los valores de cambio que son la base de la hacienda, como institución, y que están representados sobre todo por el personaje de Ambrosio Castro, sólo puede ser resuelto por la eliminación de una de las partes de la oposición. Al llegar al punto álgido, el conflicto entre las dos posiciones desemboca en la catástrofe. Después de la catástrofe se establece un cuarto momento narrativo, que puede ser una confirmación de la primera o de la segunda posición. La cuarta posición es también la posición donde se expresa la ideología intrínseca del texto.

La pérdida de las abras está relatada muy rápidamente, en el capítulo XI, como corresponde al momento catastrófico del universo narrativo. El relato de la serie de muertes que constituye la tercera parte - y que marcan la solución del conflicto entre los valores de la primera y la segunda partes - comienza con la de Susana, la mujer de Villalta, hecho que produce la partida de éste, que sólo seguirá viviendo en el recuerdo de todos como "un diosecillo incomprensible y generoso, dueño de sí mismo." (107)

Ambrosio Castro muere igualmente, dejando al frente de la hacienda a su hijo Laureano - quien coronará con éxito el proyecto de despojo de los abreros. Laureano es "menos meloso que su padre, de mirada filosa y labios finos, no sólo tenía buen pulso con la pistola, sino que sabía usarla de veras. Y no se sirvió de indios, que no habían vuelto a salir por aquellos contornos, sino de peones traídos desde donde las obras del ferrocarril ya no los contrataban, con los que prosiguió el cerco." (107)

El estilo de Laureano es diferente. Goza de entronques políticos en la capital y su furibundo liberalismo le impele a exigir que los demás le dejen pasar y le dejen hacer. Sin embargo, su escrupulosa defensa de la propiedad privada no le impide invadir con su ganado, y sin el menor escrúpulo, las fincas de los campesinos, ahora ya debidamente inscritas en el Registro de la Propiedad, por consejo de Villalta, "...a nombre de los que las habían arrancado a la montaña." (107)

Castro no actúa directamente, sino a través de sus trabajadores:

"Castro se amañó para forzar a sus peones a denunciar como propias las tierras que se iban abriendo alrededor de las fincas. Muchos de estos jornaleros eran centroamericanos sin papeles, que se veían obligados a ganarse la vida de cualquier modo. Poco a poco los denuncios, que sólo formalmente les pertenecían, acabaron abrazando la extensión de las fincas." (108)

En estas circunstacias, los campesinos terminan por abandonar la lucha. Unos episodios a bala entre los campesinos y los peones del hacendado sirven de pretexto para que éste haga nombrar agente de policía a su propio capataz. En la refriega, Dolores de Vega que estaba hecha para la lucha y no para la humillación y la derrota pierde el gusto a la vida y se deja morir, consumando así lo simbólico de su nombre. El viejo Espíritu Santo saca fuerzas de su senilidad - la cual por otra parte le impide formarse una idea clara de la situación - y exige hasta el último momento de los pocos descendientes que le quedan, Remigio y su mujer y el nieto Martín, que no se rindan, que no abandonen el lugar. Lo que permitía a los Vega seguir enfrentándose al hacendado era la producción de madera en el viejo ascrradero; Laureano asesta entonces el postrer golpe al viejo Vega, cortando el agua que alimenta el aserradero. El viejo muere de rabia y desesperación impotentes. Laureano, que no respeta ni propiedades ni mujeres, es matado por Marcelino, al descubrir éste que el hacendado estaba a punto de violarle su mujer. Los Vegas deciden vender la finca para pagar un abogado que defienda a Marcelino. Los abreros abandonan la batalla y se desbandan. Así desaparecen las abras. Esta vez el sitio se resuelve a favor del latifundista.

Cuarta parte: la vida en el latifundio y la organización del sindicato
La cuarta parte da cuenta de las nuevas relaciones sociales en la hacienda que es ahora la entidad social dominante, pues las antiguas abras ya sólo existen en la memoria de los descendientes de los viejos pioneros. Pero

el problema del agro y de la tierra ha tomado nuevas formas; al lado de los campesinos, ahora proletarizados, aparecen los precaristas, campesinos sin tierra que no queriendo convertirse en peones de las haciendas o por escasez de trabajo, toman posesión de terrenos abandonados dentro de los lindes del latifundio. La situación política del país habiendo cambiado en la década de 1940, los asalariados del campo, los pequeños propietarios y los precaristas, adquieren ciertos derechos y cierta protección por parte del Estado que les permite su asociación en sindicatos y les promete la adjudicación de tierras. El último descendiente de los Vega, el nieto de Villalta, aparece en la hacienda con la misión de organizar a los obreros agrícolas y ocuparse de los problemas de los precaristas. La novela termina en los albores de la guerra civil de 1948, con una apertura hacia nuevas formas de organización y una nota relativamente optimista basada en los nuevos valores político-sociales e ideológicos y las nuevas posibilidades que se vislumbran.

Al contrario de las tres primeras partes de la novela en las que la acción sigue un desarrollo lineal, la cuarta y última parte comienza con una amplia analepsis a través de los recuerdos de niñez y de juventud de Martín Vega Ledezma, el hijo de la cocinera de los actuales propietarios de la hacienda, los González Leflair, con el interesante segundo apellido de olor francés. Esta analepsis tiene la función de establecer un puente cronológico que rellena el espacio entre la muerte del viejo Vega y el regreso de Martín - casi tres décadas. Martín llega en el tren que pasa por la hacienda, ahora más amplia aún que en tiempos de Laureano Castro, con la intención de organizar un sindicato agrario.

El capítulo XII se extiende desde la página 114 hasta la 127, la analepsis cubre las seis primeras páginas. Martín recuerda a sus parientes y en especial a su tío abuelo Remigio, quien en su niñez le puso en contacto con el pasado heroico de las abras. "El se los imaginaba, tratando de acompañar a ñor Remigio en sus cotidianos regresos al tiempo ausente, y, con todo, posiblemente los antepasados que él se imaginaba no eran los mismos con quienes había convivido el tío abuelo. El no había experimentado esa otra vida, sino la de la hacienda con sus peonadas, sus dolores y su potente capacidad para mantener a los hombres ajenos a toda lucha heroica." (116)

Remigio es quien le revela que su padre Marcelino Vega, el hijo de Martín Villalta, había estado preso por haber matado a Laureano Castro, el antiguo propietario de la hacienda. La vieja lucha de los abreros contra el hacendado se resuelve, en la versión de Remigio que no distingue entre la lucha por la tierra y la defensa de la mujer, por el ajusticiamiento del latifundista por razones de honor. Marcelino fingió un viaje a la ciudad.

"No se había equivocado. El quería que la cosa se decidiera de una vez y se decidió. No fue que cortó al otro; fue que lo descuartizó. Después lo vinieron a poner preso y para poder defenderlo, pagándole un abogado, convinimos en que había que vender la tierra. Era necesario salvar a Marcelino. Así lo había contado Remigio." (117)

La personalidad de Remigio está marcada por una suerte de fatalismo que lo tiene abatido, ha internalizado la derrota y el fracaso del proyecto de su familia a tal punto que se le convierte en una suerte de filosofía de la vida, basada en la creencia en un destino ineludible. "Se perdió el girón de tierra. Remigio decía que el más fuerte, al final, irremisiblemente acaba con el débil. Había como un destino que nadie podía esquivar. Cuando no era de un modo era de otro. Ellos habían podido resistir año sobre año, pero con su muerte Castro 'se los había llevado entre las patas', porque era el poderoso. Marcelino le dio su merecido, y lo mandaron a presidio ..." (117)

Al salir de la cárcel Marcelino anduvo vagando, unas veces buscando trabajo otras trabajando, pero al final una fuerza soterraña lo hizo volver a los valles donde había nacido. Remigio y Marcelino encarnan el sufrimiento de la proletarización que expresan de maneras distintas: Remigio "... habiendo crecido en medio de una vida de labradores dueños de sí mismos y de su tierra, el modo de vivir actual en un latifundio ajeno edificado en parte sobre los despojos de su propia estirpe tenía sólo una realidad: la añoranza y el odio." Marcelino, en cambio, era, "todo desolación y mutismo". (119)

Para Martín, así como la relación con el tío abuelo le fue fácil, agradable y llena de enseñanzas, la relación con su padre le es difícil y dolorosa; se sienten como huérfanos el uno del otro. El tren llega a la estación de la hacienda. Martín sale de su mundo de recuerdos y vuelve a la realidad; la analepsis acaba y la acción retoma de nuevo el hilo narrativo.

La hacienda ahora es un pujante latifundio de frondosos cafetales y cañaverales, con ganados, trapiche, aserradero, estación de tren, comisariato, planta eléctrica y beneficio para el procesamiento del café. Y viviendas para los peones.

" Las casas para los peones se reparten por distintos lados, en grupos, y son estrechas y ahumadas, de madera y levantadas sobre horcones, porque la lluvia sigue siendo como en los viejos tiempos nutrida y terca; se edifican así para evitar que un posible desbordamiento del río las inunde. Se ven niños por docenas, panzones y desnutridos, asomarse a las ventanas o jugar en los corredores. Las mujeres lavan las ropas, cocinan, van y vienen, discuten, y paren más hijos. Es una existencia que se sobrelleva casi siempre con mansedumbre porque no se conoce otra." (121)

Martín sabe que la tarea de organizar un sindicato agrario no va a ser fácil, pues conoce muy bien a los campesinos, aún siendo asalariados, son reacios a toda forma de organización, casi todos arrastran un sentido tradicional de la propiedad privada que es contraproducente. "Martín Vega lo sabe; compañeros más experimentados se lo han advertido, y, sin embargo, no se siente pesimista. En otros lugares del país se va avanzando en la organización de los hombres del campo, que son duros, pero cuando logran entender siguen siendo duros, pero se vuelven entendidos." (124)

Martín soluciona algunas cuestiones prácticas: comerá en casa de Esmeralda la de la flor y dormirá en una casucha donde cree que sigue viviendo su padre. Mas, como luego descubrirá, no es su padre quien vive allí, sino un extraño personaje, solitario y marginado por un pasado desconocido de todos, por su mutismo y su miopía. Es Cándido Palomo, llamado Marabú. Su tragedia se trasluce en la oposición entre su poético nombre y el pajarraco a que alude su apodo. Pero el apodo encierra también una alusión al asceta, al sabio y al santo.

Los capítulos XII y XIV son igualmente analépticos. Martín, de vuelta a la casucha, se acuesta, pero no puede conciliar el sueño; los recuerdos de su infancia y juventud se agolpan otra vez en su memoria: después de la muerte de Laureano Castro y del encarcelamiento de Marcelino y la venta de las propiedades, Matilde pasa a ser cocinera de los nuevos propietarios de la hacienda. Estos le permiten llevar a su niño Martín a vivir con ella. Así, el pequeño Martín crecerá junto con la hija menor de los patrones, Concepción. Quien se encarga de la casa y de la educación de los niños no es la madre, sino su hermana, la señorita Marcelle Leflair, "... una francesa cuarentona, agradable mujer de educación que la capacitaba idóneamente para ser la maestra de los niños. Persona afable y sensible, muy pronto fue tomando afecto al hijo de la cocinera ..." (128)

La praxis educativa de la señorita Marcelle se inspira en Rousseau. Es una escuela agradable, llena de todo tipo de actividades que se desarrollan en plena libertad. Así Conchita, "... día con día iba dejando de parecer niña humana para convertirse en personilla animal. Trepaba a los árboles con rapidez de saltimbanqui o galopaba a caballo con la destreza de los sabaneros, al lado de su amigo, el pequeño Martín, quien se iba transformando en adolescente. Como dos serafines-animales con las alas en los pies e ignorancia de cuanto trascendiese a serio cruzaban los años de ternura llenos de juegos y ensueños." (130)

Pero al lado de la educación rousseauniana, Martín tiene otra escuela que poco a poco le va ligando al pasado de su familia. Su maestro es Remigio, el tío abuelo. Al principio las historias del viejo Vega se confunden en la imaginación del niño con los cuentos de hadas de la señorita Marcelle, acarreándole una visión mitificada del pasado, visible cuando repite las historias del tío a Conchita, en deliciosos relatos dentro del relato.

"- Todo esto (ya no sabe sólo la extensión que en realidad había sido, sino todo) perteneció a mi bisabuelo, ñor Espíritu Santo Vega. Dicen que era un viejo que de un solo hachazo se apeaba un árbol. Una vez un bandido quiso quitarle lo que tenía y entonces él y otros compañeros voltearon en un mes toda una montaña. Había como doscientos indios cortando para el bandido, pero mi bisabuelo hubiera alcanzado el lugar que les interesaba. Bueno no fue necesario porque entonces llegó otro abuelo mío (él no entendía bien lo de su ascendencia y a veces resultaba teniendo abuelos por montones), Martín Villalta, y le mató al bandido todo su ganado. Martín era tan fuerte que él solo sacaba del Reventazón lagartos así de grandes (y extendía los brazos dando a entender muchos metros), y por eso el otro le tuvo miedo y se la tuvo que aguantar. Entonces fue cuando hicieron el aserradero. Esto estaba lleno de montaña y ellos la cortaron y vendieron la madera." (133)

Como era de esperar, al despertar de la sexualidad, la amistad de los dos adolescentes se transforma en amor y habida cuenta de la diferencia de clase social, la catástrofe se precipita, una escena de amor adolescente cargada de tonos líricos y de hermosos simbolismos y resonancias telúricas, tiene lugar al lado del pedrón que es el palacio encantado de los jóvenes: la roca hendida, símbolo de las clases opuestas, del amor consumado pero imposible, la hendidura del dolor humano y de la humillación social. Ahora que Fermín vuelve a recordar la escena:

"Aún le huele a musgo, ve verdetiernos, verdeoscuros, verdegrises, verdegrillos, gris de piedra y pardo húmedo de orugas, de hojas, de bejucos y tierra. Aún siente su mano crispada en la nuca, sus piernas como raíces a él entretejidas, y oye su respiración, besa sus mejillas rojas e incandescentes, lo miran sus ojos entrecerrados. Ahora, zarandeado por su vida de proletario, recuerda que él de diecisiete y ella de quince estaban embrujados, y se estremece de placer que es al mismo tiempo amargura y despecho." (138)

Conchita parte intempestivamente a Francia con su tía Marcelle. La nueva situación permite a Martín tomar más clara conciencia de su condición.

"A medida que comprendía con claridad lo insostenible que había sido su amor, experimentaba disgusto para consigo mismo y una especie de rencor sordo para con los González Leflair. Ellos, sin habérselo propuesto, le habían creado un ambiente mentiroso, alejado por completo de su identidad social, y luego, cuando la vida lo echó en brazos de su amiga de siempre, lo patearon y vapulearon. Ni siquiera le reclamaron nada, y esto era, si se quiere, lo peor; como si no hubiera significado más que una cosa lamentable atravesada en el camino de la 'señorita', de quien había urgido apartarla, pero sin meterse con la cosa, porque la cosa no valía nada y, además, existía el peligro de un escándalo." (144)

Mas la doble escuela o la doble socialización de Martín le será de gran provecho. El conocimiento y la memoria del pasado no tiene sobre él el efecto devastador que tienen sobre su padre y su tío abuelo. "Tánta riqueza de algunos frente a la miseria de tántos otros, resultaba desconcertante, lo aturdía, más aún cuando escuchaba a Remigio monologar de esta manera: 'Qué remedio hay, lo que es, es, y se acabó. Uno no tiene más que vivir para morir, así es, uno no tiene más que eso.'" (142)

A la amargura de la proletarización del antiguo campesino, dueño de la tierra y su actual derrotismo, el joven Martín Vega opone el entusiasmo, la libertad y el optimismo que basa en su calidad de alfabetizado: " - Pero no, tío Remigio, no se ponga usted así. No beba tanto guaro, que se va a matar. No vale la pena. Si otros tienen tierra o dinero o diversiones, nosotros tenemos otras cosas. Vea usted por ejemplo: yo sé leer y me he conseguido algunos libros. Ahora leo un periódico muy interesante, y nadie puede impedírmelo. Estoy aprendiendo mucho." (146)

Tampoco ha olvidado Martín las enseñanzas de la señorita Marcelle, quien casi sentenciosamente le decía alguna vez como respuesta a alguna de sus preguntas: "Recuerde, Martín, que todos los seres humanos deben ser realmente iguales en oportunidades y en derechos. Con el tiempo llegará de algún modo a conseguirse. Muchos han luchado y siguen luchando por esto, pero aún faltan más bastillas que derribar." (146)

Poco a poco el amor por Conchita González se va transformando en un recuerdo agridulce. Después de haber trabajado un tiempo en la hacienda como mozo de cuadra y domador de caballos, y habiéndole entrado el deseo de marcharse a correr mundo como a Fermín Vega y a Martín Villalta, Martín Vega decide abandonar la hacienda y un buen día se sube al tren y se va a rodar por el mundo, haciendo vida "de amansador de caballos, de peón caminero, de ayudante de albañil, de aprendiz de zapatero, de vagabundo de caminos, dondequiera ha buscado a los innumerables bisnietos de ñor Vega, los ha oído, él les ha enseñado, a su modo, y ellos también. Lo han encarcelado algunas veces. Sabe de reuniones, desfiles, choques con los enemigos y grandes y fervorosos abrazos con los amigos." (148)

Martín consigue finalmente dormirse, la analepsis acaba cuando el personaje concilia el sueño y abandona su mundo de recuerdos. Martín no despertará hasta la mañana siguiente. En el capítulo XV, la narración retoma el desarrollo lineal.

Pero Marabú regresa a la covacha pasada ya la medianoche y creyéndose solo, se pone a hablar en voz alta de su angustiosa vida: su infancia en el orfanato, su tiempo de seminarista angustiado, su amor frustrado por Sor Eduviges, su obsesión por las puestas de sol incandescentes y sus tendencias de pirómano, debidas a su miopía galopante que sólo le permite percibir el sol y el fuego. Esa noche, al volver a casa, el cañaveral de una finca arde. Al despertar, Marabú cree que Martín conoce todos sus secretos, pero Martín ha dormido como un tronco sin oír nada del monólogo de Cándido Palomo. Después de muchos malentendidos, Martín acepta quedarse a vivir en casa de Marabú.

A la mañana corren ya varias versiones acerca de la causa del incendio. Los comentarios de los hacendados son más o menos los mismos: "Es obra de los rojos, destructores de principios y propiedades", y un diario de la capital no tarda en informar:

"Llama la atención el hecho, por cierto muy significativo, de que el sabotaje haya sucedido al mismo tiempo que un sujeto de apellido Vega, conocido por sus actividades de agitador, ha llegado a la hacienda de los González Leflair. ¿Coincidencia? ¿Causa y efecto? No podemos saberlo. Sin embargo se nos informa que los finqueros no sólo de esos lugares sino de todo el país están tomando medidas para impedir que hechos vandálicos semejantes, producto de agitadores sin conciencia, se repitan." (154)

En la "casa grande" consideran a Martín un Judas y un renegado que se convirtió en trastornador de las buenas relaciones entre trabajadores y patronos. Pero su ánimo no está para odios particulares. Frente a la tierra y al problema de su tenencia "... no se le da personalmente que esté sirviendo para hacer malvivir a la gente y llenar en cambio las arcas de los propietarios. Le importa, eso sí, por los demás. Ella le penetra hasta el corazón, aún ajena y maltratada. Y es que en el fondo de sí hay una certeza; ya no se repite como el tío abuelo: 'esto fue de ñor Espíritu Santo.' Piensa en cambio: 'esto alguna vez será de todos nosotros.' Y se alegra de ser un campesino..." (156)

No se trata de un agitador sin conciencia, sino de un dirigente altamente concientizado.

El problema de los precaristas

En la hacienda, que ha crecido enormemente, en parte por oscuros artilugios, y que ahora cuenta con miles de hectáreas, ha aparecido un nuevo problema. En un paraje de tierras antiguamente cultivadas, pero actualmente abandonadas por haberse vuelto pantanosas, han venido a instalarse algunas familias de campesinos sin tierra. Constituyen una comunidad de unas sesenta personas. Son los llamados parásitos, su situación legal es precaria.

A los hacendados, la presencia de dirigentes sindicales y de precaristas les parece un problema extremadamente serio a causa de las nuevas leyes recientemente promulgadas por el gobierno, leyes que protegen en cierta medida a los obreros agrícolas, asegurándoles el derecho de sindicalización, prestaciones de cesantía, etc. A los precaristas las nuevas leyes aseguran una legalización, si las tierras ocupadas no estaban cultivadas en el momento de la toma y si las han asistido durante cierto tiempo.

Habiendo tomado conocimiento de este nuevo aspecto de la antigua historia de las abras, Martín decide comenzar su trabajo de concientización y de organización de los campesinos, poniéndose en contacto con los precaristas, "...a quienes sostiene allá la raíz ancestral que los une a la tierra. " (161)

Los tiempos han cambiado y, en principio, el conflicto entre hacendados y parásitos debe resolverse por la vía legal. A pesar del apoyo gubernamental, la abrumadora supremacía económica de los latifundistas puede hacer bascular la balanza de la justicia en contra de los precaristas. Martín viaja a la capital para procurar ayuda de sus compañeros de partido y para crear a lo largo y ancho del país un movimiento de simpatía y solidaridad en favor de los parásitos.

A nivel local, el trabajo de Martín consiste en hacer ver a los propios precaristas que "... un parásito es en cierto modo un atrevido y un rebelde". (166) Y poco a poco "... entre algunos peones hay una emoción, que se ignora a sí misma, de alejamiento, de rechazo para con ellos, debida al escozor envidioso que nace de ver que un pequeño grupo de hombres y mujeres ha retado al latifundio y se ha vuelto "propietario". [...] Y, al mismo tiempo, penumbrosa, ignoradamente, los parásitos gozan de general simpatía. Son los valientes silenciosos." (167)

Martín trata de dar a la lucha de los precaristas una perspectiva histórica. Su lucha forma parte de la lucha de los antiguos pioneros. Y, entonces "...comienza el fantasma de los antiguos abreros a transformarse en la bandera de lucha y en la justificación de los ocupantes." (168) Buena parte de su trabajo consiste en mostrar que las reivindicaciones de los campesinos son justas, que el precarista no es un sinvergüenza, que el derecho de sindicalización no es un atentado contra la sociedad, que la petición de aumento de salarios no es poner en peligro la vida de los hacendados. El efecto de su trabajo es apreciable en la actitud y las nuevas ideas de Juan Alvarado que se ha convertido en el portavoz de los precaristas.

"El se sabe en la actualidad apoyado y ya no le importa mucho dejarse ver en el comisariato, aparte de que oyendo a Martín ahora comprende que a más del interés personal que a él y a los otros les va en el asunto, representan algo más: son la encarnación de un deseo colectivo, nacional, de todos los campesinos sin tierra, Y en el fondo de su corazón, hombre al fin, se siente orgulloso. Es capitán de una lucha de todos. (172)

Los últimos capítulos de la novela están dedicados a desenmarañar la trama tanto en sus aspectos sociales - las relaciones entre las clases - como en los aspectos que conciernen las relaciones de carácter privado entre los personajes, por otra parte, las unas íntimamente ligadas a las otras.

Ante la organización del sindicato agrario que agrupa tanto a precaristas como a jornaleros, apoyado por el Partido y por otros sindicatos del país, los hacendados tratan de buscar una salida más expeditiva, pues a causa de las nuevas leyes sociales, la vía legal es más lenta, costosa e insegura para ellos. Después de haber intentado deshacerse de la plaga de parásitos, ofreciéndoles dinero, y al no aceptarlo éstos, los hacendados deciden organizar un pequeño incendio donde se descubren algunas prendas de Martín Vega y de Juan Alvarado. Al día siguiente los dos son arrestados y conducidos a la cárcel de la ciudad. Pocas semanas después vuelven, no obstante, sanos y salvos, gracias a la última y desesperada acción de Cándido Palomo. La hacienda lo había dejado sin trabajo, a causa de su miopía que definitivamente lo había imposibilitado para seguir cuidando la ataujía que, irónica y simbólicamente, abastecía la planta eléctrica que suministraba luz a la hacienda. El encarcelamiento de Martín y de Juan Alvarado le llevaron a su acción heroica. Incendió el cañaveral de la hacienda en diferentes sitios para no correr el riesgo de que el fuego no prendiera. Al perder sus anteojos, se desorientó y murió víctima de las llamas, mas no sin antes confesar ser el autor de todos los incendios, incluso el que habían organizado los hacendados mismos. Todo para salvar a Martín Vega y a Juan Alvarado y la lucha que ellos representan.

La hacienda "González Hijos y Compañía" es la asociación de Concepción y sus dos hermanos mayores, que son los que están al frente de la gerencia de la empresa. Pasado un tiempo, Conchita y Martín se encuentran en una calle de la hacienda. Ella lo saluda, mientras él trata de esquivarla:

" - ¿Tanto nos odia, Martín, tanto me malquiere?
    Y él entonces, mirándola a los ojos, sonríe y dice:
    - No, no, eso no, ¡de ninguna manera, doña Concepción! Yo... ¿malquererla a usted?
    Cómo quisiera contarle toda la verdad. La verdad está en el timbre de su voz.
    Martín, mire, póngase en mi caso. Yo no puedo explicarle todo, pero sí decirle una cosa, y le ruego que me crea: nada tuve que ver con ... usted comprende. No fue asunto mío ... Yo me puse furiosa.
    - Por favor, no se disculpe; le creo, sí, claro que le creo; usted no podía ser capaz. Pero no es ese el asunto. Lo único que hay de por medio son unas abras. ¿Recuerda que yo le contaba la historia de tata Espíritu Santo? Son las tierras de ellos, de ellos y de nosotros, que están sitiadas por ustedes, sucesores de los Castros. Y aunque yo, Martín Vega, no quisiera maltratarla a usted, Concepción González, ese sitio debe ser levantado." (196)

La novela acaba con una nota optimista, marcada por el reconocimiento mutuo o encuentro recíproco de Martín y de su padre. Martín le invita a tomar juntos unos tragos.

"Y Marcelino, descubriéndole a Martín que puede sonreír, sonríe ... Jamás se le hubiera ocurrido ... 'Un par de tragos con su hijo. Cómo no.' Y se levanta.
  Me tuvo muy preocupado, muchacho; yo sé lo que es la cárcel ...
  - ¡Pero les ganamos la partida!
  - Se la vamos ganando, sí, creo que se la vamos ganando." (196)

Recapitulación de la estructura narrativa
El desarrollo narrativo general de *El sitio de las abras* puede ser visualizado en el siguiente esquema:

Parte 1	Parte 2	Parte 3	Parte 4
LAS ABRAS	LA HACIENDA	CATASTROFE	LATIFUNDIO
Los abreros	Los Castro Villalta	La muerte	González Leflair El sindicato

El esquema se lee de la siguiente manera:

1. La posición uno, o punto de partida, corresponde a lo que el narrador llama la infancia de las abras. Los conflictos no existen. La única lucha que se da es tan sólo la lucha por sobrevivir, por transformar la naturaleza. Los actantes son los abreros. La hacienda de nõr Rosa - ñor como los abreros - sólo se diferencia por su tamaño de las parcelas de los abreros.

2. En esta parte, la institución dominante es la hacienda y los actantes principales, los nuevos hacendados Castro. Esta parte de la novela tiene dos momentos: uno que corresponde a la presencia del primero de los Castro, Ambrosio, al que se enfrentan los abreros solos, y un segundo momento que enfrenta por el lado de la hacienda a los Castro, padre e hijo, y por el otro, a los abreros y a su nuevo aliado, Martín Villalta. En el primer momento Ambrosio Castro está a punto de ganar la lucha; en el segundo, la partida se decide a favor de los abreros. Entonces se restablece la paz en las abras por un tiempo.

3. Es el momento de la catástrofe, que tiene como actante a la muerte. Villalta se marcha. Los abreros pierden sus propiedades; muchos de ellos mueren, real o simbólicamante. Los Castro perecen igualmente. Después de la catástrofe, que es la solución del conflicto entre las abras y la hacienda, una nueva situación se establece. La pequeña propiedad pre-

248

capitalista desaparece, la hacienda se convierte en latifundio, las relaciones sociales de producción capitalistas y los valores de cambio se generalizan. Los abreros se convierten en proletarios.

4. La cuarta parte representa la confirmación de los valores de la hacienda. En un primer momento, los Castro inician el desarrollo capitalista; en un segundo momento, la hacienda se convierte en una empresa agrícola, en donde reinan plenamente las relaciones de producción capitalistas. Así ha funcionado, incuestionadamente, durante las escasas tres décadas que corresponden a la edad de Martín Vega, pero la nueva situación no es definitiva. La antigua oposición entre las abras y la hacienda se ha transformado en un nuevo tipo de lucha, con otros actantes que ponen en marcha un nuevo proceso, al lograr Martín organizar el sindicato que reúne a obreros agrícolas y a precaristas, y articular sus reivindicaciones a la lucha histórica de sus antepasados, los abreros. Así se inicia un nuevo proceso histórico y narrativo. A nivel textual, el carácter de proceso continuo está marcado por los gerundios que utiliza Martín: "Les ganamos la partida", dice Marcelino. "Se la vamos ganando, responde su hijo, creo que se la vamos ganando."

Posiciones ideológicas
Mi análisis de las posiciones ideológicas detectables en la novela de Fabián Dobles parte de una discusión del ensayo de Carlos Molina y Edwin Salas: *"Pasado y Presente en El Sitio de las Abras",* por ser éste el estudio más explícito que conozca acerca del contenido ideológico de la novela en cuestión.

Los autores basan su análisis en la estructura narrativa de la novela cuyo rasgo más sobresaliente es, en su opinión: "... la oposición de dos momentos temporales, que en adelante llamaremos 'pasado' y 'presente', y que constituye el eje estructurador fundamental de la obra. Después de dar cuenta de los términos de esa oposición, se intenta hacer una interpretación ideológica para develar la concepción del mundo que subyace a la configuración de la novela."[6] La tesis que Molina y Salas quieren demostrar es que existe una contradicción ideológica entre las intenciones del autor y su presentación en la fábula:

"Por un lado se revela la intención de tratar el mundo desde una cosmovisión marxista; por otro se pone de manifiesto un sentido de la vida más vivido o inmediato que, por sus características, se puede denominar pequeño-burgués. Estas ideologías se concretan en diversos rasgos a lo largo de la novela; no obstante, es visible el predominio de una de ellas: la ideología pequeño-burguesa."[7]

Para comenzar, me permito remitir a mi propio análisis de la estructura narrativa de *El sitio de las abras,* en el cual intento mostrar la importancia de considerar el desarrollo narrativo de una obra como un proceso y no como una simple oposición entre posiciones, más o menos estáticas, como la que Molina y Salas proponen. Lo interesante y lo significativo no es precisamente la oposición de dos momentos, pasado - presente, abras - hacienda, etc., sino la dinámica que provoca el paso de una situación a la otra. La oposición pasado - presente es demasiado simple. En segundo lugar me parece ser un error no establecer la diferencia entre la ideología del escritor, la ideología del narrador y la ideología de los personajes.

Luckács demostró hace mucho tiempo ya la contradicción entre las posiciones ideológicas personales de Balzac, quien simpatizaba con el Antiguo Régimen, y las que se encuentran implícitas en *La Comedia Humana,* mucho más cercanas a las posiciones de la burguesía revolucionaria ascendente. A este hecho paradójico lo designa Engels, como lo recuerda Luckács, con el concepto de "triunfo del realismo".[8] Según estos autores, el carácter determinante de la realidad socio-económica y cultural es tal que termina imponiéndose como fuerza estructurante de la ficción, a pesar de la ideología del autor. El caso de Dobles sería más grave aún, por lo menos para una crítica que se quiere de izquierda, lo que parece ser el caso la de Molina y Salas, ya que Dobles se declara marxista mientras que su novela, en la opinión de Molina y Salas, se revelaría estar, en el fondo, apoyada en una ideología pequeño-burguesa, a causa de "un sentido de la vida más vivido e inmediato". Habría en Dobles una escisión comparable a la de Balzac, pero de signo contrario: marxista en la teoría, pero pequeño-burgués en la práctica. Me parece que el fondo del problema está en que estos autores no establecen claramente los dos niveles necesarios en el análisis, por un lado la ideología del autor, y por otro la ideología implícita del narrador y de los personajes.

Las características del desarrollo de la sociedad costarricense en el momento en que escribe Dobles nos muestran una formación social en la cual las contradicciones de clase no oponen burguesía y proletariado, pues ninguna de estas dos clases se puede decir que existieran plenamente, sino una lucha de clases en que los antagonistas son una oligarquía que concentra en su poder cada vez más la propiedad territorial, así como el poder económico y político, y un tradicional sector de pequeños campesinos propietarios que están siendo proletarizados por el proceso mismo de modernización. Por otra parte, Dobles tematiza en su novela esa problemática en su desarrollo histórico, abarcando casi una centuria, desde los tiempos inmediatamente posteriores a la guerra contra los filibusteros en 1856 - 57, hasta los últimos años de la década de 1940.

Dobles enfoca esencialmente la problemática de la proletarización de los pequeños propietarios y hubiera estado fuera de toda verosimilitud adjudicarles una ideología marxista revoluvionaria, de haberlo hecho, Dobles hubiera incurrido en una falsificación de la historia y habría escrito entonces una obra de tesis, o una novela panfletaria, totalmente desligada de la realidad y de la historia. La visión simplificada de la estructura de la novela que Molina y Salas toman como punto de partida para su análisis ideológico, que acaba siendo ideologizante, no les permite captar el proceso histórico que la novela sí desarrolla plenamente. Será sólamente al final de la cuarta parte de la novela, cuando ya las relaciones sociales de producción se están transformando en verdaderas relaciones capitalistas, a causa del establecimiento pleno del latifundio, que se enfrentarán el capital y la fuerza de trabajo. Entonces tenemos la tematización de la lucha de clases con sus respectivas instituciones, el latifundio y el sindicato - apoyado por el Partido - y con sus actantes: los representantes de una burguesía agrícola incipiente y un proletariado agrícola, desligado, ahora sí, de toda relación con la pequeña propiedad, y que por su parte apenas comienza a tomar conciencia y a organizarse como clase. Pero este proceso apenas se inicia, tanto en la realidad de la Costa Rica de los últimos años de la primera mitad del siglo XX, y paralelamente, en la ficción, como bien se ve en la mera presencia de los precaristas, que ideológicamente siguen apoyando su visión del mundo en el apego a la pequeña propiedad.

Molina y Salas concluyen - a pesar de decir explícitamente que el texto no lo permite - que la novela abogaría por una vuelta al régimen de pequeña propiedad: "Aunque en la novela no se diga explícitamente, por estar su universo temporal limitado al presente y al pasado, y por insistirse tanto en el contraste desposesión actual - posesión anterior, pareciera que la finalidad de la lucha es volver a un régimen de pequeña propiedad."[9]

No me parece que haya reaccionarismo pequeño-burgués en la estrategia de Martín Vega al integrar la lucha de los precaristas a la de los peones, poniéndola al mismo tiempo en relación con el pasado heroico de los antiguos abreros. Tampoco se trata de oportunismo político, sino más bien de una clara visión de las alianzas posibles en la lucha contra el latifundio. Históricamente, la mayoría de las revoluciones que se conocen son todas agrícolas: la mexicana, la rusa en gran medida, la china prácticamente en su totalidad, así como la cubana y la sandinista, y presentan a menudo un elemento de vuelta al pasado. Lo mismo ocurre con movimientos kiliásticos, como el de los campesinos alemanes en tiempos de Lutero o el de Sendero Luminoso de nuestros días. El hecho que Dobles recoja en su novela ese aspecto de la mentalidad del pe-

251

queño campesino costarricense, no sólo como un tema, sino como principio estructurante de la ficción - un esfuerzo por recuperar la historicidad perdida, abriendo al mismo tiempo una perspectiva de futuro, sin caer en visionarisnos, mas conservando su perspectiva realista - me parece un acierto y un rasgo muy positivo de su creación literaria.

Además, la diferencia entre autor e instancia narrativa queda clara en la crítica de algunos aspectos de la ideología de los abreros, cuyo respeto a la propiedad privada es contraproducente, pues no les permite enfrentarse eficazmente al hacendado. Entonces es más acertado, desde un punto de vista literario, crear un personaje providencial como el de Villalta, antes que falsear la ideología de los personajes campesinos. Para que el nieto de Villalta, Martín Vega, pueda convertirse en dirigente campesino, debe pasar antes por la proletarización, que le sirve de nueva escuela y de nueva socialización y que le procura la posibilidad de adquirir una nueva ideología, proletaria, precisamente. A este respecto, no es necesario entrar en una discusión de lo que los autores entienden por revolución, o lo que dice la ortodoxia marxista, o lo que piensa Dobles, basta ceñirse al texto y recordar la frase de Martín Vega que no repite como el tío abuelo: "...esto fue de ñor Espíritu Santo", sino: "... esto alguna vez será de todos nosotros". (156)

Se puede asegurar, sin temor a equivocarse, me parece, que Dobles no proclama una teoría abstracta, ni un *slogan,* como "dictadura del proletariado", etc. , pero que tampoco precisa el tipo de propiedad en que piensa Martín Vega. No se sabe si se trata de una nacionalización o estatización de la tierra, una propiedad colectiva, u otra, y así está bien, pues una novela, por más realista o socialrealista que sea, no es un programa de partido, ni un manifiesto, sigue siendo una obra de ficción.

El análisis de Molina y Salas parece basarse en diferentes concepciones de lo que se entiende por ideología, y que son, por lo tanto, corrientes dentro de la tradición marxista. Cuando reprochan a Dobles su presunta adhesión a la ideología pequeño-burguesa de los abristas, operan con el concepto de ideología como "el conjunto de representaciones ilusorias y nebulosas que relacionan a los hombres entre sí"[10], las cuales les dan "una idea falsa de las fuerzas propulsoras que rigen el proceso histórico".[11] Esta concepción se articula bien a otra, igualmente marxista, según la cual cada clase tiene su propia ideología. Por otra parte, Molina y Salas se sirven de una concepción de la ideología, que opone ideología a conocimiento científico, el cual sí daría cuenta del verdadero modo en que la sociedad está organizada. Este conocimiento científico de la sociedad sería el materialismo histórico y el materialismo dialéctico que Molina y Salas sí conocerían, al contrario de Dobles, que sin darse cuenta, lo olvidaría a favor de la ideología pequeño-burguesa de los personajes de su creación.

La ideología pequeño-burguesa de los abreros de la novela, sin duda perfectamente acorde con la ideología de los campesinos históricos de la realidad social de Costa Rica, no tiene por qué ser adjudicada al escritor, como tampoco habría razón de conferirle la ideología de los hacendados, que describe de una manera igualmente adecuada y ajustada a la realidad histórica. El análisis debe hacer pues la diferencia entre escritor, instancia narrativa y personajes.

Dobles publicó *El sitio de las abras* en 1950, durante el gobierno de facto de Figueres, que había venido a poner fin al proceso social y político que hubiera podido llevar a una revolución, que habría podido crear las condiciones de un levantamiento del sitio, como lo dice Martín a su antigua amiga, doña Concepción González. Pero la "revolución" de Figueres marca tan sólo un cambio de personal al interior de la clase dominante, una mera suplantación de la hegemonía de la vieja oligarquía cafetalera por un nuevo sector de la misma clase, una burguesía agroexportadora y comercial, que tenía un proyecto histórico para Costa Rica un poco más moderno: la diversificación de la producción agrícola y la industralización del país por sustitución de importaciones. La necesidad de una fuerza de trabajo mejor calificada y la urgencia de restablecer la tradicional paz social, hizo que, con claro sentido político, el gobierno de Figueres respetara la legislación social de los gobiernos inmediatamente anteriores, procurándole además la base económica que aún no tenía. Esta ha sido una política que, en mayor o menor grado, ha sido sustentada por los diferentes gobiernos liberacionistas, es decir, social-demócratas, durante las últimas cuatro décadas.

Desde el punto de vista de la historia del proceso literario de Costa Rica, en lo que atañe a la narrativa socialrealista, *El sitio de las abras* clausura, junto con *Puerto Limón,* de Joaquín Gutiérrez, la producción narrativa dcl periodo 1900 - 1950 que se delimitara como objeto de análisis de este estudio. Las cuatro obras de la década de los cuarenta que se han seleccionado, las dos que se acaban de mencionar y *Ese que llaman pueblo* y *Mamita Yunai,* representan, a mi modo de ver, cada una a su manera y según su diferencia, los máximos logros del conjunto de la narrativa socialrealista dc Costa Rica.

El sitio de las abras da la visión más completa de la historia social del agro costarricense. Temporalmente cubre una centuria: desde la guerra contra los filibusteros en 1856 - 57 que fue una importante lucha por conservar la independencia del país y que sirvió par dar una mayor cohesión al naciente Estado nacional, hasta las postrimerías de la primera mitad del siglo actual. Dobles tematiza los cambios que se van operando en el cuerpo social a lo largo del periodo, desde la sociedad patriarcal decimonónica en que la oligarquía cafetalera ejercía su hegemonía indiscutida en medio de un consenso generalizado, hasta el momento de agudización de la lucha de clases de finales de los cuarenta, que llevó a la llamada guerra civil o revolución del 48. Esos cambios van siendo presentados, a lo largo de la novela, a través de la tematización de las relaciones entre los abreros y la hacienda. Al comienzo como una lucha local, al final como una oposición de clases que involucra, a nivel nacional, otras instituciones, además de las abras y la hacienda, tales como la prensa, los partidos políticos, el gobierno central, los sindicatos, las multinacionales, etc., etc. A la amplia visión histórica, viene a agregarse, así, la presencia de todos los estamentos y clases sociales del país, con sus respectivas mentalidades e ideologías, en una visión de conjunto que hace presentes a representantes de toda la sociedad.

Esta visión histórica de conjunto se anunciaba ya en *Ese que llaman pueblo,* sobre todo en la historia de Jesús Miranda y su hijo Reyes Otárola, tal y como se indicara anteriormente. Como también quedó anotado, la estructura narrativa de *El sitio de las abras,* desde el punto de vista de la historia literaria, retoma y desarrolla el esquema sobre el cual Herrera García había escrito su *Juan Varela.* Al mismo tiempo, Dobles aprovecha toda la acumulación de saber literario, de técnicas de oficio, etc. que se habían venido gestando a lo largo del periodo.

Dobles estaba muy consciente de la labor literaria que él y sus compañeros de generación estaban realizando, como bien se aprecia en su artículo *"Defensa y realidad de una literatura",* en el cual responde a unas declaraciones que hiciera la escritora costarricense Yolanda Oreamuno a la revista mexicana *Tiempo,* en diciembre de 1944. Dobles comienza citando un párrafo de las declaraciones de Y. Oreamuno:

"Afirma la señora Oreamuno que su tendencia literaria es psicoanalítica y socialista. Rehuye el tipo de novela que más cultivan los escritores costarricenses - el folklorismo -, por estimar que como en Costa Rica no hay material suficiente para tratar esos temas, resultan, por lo mismo, artificiosos y falsos."

Dobles expresa primero su opinión acerca de la absoluta libertad de que goza cada escritor epara escoger el tipo de literatura que quiera, concentrándose luego en rebatir las ideas de Oreamuno que le parecen inexactas: lo que se hace no es folklorismo falso y artificioso, ya que en el país hay material humano para novelar.

"Recordamos que, allá por el novecientos, cuando don Joaquín García Monge escribió *El Moto,* un cuento de raigambre campesina, se le echaron encima los 'intelectuales' europeizantes de la época, muchos de ellos oriundos mentalmente de Francia, con la airada voz de que construir obra literaria a base de campesinos costarricenses era sencillamente absurdo. Bueno, que tal hubiese acontecido entonces es explicable. García Monge estaba empezando a hacer algo que nadie había intentado antes seriamente. Mas que a estas alturas sigloveintiunas se piense todavía que no tenemos campesinos, o carecemos de obreros, o no hay negros en la línea atlántica, de los cuales extraer cuento y novela, es para sentirse venerablemente asustado: quizá no nos rodeen hombres, sino fantasmas. Con todo creemos que en *Vida y dolores de Juan Varela,* de Herrera García; en *Mamita Yunai* y *Gentes y Gentecillas* de Fallas; en *Pedro Arnáez,* de Marín Cañas, es decir, en los escritores de la joven novela tica que, como modestamente también nosotros, han buscado la madera de sus 'reales ficciones' en la sangre del pueblo, hay carne y alma, hay personajes."[12]

Dobles tenía clara su genealogía literaria en el contexto nacional, así como igualmente tenía una clara idea de lo se estaba haciendo.

Notas y referencias

1. Se cita de: Dobles, Fabián: *El sitio de las abras,* Editorial Costa Rica, San José, 1979, indicándose el número de página entre paréntesis.

2. Me parece que Láscaris se equivoca al escribir acerca del enmontañamiento que: "De este proceso no han tenido conciencia los escritores costarricenses, y sospecho que se ha hecho tan consustancial, que no aflora a la conciencia individual. Esto no es obstáculo para su radicalidad actuante." *El costarricense,* EDUCA, San José, 1975, p. 30. En todo caso la observación no vale para dos novelistas que él mismo cita: Fabián Dobles y Adolfo Herrera García, que en muchas de sus obras tematizan precisamente el proceso de enmontañamiento, tal como Láscaris lo describió.

3. Hall, Carolyn: *El café y el desarrollo histórico-geográfico de Costa Rica,* Editorial Costa Rica, San José, 1978, p. 55.

4. Facio, Rodrigo: *Estudio sobre economía costarricense,* Editorial Costa Rica, San José, 1978, p. 45.

5. Seligson, Mitchell A: *El campesino y el capitalismo agrario de Costa Rica,* Editorial Costa Rica, San José, 1984, p. 39 El índice Gini para Costa Rica está en el cuadro de la página 38. En los comentarios al cuadro 4 de la p. 41, dice Seligson: "La dramática distribución de la tierra se revela en este Cuadro. Se descubre que la mayor parte de los finqueros son dueños de muy poca tierra, mientras que una reducida minoría es dueña de grandes extensiones. Por ejemplo, el 36.9% de los finqueros son propietarios del 1% de la tierra cultivada y toda la mitad del campesinado (57.6%) sólo posee un poco menos del 4% de la tierra (3.97%) En el otro extremo, el 1% de los finqueros mayores poseen la cuarta parte de toda la tierra."

6. Molina, Carlos y Salas, Edwin: *"Pasado y presente en El sitio de las abras,* en

Letras 6-7, Editorial Universidad Nacional, Heredia, Costa Rica, julio-dic., 1980, enero-junio, 1981, p. 160.

7. *Ibidem,* p. 174.

8. Carta de Engels a Miss Harkness, citada en Lukács, G.: *Sociología de la Literatura,* Ediciones Península, Barcelona, 1973, p. 238.
9. Molina y Salas, *Op. cit.,* p. 179.

10. Marx-Engels definen en *La ideología alemana* la ideología como "las formaciones nebulosas que se condensan en el cerebro de los hombres, son sublimaciones necesarias de su proceso material de vida, proceso empíricamente registrable y sujeto a condiciones materiales". *La ideología alemana,* Ed. Pueblos Unidos, Montevideo, 1968, p. 26, citado por Cancino, Hugo: *Las raíces históricas e ideológicas del movimiento sandinista.* Odense University Press, Odense, Dinamarca, 1984, p. 14, nota 4.

11. "En cuanto representaciones imaginarias, 'nebulosas' no pueden dar cuenta de las 'verdaderas fuerzas propulsoras' que mueven el proceso histórico, sino que su función es más bien enmascarar, silenciar u opacar la dinánmica de esas fuerzas motrices." Cancino, H.: *Op. cit.,* p. 5.

12. Fabián Dobles: *"Defensa y realidad de una literatura",* citado en *Yolanda Oreamuno,* Serie ¿Quién fue y qué hizo?, Ministerio de Cultura, San José, p. 321 y ss.

HISTORIA, VIDA Y LITERATURA

Puerto Limon de Joaquín Gutiérrez

Estructura temática y narrativa

En esta novela, sin duda una de las más conocidas de las obras de Joaquín Gutiérrez y de la novelística costarricense en general, se entrelazan dos historias. Por un lado la historia del protagonista Silvano, que constituye una suerte de *Bildungsroman,* y por otro lado, la historia de una huelga en la zona bananera. La primera es la historia de un adolescente que justo al terminar su bachillerato se ve lanzado brutalmente al torbellino de la vida, en una realidad muy lejana del mundo protegido y protector del colegio donde había estado interno los últimos cuatro años.

Esa realidad histórica a la que es echado Silvano está marcada primero que todo por la tematización de la huelga en la zona bananera del Atlántico a principios de 1934. Es un momento histórico de conflicto, en que la lucha de clases está a la orden del día. Las partes implicadas son, por un lado, la United Fruit Co. y los productores nacionales de banano y por otro lado los peones de las bananeras orientados por el Partido Comunista de Costa Rica, fundado apenas tres años antes. Conforme se desarrollan los acontecimientos, otras partes se verán igualmente involucradas: el Gobierno de la República, representado por el viejo presidente Ricardo Jiménez, que a la sazón desempeñaba su tercer período presidencial, y que en la novela aparece directamente como personaje bajo el nombre de don Ricardo; y la representación diplomática de los Estados Unidos, que no se hace presente directamente en la novela, pero cuya existencia se siente continuamente. En el texto de la novela hay muy pocos pasajes en donde se tematice la huelga como tal. El autor no nos hace asistir a reuniones secretas donde se conspire o se fragüen planes o a mítines en donde oigamos arengas o discursos de los dirigentes. Cuando aparecen algunos de ellos, por ejemplo, Paragüitas - un nicaragüense que escapó de su país cuando mataron a Sandino, a cuya lucha se había unido - es en momentos de tregua y casi como persona privada. La huelga está presente en la novela a través de las reacciones y comentarios de los personajes que pertenecen a la Compañía o trabajan para ella, y sobre todo, a través de representantes del sector social de los finqueros nacionales, y en especial, a través de discusiones, de conversaciones y noticias que se intercambian en la familia de Silvano, compuesta por Héctor Rojas - el tío de Silvano que es el portavoz de los productores nacionales -, su mujer Elvira y su hija Diana. Y a través de hilachas de conversaciones que Silvano oye por la ciudad.

La estrecha ligazón entre las dos historias radica en el hecho de que la huelga no es un simple telón de fondo de los conflictos existenciales del joven Silvano, sino que forma parte de las decisiones que Silvano está obligado a tomar en relación con la próxima etapa de su vida que comienza. Por otra parte, la huelga, al no estar tematizada directamente, sino en gran medida presentada en sus efectos para quienes se ven implicados en ella, constituye más bien una vivencia, o una realidad dolorosamente vivida por los personajes. Se podría decir que lo nuevo que aporta Joaquín Gutiérrez a la narrativa costarricense con *Puerto Limón*[1] es justamente una mayor "literaturización" de la llamada realidad extraliteraria. A esa extrategia se debe igualmente el aspecto más claramente psicologizante de su novela, comparada, por ejemplo, con algunas de las de sus amigos y contemporáneos: Fabián Dobles, Carlos Luis Fallas y otros.

El conflicto social de la huelga es pues parte fundamental del conflicto personal, existencial, que vive Silvano y que aparece en sus difíciles relaciones consigo mismo, pues sabe más o menos lo que no quiere ser y sólo tiene una idea muy vaga de lo que quisiera ser. En el umbral de la vida adulta, los problemas de Silvano se expresan sobre todo en dos terrenos que son fundamentales en la constitución del sujeto: la sexualidad y la integración en actividades concernientes a la vida del trabajo.

La sexualidad que despierta se tematiza en un esfuerzo por desenmarañar sus complicados sentimientos frente a su prima Diana y en su conflictiva relación, de celos y despecho no confesados, con respecto al "novio" de Diana, Beto Cortés, con quien Elvira, la madre, le gustaría verla casada, pues es un buen partido. Cortés heredará pronto la fortuna de su madre; además es un tipo decidido que sabe lo que quiere, al contrario de Silvano. Cortés tiene buenas relaciones con la todopoderosa Compañía y está además metido en la organización de una milicia para la defensa de los finqueros, vista la peligrosa situación en que se encuentra la zona a causa de la huelga.

Las relaciones de trabajo de Silvano se tematizan a través de la colaboración y el contacto con el tío, que administra su herencia y a quien sin duda heredará, en caso de que madure cierta natural inclinación de parte de los dos jóvenes. Héctor Rojas no tiene, a diferencia de su mujer, la menor simpatía por Cortés. Silvano admira en cierta manera a su tío, un tipo de hombre aproblemático que parece ver las cosas claras y que no se hace muchas preguntas, ni se complica la vida más que con los problemas que tienen que ver con los trabajos de la finca. En una primera versión de la novela, Rojas nos es presentado de la siguiente manera: "Magnífico cuello de toro enrojecido por el sol, plantado sólidamente en el tórax robusto. Ya tenía las sienes plateadas, pero el conjunto rebozaba vigor, un vigor saludable y explosivo." Caracterización que se puede leer aún en la edición de la Editorial Costa Rica de 1975, p. 37, de la que se sirve Silvana Serafin en su ensayo[2], pero que ha desaparecido de la edición de 1978, utilizada en este estudio. Aquí sólo se dice: "A la vuelta de una curva los esperaba Héctor Rojas, plantado en mitad de la línea, con el casco tropical echado hacia atrás y dos grandes rodajas de sudor bajo los brazos." (22) Y cuya eliminación por parte del autor estimo ser un acierto, ya que en la primera versión, Rojas aparece como una especie de héroe de película, mientras que en la segunda, más escueta, adquiere mayor verosimilitud como personaje.

Pero sin embargo Silvano está seguro de que no puede, ni quiere, ser como su tío. En una discusión con Elvira que es intiligente, dura y ambiciosa, Silvano, al sentirse presionado, logra formular su pensamiento y aclarar un tanto sus deseos, aunque todavía todo le suene demasiado a discusión de estudiantes: "Pero si yo quisiera vivir sin que hubiera un abismo entre lo que pienso y lo que hago. Tampoco quiero cerrar los ojos. Yo me doy cuenta de que la condición humana es muy débil. Pero si me doy cuenta, eso quiere decir que que estoy comenzando a ver, a ver claro. Yo sé que las cosas son puras y limpias y entonces uno puede escoger algo limpio y real, algo no contaminado y apestoso para entregarle la vida. [...] Si fuera necesario preferiría ser cargador, o marinero, o terrorista! Pero lo que nunca sería es un buen burgués." (101)

Elvira es de extracción social más baja que los Rojas, pero que gracias a su matrimonio ha subido en la escala social, sueña con algo aún mejor para Diana, no puede aceptar los escrúpulos y devaneos de Silvano, y le responde clara y tajantemente: " - Pues entonces serás un mal burgués - contesta al fin sin mordacidad - Eso es todo. Porque yo no te puedo imaginar con tus nervios, ni de peón ni poniendo bombas. ¡Qué va! Pero hay otra cosa más. Andate acostumbrando mejor a la idea, porque con Héctor no tenés esperanza de ganar. Héctor tiene la fuerza de una roca o de la marea. De nada te vale oponerte con todas tus fuerzas, rechazarlo con todo tu odio. Héctor siempre gana." (102)

En relación con la situación concreta de la huelga, Silvano anda oscuramente a la busca de algo que haga posible el diálogo entre los peones y los finqueros y termina por proponer la negociación. Tiene una casi instintiva simpatía para con los peones y sus reivindicaciones. Un sentido innato, natural, si se quiere, de lo que es justo, le lleva a estimar que las reivindicaciones de los peones son justas y razonables. Sus peticiones conciernen un alza de salarios, que no se les pague con vales sólo reembolsables en los comisariatos de la Compañía, sino en dinero, y que se establezcan centros sanitarios con suero antiofídico. Esta actitud provoca en su tío la pregunta directa acerca de cuáles son en el fondo los intereses que defiende. (97)

Pero cuando intenta acercarse a los obreros, surge una barrera de desconfianza entre ellos y el sobrino del portavoz de los finqueros, por ejemplo, cuando trata de hablar con Paragüitas, que no sólo le fascina a él, sino que impresiona a muchos, por sus habilidades de tribuno y la autenticidad con que expresa sus ideas. Es el caso de Elvira misma, quien, después de haberlo escuchado de lejos una tarde al regresar del cine, y un tanto influida por la película que han visto, dice a su marido: "Ese hombre no se merece una pasión, pero en cambio una gran pasión sí puede merecérselo." (37) El muro de desconfianza, que separa una clase de la otra en la circunstancia histórica concreta, hace una verdadera comunicación imposible. Silvano se convierte entonces en un típico sujeto problemático, como lo expresa muy claramente Paragüitas, en su lenguaje imaginativo: "Así que usted está hecho un sánguche. De los dos lados le tienen desconfianza." (108)

La articulación de los conflictos de Silvano, que se deben al hecho de encontrarse en plena pubertad, con los conflictos de clase que agudiza la huelga, es un acierto de parte de Gutiérrez. La complejidad de la trama y la habilidad con que se desarrolla muestran, desde la perspectiva del proceso de la narrativa socialrealista costarricense, el grado de madurez que se había alcanzado al cerrarse la etapa histórica con los hechos de 1948. El carácter de sujeto problemático del personaje de Silvano está pues doblemente determinado, tanto por la edad como por el conflito de valores que aflora en relación con su familia y su clase. Los conflictos son preponderantemente de clase y no de generación. Silvano es huérfano de padre y madre, mas no es un moto, como el de la novela de García Monge, ya que pertenece al grupo social de los productores nacionales de banano, y posee una herencia importante que le ha permitido realizar estudios, al contrario de José Blas que era un modesto campesino sin recursos en una sociedad patriarcal.

La sociedad en que vive Silvano está en una etapa de desarrollo bien diferente. La presencia del enclave bananero es absolutamente dominante. Ya no se trata de una sociedad en donde se enfrentan pequeños campesinos y grandes propietarios, como en *El sitio de las abras,* sino de una sociedad en que los obreros en huelga están, como los de *Mamita Yunai,* plenamente proletarizados y se enfrentan a una multinacional. Pero es importante subrayar el carácter bastardo de las relaciones sociales de producción que rigen en ese mundo dominado por la Frutera. La necesidad de organizarse que exprimentan los trabajadores de la zona está determinada por la naturaleza de las relaciones de producción que caracteriza al capitalismo dependiente de la periferia. El impacto de los valores de cambio está muy claro en el personaje de doña Elvira, que ha podido ascender rápidamente desde el punto de vista social y económico. Mas otros aspectos, contradictorios, si se toma como punto de partida el desarrollo del capitalismo en las sociedades avanzadas, están igualmente presentes, por ejemplo, el hecho de que unas de las reivindicaciones de los trabajadores sea la exigencia de recibir su salario en dinero y no en bonos. Esta es una característica corriente, conocida y típica de la economía de plantación. En los casos extremos, la economía hasta puede ser una economía en donde se desconoce el uso corriente. En todo caso, la economía del enclave está más articulada a la economía de las ciudades metropolitanas, sedes del capital imperialista, que a la economía nacional donde se realiza la producción. Estos rasgos del capitalismo periférico dependiente explican igualmente la relación de cuasi asalariados que existe entre la UFCo. y los productores nacionales de *Puerto Limón.*

Por eso la lucha, vista desde la perspectiva de los dirigentes obreros, como Paragüitas, es una lucha nacionalista y antiimperialista que, según él, debería llevar a una alianza entre los obreros y los productores nacionales; mientras que vista desde la perspectiva de los productores nacionales, de Héctor Rojas, por ejemplo, es una lucha de clase, que opone a trabajadores y capitalistas nacionales o extranjeros. A nivel de los intereses económicos inmediatos, los productores nacionales identifican sus intereses con los de la compañía multinacional y no con los de los trabajadores.

En este contexto, la oposición generacional de Silvano - frente a su tío y su mujer - con respecto a los valores que ellos representan, coincide con el deseo de autenticidad y de pureza, característico en gran medida de su edad. Conflicto que le lleva lógicamente a un sentimiento de solidaridad y de justicia con la causa de los trabajadores de la Compañía. Su toma de posición se basa más en ese sentimiento de solidaridad y de justicia que en una clara toma de posición política. Hay en él un rechazo de los valores degradados de su clase y una aceptación de los valores de los grupos sociales subalternos que le parecen más humanos y auténticos. Todas esas contradicciones hacen de Silvano un personaje problemático. Un personaje que rechaza los valores de su clase, pero a quien su origen de clase mismo impide ser aceptado por los integrantes de la otra clase en conflicto. Con respecto al concepto de sujeto problemático, podemos observar, a lo largo de los cincuenta años de desarrollo de la tendencia socialrealista de la narrativa costarricense, una evolución según la cual, en las primeras creaciones, el sujeto problemático era más bien el autor mismo que denunciaba las condiciones sociales en que vivían los personajes que creaba, hasta llegar a *Puerto Limón* en donde un autor - sujeto social problemático - crea el personaje de Silvano claramente problemático.

La tematización de la huelga bananera

El nivel histórico de la tematización de la huelga bananera de 1934 aparece sobre todo en el capítulo VI de la novela. Este capítulo consta de una entrevista en la casa presidencial, en San José, entre Ricardo Jiménez, el Presidente de la República, que como personaje novelesco lleva el nombre de don Ricardo, y el jefe del Comité de Huelga: "... un bisoño pasante de abogado ", como lo describe para sí el Presidente. " Un hombre tosco que escondía su juventud tras unos gruesos lentes de carey", y a quien el narrador sólo identifica por su función. Este personaje tiene sin duda como modelo histórico a Manuel Mora, secretario general del Partido Comunista.

La segunda parte del capítulo está constituida por una reunión paralela a la anterior que organiza, en su casa limonense, el Superintendente de la UFCo., secundado por el abogado de la Frutera, con representantes de los productores nacionales, entre ellos, su portavoz, Héctor Rojas.

La tercera parte del capítulo nos muestra a seis huelguistas en la montaña que, para sobrevivir durante la huelga, han salido a pescar. Entre ellos va Trino García. En el camino de regreso encuentran el primer muerto que ha provocado la huelga, Filiberto, el hermano de Trino. El capítulo se cierra con una cuarta parte que hace avanzar la acción, centrándola en las actividades de Paragüitas.

Desde el punto de vista de la estructura narrativa carece de importancia que Gutiérrez haya tomado como modelo al "último de los grandes liberales del siglo pasado", que representa "un pedazo vivo de la historia patria", como piensa para sus adentros y con cierto respeto el jefe del comité de huelga. Lo mismo vale para este último, que tiene sin duda como modelo a Manuel Mora. En la estructura narrativa de la novela, uno y otro tienen el papel de representar dos tipos de pensamiento político, de encarnar dos proyectos históricos diferentes. La discusión entre el presidente y el jefe del comité de huelga se desarrolla a dos niveles: uno general y de carácter político que enfrenta al gran representante del pensamiento liberal de finales del siglo XIX y a uno de los máximos exponentes del nuevo pensamiento socialista. El narrador nos comunica, ademas del diálogo, el relato de los pensamientos de los dos protagonistas y sobre todo los del presidente. El otro nivel es el de las negociaciones concretas en el cual los dos hombres tratan de encontrar una solución a los problemas planteados por la huelga. Los dos niveles están evidentemente entrelazados.

Al presidente le preocupa la integridad de uno de los principios sobre los que ha descansado su pensamiento político: la soberanía nacional, por eso argumenta: "La soberanía de los países es como la virginidad de las muchachas: sólo se pierde una vez. Y después nos perderían todo respeto, como le ha pasado a nuestros vecinos, y seguirían interviniéndonos con cualquier motivo." (61) El presidente desarrolla su pensamiento, a través de imágenes bonachonas y patriarcales, sin permitirle intervenir al joven: " - Y eso de la soberanía es como la virtud de las feas, que se defiende sola. Por eso no podemos envanecernos de haberla conservado, pero tampoco debemos entregársela al primero que pase. [...] - Porque si desembarcan marinos - añadió de espaldas en una de sus vueltas - yo renuncio. Yo no podría ser Presidente de un país intervenido." (62) Luego don Ricardo concretiza sus ideas y habla de la huelga, confesando que se había equivocado al creer que en Costa Rica nunca ocurrirían, ahora está seguro de que ésta es tan sólo la primera de muchas más que vendrán, pues ésa es la voz de los tiempos, y termina sorpresivamente preguntándole a su interlocutor: " ¿ Qué solución me ofrece usted? (62)

"El joven se acomodó los anteojos con el índice. Luego explicó con lentitud, pensando cada palabra, la génesis del conflicto; pintó con unos brochazos dramáticos la vida de las peonadas; dio cifras de las fabulosas utilidades de la Compañía, y terminó exponiendo las reivindicaciones de los peones que sólo pudieron desembocar en el actual conflicto debido a la soberbia terquedad de la United Fruit Co. Terminó también sorpresivamente, sin ofrecer ninguna solución." (62)

Como viejo zorro político que es, el presidente vuelve a presionar con la amenaza de la intervención, entonces el joven precisa su pensamiento mostrando la diferencia entre el concepto liberal de soberanía, de patria, de nación y la manera en que lo entienden ellos, los socialistas:

" - Mire, don Ricardo, usted antes habló de soberanía y se olvidó de la justicia. Aquí estamos ante un conflicto justo: trece mil hombres con sus familias piden un trato más humano. La suerte de esos compatriotas forma también parte de la soberanía de una nación. Patria no es sólo la bandera y los desfiles del 15 de setiembre. Patria son derechos, a un pedazo de tierra, a la vida, a la ...
- Sofismas - dijo el anciano interrumpiendo. - Si nos intervienen todos esos derechos se vuelven humo.
- No, perdone, no son sofismas. Usted mismo hizo una vez polvo unas contrataciones bananeras leoninas y dijo que a los yankis había que hablarles de pie." (63)

El viejo presidente, intelectualmente fascinado por la sinceridad que descubre en la argumentación del joven, se queda ensimismado, y el narrador nos transmite sus pensamientos:

"El joven calló. El Presidente, con la cabeza reclinada en el respaldo, lo miraba con curiosidad. Se había prometido conservar su patriarcal benevolencia hasta el fin; los comunistas lo irritaban, pero era la primera vez que se encontraba a solas frente a uno de ellos. Eran los demoledores en cuya boca se distorsionaban esos viejos conceptos que constituían los pilares de sus convicciones políticas, soberanía, nación, patria; aunque para sorpresa suya, en las palabras del joven dirigente descubría la sinceridad que ya había desistido de buscar en los numerosos políticos que a diario desfilaban por su despacho." (63)

Entonces el presidente da el intercambio de opiniones por terminado y decide consultar con su almohada antes de tomar una decisión. Quizá se la comunique al joven dirigente al día siguiente.

El problema de las relaciones entre los productores nacionales de banano y la UFCo. había sido formulado por Paragüitas desde el principio de la novela, en un violento intercambio de opiniones con Héctor Rojas, cuando éste había salido de la finca para buscar a Silvano y el rifle que le había pedido traer de la ciudad. Sólo la destreza de Paragüitas le salva de ser gravemente herido por el disparo de revólver del finquero que puso fin a la discusión que se había iniciado así:

" - ¿Y qué se trae ahora entre manos? - dijo don Héctor -, mire que no acostumbro a perder el tiempo.
El peón se frotó la quijada flaca con la yema del pulgar y luego, con un movimiento brusco, extendió ambas palmas hacia arriba:
- Nada. ¿No ve? Sucias, nada más, sucias con tierra.
- ¿Así que más encima se las da de gracioso? - No, don Héctor, si lo que me da es tristeza.
Rojas se volvió a recoger el vuelto y el nica continuó:
- A ustedes nadie los entiende. La United los trata a patadas, igual que a nosotros, pero ustedes siguen creyendo que el enemigo somos nosotros, los peones." (24)

En los argumentos de Paragüitas, como buen partidario de Sandino que fue, hay un fondo de nacionalismo antiimperialista que le hace creer en la posibilidad de un entendimiento frente a la multinacional entre los propietarios de la tierra nacionales y los trabajadores.
La iniciativa de la reunión ha sido tomada por el Superintendente Míster Maker "... un gringo grueso de pelo pajizo y sonrisa acogedora. Si no fuera por la nariz, voluda y con venillas, sería guapo." (65) Los finqueros nacionales se han puesto de acuerdo en que Rojas llevará la palabra. El Superintendente sigue la vieja táctica de la zanahoria y el

fuete: promesas que hacen oír el tintineo del oro a los finqueros y amenazas muy reales de que la Compañía puede abandonar todo y marcharse a otro país, donde las huelgas no existan. Los representantes de la Frutera, de apellidos simbólicos, se entienden con pocos gestos, llegado el momento, Míster Maker confía la palabra al abogado Luis Abarca, quien:

"Razonó con elegancia. La huelga sólo en apariencia iba dirigida contra la compañía, pues si los peones la ganaban el próximo conflicto lo plantearían contra los bananeros nacionales. Era cierto que ahora era poco lo que pedían, pero 'en comer y rascar todo era empezar', y si la huelga triunfaba podría contagiarse a los otros países bananeros del Caribe. Adoptó en seguida un tono más incisivo para recordarles a los presentes que él dudaba de la existencia entre ellos de ningún ingenuo que pensara en la posibilidad de que se llegara a establecer una compañía independiente resuelta a competir con la United. Insinuó en seguida que si la huelga llegaba a triunfar la Compañía tenía ya decidido trasladarse a Honduras, dejando a Limón abandonado y en ruinas, y, finalmente, terminó sonriendo: - Hace poco hemos sabido de algunos contactos de ustedes con los dirigentes de la huelga. No es ocioso que vuelvan a leer los contratos y verán lo fácil que resultaría para la Compañía rescindírselos a quienes sigan por ese camino." (65)

Los finqueros están divididos, tratan de congraciarse con los representantes de la Compañía, alaban el sabroso gusto de parafina del wiskey que les sirve la señora del Superintendente y hacen, cada uno, patente su solidaridad con los intereses de la Frutera. Uno de ellos sugiere la posibilidad de que el problema se resuelva con la intervención de la Embajada de Estados Unidos; otro se fastidia de no haber tenido él esa magnífica idea. Al final, creyendo oír una velada promesa de ayuda, todos se despiden, pensando cada cual ya en ser el primero en volver al día siguiente a la oficina del Superintendente. Al salir Rojas, Míster Maker le pregunta si a él le gustaría que su sobrino trabajara con ellos, pues hay un puesto de contabilidad vacante.

La tercera parte del capítulo nos muestra por contraste, como se ha indicado, a seis peones que vuelven de pescar. Después de ver Trino que el asesinado es su hermano, cuenta su propia historia y la de Filiberto. Como muchos otros de los trabajadores de las bananeras, él había abandonado su pueblo de Cot, en las faldas del volcán Irazú, con la esperanza de juntar algún dinero para ayudar a su madre y a sus hermanos, que apenas llegaban a sobrevivir en el minifundio. Los años pasaron sin que pudiera enviar nada, finalmente la madre se vio obligada a vender la vaca y a hipotecar el terreno, Filiberto decidió entonces seguir los pasos del hermano y buscar mejor fortuna. Ahora, todavía casi un chiquillo, no es más que un cadáver.

El capítulo se cierra con la llegada de Paragüitas a Limón escondido en el cabús del tren. Se encuentra con Tom a quien explica el sentido del movimiento huelguístico, la necesidad de la solidaridad, el error de haber traído a los Rojas en su motocar sólo para ganarse unos pesos extra. Pero Tom dice sólo ser un negro que sufre de soledad. Después de una carrera para huir de los soldados que ya han llegado en cantidades considerables a la ciudad, Paragüitas continúa concientizando al negro:

" - Te decía - insistió el nica con el aliento agitado, sentados ahora en una losa del cementerio - que te portaste como un chancho. Sí, así como lo oís.
Tom terminó por bajar la cabeza.
- ¿Y todo por qué? ¿Por unos cochinos pesos?
- Mí no saber por qué lo haga - dijo el negro con la voz velada.
- Pues yo sí sé. Lo hiciste porque sos un individualista, porque vivís de espaldas a tu pueblo.
- No. Mí no hacer por eso. Mí ser solo en la vida. Mí trabajar solo en el motocar, Si Compañía saber yo ayudar huelga, Compañía despedir a Tom. Tom tener tres hijos. Johnny chiquitito y Willy y Tommy también chiquititos. No poder, carajo, no poder!
- Pero si ésta es la manera precisamente de que no te sintás solo. Nosotros somos millones. Aquí en el Atlántico miles y en el mundo millones. Somos millones! -repitió con exaltación. ¿Entendés? ¡Millones! ¡Y vos sintiéndote solo!
- No. Mí ver sólo al pagador que me da plata los sábados. Si yo quedar sin trabajo vos no dar trabajo a Tom." (70)

Ahí está todo el problema del movimiento obrero, el negro entiende pero no puede actuar, el sacrificio y los riegos son demasiado grandes: "Tom trabajar y la Compañía pagar los sábados. Y Tom querer ayudar huelga pero no poder. Tom querer que vos gane, pero no poder hacer nada. I'm sorry!" (71) Pero ahí está también la significación histórica de la huelga, en tanto que toma de conciencia de una clase que manifiesta su fuerza por primera vez en una escala mayor.

Pulpos y harpones: presencia y poder de la UFCo.
Mientras tanto, la Compañía manipula haciendo uso de todos sus casi ilimitados recursos: "Compra políticos; moviliza a sus hombres apostados en los puntos claves de la administración; azuza la codicia y el temor de los finqueros nacionales; toca a rebato en las columnas de la prensa y con ello logra movilizar contra los linieros la hostilidad de una opinión pública desorientada; organiza provocaciones dirigidas a empujar a las fuerzas policiales a la masacre; deja caer sus dólares aquí y allá con sabiduría; promete, amenaza, miente, deslumbra..." (127)
La tesis oficial del gobierno es que los peones son manipulados por los dirigentes y que en el fondo están en contra de la huelga, por eso el presidente decide enviar a su ministro de gobernación en gira por la zona

266

bananera para convencer a los peones de que la huelga debe terminar.

"Pero en cada campamento azotado por los temporales hasta donde llega el Ministro, se encuentra con la misma respuesta: doscientos o trescientos hombres estilando agua reunidos frente al vagón oficial del ferrocarril, hombres flacos y amarillos por la desnutrición y las fiebres, declaran a gritos su decisión de respaldar a sus dirigentes hasta el fin; rechazan las mejoras ofrecidas por el Ministro y confirman sus exigencias. Así pasa en Matina, en Veinte Millas, en Zent, en Bananito, en la Estrella, con los concheros, los zanjeros, los encargados de las chapias, de las cortas, de las socolas, de las voltes. Fracasado este recurso y ante las nuevas presiones de la Compañía, el Presidente finalmente cede y recurre al uso de la fuerza." (129)

Gutiérrez no consagra más que dos cortísimos párrafos a la etapa de violencia de la huelga: centenares de policías atacan a los huelguistas, las cárceles se llenan de obreros, cientos de nicaragüenses son expulsados del país. (129) Eso dice en el primero. El segundo se cita a continuación *in extenso*:

"A la violencia, los linieros contestan con la violencia. Ahora sí. Ojo por ojo. Saltan los puentes volados con dinamita; se desploman con suave lamento las matas de banano segadas por un solo golpe de machete: hoy una hectárea, mañana veinte, pasado mañana cien; mil al otro día!... El puño de los trabajadores, exasperados por tanta infamia, golpea con furia." (130)

Es significativo que a continuación del párrafo citado, el autor vuelva, siguiendo la estrategia narrativa de ir mezclando las dos historias, al personaje de Silvano. En los últimos días y después de haber participado en una reunión de la milicia de Beto Cortés, en la cual sostuvo su tesis de que la mejor solución es establecer el diálogo con los peones, lo que hizo que le pusieran de patitas en la calle, Silvano ha tomado la costumbre, para calmar su angustia, de ir al muelle a ver pescar a los obreros. La mayoría de ellos pesca con cuerda, pero hay un mulato que prefiere pescar con una especie de harpón de primitiva fabricación casera. Lo que más fascina a Silvano es que el mulato pueda ver, en plena noche y en la profundidad de las aguas oscuras, los peces que pasan nadando muy rápidos. Una noche el mulato saca un enorme pulpo cuyo sentido sólo se puede entender como una representación simbólica de la Frutera y su constante presencia amenazadora, y la punzada que para ella significa la huelga que se prolonga.

"El mulato comenzó a izarlo despacio, como si pesara mucho, y del agua brotó una forma extraña, múltiple, convulsa. Una de las púas le había entrado al pulpo por una órbita y, al sacársela, el globo del ojo salió pegado al fierro. Era un ojo inmenso, bulboso, rodeado de grasa amarilla. Exactamente como esos ojos que lo asaltan cuando el calor le puebla la vista de candelillas. Comenzó a retroceder, y cuando finalmente se largó a correr como un alucinado por el muelle desierto, el ojo volaba detrás persiguiéndolo!" (130)

El lenguaje simbólico y la tematización de la sexualidad

La representación de la sexualidad en *Puerto Limón* es rica y de gran fuerza poética. Aparece sobre todo en el descubrimiento que de ella hace Silvano. Al lado de su compromiso con la huelga, el encuentro con la sexualidad es el otro aspecto importante de su paso a la vida adulta. La primera experiencia sexual de Silvano es temprana y se realiza en relación con la cocinera de la tía, en cuya casa está hospedado mientras estudia en la Escuela Normal de Heredia. Se trata de otra situación "sánguche" en que el autor suele poner a su personaje. La situación de sujeto problemático cristaliza, esta vez, bajo la forma de oposición entre las exigencias de la vieja tía solterona, que está a punto de morir en olor de castidad - lo que en el fondo le fastidia terriblemente - y la tentación que representa Ramona, la joven y apetitosa cocinera.

El hecho está relatado en forma de un recuerdo que le viene a Silvano, cuando después de la noche de los machetes desnudos y del miedo, pasada con su tío en la finca cercada por los peones, salen prácticamente huyendo hacia Limón. Viajan en el motocar de Tom. Al pasar éste al lado de una mulata, el vendaval le levanta las faldas, dejando al descubierto la desnudez de su vientre musgoso. La visión le hace recordar a Silvano. Primero recuerda el discurso religioso-sexual de la tía Palmira, moribunda, que desvaría dejando que su obsesión aflore a la conciencia:

"- ¡He pecado mucho, Dios mío. He sido orgullosa, muy orgullosa con mi castidad. Y el orgullo es el pecado de Satanás. Que Dios me perdone, y me reciba en su santo seno. Vos tenés que pensar en eso Silvano. Cuando vayás a pecar, decí: Tía Palmira pecó, pecó todos los días de su vida y ahora se está quemando!" (44)

Luego recuerda Silvano su encuentro con la cocinera, una vez que la tía, gracias a las pócimas del médico, al fin se queda dormida. Así, cerca de la media noche cuando "... de las estrellas se desprendían goterones de plata", el chico va de puntillas a tocar la puerta de Ramona. Silvano guardará siempre un recuerdo que relaciona la pequeña muerte de su primera experiencia sexual y la muerte de su tía, que pareciera haber perdido finalmente, a través de la experiencia sexual de su sobrino, la virginidad desaprovechada.

"En la madrugada, cuando volvió sigilosamente al cuarto de su tía sintiéndose doblemente culpable, se la encontró en petrificado espasmo, los dedos crispados agarrando la colcha, los ojos dilatados de asombro y deslumbramiento. Y eran el mismo espasmo, la misma crispación, el mismo deslumbramiento!" (45)

La expresión poética de la realidad física a través de la metáfora de los "goterones de plata" le da a la vivencia de Silvano un alcance cósmico. Ese aspecto cósmico de la experiencia sexual juvenil lo volvemos a encontrar en la escena de la playa, durante la excursión en bicicleta a la que Diana invitó a su primo. Durante el viaje mismo hacia la playa - en la barra ella, pedaleando él -, todo el cielo de tormenta participa de los sentimientos y deseos de Silvano y los que imagina o siente en su amiga. Es interesante notar que la experiencia se expresa a través de imágenes que involucran el cielo y el mar, mientras que en la tierra no son los animales sino las plantas y las flores las que comparten el deseo de Silvano. Este hecho tiene seguramente que ver con el infinito anhelo de pureza de Silvano, que quizá se hubiera visto mancillado por el uso de metáforas que aludiesen a la sexualidad animal:

"Estira el cuello para mirar por encima de la cabeza de su prima. Nubes bajas, color pizarra húmeda, se precipitan en loca carrera hacia el fondo de aquel escenario gigantesco. Van con el viento hacia las islas secretas en donde son esperadas ansiosamente. ¡Cuántos cálices se humedecen de pronto frente a una nube cargada de esporas! Un punto de polen pasa por el aire, el cáliz estira sus labios húmedos de pegajoso cerumen y el punto queda detenido en su vuelo, temblando." (113)

La imagen culmina, eyaculación y desfloración, en una gigantesca cópula entre el cielo y el mar:

"En las islas distantes las especies bailan una danza frenética para poder sobrevivir. Saben que el viento ha comenzado a soplar y que las esporas vienen, formando nubecillas impalpables, copos de polvo amarillo. Se trata de sobrevivir. Qué óvulo, qué espora, qué grano de polen, qué poderoso viento amparador lleva, trae, mezcla a su capricho, crea híbridos imposibles, fecunda, engendra... Un rayo cae erecto en la inmensidad del mar. Ha trizado el crespón acerado azul del cielo llenándolo de estrías sorprendentes, como la piel tersa de un vientre embarazado. Mira el cuello de Diana. Guedejas castañas juegan con el viento sobre la piel desnuda. Pedalea. Habría que poner los labios suavemente, entrabiertos, suavemente para que el contacto lo perciba la piel interior, más virgen, más ajena a roces, más sensitiva." (114)

La rosa piel de Diana, sus formas plenas y el cabello que vuela al viento recuerdan las figuras femeninas de la pintura italiana del renacimiento y las imágenes de la poesía del siglo de oro español. Los nombres mismos de Silvano y Diana tienen resonancias de novela pastoril. Mas el embrujo del momento se rompe, y en lugar de hablar del amor o de consumarlo, Diana y Silvano hablan del último desarrollo de la huelga y entonces el espectro de los celos aparece en Silvano al pensar en Beto Cortés, quien por su parte anda metido en actividades un tanto oscuras. Silvano permanece en la playa, mientras Diana, en las ondas, se enfrenta sola a la furia del mar y del cielo que amenazan con perderla.

Los dos jóvenes sufren por separado los embates de una sexualidad que trata de abrirse camino:

"Otras veces siente un hormigueo en las extremidades. Los dedos de los pies se le llegan a poner helados hasta que deja de sentirlos. Los mueve dentro de la pantufla para hacerlos reaccionar, pero parecen trocitos de hielo y pronto el hormigueo le comienza a subir por las piernas. [...] Dice 'ah' y se escucha a sí mismo como con una voz de hojalata. Los sonidos terminan por abandonarlo dentro de un ataúd silencioso. Tiene conciencia de su cuerpo, sabe que está aquí, en la hamaca, en el patio; sabe que se llama Silvano; pero nada más. O muy poco más. Así pasan los minutos; o las horas. Después se va recuperando poco a poco y si antes creía que estos instantes eran breves, en una ocasión en que volvió en sí sintió frío en el pecho. Tenía empapada la camisa. La quijada se le había caído y la saliva le había estado chorreando." (128)

Los adultos son olvidadizos de sus propias penas del tiempo en que pasaron por experiencias similares, además son víctima de tabúes sociales y religiosos que hacen imposible toda alusión a la causa de los procesos fisiológicos y psicológicos del paso a la vida adulta. Sólo tienen comentarios que no hacen sino exasperar a los chicos:

" - Un purgante, Silvano, mañana mismo. Eso es cosa del hígado.
Lo deja que crea lo que le dé la gana. Viejo idiota que piensa que la vida es sólo un enorme intestino.
- Son nervios, Silvano, andá a ver el médico - le dice doña Elvira." (128)

A Diana, que vive sentimientos encontrados en su realación con Beto y con Silvano, un día le prohibe su padre ir al baile que da la Compañía y al cual había prometido acompañarla Beto Cortés. Rojas siente su antipatía hacia el pretendiente aumentar cada vez más, conforme va tomando conocimiento de los negocios oscuros y las actividades secretas de Beto. Este, por su parte, deja plantada a Diana, quien al encontrarse sola en casa, se refugia, con despecho, en el goce de su cuerpo y en la creación de palabras secretas para designar sus partes más sexuadas:

"Volvió al cuarto de sus padres y colocando ambas hojas del espejo en ángulo se miró la espalda. Le gustaba su espalda. Le gustaba mirarse las nalgas, redondas, rosadas. Era divertido que se llamaran nalgas, divertido pero insustituible. 'Nalgas', repitió en voz alta. 'Ustedes no podían haberse llamado esturipias, ni guirdongas' les dijo. 'Tal vez gordunias. ¿Les gustaría llamarse gordunias?' " (141)

El contacto de la capa de armiño de su madre sobre la piel desnuda le trae el recuerdo de las manos de Beto, lo que la hace enfurecer y salir corriendo al baño. Ahí coloca el espejo en el suelo y continúa observándose:

"Aparecieron los muslos largos, la estrella de mar, el dedal del ombligo. 'Era un tonto idiota presumido'. Se llevó ambas manos al vientre y lo apretó delicadamente. 'No sabe lo que se pierde' dijo mirándose los pechos, que, desde abajo, se veían distintos. Se untó los dedos con jabón y comenzó a acariciarse los pezones hasta que los vio aparecer eréctiles, como banderitas rojas en la cima de las blancas colinas gemelas. Se sentó en el borde de la tina. La sangre le corría ardiente por todo el cuerpo y le había comenzado un ligero zumbido en los oídos. Se esperó a que le pasara. Después vio en la repisa la brocha de afeitarse de su padre, la enjabonó y comenzó a pasársela suavemente por los hombros. Las roseolas se apretaron dolorosamente. 'Tontitas, ¿no se dan cuenta que las estoy engañando?' Si nalgas era un nombre apropiado, pezón, en cambio era muy feo. Repitió la palabra exagerando la zeta. Pezón. Mejor turintos. Las guirdongas y los turintos. Eran los hombres los que bautizaban las cosas y como tenían sensibilidad de hombres no entendían nada. Debían habérselo dejado a las mujeres. Pero guirdongas no. Nalgas era mejor. En eso tenían razón. ¡Ay, Dios mío, qué ganas de casarme!" (142)

Constituye una observación o intuición interesante el hecho de que Gutiérrez ponga eso en boca del personaje femenino de Diana, y no en la del más intelectualizado de Silvano. El gusto y regusto por el aspecto formal y material de la lengua - una sensibilidad especial por el significante - están unidos a la sexualidad femenina. Se trata de una actitud más consciente frente a la lengua basada en las diferencias entre los sexos, muy acorde con algunas teorizaciones modernas.[3]

La consumación de la atracción sexual y del amor de Diana y Silvano se realiza finalmente, paliando el sentimiento de soledad de Silvano y el deseo de ser deseada de Diana, y culmina en un momento en que ambos se asoman juntos a la pequeña muerte bajo la presencia cósmica del cielo y del mar:

"... y los ojos delirantes devoraban devorando y comenzaron a estallar palabras como esas flores carnosas qué sólo se abren de noche, repitiendo las más tiernas, las más dulces, las más acariciadoras tonterías. Y juntos se asomaron a la pequeña muerte, sueltas al viento grandes alas membranosas, todo con un orgullo infinito y una infinita amargura, y una alegría infinita sacada del puro fondo mismo de la alegría y un deseo interminable de gritar, de reír o de llorar mientras allá arriba dos ojos comenzaban a entreabrirse todavía turbios, todavía agónicos, como si regresaran de una extraña lejanía. Por la ventana, a borbotones, el mar se azotaba contra los arrecifes como un músculo enervado y coronado de espuma." (151)

El interés y la tematización poética de la sexualidad en *Puerto Limón* representa un enriquecimiento de la narrativa socialrealista y apunta sin duda ya a nuevos desarrollos de la literatura costarricense que alcanzarán su pleno florecimiento en las décadas siguientes.

La presencia del negro

Joaquín Gutiérrez, nacido en Limón, región donde preferentemente viven los negros de Costa Rica, es el primer autor oriundo de esa provincia en crear personajes literarios de cultura afrocaribeña. Quince Duncan distingue en su libro: *El negro en la literatura costarricense*[4] tres momentos en la producción literaria que tematiza a los negros, su cultura y su problemática. Un primer momento en el cual los latinos y los jamaicanos se ignoran mutuamente. Los negros habían venido a trabajar en la construcción del ferrocarril y en el establecimiento del enclave bananero, pensando sólamente en hacer pronto unas economías que les permitieran regresar a Jamaica; la política oficial de Costa Rica - si política hubo - era la de que no había ninguna necesidad de hacer un esfuerzo para integrar a los negros, pues estarían en el país sólo por un tiempo limitado. Este es el momento de la perplejidad, dice Duncan.

Conforme va pasando el tiempo, los negros descubren que ya no volverán a Jamaica. Los latinos se ven influidos por la cultura negra. Los negros comienzan a aprender español y los latinos un poco de inglés. Aparece una especie de *"Spanglish"* en que una comunicación, aunque imperfecta, empieza a ser posible. Es el segundo momento.

El tercer momento se inicia a partir de 1948 y representa el esfuerzo, titánico por parte del negro limonense, según Duncan, de integración en la sociedad nacional.

A cada momento corresponde un escritor: el tercero está representado por el propio Quince Duncan, sobresaliente novelista y ensayista afrocostarricense. Al segundo corresponde Abel Pacheco. Y el exponente del primero es precisamente Joaquín Gutiérrez. Hay otros autores, del interior, que han creado personajes negros o contado historias de negros o sobre los negros: Fabián Dobles, José León Sánchez, Carlos Luis Fallas, etc. Hasta hay un antecedente de finales del siglo pasado: Manuel Argüello Mora que escribió una historia, bastante llena de prejuicios, sobre una negra cubana.[5]

A mi juicio, Joaquín Gutiérrez sólo representa el primer momento de perplejidad y mutuo desconocimiento entre las dos culturas con *Cocorí,* una novelita para niños, y no con *Puerto Limón,* pues como dice el mismo Duncan: "Tom sí es un negro limonense a todas sus anchas. [...] Tiene los rasgos culturales del afrocaribeño. Es un hombre incapaz aún de superar los nexos opresores que lo han mantenido cautivo, porque le han robado su historia, porque lo han oprimido y explotado durante cuatrocientos años. Pero en tanto tiempo no han podido castrarle. Protesta a su manera. Resiste la colonización a su manera."[6]

Tom Winkelman es el principal personaje negro creado por Gutiérrez, al que se une el de su hermana Azucena, la cocinera de los Rojas. A Tom le caracteriza el inmenso amor que siente por su motocar y su impotencia frente a la huelga. La escena de amor fraternal en el hospital donde Tom se mete a la fuerza y contra todo reglamento para visitar a su hermana que tiene lepra, está llena de una profunda humanidad y grandiosa desolación. Pero hay una acción de parte de Tom que muestra otro aspecto del personaje, la rebelde y no colonizada, según Duncan; es el momento en que echa su querido motocar al mar. Nadie parece entender sus motivos, pero hay un paralelismo entre la idea de suicidio que da vueltas en la cabeza de Silvano, mientras se pasea cerca del puerto, y la carrera alucinante del negro en su motocar.

> " - ¡Qué animal!
>   - Ese hombre le tomó odio a la Compañía desde que se le murió la mujer - comentó un muellero viejo.
>   - No, si lo que pasa es que le mete a la marijuana
>   - Está chiflado - dijo una chiquilla hurgándose la nariz.
>   - ¿Y el motocar quien lo irá a pagar ahora?
>   - Aquí hay ocho metros.
>   - Ah, entonces sí lo sacan. Tom había dejado de chapotear y parecía atento a la conversación. De pronto comenzó a reírse con carcajadas sonoras como rebuznos. Su tórax enorme se agitaba y la suya era una risa frenética, casi histérica, la risa de un hombre gozoso dentro de su soledad y su ceguera." (163)

También Silvano se siente aliviado. La venganza del negro vale igualmente para él. El comentario de Tom cuando Silvano le contó su accidente, aquella vez que lo trajo a él y a su tío a Limón en el motocar, lo puede repetir él con respecto al acto de Tom:

"Era bueno el mar, oh yeah". Cuánto había impresionado a Tom su relato de cuando se estrelló con su bicicleta en un caño y saltó por encima del corredor de una casa! Largo rato se había quedado repitiendo: "¡Jesus Christ, what a jump, what a jump!" (164)

Así, sólo Silvano, que comparte con Tom el sentimiento de soledad, entiende el verdadero significado de la acción de Tom, cuyo valor es más existencial que social, político o revolucionario, por eso Silvano se dice:

"Además el problema no era morir. El problema era vivir. Una tarea de todos los días, de cada hora, de cada minuto de cada día. Diana se había bajado el tirante para que él le besara el pecho y ése había sido sólo un minuto. Y el desfile de los machetes desnudos sólo una hora, tan sólo una hora. Seguramente Tom tenía razón. Había acertado el golpe en el plexo. Su venganza había durado escasos minutos, pero en esos minutos se había apoderado a la fuerza de una ubre de donde mamaría leche tibia y dulce el resto de su vida." (164)

El fin de la huelga y la decisión de Silvano

Las actividades secretas de Beto Cortés, junto con Tapón, el marinero chileno de *"El Alondra",* que por irse de putas se había quedado abandonado en el puerto, tenían que ver con la bomba que estalló en el consulado norteamericano. Los sucesos se discuten durante la comida en la familia de los Rojas y tienen el carácter de un enredo de novela policiaca, hábilmente conducido por el narrador y muestra, además, cierto aspecto humorístico, vistas las diferencias de personalidad y patrones de reacción y comportamiento, así como de intereses con respecto a Beto, de parte de cada uno de los personajes que discuten:

"-¿Y qué sabemos nosotros? ¿Acaso sabemos con quiénes se metía Tapón? ¿A ver, sabe usted, por ejemplo, quién le pagó a Tapón para que pusiera la bomba en el consulado? Por ese lado podrían investigar. Claro que entonces la policía no descubriría nada.

Don Héctor pareció interesarse realmente por primera vez en el asunto: -¿Y qué andaba haciendo ese tipo por Talamanca? - preguntó.

- ¡Silvano, cuando no! - comentó Elvira. Para él, el mundo está al revés. Para él, esos que andan macheteando las plantaciones son unos angelitos.

Silvano se volcó de bruces sobre la mesa: Sabe, tía, ¿con quién vieron últimamente a Tapón, para que lo sepa? Con Beto. Los vieron juntos varias veces. Y mire la coincidencia, a Beto nadie lo ha vuelto a ver desde hace días.

- ¡Mentiroso! Eso lo estás inventando ahora - dijo Diana -. Beto tuvo que ir a San José y hoy tiene que volver.

- ¿Vos lo fuiste a dejar al tren?

- No, yo no lo fui a dejar al tren, pero él me lo dijo y no tengo por qué ... ¿Y por qué decís eso?

- Yo cuento lo que me contaron." (138)

El narrador irá revelando poco a poco el misterio a través de conversaciones entre diferentes personajes, hasta quedar claro que después del atentado, Beto y Tapón habían huído juntos hacia Panamá y que Beto mató al chileno antes de alcanzar la frontera.

Después de la violencia oficial y de la contraviolencia de los linieros, de pronto, la gente se da cuenta de que la huelga ha terminado. Paragüitas y Trino, a pesar de su pobreza, estiman que deben festejar el triunfo. Y modestamente deciden tomarse un café:

"- ¿Y vos qué querés?

- Yo tengo hambre - dijo Paragüitas - ¿de qué hay sánguches?

- De lomito, de queso, de tepezcuintle y de chorizo; también hay tamales - contestó de un tirón la muchachita.

- Yo quiero de chorizo. Y un café con leche. Mejor no, mejor uno de chorizo y otro de tepezcuintle. Y un tamal. Y el café, claro.

- Paragüitas se llevó la mano al bolsillo.

- Si no te alcanza yo te invito - dijo Trino dándose cuenta. - Y a la chica -: ¿Tiene

quesadillas? Entonces yo quiero dos quesadillas y un sánguche de queso y café con leche también. También me dio hambre. Y el café bien caliente, por favor.
Era la celebración de la victoria. Ambos lo comprendían así, tácitamente."
(154)

Pronto los peones comenzarán a volver a los bananales, algunos tendrán problemas para reengancharse, sobre todo los dirigentes más conocidos, como por ejemplo Paragüitas, que se ha convertido en todo un héroe, cuya fama es conocida hasta de los niños, como se ve en una pequeña escena mientras toman el café, una fama que le hace merecer el "don" de respeto al lado del cariñoso apodo:

"- ¡Idiay! camaradas, ¿ustedes por aquí tan frescos?
   - Parece mentira, ¿verdad?
   - Pues yo, lo único que siento - dijo la mujer que olía a jabón de lavar -, es que no le hayamos metido fuego a las casas de los gringos.
   - Para otra vez será.
   - Dale la mano a don Paragüitas - le dijo entonces la mujer al niño.
   El chico abrió unos tremendos ojazos. ¿De modo que ése era el famoso Paragüitas de quien tanto había oído hablar? Estiró tímido la mano, y el nica la estrechó con fuerza." (155)

Trino y Paragüitas se separan sin haber aclarado totalmente si esas nuevas organizaciones donde los trabajadores se pueden reunir a discutir se llamam células o cédulas.
   Rojas y Silvano han vuelto a la finca y las labores están otra vez en plena marcha. Al no encontrar trabajo en las fincas de la Compañía, Paragüitas anda rodando. Un día se topa con Héctor Rojas, que había salido a buscar el dinero para el pago de sus peones, y le pregunta directamente si puede trabajar para él. Y Rojas, que nunca le ha negado el trabajo a nadie, se lo lleva en su motocar a la finca. Pero a causa de los grandes aguaceros de los últimos días, el puente que lleva a la finca está a punto de derrumbarse. Ni Silvano, por teléfono, ni los peones directamente en el terreno, logran avisar a Rojas del peligro de pasar por el puente en motocar. Como Paragüitas le había hecho notar a Héctor Rojas desde la primera vez que se hablaron, peones y finqueros estaban unidos por un mismo destino. Simbólicamente los dos mueren en el fondo del río, Paragüitas pensando en su madre y soñando con la posibilidad de regresar a su país, Rojas, preocupado por los trabajos de la finca.
   El cuerpo de Rojas apareció. Los peones pudieron sacarlo de las correntadas. Silvano encuentra el dinero de los salarios en los bolsillos de su tío y esa misma noche lo distribuye en diferentes sobres: uno con el sueldo de Azucena, que días antes su tío le había pedido entregar a Tom, y que él había utilizado para conseguirse un pasaporte; otro, con el

anticipo de salarios para la semana del 7 al 14. El resto se lo echa al bolsillo, dirigiéndose en medio de la noche a Puerto Limón, adonde llega antes del amanecer. Allí recoge su ropa y el pasaporte y se dirige al puerto, embarcándose, sin haberse despedido de nadie, en *"El Alondra"*.

La educación del joven Silvano ha terminado, las angustias de la sexualidad se han calmado y las contradicciones entre su origen y su posición de clase, sus simpatías ideológicas y su sentido de la justicia se han resuelto. Después de un momento de duda, claramente:

> ”Se da cuenta que está bajando escalones y que el mismo ambiente que rechaza con todas las fibras de su ser lo está enajenando. No se puede autoengañar. Para obtener un pasaporte repartió coimas entre los pequeños burócratas; con Diana se valió de un engaño, y últimamente, cada vez más a menudo, se sorprende recorriendo a las mentiras, a las hipocresías. Había comenzado a transitar por caminos tortuosos y su afán de alcanzar una vida limpia se iba magullando, desmoronando. [...] ¿A qué imaginarse grandes destinos y actitudes resueltas y heroicas si al instante se iban distorcionando y diluyendo y le dejaban como saldo único una oscura borra temblorosa? Debe partir” (162)

Recepción e ideología: el final de la novela

Desde las primeras críticas se le reprochó a Gutiérrez un cierto excesivo autobiografismo en su novela. Así, Juan A. Ayala que en 1958 escribe en *Repertorio Americano,* se hace eco de esa opinión: ”Silvano, demasiado autobiográfico, demasiado personal, perseguido por la constante idea de la evasión, trata de liberarse de todo un pasado convencional, que le quiere atar a la tierra y a la violencia de sus hombres, incomprensibles para una psicología como la de él, hecha a la disciplina del estudio y del alejamiento de las dificultades de la vida.”[6]

Extrañamente, este crítico, que escribía desde El Salvador, coloca el desarrollo de la acción de *Puerto Limón* en Honduras. Otra de las críticas de Ayala, aunque la mitigue un poco, es que estima como un error que, al final de la novela, Silvano se marche. Que el protagonista se embarque hacia destinos desconocidos - *"El Alondra"* era un carguero sin itinerario -, se podría interpretar como una traición:

> ”Puede ocurrir que el lector se sienta defraudado ante el desenlace de esta novela de violencias ... La huída, la cobardía y la traición, hasta el último capítulo. Pero Silvano no abandona la selva, ni al negro, ni el amor de Diana de la que ya recibió puebas inolvidables. Silvano marcha en un amanecer de muertos, sobre las olas de la ilusión...”[7]

La interpretación que hace Silvana Serafin del personaje de Silvano y del final de la novela es diferente:

"Silvano, il protagonista intorno al quale gravitano gli eventi, non vive dentro l'esistenza poiché la senti come l'antitesi di se stesso. Le sue reiterate interrogazioni non solo sono destinate a restare senza risposta, ma ne generano altre, all'infinito. E' un prigioniero che per sentirsi vivere deve scegliere la sorte dell' esiliato; egli fugge dalle forze inumane della società borghese e si rifugia nell'universo di un nuovo individualismo, inteso, però, come arricchimento della sua personalità. Con lui è Joaquín Gutiérrez che va alla ricerca di una realtà oggetiva, positiva, nella quale credere. Lo scrittore crede nell'uomo, nel suo bisogno di libertà e di evoluzioni. Tuttavia egli da al dinamismo della vita individuali un valore e una forza trasformatrice che superano i limite personali per lasciare un'impronta nella realtà esterna."[8]

Para una interpretación del final de la novela es necesario recordar que Silvano es un chico que apenas está saliendo de la adolescencia y si bien es cierto que la acción gira alrededor suyo, no es él quien genera los acontecimientos. En el fondo, la primera y verdadera decisión que toma, es justamente la de marcharse. Es sólamente en el aspecto de *Bildungs-roman* de *Puerto Limón* que Silvano es protagonista. Con respecto a la tematización de la huelga, él es, como la mayoría de los otros personajes, más bien víctima que sujeto de la acción, a pesar de sus intentos de establecer el diálogo entre las partes o de boicotear la milicia. Desde la perspectiva de la enunciación en muchos casos es a él, en tanto que testigo consciente y concernido, a quien el narrador confía el punto de vista, esta función hace de él un testigo de los acontecimientos y no la fuerza que los genera.

En cuanto a la huelga, el personaje que más se acerca a la categoría de protagonista es Paragüitas. Con respecto a la traición que Ayala temía que el lector sintiera, habría que buscarla no alrededor del personaje de Silvano, que a pesar de pertenecer a la clase de los propietarios de la tierra, simpatiza con las reivindicaciones de los trabajadores; la traición está representada por toda esa clase con la cual el disiente, y por los políticos entreguistas o cobardes. En lo que atañe al individualismo, que sin duda es importante tanto para Silvano como en el discurso de Gutiérrez, es evidente que se ve contrarrestado por la insistencia en la actitud contraria entre los representantes del otro sector social. Así lo expresa Silvano en su discurso interior durante la única conversación que tiene con Paragüitas y otros trabajadores, aquella vez que fue a entregar a Tom el sueldo de Azucena:

"Eran dos mundos separados por una valla. De su lado, cada uno tiraba para sí sin importarle el amigo, el vecino, el pariente. Pasada la valla, intuía una solidaridad rabiosa de impotencia, una sola alma plural y fraternal. Era como si estuvieran hechos de una madera especial; como si formaran otra raza, otra especie." (107)

Es el mismo sentimiento que había experimentado la noche de los machetes desnudos en la finca del tío, al iniciarse la huelga:

"Sabe que enfrente hay una voluntad colectiva, oscura, abrumadora. Millares de seres anónimos lo están vigilando recelosos desde las sombras, estudiándolo atentos para conocer al que algún día será el futuro patrón, el futuro amo y señor de sus músculos. Y frente a ese enemigo que él no ha buscado, se sabe solo, solo en medio de la noche, solo bajo la herida amaranto que dejó un crepúsculo fugaz en un cielo de petróleo, solo junto al mugido del río que se despedaza hace millones de años contra las piedras, solo en medio de la naturaleza hostil, solo con su soledad y con su angustia." (31)

No se escoge el origen de clase, lo que sí exige una toma de decisión es el adscribirse a un proyecto social y a una ideología. Aquí debe estar el significado de la decisión de marcharse que tomó Silvano: liberarse de un destino social que su nacimiento parecía imponerle, tomándose la distancia necesaria para mejor poder saltarse la valla. Si autobiografía hay en *Puerto Limón,* de Silvano no volveremos a saber nada, de Gutiérrez sí conocemos la trayectoria y no hay razón para reproches. Como lo observamos en relación con el problema del análisis ideológico de *El sitio de las abras,* es necesario distinguir los niveles de personaje, narrador y escritor. Si queremos descubrir la posición ideológica implícita en la novela, habría que volver la mirada hacia el personaje de Paragüitas y no olvidar la importancia de que sea nicargüense y sandinista. Su apodo -suerte de segundo bautismo - lo debe a una acción que realizó a una edad similar a la de Silvano. Durante la ocupación norteamericana de Nicaragua, había visto en Managua a un marino matar de un culatazo a un cipote que, jugando con una bola, le había ensuciado el uniforme. Volvió a su casa y pasó la tarde aguzando la varilla de un paraguas viejo, con ella fue a un bailongo y escogió a un marino, otro cualquiera, pues lo mismo daba, y se la metió completamente en la barriga. Huyó a las Segovias para continuar la lucha contra los ocupantes a las órdenes de Sandino. El tema de la venganza antiimperialista y latinoamericana aparece en el poema que Gutiérrez agregó a su novela como una suerte de prólogo autobiográfico que explica la decisión del escritor de hacer de un nica, el protagonista de su novela:

> Y vino el hachazo, se apagó Sandino,
> mataron al noble, al valiente
> fuego matutino
> que tiñó de rojo todo el Continente.
> Gimió Nicaragua, mugían en Chontales
> los toros, bramó la sangre patriota,
> y por toda América, en los arrabales,
> en las serranías, minas y trigales
> juramos por miles vengar la derrota.

Desde el punto de vista de la fecha de publicación, *Puerto Limón* cierra, junto con *El sitio de las abras,* la producción narrativa socialrealista de las cinco primeras décadas del siglo XX que se habían fijado como los límites inferior y superior de mi investigación. La realidad que tematiza la novela de Gutiérrez se sitúa a mediados de los años treinta, mientras que la de Dobles se extiende hasta finales de los cuarenta, este aspecto cronológico sería un argumento para colocar el análisis de *Puerto Limón* antes del de *El sitio de las abras.* La decisión de cerrar mi investigación acerca del desarrollo de la tendencia socialrealista en la narrativa costarricense con la novela de Gutiérrez, se basa no en ese aspecto cronológico de la materia tematizada, sino en un argumento de historia literaria. Como se anotara a lo largo del análisis, *Puerto Limón* vino a agregar a la corriente socialrealista una serie de aspectos nuevos que estaban por lo general ausentes en las otras obras analizadas: una preocupación más sostenida por la psicología individual de los personajes, una aproximación a la realidad referencial a través de la vivencia de esa realidad por parte de los personajes principales, en fin una mayor y más consciente literaturización de la realidad histórica. Aspectos todos que marcan el desarrollo hasta el cual había llegado en 1950, con Joaquín Gutiérrez, la tendencia socialrealista de la narrativa costarricense.

Notas y referencias

1. Se cita de: Gutiérrez, Joaquín: *Puerto Limón,* Editorial Costa Rica, San José, 1978. El número de página se indica entre paréntesis.

2. Serafin, Silvana: *"Puerto Limón: la ricerca della libertà"*, en Studi di Leteratura Ispano-Americana 8, Università degli Studi di Venezia, Milano, 1978, p. 149.

3. Consultar por ejemplo: Irigaray, Luce: *"Le sexe fait 'comme' signe",* en *Langages* 17, París, marzo, 1979, p. 42-55.

4. Duncan, Quincy: *El negro en la literatura costarricense,* Editorial Costa Rica, San José, 1975, p. 18 - 19.

5. Duncan, Q.: *Op. cit.,* p. 9.

6. *Ibidem,* p. 20.

7. Ayala, Juan: *"Puerto Limón de Joaquín Gutiérrez",* en *Repertorio Americano,* año 36, no. 1184, San José, 1958, p. 59.

8. Serafin, S.: *Op. cit.,* p. 150.

SINTESIS
Y CONCLUSION

En la hipótesis de trabajo que constituye el punto de partida del presente estudio postulaba la existencia de una tendencia socialrealista desde las primeras obras de la narrativa costarricense. El estudio ha tratado de demostrar la existencia tanto de esa tendencia como su correlación con el proceso histórico de la formación social costarricense.

A través de una lectura crítica de los aportes de la historiografía literaria costarricense - no muy numerosos -, así como de las obras escritas entre 1900 y 1950, se delimitaron las dos tendencias mayores de la narrativa: el costumbrismo y el socialrealismo. En los tratados tradicionales de historia literaria, estas dos tendencias no siempre aparecen claramente delimitadas. Estimo haber demostrado que desde las primeras obras narrativas, publicadas a principios de siglo, la tendencia socialrealista se diferencia claramente de la tendencia costumbrista. Esta tendencia socialrelalista se irá consolidando y desarrollando en las décadas siguientes hasta llegar a su pleno florecimiento y maduración en las obras de la generación del cuarenta.

Según la perspectiva metodológica aplicada, la tendencia socialrealista es concebida como la expresión literaria de un amplio proceso sociopolítico de cuestionamiento de la hegemonía que la oligarquía cafetalera había detentado desde el cuarto decenio del siglo pasado. La clase dominante había encontrado en la producción de café para el mercado mundial la base económica que permitió la organización del Estado nacional. Este Estado nación, basado en un consenso generalizado, llegó a funcionar bastante bien, superando rápidamente los conflictos que caracterizaron la reorganización del poder en América Latina durante los años que siguieron a la desintegración del orden colonial.

En el siglo XIX, la población de Costa Rica era todavía poco numerosa y bastante homogénea, y al disponerse además de gran cantidad de terrenos baldíos de buena calidad y aptos para la producción del nuevo artículo de exportación, los conflictos socio-económicos y políticos no fueron graves, pues había tierras suficientes para que la gran mayoría de la población se volcara a la producción de café. La producción, el transporte y la comercialización fueron financiados por el capital inglés. Mas a finales del siglo XIX ya se había producido una considerable concentración de la tierra en manos de los mayores productores que eran, al mismo tiempo, los procesadores y exportadores del grano de oro, como se le llamaba. Este sector social controlaba igualmente el crédito. Políticamente esta clase fue muy hábil y supo establecer un consenso ciudadano generalizado. Las clases subalternas aceptaron los intereses específicos de la clase oligárquica como los intereses de toda la nación. Un aspecto importante de la habilidad política de la oligarquía fue su interés por calificar la fuerza de trabajo, escasa y relativamente cara, dada la exigüidad demográfica del país, impulsando para ello la organización y democratización de la enseñanza.

La exportación del café se hacía por el Pacífico. Los barcos debían contornear toda América del Sur para alcanzar el mercado europeo y, en menor medida, el norteamericano. Pronto se hizo presente la necesidad de construir una vía férrea que permitiera sacar los productos del centro del país a un puerto en la costa del Caribe, y abaratar así los costos de transporte. Después de la quiebra de la compañía europea que había iniciado la construcción del ferrocarril, una empresa norteamericana se encargó de terminar el proyecto. Apareció entonces en el país el capital norteamericano. La nueva compañía no se contentó con construir el ferrocarril, sino que organizó la producción bananera en las tierras que el contrato le otorgaba en concesión. La compañía tenía además intereses en otros sectores de la producción: electricidad, minería, etc. Al lado de los conflictos que venía creando la concentración de la tierra, consecuencia importante del desarrollo mismo de la producción de café, la presencia del capital norteamericano, nuevo socio de la clase dominante, terminó por comprometer la legitimidad, ya cuestionada, del poder que venía detentando la oligarquía cafetalera.

Por otro lado, tanto la construcción del ferrocarril como la producción de plantación del enclave bananero, trajeron consigo una importante concentración de obreros y de trabajadores agrícolas proletarizados. Este es un fenómeno social nuevo en el país, pues la producción cafetalera no había provocado un proceso de proletarización tan claro, ya que originalmente los trabajadores de las grandes haciendas de café, eran, al mismo tiempo, pequeños propietarios. Más tarde, cuando la concentración de la tierra les hizo imposible la adquisición de nuevas tierras en la Meseta Central, muchos de ellos prefirieron, antes que convertirse en proletarios, emigrar a otras zonas del país para reestablecerse como dueños, en un movimiento de colonización espontánea de nuevas tierras. No será sino en un segundo momento que la emigración hacia las nuevas zonas bananeras se dará, generalizándose, esta vez sí, la proletarización de los campesinos desplazados de la tierra. Esta concentración de trabajadores constituirá el caldo de cultivo más importante de las nuevas ideas que estarán a la base del movimiento obrero.

En el proceso de deslinde de la tendencia socialrealista del conjunto literario que la historiografía literaria tradicional caracteriza como costumbrista, se identificaron las obras de García Monge como las primeras obras socialrealistas. La manera de tematizar este autor los conflictos sociales y humanos que se dan en el campo, o que oponen los valores del campo y los de la ciudad, constituye el rasgo fundamental que permite diferenciar el socialrealismo del costumbrismo. La obra de García Monge zanjó, además, la interesante polémica que se había desarrollado en la década anterior acerca del nacionalismo en literatura: es decir, el debate, por un lado, sobre qué lenguaje se debía utilizar para crear una literatura nacional, el español castizo o su variante local, y por otro lado, qué temas era conveniente tratar: locales, nacionales o bien europeos y extranjerizantes. Esta oposición se percibía como una oposición entre el cultivo de un costumbrismo de inspiración latinoamericana y española que hacía uso de las variantes locales del español o un intento de ponerse a la altura de modelos europeos, sobre todo franceses. Esta última posición se confundirá rápidamente con el modernismo rubendariano, mientras que la otra se enriquecerá con los aportes del realismo y del naturalismo franceses y la novelística rusa, sobre todo Tolstoi. Mi trabajo pretende haber demostrado la hipótesis de que la tendencia socialrealista, que nadie niega para la generación del cuarenta, está presente desde las obras de García Monge.

El proceso de cuestionamiento que se expresa en el malestar de los campesinos que pierden sus propiedades por endeudamiento con los grandes productores y exportadores y que se manifiesta en las primeras huelgas de obreros del ferrocarril, como la huelga de los trabajadores italianos y las revueltas y fugas de los esclavos chinos, se articula con la obra literaria, pedagógica, etc. de intelectuales, tales como García Monge y otros, que se formaron en el Instituto Pedagógico de Chile, país, donde muchos de ellos también recibieron cierta influencia anarquista.

Otras ideas que influyen en el clima social y cultural de la época son el arielismo del uruguayo José Enrique Rodó, el antiimperialismo que se respira un tanto por toda América Latina, así como las ideas que están a la base de hechos históricos de la importancia de la revolución mexicana y la revolución rusa. Nacionalismo y antiimperialismo se expresan claramente en la obra narrativa de Carlos Gagini. Vista desde la perspectiva de la historia literaria, la obra de Gagini amplía y enriquece la visión de la problemática social que tematizara García Monge.

El proceso de cuestionamiento se articula a nivel político, por primera vez, con la aparición de los partidos doctrinarios. Primero el Partido Reformista, de Jorge Volio, sacerdote y general, de ideas antiimperialistas y nacionalistas, y cuyas preocupaciones sociales se inspiraban en la doctrina social de la Iglesia Católica. El reaccionarismo de la Iglesia católica costarricense y el fuerte liberalismo doctrinario de los políticos de la oligarquía, muy celoso de la separación de poderes entre la Iglesia y el Estado, no dejaron mucho margen al reformismo, que, con la aparición del Partido Comunista a principios de los años 30, prácticamente desapareció.

El Partido Comunista se convierte en una suerte de catalizador. Gran parte de los intelectuales críticos, entre ellos, los creadores de literatura, son miembros, simpatizantes o de ideas muy afines a las posiciones del nuevo partido. Así, la tematización de los conflictos sociales en la narrativa socialrealista, de las reivindicaciones de los sectores sociales subalternos, de la crítica de la penetración imperialista del capital norteamericano y de la falta de legitimidad de la dominación oligárquica, está emparentada con posiciones políticas muy cercanas a las del Partido Comunista.

La literatura de las dos primeras décadas del siglo XX vivía, como la sociedad costarricense en general, de espaldas a la realidad que estaba fuera del horizonte que cerraban las montañas que delimitan la Meseta Central. Tanto el costumbrismo como la primera narrativa de tendencia socialrealista, así como los otros tipos de literatura: narrativa y poesía modernistas y extranjerizantes, etc., ignoraban la vida y los conflictos que se vivían en las zonas periféricas del país. La región del Pacífico, especialmente la provincia del Guanacaste, se convirtía ya en una especie de "far West", en la región más típica y folklórica del país, al mismo tiempo que sufría un feroz proceso de concentración de la tierra y de creación de grandes latifundios de explotación extensiva, con la subsecuente pauperización y emigración de campesinos a otras regiones del país. Es en los relatos de Carmen Lyra que aparecen, por primera vez y aún tímidamente, los problemas de la emigración de campesinos a las zonas bananeras del Atlántico.

Pero no será sino con Carlos Luis Fallas, obrero, dirigente sindical y más tarde diputado por el Partido Comunista, que la región atlántica, abandonada a los buenos oficios de la Frutera, hará irrupción en la literatura nacional. Fallas introduce en su primera novela a los negros, a los indios y a los proletarios nacionales y centroamericanos dándoles carta de ciudadanía y presencia literaria en la conciencia de los lectores del país, no sólamente en la de la intelectualidad crítica, sino también en la de los otros, por ejemplo, los que compraron toda la primera edición de su novela, con el obvio objetivo de que no circulara y fuera leída.

A finales de los años 30, Max Jiménez había acabado, al publicar un texto entre narrativo y ensayístico, con los últimos restos de costumbrismo que pudieran quedar aún en el ambiente. Herrera García creó, por su parte, con su única novela, una estructura narrativa que será aprovechada y desarrollada por otros escritores, sobre todo por Fabián Dobles.

Las novelas analizadas de este último autor nos dan una amplia visión del desarrollo de la vida en el campo costarricense, sus conflictos humanos, sociales, económicos, etc. Dobles tematiza uno de los comportamientos sociales más arraigados en el campesino costarricense, es decir, entre la inmensa mayoría de los habitantes del país. Es el patrón de comportamiento que se suele designar con el concepto de enmontaña-miento. Este comportamiento es conocido desde los tiempos de la Colo-nia y constituyó, para los campesinos, una manera de crearse una inde-pendencia y una libertad o bien la manera de salvaguardar esa indepen-dencia y esa libertad. Para evitar el poder de autoridades civiles y eclesiásticas, las gentes preferirían vivir en fincas aisladas y a pesar de los intentos por parte de las autoridades de reducir los habitantes a poblado, el comportamiento arraigó, pasando a ser uno de los rasgos fundamenta-les de la mentalidad costarricense. Actitud que a su vez explica, sin lugar a dudas, muchas otras formas de comportamiento social y político de los habitantes del país. Durante los cien años que van de la mitad del siglo XIX a la mitad del XX, que es el lapso de tiempo que tematizan las novelas de Dobles, los personajes campesinos resuelven el problema de la proletarización que amenaza por la pérdida de sus tierras, yéndose a la selva a hacerse un abra, una nueva finca, enmontañándose. La estructura narrativa de la novela de Herrera García y de Dobles es, en muchos aspectos, homóloga a esta estructura mental.

Joaquín Gutiérrez enriquece el socialrealismo con un tratamiento psicológico de los personajes más rico y más profundo. A diferencia de las novelas de los otros autores, Gutiérrez describe los hechos, por ejemplo, la huelga bananera del 34, siguiendo, en gran medida, el punto de vista de un personaje del sector social alto, el sobrino de uno de los productores nacionales de banano, aliados de la Frutera. El rechazo, por parte del sobrino, de las posiciones y valores que encarna el tío, es un rechazo de la alianza entre la oligarquía y la burguesía nacionales y la compañía imperialista. Desde la perspectiva del desarrollo de las estruc-turas narrativas y temáticas, Gutiérrez lleva, junto con Dobles, el social-realismo costarricense, dentro de la coyuntura histórica en que se dio, al máximo de sus posibilidades, integrando, además, logros de otras ten-dencias que quedaban fuera de esa corriente, por ejemplo, el subjetivis-mo de Yolanda Oreamuno, y marcándole al mismo tiempo, posibles desarrollos futuros.

El socialrealismo aparece pues como la tendencia narrativa más rica y más profunda de la literatura costarricense con un largo desarrollo que se anunciaba desde sus albores marcados por la polémica sobre el naciona-lismo en literatura de finales del XIX, alcanzando su florecimiento en la coyuntura política progresista de la cuarta década del XX. Es la narrativa que recoge la conflictividad a que se ve abocada la formación social, al perder legitimidad el modelo de dominación oligárquico que ya no podía asegurar el consenso sobre el que se basaba la hegemonía de la clase cafetalera, perdido por la lógica del proceso mismo que llevó a la concentración de la tierra, la pauperización y la proletarización de los tradicionales pequeños campesinos. La presencia e influencia del capital imperialista y la dependencia que le crea a la oligarquía y al país agravan aún más la pérdida de legitimidad y acelera y profundiza el proceso de cuestionamiento por parte de los sectores subalternos, inclusive el grupo social especializado en la producción de literatura.

Es significativo que el primer debate literario, la polémica sobre el nacionalismo en literatura, versara precisamente sobre el nacionalismo, pues la idea de nación, de nacionalidad, va íntimamente ligada a la creación de una identidad, de una cultura y de una literatura nacionales. En el contexto europeo se volvió muy difícil hablar de nacionalismo después de la barbarie de la segunda guerra mundial, provocada, entre otros factores, por el nacionalsocialismo. Por otra parte, en los casos en que la literatura nacional va unida a una lengua nacional, diferente de la de los vecinos, es hasta cierto punto fácil percibir lo que hace de una literatura una literatura nacional. En América Latina, dada la experiencia colonial, la lengua literaria es común a los diferentes países en que se desgajó el imperio español, por ello, el uso y abuso de los regionalismos lingüísticos fue quizá un intento de marcar la especificidad de cada país al momento de emprender la creación de una literatura que se quería nacional. Mas el uso de las variantes regionales de la lengua común se mostró pronto ser un arma de doble filo, y el proyecto de regionalismo literario terminó como callejón sin salida.

No se puede negar, sin embargo, que el nacionalismo es un elemento constitutivo e importante de la identidad nacional. En el caso concreto de Costa Rica, el nacionalismo ha jugado siempre, sin lugar a dudas, un papel decisivo. La identidad nacional se afirma generalmente en contraposición a los otros. A los costarricenses siempre se les ha inculcado, frente a sus vecinos centroamericanos, un sentimiento de superioridad. Somos mejores porque somos más pacíficos, y somos más pacíficos porque somos más civilizados. Nuestro mayor grado de civilización es mensurable por nuestro bajo grado de analfabetismo. Nuestro mayor grado de civilización y de alfabetismo se traducen en un alto grado de civilidad y de madurez política que nos han librado de dictaduras, masacres y ocupaciones militares. El nacionalismo contiene además un grado importante de racismo: en el fondo somos mejores porque somos más blanquitos.

Todos estos postulados y muchos otros más, por ejemplo aquél de la buena distribución de la tierra, han creado todo un complejo mítico acerca del ser costarricense que a primera vista sirve para distinguirse de los demás y para afianzar la autoestimación. Algo que generalmente se considera positivo por servir al fortalecimiento de la identidad, de la nacionalidad y las virtudes cívicas. Pero ese sistema mítico, que como todo complejo mítico siempre tiene algo o mucho de verdad, es también un elemento importante del sistema de dominación. Este aspecto negativo del complejo mítico es siempre más difícil de percibir, pues representa el aspecto alienante y no positivo del mito, que la clase dominante evidentemente no está interesada en subrayar.

En Costa Rica, la escuela, en tanto que aparato ideológico de Estado - para decirlo con un concepto althusseriano -, hizo de la literatura costumbrista la literatura nacional, pues el costumbrismo es una literatura que elimina los conflictos, por ejemplo, los que oponen al "concho" y al "leva", reduciéndolos a meros aspectos risueños del atraso y la socarronería del campesino. Al contrario, las obras mayores del realismo social apenas si se imprimían y no formaban parte, hasta los últimos años, del programa de las escuelas.

La imagen de la realidad nacional que da la narrativa socialrealista es bien diferente. El campesino no es un viejecillo simpático y socarrón, sino un ser humano que goza o que sufre, en la mayoría de los casos que sufre. El socialrealismo no se contenta con mirar y describir, sino que denuncia y trata de descubrir las causas del sufrimiento, de la angustia, del vicio o del envilecimiento. La imagen del negro y del indio es solidaria y la denuncia que su aparición en la literatura conlleva es un darles voz a los que no han tenido posibilidad de clamar justicia. La imagen del centroamericano, y del nicaragüense en particular, subraya la injusticia que le ha hecho abandonar su país y el heroismo a que la lucha contra las condiciones sociales y políticas a menudo le han llevado. Esas condiciones explican y excusan la tradicional imagen de violencia que le acompaña.

El nacionalismo de esa literatura socialrealista trata de recuperar la historia de la gente que no aparece en los libros de la historia oficial, es un nacionalismo que no titubea ante la crítica de lacras y vicios, es un nacionalismo que limita los aspectos negativos del nacionalismo que trata de empequeñecer al otro para sentirse más grande. Es un nacionalismo que se basa al mismo tiempo en la actitud internacionalista y solidaria de los que saben que son víctimas de las mismas injusticias y que están comprometidos en la misma lucha. La literatura socialrealista es una literatura que tiene más claro derecho que el costumbrismo a ser concebida como literatura nacional. Una literatura nacional, pero no nacionalista.

La evaluación del socialrealismo que ha hecho la crítica universitaria costarricense de las últimas décadas - su balance - es más bien negativa. En una serie de artículos y tesis de licenciatura - infelizmente difíciles de consultar por no estar publicadas - las obras son clasificadas muy a menudo en tradicionales y modernas, según criterios preferentemente formales. Valorándose sólo las modernas positivamente. Las fuentes de inspiración de esa crítica son sobre todo el estructuralismo y las teorizaciones que acompañaron la publicación de la novelística moderna latinoamericana, que distingue, por ejemplo, entre novela de contenido y novela de creación. Es evidentemente un error, por un lado, valorar las obras "tradicionales" a partir de las normas establecidas por las tendencias críticas y creadoras de los últimos años, las cuales cultivan y aprecian preferentemente los aspectos formales, renegando de todo "contenidismo". Y, por otro lado, es igualmente un error no tener en cuenta el hecho innegable de que la producción literaria, al guardar una relación más o menos estrecha con la sociedad en que se produce, las obras concretas corresponden en su estructura y contenido al estadio de desarrollo y de acumulación cultural en que la sociedad se halla en su proceso histórico, en el momento en que las obras fueron creadas.

Estimo igualmente haber demostrado que la novelística socialrealista, caracterizada y entendida en el sentido propuesto por mis análisis, es clasificable dentro del modo de producción cultural social-revolucionario elaborado por Alejandro Losada, en tanto que se trata de una producción literaria que describe y denuncia las injusticias de un orden social dominante, mostrando sus causas políticas, proponiendo intrínsecamente, el establecimiento de un orden social y político diferente, mas no a través de una revolución violenta, sino a través de reformas sustantivas, acordes con las arraigadas tradiciones pacíficas del país.

Finalmente creo haber demostrado, tal y como se indicara en algunos de los análisis concretos, que la narrativa socialrealista también muestra un trabajo muy consciente en relación con los aspectos formales de la creación, si bien es cierto que los autores no hicieron del aspecto formal su interés primordial. Estimo por ello que la narrativa socialrealista de Costa Rica representa una producción literaria perfectamente ajustada a las necesidades y exigencias que la primera mitad del siglo XX podía exigir de los creadores de literatura, habiendo llegado a alcanzar un alto grado de desarrollo y madurez cuando la coyuntura histórica cambió a mediados de siglo y tanto la sociedad como la literatura tomaron nuevos rumbos.

BIBLIOGRAFIA

I. Historia e historia social. Obras generales

Bambirra, Vania: *El capitalismo dependiente latinoamericano,* Siglo XXI, México, 1962

Cancino Troncoso, Hugo: *Las raíces históricas e ideológicas del movimiento sandinista. Antecedentes de la revolución nacional y popular nicaragüense 1927-1979,* Odense University Press, Odense, Dinamarca, 1984
Chile. La problemática del poder popular en el proceso de la Vía Chilena al Socialismo 1970-1973, Aarhus University Press, Aarhus, Dinamarca, 1988

Donghi Halperin, Tulio: *Historia Contemporánea de América Latina,* Alianza Editorial, Madrid, 1983

Gramsci, Antonio: *Antología* (Selección y notas de Manuel Sacristán) Siglo XXI, México, 1970

Gunder Frank, André: *Lumpenbourgeoisie-Lumpendevelopment, Class and Politics in Latin America,* Monthly Review Press, New York, 1972

Lukács, Georg: *Historia y conciencia de clase,* Grijalbo, México, 1969

Mariátegui, José C.: *7 Ensayos de Interpretación de la Realidad Peruana,* Amauta, Lima, 1979

Poulantzas, Nicos: *Pouvoir politique et classes sociales,* 2 tomos, Maspéro, París, 1975

Ricaurte, Soler: *Idea y cuestión nacional latinoamericanas: de la independencia a la emergencia del imperialismo,* Siglo XXI, México, 1980

Stavenhagen, Rodolfo: *Las clases sociales en las sociedades agrarias,* Siglo XXI, México, 1972

II. Historia e historia social. Costa Rica

Acuña B., Olda M. y Denton F., Carlos: *La familia en Costa Rica,* Ministerio de Cultura, San José, 1979

Aguilar, Marielos: *Carlos Luis Fallas: su época y sus luchas,* Editorial Porvenir, San José, 1983

Aguilar Bulgarelli, Oscar: *Costa Rica y sus hechos políticos de 1948,* Editorial Costa Rica, San José, 1969
Democracia y partidos políticos en Costa Rica, Imprenta LIL, San José, 1977

Araya Pochet, Carlos: *Historia económica de Costa Rica 1821 - 1971* Editorial Fernández Arce, San José, 1982
Liberación Nacional en la Historia Política de Costa Rica 1940 - 1980 Editorial Nacional de Textos, San José, 1982

Arias Sánchez, Oscar: *Grupos de presión en Costa Rica,* Editorial Costa Rica, San José, 1974
¿Quién gobierna en Costa Rica? EDUCA, San José, 1978,

Arrieta Quesada, Santiago: *El pensamiento político social de Monseñor Sanabria,* EDUCA, San José, 1982

Backer, James: *La iglesia y el sindicalismo en Costa Rica,* Editorial Costa Rica, San José, 1974

Blanco Segura, Ricardo: *Monseñor Sanabria,* Editorial Costa Rica, 1962
Historia eclesiástica de Costa Rica, Editorial Costa Rica, San José, 1967
Los que el Obispo juzgare..., Editorial Costa Rica, San José, 1981

Benavides, Enrique: *Nuestro pensamiento político,* Editorial Costa Rica, San José, 1978

Bozzoli de W., María E.: *Localidades indígenas costarricenses 1960-1968,* Publicaciones de la Universidad de Costa Rica, San José, 1969.

Calvo G., Carlos: *Costa Rica en la segunda guerra mundial (1939-1945),* Editorial Universidad Estatal a Distancia, San José, 1985

Camacho, Daniel: *La dominación cultural en el subdesarrollo,* Editorial Costa Rica, San José, 1978

Carcancholo, Reinaldo: *Desarrollo del capitalismo en Costa Rica,* EDUCA, San José, 1981

Carvajal H., Mario: *Actitudes políticas del costarricense,* Editorial Costa Rica, San José, 1978

Casey G., Jeffrey: *Limón 1880 - 1940. Un estudio de la industria bananera en Costa Rica,* Editorial Costa Rica, San José, 1977

Cerdas Cruz, Rodolfo: *La crisis de la democracia liberal en Costa Rica,* EDUCA, San José, 1978
Formación del Estado en Costa Rica, Editorial Universidad de Costa Rica, 2a. ed. San José, 1978

Cersósimo, Gaetano: *Los estereotipos del costarricense,* Editorial Universidad de Costa Rica, San José, 1978

De la Cruz, Vladimir: *Las luchas sociales en Costa Rica 1870 - 1930,* Editorial Costa Rica, Editorial Universidad de Costa Rica, San José, 1983

Escobar, Francisco: *Sociedad y comunidad rural,* Ministerio de Cultura, San José, 1977

Facio, Rodrigo: *Estudio sobre economía costarricense,* Editorial Costa Rica, San José, 1977

Fallas, Marco Antonio: *La factoría de tabacos de Costa Rica,* Editorial Costa Rica, San José, 1972

Fernández, León: *Indios, reducciones y el cacao,* Editorial Costa Rica, San José, 1976

Fernández Durán, Roberto: *La huelga de brazos caídos,* Editorial Costa Rica, San José, 1983

Fernández Guardia, Ricardo: *Cartilla histórica de Costa Rica,* 48a. ed. Librería Lehmann, San José, 1976
Costa Rica en el siglo XIX, Antología de viajeros, EDUCA, San José, 1982

Figueres, José: *La pobreza de las naciones,* 4a. ed. Imprenta Nacional de Costa Rica, San José, 1973
Cartas a un ciudadano, Editorial Universidad Estatal a Distancia, San José, 1980

Flores Silva, Eusebio: *Geografía de Costa Rica,* 2 tomos, Editorial Universidad Estatal a Distancia, San José, 1979

Gamboa, Ema: *Educación en una sociedad libre,* Editorial Costa Rica, San José, 1976

González V., Cleto: *Historia Financiera de Costa Rica,* Editorial Costa Rica, San José, 1977

González, Luis Felipe: *Historia de la influencia extranjera en el desenvolvimiento educacional y científico de Costa Rica,* Editorial Costa Rica, San José, 1976

Gudmundson K., Lowell: *Estratificación socio-racial y económica de Costa Rica: 1700-1850,* Editorial Universidad Estatal a Distancia, San José, 1978

Hall, Carolyn: *El café y el desarrollo histórico-geográfico de Costa Rica,* Editorial Costa Rica y Universidad Nacional, San José, 1978
Costa Rica, una interpretación geográfica con perspectiva histórica, Editorial Costa Rica, San José, 1984

Jiménez, Mario A.: *Desarrollo constitucional de Costa Rica,* Editorial Juricentro S. A., San José, 1979

Jonas B., Susanne: *La ideología socialdemócrata en Costa Rica,* EDUCA, San José, 1984

Kepner, Charles: *Social Aspects of Banana Industry,* New York, 1967

Láscaris Comneno, Constantino: *Desarrollo de las ideas en Costa Rica,* Editorial Costa Rica, San José, 1975
El costarricense, EDUCA, San José, 1975

Malavassi, Guillermo: *Los principios cristianos de la justicia social y la realidad histórica de Costa Rica,* Prólogo y recopilación por, Imprenta Trejos Hnos., San José, 1977

Meléndez, Carlos: *La Ilustración en el Antiguo Reino de Guatemala,* EDUCA, San José, 1970
Costa Rica: tierra y poblamiento en la Colonia, Editorial Costa Rica, San José, 1978
Documentos fundamentales del siglo XIX, Editorial Costa Rica, San José, 1978

Meléndez, C. y Duncan, Quince: *El negro en Costa Rica,* Editorial Costa Rica, San José, 1979

Monge A., Carlos: *Historia de Costa Rica,* 14. ed., Librería Trejos 1978. Universidad e Historia, Ministerio de Cultura, San José, 1978

Monge A., Carlos y Rivas R., Francisco: *La educación: fragua de una democracia,* Editorial Universidad de Costa Rica, San José, 1978

Murillo J., Hugo: *Tinoco y los Estados Unidos. Génesis y caída de un régimen,* Editorial Universidad Estatal a Distancia, San José, 1981

Oconitrillo G., Eduardo: *Los Tinoco (1917 - 1919),* Editorial Costa Rica, San José, 1982

Palmer, Paula: *"Wa' apin man" La historia de la costa talamanqueña de Costa Rica, según sus protagonistas.* Instituto del Libro, San José, 1986

Picado, Miguel (editor): *La palabra social de los obispos costarricenses Selección de documentos de la iglesia católica costarricense 1893 - 1981,* DEI, Departamento Ecuménico de Investigaciones, San José, 1982

Pinaud, José María: *El 7 de noviembre. Epopeya del civismo costarricense,* Ministerio de Cultura, San José, 1979

Roche, Jeffrey: *Historia de los Filibusteros,* Ministerio de Cultura, San José, 1980

Rodríguez V., Eugenio: *Apuntes para una sociología costarricense,* Editorial Universidad Estatal a Distancia, San José, 1977
Los días de don Ricardo, Editorial Costa Rica, San José, 1978

Romero, Jorge: *La social democracia en Costa Rica,* Trejos Hnos. S. A., San José, 1977

Salazar Mora, Jorge M.: *Calderón Guardia,* Ministerio de Cultura y Editorial Universidad Estatal a Distancia, San José, 1980

Salisbury, Richard V.: *Costa Rica y el Istmo 1900 - 1934,* Editorial Costa Rica, San José, 1984

Schifter, Jacobo: *La fase oculta de la guerra civil en Costa Rica,* EDUCA, San José, 1979

Costa Rica 1948. Análisis de documentos confidenciales del Departamento de Estado, EDUCA, San José, 1982

Sanabria, Víctor M.: *La primera vacante de la diócesis de San José,* Editorial Costa Rica, San José, 1973

Solís A. Manuel: *Desarrollo rural,* Editorial Universidad Estatal a Distancia, San José, 1981

Solís, Manuel y Esquivel, Francisco: *Las perspectivas del Reformismo en Costa Rica,* EDUCA y DEI, San José, 1980

Stone, Samuel: *La Dinastía de los Conquistadores. La crisis del poder en la Costa Rica contemporánea,* Editorial Universidad de Costa Rica y EDUCA, San José, 1976.

Vega C., José Luis: *Orden y progreso: La formación del Estado nacional en Costa Rica,* Instituto Centroamericano de Administración Pública, San José, 1981
Poder político y democracia en Costa Rica, Editorial Porvenir S.A. San José, 1982

Volio, Marina: *Jorge Volio y el Partido Reformista,* Editorial Costa Rica, San José, 1978

Wagner, Moritz y Scherzer, Carl: *La República de Costa Rica en la América Central,* (traducción del alemán por Jorge A. Lines) Ministerio de Cultura, San José, 1974

Woodbridge, Paul: *Los contratos Webster-Mora y las implicaciones para Costa Rica y Nicaragua,* Editorial Costa Rica, San José, 1967
EL Contrato Ley, Editorial Costa Rica, San José, 1972

Zelaya, Chester (editor): *Costa Rica contemporánea,* 2 tomos, Editorial Costa Rica, San José, 1979

Zelaya, Chester, e. a.: *¿Democracia en Costa Rica? 5 opiniones polémicas,* Editorial Universidad Estatal a Distancia, San José, 1978

Zelaya, Chester: *El Bachiller Osejo,* presentado por, Ministerio de Cultura, San José, 1973

III. Historia, teoría y crítica de la literatura

Agüero, Arturo: *El español de América y Costa Rica,* Antonio Lehmann, San José, 1962

Aguirre Gómez, C. E.: *"La institucionalización de la literatura en J. García Monge",* en *Repertorio Americano,* año V, no. 1, Heredia, Costa Rica, 1978

Albúrez P. Francisco y Barrios y Barrios, Catalina: *Historia de la literatura Guatemalteca,* 2 tomos. Editorial Universitaria de Guatemala, Guatemala, 1981

Alborg, Juan Luis: *Historia de la literatura española III, El Romanticismo,* Gredos, Madrid, 1980

Alonso, Dámaso: *De los siglos oscuros al de oro,* Gredos, Madrid, 1958

Anderson Imbert, E.: *Historia de la literatura hispanoamericana,* 2 tomos, Fondo de cultura económica, México, 1962

Arroyo, Víctor Ml.: *Lenguas indígens costarricenses,* Editorial Costa Rica, San José, 1966
El habla popular en la literatura costarricense, Publicaciones de la Universidad de Costa Rica, San José, 1971
Carlos Luis Fallas, Serie ¿Quién fue y qué hizo? Ministerio de Cultura, San José, San José, 1973

Ayala, Juan A.: *"Puerto Limón de Joaquín Gutiérrez",* en *Repertorio Americano* no. 1184, p. 59-60, San José, abril 1958

Baciu, Stefan: *"Max Jiménez - un moralista feroz",* en Duquesne Hispanic Review, Año VII, no. 1, p. 27-49, Pittsburg, 1968

Bonilla, Abelardo: *Historia y Antología de la literatura costarricense,* 2 tomos, Trejos IInos. San José, 1957

Bogantes, Claudio y Kuhlmann, Ulla: *"El surgimiento del realismo social en Centroamérica",* en *Revista de Crítica Literaria Latinoamericana* no. 17, p. 39-64, Lima, 1983

Bundgaard, Ana: *"Testimonio: un camino hacia la identidad, un arma en defensa de la memoria colectiva",* conferencia policopiada, 1985

Calvo, Yadira: *Literatura, mujer y sexismo,* Editorial Costa Rica, San José, 1984

Carter, Boyd G.: *Historia de la literatura hispnoamericana a través de sus revistas,* Ediciones Andrea, México, 1968

Castro Rawson, Margarita: *El costumbrismo en Costa Rica,* Librería Lehmann, San José, 1971

Castro Robles, Guillermo: *"Mamita Yunai, una novela hispanoamericana",* en *Kañina* vol. 1, no. 1, p. 7-9, San José, 1977

Cornejo Polar, Antonio: *Sobre Literatura y Crítica Latinoamericanas,* Ediciones de la Facultad de Humanidades y Educación, Universidad Central de Venezuela, Caracas, 1982

Cueva, Agustín: *Entre la ira y la esperanza,* Ediciones Solitierra, Quito, 1976
"En pos de la historicidad perdida (Contribución al debate sobre la literatura indigenista del Ecuador)", en *Revista de Crítica Literaria Latinoamericana* 7-8, p. 23-38, Lima, 1978

Chase, Alfonso: *Narrativa Contemporánea de Costa Rica,* 2 tomos, (Selección, estudio introductorio y notas, por) Ministerio de Cultura, San José, 1975
Selección, prólogo, notas y cronología, para la edición de Carmen Lyra: *Relatos escogidos,* Editorial Costa Rica, San José, 1977

Echeverría, Evelio: *Indice general del Repertorio Americano,* Ministerio de Cultura y Editorial de la Universidad Estatal a Distancia, San José, 1981

Echeverría Loría, Arturo: *De artes y de letras, opiniones y comentarios,* Editorial Costa Rica, San José, 1972

Ferrero, Luis: *Ensayistas costarricenses,* (Selección, prólogo, notas y bibliografía), 2a. edición, Librería Lehmann, San José, 1972
La clara voz de Joaquín García Monge, Editorial Costa Rica, San José, 1978
"Visiones costarricenses: la tierra, el hombre y la literatura", en *Humanismo* 7-8, p. 54-59, México, 1953

García Canclini: *Las culturas populares en el capitalismo,* Editorial Nueva Imagen, México, 1982

Carcía Carrillo, Eugenio: *El hombre del Repertorio Americano,* Editorial Studium, Universidad Autónoma de Centro América, San José, 1981

Garnier, Leonor: *Antología femenina del ensayo costarricense,* Prólogo, comentario, selección y notas de, Ministerio de Cultura, San José, 1976

Garrón de Doryan, Victoria: *Joaquín García Monge,* presentado por, Serie ¿Quién fue y qué hizo?, Ministerio de Cultura, San José, 1971

Goldmann, Lucien: *Recherches dialectiques,* Gallimard, París, 1959
Pour une sociologie du roman, Gallimard, París, 1964
"Introduction aux premiers écrits de Lukacs", en G. Lukács: *La théorie du roman,* Editions Gonthier, Ginebra, 1963

Henríquez Ureña, Pedro: *Las corrientes literarias en la América Hispánica,* Fondo de Cultura Económica, México, 1949

Ianni, Octavio: *Imperialismo y cultura de la violencia en América Latina,* Siglo XXI, México, 1976

Kargleder, Charles L. y Mory, Warren H.: *Bibliografía selectiva de la literatura costarricense,* Editorial Costa Rica, San José, 1978

León-Portilla, Miguel: *Visión de los vencidos,* UNAM, México, 1959

Lienhard, Martin: *Cultura popular andina y forma novelesca,* Latinoamericana Editores, Lima, 1981
"La subversión del texto escrito en el área andina", en *Gacela* 1, Aarhus, Dinamarca, 1985

Losada, Alejandro: *Creación y Praxis. La producción literaria como praxis social en Hispanoamérica y el Perú,* Lima, 1976
La Literatura en la sociedad de América Latina (Tomo I: *Los modos de producción entre 1750 y 1890*), Odense, Dinamarca, 2a. ed. , 1983
La Literatura en la sociedad de América Latina, (Tomo II: *Modelos teóricos*), Aarhus, Dinamarca, 2a. ed., 1983
"Alejandro Losada (1936-1985): Bibliografía comentada", por José Morales Saravia, en *Revista de Crítica Literaria Latinoamericana,* no. 24, Lima, 1986, p. 209-242

Lukács, Georges: *La théorie du roman,* Editions Gonthier, Ginebra, 1963
Lukács, Gyärgy: *Sociología de la literatura,* Península, Barcelona, 1973
Lukács, Georg: *Significación actual del realismo crítico,* Ediciones Era, México, 1967

Macaya L., Enrique: *Austeridad y cultura,* Editorial Costa Rica, San José, 1978

Marín Cañas, José: *Realidad e imaginación,* (artículos, prólogos, ensayos, conferencias), Editorial Hombre y Sociedad, San José, 1974

Menton, Seymour: *El cuento costarricense,* Librería Studium, México, 1964

Montesinos, José E.: *Costumbrismo y novela,* Editorial Castalia, Madrid, 1960

Moraña, Mabel: *Literatura y cultura nacional en Hispanoamérica (1910-1940)* Instituto para el Estudio de Ideologías y Literatura Minneapolis, Minnesota, 1984

Pacheco, León: *Puertas adentro, puertas afuera. Ensayos,* Editorial Costa Rica, San José, 1976

Picado G., Manuel: *Literatura ideología crítica, notas para un estudio de la literatura costarricense,* Editorial Costa Rica, San José, 1983
"Pedro Arnaez: relato tradicional", en Revista de Filología y Lingüística Univesidad de Costa Rica, vol. 4, no. 1, p. 17-39, mayo 1978

Prado Oropeza, Renato: *El lenguaje narrativo,* EDUCA, San José, 1979

Quesada S., Alvaro: *La formación de la narrativa nacional costarricense (1890-1910) enfoque histórico-social,* Editorial Universidad de Costa Rica, San José, 1986
La voz desgarrada. La crisis del discurso oligárquico y la narrativa costarricense (1917-1919), Editorial Universidad de Costa Rica, San José, 1988

Quijano, Aníbal: *Clase obrera en América Latina,* EDUCA, Centroamérica, 1982
Ramírez, Sergio: *"Balcanes y volcanes (aproximaciones al proceso cul-*

tural contemporáneo de Centroamérica)" en Torres-Rivas, E. e a.: *Centroamérica hoy,* 2a. edición, p.279-366 Siglo XXI, México, 1976

Riccio, Alessandra: *"Mamita Yunai e Pedro Arnaez: due ideologie a confronto",* en *Annali,* Istituto Universitario Orientali, Sezione Romanza XVIII, 1, p. 135-143, Napoli, 1976

Sancho, Mario: *Viajes y lecturas,* Editorial Costa Rica, San José, 1972
Memorias, Editorial Costa Rica, San José, 1976

Sandoval de Fonseca, Virginia: *El Presbítero don Juan Garita,* Ministerio de Cultura, San José, 1977
Resumen de literatura costarricense, Editorial Costa Rica, San José, 1978

Solera, Rodrigo: *"Carlos Luis Fallas: el novelista de su propia vida",* en *Hispania* vol. 53, no. 2, p. 403-410, Massachusetts, 1970

Sotela, Rodrigo: *Escritores de Costa Rica,* (estudio y antología), Imprenta Lehmann y Cía., San José, 1942

Sosnowski, Saúl: *"Sobre la crítica de la literatura hispanoamericana: balance y perspectivas",* en *Cuadernos Americanos,* nueva época, vol., no. 6, p. 69-91, México, 1987

Vargas, Aura Rosa: *"El lenguaje coloquial en Historias de Tata Mundo",* en *Revista de la Universidad de Costa Rica* no. 32, San José, 1971

Vidal, Hernán: *Sentido y práctica de la crítica socio-histórica: panfleto para la proposición de una arqueología acotada.* Institute for the Study of Ideologies and Literature, Minneapolis, Minnesota, 1984
Socio-Historia de la Literatura Colonial Hispanoamericana: Tres lecturas orgánicas. S & I, Minneapolis, Minnesota, 1985

Vidal, H. (editor): *Fascismo y Experiencia Literaria: Reflexiones para una Recanonización,* I & L, Minneapolis, Minnesota, 1985

Obras literarias

Sólo se incluyen obras narrativas costarricenses publicadas antes de 1950, excepto para las de los siete autores que se analizan en este estudio. Si la edición que se ha consultado no es la primera, se indica la fecha de primera edición entre paréntesis.

Argüello Mora, Manuel: *La Trinchera y otras historias,* Editorial Costa Rica, San José, 1975 (1899)

Cardona, Jenaro: *La esfinge del sendero.* Editorial Costa Rica, San José, 1984 (1914)

Dobles, Fabián: *Ese que llaman pueblo,* Editorial Costa Rica, San José, 1978 (1942) *Aguas turbias,* (1943) *Una burbuja en el limbo,* Editorial Costa Rica, San José, 1978 (1943) *El sitio de las abras,* Editorial Costa Rica, San José, 1979 (1950) *Los leños vivientes,* Editorial Costa Rica, San José, 1979 (1962) *En el San Juan hay tiburón,* Editorial L'Atelier, San José, 1967 *Historias de Tata Mundo,* (cuentos) Editorial Costa Rica, San José, 1978 (Primera edición en dos tomos, Librería Lehmann, 1955 y 1956) *La pesadilla y otros cuentos,* Editorial Costa Rica, San José, 1984 *El violín y la chatarra,* (cuentos), Editorial Pablo Presbere, s.f. (1965)

Dobles Segreda, Luis: *Caña Brava,* (cuentos), Editorial Costa Rica, San José, 1969 (1926)

Echeverría, Aquileo J.: *Concherías,* (romances), Editorial Costa Rica, San José, 1977 (1903 y 1905) (Se incluyen excepcionalmente por haber muchas alusiones a ellas y a su autor en este trabajo)

Fallas, Carlos Luis: *Mamita Yunai,* Ediciones Huracán, Instituto Cubano del Libro, La Habana, 1975 (1941) *Gentes y Gentecillas,* Editorial Costa Rica, San José, 1979, (1947) *Marcos Ramírez,* Librería Lehmann, San José, 1976, (1952) *Mi Madrina,* Editorial Costa Rica, San José, 1972 (1954) *Tres Cuentos,* Editorial Costa Rica, San José, 1975 (1968)

Fernández Guardia, Ricardo: *Los Cuentos,* Librería Lehmann, San José, 1971 (1894-1902)

Gagini, Carlos: *El árbol enfermo,* Editorial Costa Rica, San José, 1978 (1918) *La caída del águila,* Editorial Costa Rica, San José, 1978 (1920) *Cuentos,* Editorial Costa Rica, San José, 1963 (1898, 1910 y 1918) *Al través de mi vida* (memorias), Editorial Costa Rica, San José, 1976

García Monge, Joaquín: *Hijas del Campo, El Moto, Abnegación,* Editorial Costa Rica, San José, 1984 (1900 y 1902) *Obras escogidas,* EDUCA, Centroamérica, 1974 *Leyendas y escenas campesinas,* Editorial Costa Rica, San José, 1981

González Zeledón, Manuel: *La propia,* Editorial Costa Rica, San José, 1984 (1910) *Cuentos de Magón,* Editorial Costa Rica, San José, 1980

Gutiérrez, Joaquín: *Manglar,* Editorial Costa Rica, San José, 1979 (1947) *Cocorí* (cuento), Editorial Costa Rica, San José, 1973 (1948) *Puerto Limón,* Editorial Costa Rica, San José, 1978 (1950) *La hoja de aire* (cuento), Editorial Nascimiento, Santiago de Chile, 1968 *Murámonos Federico,* Editorial Costa Rica, San José, 1984 (1973)

Herrera García, Adolfo: *Juan Varela,* Editorial Costa Rica, San José, 1966 (1939)

Jiménez, Max: *El Jaúl,* Editorial Costa Rica, San José, 1984 (1937) *Candelillas,* Editorial Costa Rica, San José, 1978

Lyra, Carmen: *En una silla de ruedas,* Editorial Costa Rica, San José, 1984 (1919) *Relatos escogidos,* Editorial Costa Rica, San José, 1977

Marín Cañas, José: *Pedro Arnáez,* Editorial Costa Rica, San José, 1984 (1942) *Los bigardos del ron* (cuentos), Editorial Costa Rica, San José, 1978 (1929) *El infierno verde,* Editorial Costa Rica, San José, 1978 (1935)

Oreamuno, Yolanda: *La ruta de su evasión,* Editorial Costa Rica, San José, 1984 (1949)

Salazar Herrera, Carlos: *Cuentos de angustias y paisajes,* Editorial Costa Rica, San José, 1978 (1947)